权威·前沿·原创

皮书系列为
"十二五""十三五"国家重点图书出版规划项目

湖南蓝皮书

BLUE BOOK OF HUNAN

2017年湖南两型社会与生态文明建设报告

ANNUAL REPORT ON HUNAN'S TWO-ORIENTED SOCIETY AND ECOLOGICAL CIVILIZATION CONSTRUCTION (2017)

湖南省人民政府发展研究中心
两型社会与生态文明协同创新中心
主　编／卞　鹰
副主编／唐宇文

社会科学文献出版社
SOCIAL SCIENCES ACADEMIC PRESS (CHINA)

图书在版编目(CIP)数据

2017年湖南两型社会与生态文明建设报告/卞鹰主编.--北京:社会科学文献出版社,2017.5
（湖南蓝皮书）
ISBN 978-7-5201-0781-5

Ⅰ.①2… Ⅱ.①卞… Ⅲ.①区域经济发展-研究报告-湖南-2017②生态环境建设-研究报告-湖南-2017 Ⅳ.①F127.64②X321.264

中国版本图书馆 CIP 数据核字（2017）第086787号

湖南蓝皮书
2017年湖南两型社会与生态文明建设报告

主　　编 / 卞　鹰
副 主 编 / 唐宇文

出 版 人 / 谢寿光
项目统筹 / 桂　芳
责任编辑 / 薛铭洁

出　　版 / 社会科学文献出版社·皮书出版分社（010）59367127
　　　　　 地址：北京市北三环中路甲29号院华龙大厦　邮编：100029
　　　　　 网址：www.ssap.com.cn
发　　行 / 市场营销中心（010）59367081　59367018
印　　装 / 北京季蜂印刷有限公司

规　　格 / 开本：787mm×1092mm　1/16
　　　　　 印　张：22.5　字　数：373千字
版　　次 / 2017年5月第1版　2017年5月第1次印刷
书　　号 / ISBN 978-7-5201-0781-5
定　　价 / 128.00元

皮书序列号 / PSN B-2011-208-3/8

本书如有印装质量问题，请与读者服务中心（010-59367028）联系

▲ 版权所有 翻印必究

湖南省人民政府发展研究中心
湖南蓝皮书编辑委员会

主　　任　卞　鹰

副 主 任　唐宇文　黄绍红　李建国　杨志新　康锦贵
　　　　　　李绍清

编　　委　彭蔓玲　蔡建河　唐文玉　谢坚持　禹向群
　　　　　　王　斌　王佳林　唐细华　曾晓阳　柳　松
　　　　　　罗小阳　彭谷前

主　　编　卞　鹰

副 主 编　唐宇文

《湖南蓝皮书·2017年湖南两型社会与生态文明建设报告》

执行编辑　彭蔓玲　刘　琪　黄　茜　戴　丹　罗会逸

主要编撰者简介

卞 鹰 湖南省人民政府发展研究中心主任、党组书记。历任湖南省委政研室科教文卫处副处长、处长，城市处处长，湖南省委巡视第一组副组长，湖南省委巡视工作办公室副主任，湖南省委巡视工作办公室主任，湖南省纪委副书记。主要研究领域为区域经济、城市发展等，先后主持多项省部级课题研究。

唐宇文 湖南省人民政府发展研究中心副主任，研究员。1984年毕业于武汉大学数学系，获理学学士学位，1987年毕业于武汉大学经济管理系，获经济学硕士学位。2001~2002年在美国加州州立大学学习，2010年在中共中央党校一年制中青班学习。主要研究领域为区域发展战略与产业经济，先后主持国家社科基金项目及省部级课题多项，近年出版著作主要有《打造经济强省》《区域经济互动发展论》等。

摘　要

本书是由湖南省人民政府发展研究中心组织编写的年度性报告。全面回顾了2016年湖南省两型社会与生态文明建设的进程，深入探讨了2017年湖南两型社会与生态文明建设的方向、重点、重要举措和政策建议。本书包括主题报告、总报告、部门篇、区域篇、园区篇、评价篇和专题篇七个部分。主题报告是湖南省领导关于两型社会与生态文明建设的重要论述，总报告是湖南省人民政府发展研究中心课题组对2016~2017年湖南两型社会与生态文明建设情况的分析和展望。部门篇是相关职能部门围绕湖南资源节约循环利用、节能降耗、环境保护、国土开发、水利建设、绿色发展等开展的深度研究。区域篇是湖南省各市州对两型社会与生态文明建设的分析和谋划。园区篇展示了部分试点示范区推进两型社会与生态文明建设的成功经验和做法。评价篇是对长株潭试验区两型社会建设进行的综合评价。专题篇是专家学者对湖南两型社会与生态文明建设的热点、难点问题的深入探讨。

Abstract

The book was the annual report compiled by the Development Research Center of Hunan Provincial People's Government. The book overall reviewed Hunan Two-oriented Society and Ecological Civilization Construction in 2016, and discussed the orientations, focuses, important measures and policy suggestions in 2017. The book consisted of seven sections, including Keynote Report, General Report, Department Reports, Regional Reports, Park Reports, Evaluation Reports and Special Topics. The Keynote Report was about the important exposition of Two-oriented Society and Ecological Civilization Construction by the leader of Hunan Province. The General Report was about the current condition and prospect of Hunan Two-oriented Society and Ecological Civilization Construction in 2016 – 2017 by the Development Research Center of Hunan Provincial People's Government. The Department Reports were about the thorough research of Hunan Province's resource recycling, energy saving, environmental protection, territorial development, water conservancy construction, green development, etc. The Regional Reports were about the analysis and plan of Two-oriented Society and Ecological Civilization Construction of some cities and autonomous prefecture in Hunan. The Park Reports demonstrated the successful experience and practices about Two-oriented Society and Ecological Civilization Construction of some Demonstration Zones and Pilot Areas in Hunan. The Evaluation Reports were about the comprehensive evaluation of Two-oriented Society Construction of Chang – Zhu – Tan Pilot Zone. The Special Topics were about the thorough study on hot issues and difficulties of Hunan Two-oriented Society and Ecological Civilization Construction by experts and scholars.

目 录

Ⅰ 主题报告

B.1 打好绿色发展组合拳 担当生态强省排头兵 ………… 易炼红 / 001

Ⅱ 总报告

B.2 2016~2017年湖南两型社会与生态文明建设情况与展望
………… 湖南省人民政府发展研究中心课题组 / 008

Ⅲ 部门篇

B.3 关于推进湖南生态强省建设的初步探索
………… 湖南省环境保护厅 / 030

B.4 狠抓资源节约循环利用 提升生态文明建设水平
………… 湖南省发展和改革委员会 / 038

B.5 强化国土资源管理 推进生态文明建设
………… 湖南省国土资源厅 / 045

B.6 践行绿色发展理念 促进工业绿色发展
………… 湖南省经济和信息化委员会 / 052

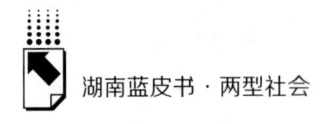

B.7 湖南省农业资源环境现状与保护对策分析
　　　　　　　　　　　　　　　湖南省农业资源与环境保护管理站 / 057

B.8 湖南省水资源利用与水生态保护　　　　　湖南省水利厅 / 064

B.9 打造青山绿景　建设两型社会　　　　　　邓三龙 / 073

Ⅳ 区域篇

B.10 加快构建良性水生态　促进城市可持续发展
　　　——长沙市水生态文明体系建设的调查与思考
　　　　　　　　　　　　　　　　长沙市人民政府研究室 / 081

B.11 不负重托　努力推进株洲绿色转型发展　　毛腾飞 / 099

B.12 坚持绿色发展　建设"大美湘潭"　　　　曹炯芳 / 104

B.13 贯彻绿色发展理念　加快建设美丽衡阳
　　　——衡阳市2016~2017年两型社会与生态文明建设报告
　　　　　　　　　　　　　　　　　　　　　　周　农 / 111

B.14 坚持绿色引领　大力建设两型社会
　　　——邵阳市2016~2017年两型社会与生态文明建设的
　　　探索与思考　　　　　　　　　　　　　　龚文密 / 120

B.15 岳阳市2016~2017年两型社会与生态文明建设的
　　　探索和思考　　　　　　　　　　　　　　胡忠雄 / 128

B.16 守住青山绿水　打造金山银山
　　　——常德市2016~2017年两型社会与生态文明建设的
　　　探索与思考　　　　　　　　　　　　　　王　群 / 137

B.17 推动绿色发展　建设生态郴州　　　　　　易鹏飞 / 149

B.18 生态文明看永州
　　　——永州市2016~2017年两型社会与生态文明建设的
　　　探索与思考　　　　　　　　　　　　　　李　晖 / 157

B.19 怀化市2016～2017年两型社会与生态文明建设的探索与实践
　　　　　　　　　　　　　　　　　　　　　　　　　彭国甫 / 168
B.20 湘西自治州生态文明建设的探索与思考 …………… 叶红专 / 176

Ⅴ 园区篇

B.21 全力写好"绿水青山就是金山银山"这篇大文章
　　——湖南湘江新区两型社会与生态文明建设的探索与实践
　　　　　　　　　　　　　　　　　　湖南湘江新区管理委员会 / 183
B.22 株洲云龙示范区2016年两型社会建设情况
　　　　　　　　　　　　　　　　　　株洲云龙示范区管理委员会 / 191
B.23 绿心保护和发展模式探索
　　——昭山美丽乡村建设项目研究
　　　　　　　　　　　　　　　　　　湘潭昭山示范区管理委员会 / 196
B.24 天易示范区2016年两型社会建设亮点及2017年思路
　　　　　　　　　　　　　　　　　　湘潭天易示范区管理委员会 / 202
B.25 娄底市编制自然资源资产负债表试点工作成效及建议
　　　　　　　　　　　　　　娄底市人民政府办公室　娄底市统计局 / 209

Ⅵ 评价篇

B.26 长株潭试验区两型社会建设综合评价报告（2015年）
　　　　　　　　　　　　　　　　　　　　　　　　湖南省统计局
　　　　　　　　　　　湖南省长株潭两型社会试验区建设管理委员会 / 219

Ⅶ 专题篇

B.27 关于湖南生态强省建设的若干思考 ………… 刘解龙　张敏纯 等 / 266
B.28 关于促进精准扶贫与气候变化适应协同推进的建议
　　　　　　　　　　　　　　　　　　　　　　　陈晓红　汪阳洁 / 277

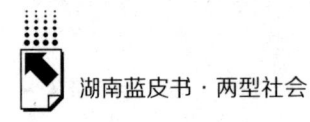

B.29 长株潭两型试验区绿色发展模式的选择研究
　　…………………………………………… 廖小平　周慧滨 / 283

B.30 湖南省生态文明建设的比较优势与总体方略探析
　　………………………………………………………… 郭辉东 / 293

B.31 湖南环保产业发展问题与对策研究 …………… 孙　蕾 / 301

B.32 湘江流域重金属污染治理技术攻关与工程示范报告
　　………………………………………………………… 彭富国 / 310

B.33 关于划定"煤炭消费红线"的建议 ………… 乔海曙　段诗丹 / 320

B.34 补齐湖南金融短板　助力两型社会建设
　　——湖南金融"补短板"：问题、原因及政策建议
　　………………………… 湖南大学两型社会研究院课题组 / 329

CONTENTS

Ⅰ Keynote Report

B.1 Fully Utilizing the Combined Measures of Green Development,
Acting as the Pacesetter of Ecological Province Construction
Yi Lianhong / 001

Ⅱ General Report

B.2 The Current Condition and Prospect of Hunan Two-oriented
Society and Ecological Civilization Construction in 2016-2017
Development Research Center of Hunan Provincial People's Government / 008

Ⅲ Department Reports

B.3 A Preliminary Study on How to Build Hunan into Ecological Province
Environmental Protection Department of Hunan Province / 030
B.4 Enhancing Resource Saving and Recycling, Upgrading the Level
of Ecological Civilization Construction
Development and Reform Commission of Hunan Province / 038

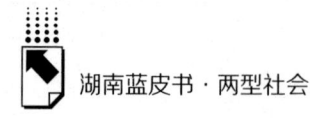

B.5　Strengthening Land and Resources Management, Boosting the Ecological Civilization Construction

Department of Land and Resources of Hunan Province / 045

B.6　Practicing Idea of Green Development, Promoting Green Development of Industry

Hunan Economic and Information Technology Commission / 052

B.7　The Analysis on Current Condition and Policy Suggestions of Agricultural Resources Environment Protection in Hunan

Hunan Agriculture Resources and Environment Protection Agency / 057

B.8　Water Resources Utilization and Water Ecology Protection in Hunan

Department of Water Resources of Hunan Province / 064

B.9　Building Green Landscape, Constructing the Two-oriented Society　　　　　　　　　　　　　　　　　　　　　*Deng Sanlong* / 073

Ⅳ　Regional Reports

B.10　Accelerating Construction of Benign Water Ecology, Promoting Sustainable Urban Development

　　　—*Investigation and Reflection on the Institutional Framework Construction of Water Ecological Civilization in Changsha*

Research Division of People's Government of Changsha City / 081

B.11　Undertaking Major Responsibility, Striving to Advance Green Transformation of Zhuzhou　　　　*Mao Tengfei* / 099

B.12　Adhering to Green Development, Constructing the "Gorgeous Xiangtan"　　　　　　　　　　　*Cao Jiongfang* / 104

B.13　Implementing Idea of Green Development, Accelerating Beautiful Hengyang Construction

　　　—*The Report on Hengyang Two-oriented Society and Ecological Civilization Development in 2016-2017*　　*Zhou Nong* / 111

B.14　Adhering to Guide of Green Development Concept, Constructing
　　　　Vigorously the Two-oriented Society
　　　　　—Exploration and Reflection on the Construction of Two-oriented Society
　　　　　　and Ecological Civilization in Shaoyang in 2016-2017　　*Gong Wenmi* / 120
B.15　Exploration and Reflection on the Construction of Two-oriented
　　　　Society and Ecological Civilization in Yueyang in 2016-2017
　　　　　　　　　　　　　　　　　　　　　　　　　　　Hu Zhongxiong / 128
B.16　Maintaining Lucid Waters and Lush Mountains, Building
　　　　Prosperous Society
　　　　　—Exploration and Reflection on the Construction of Two-oriented Society
　　　　　　and Ecological Civilization in Changde in 2016-2017　　*Wang Qun* / 137
B.17　Promoting Green Development, Constructing Ecological
　　　　Chenzhou　　　　　　　　　　　　　　　　　　　　　*Yi Pengfei* / 149
B.18　The Presentation of Ecological Civilization Construction in Yongzhou
　　　　　—Exploration and Reflection on the Construction of Two-oriented Society
　　　　　　and Ecological Civilization in Yongzhou in 2016-2017　　*Li Hui* / 157
B.19　Exploration and Practice on the Construction of Two-oriented
　　　　Society and Ecological Civilization in Huaihua in 2016-2017
　　　　　　　　　　　　　　　　　　　　　　　　　　　　　Peng Guofu / 168
B.20　Exploration and Reflection on Xiangxi Ecological
　　　　Civilization Construction　　　　　　　　　　　　*Ye Hongzhuan* / 176

V　Park Reports

B.21　Implementing the Idea of Lucid Waters and Lush Mountains
　　　　are Invaluable Assets
　　　　　—Exploration and Practice on the Construction of Two-oriented
　　　　　　Society and Ecological Civilization in Hunan Xiangjiang New Area
　　　　　　　　Management Commission of Hunan Xiangjiang New Area / 183

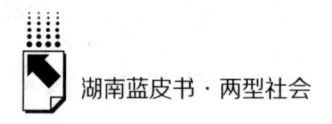

B.22　The Situation of Two-oriented Society Construction of
　　　Yunlong Demonstration Zone in Zhuzhou in 2016
　　　　　　　Management Commission of Yunlong Demonstration Zone Zhuzhou / 191
B.23　The Exploration on Protection and Development Mode of
　　　Eco-green Heart
　　　　—*A Case Study of Beautiful Village Project in Shaoshan*
　　　　　　　Management Commission of Shaoshan Demonstration Zone in Xiangtan / 196
B.24　The Working Highlight of Two-oriented Society Construction of
　　　Tianyi Demonstration Zone in 2016 and the Working Idea in 2017
　　　　　　　Management Commission of Tianyi Demonstration Zone in Xiangtan / 202
B.25　The Working Effect and Some Suggestions of Pilot Compilation of
　　　Natural Resources Balance Sheet in Loudi
　　　　　　　General Office of People's Government of Loudi City
　　　　　　　Loudi Municipal Statistics Bureau / 209

Ⅵ　Evaluation Report

B.26　The Integrated Assessment Report of Chang-Zhu-Tan
　　　Two-oriented Society Construction (2015)
　　　　　　　Hunan Provincial Bureau of Statistics, Management Commission of
　　　　　　　Chang-Zhu-Tan Two-oriented Society Pilot Zone / 219

Ⅶ　Special Topics

B.27　Some Thoughts on the Ecological Province Construction of Hunan
　　　　　　　Liu Jielong, Zhang Minchun et al. / 266
B.28　The Policy Suggestions on Collaborative Promotion of Targeted
　　　Poverty Alleviation and Climate Change Adaptation
　　　　　　　Chen Xiaohong, Wang Yangjie / 277

CONTENTS

B.29 The Research on the Green Development Mode Selection of Chang-Zhu-Tan Two-oriented Society Pilot Zone
Liao Xiaoping, Zhou Huibin / 283

B.30 The Analysis on Comparative Advantage and General Strategy of Ecological Civilization Construction in Hunan *Guo Huidong* / 293

B.31 The Research on Problems and Countermeasures of Environmental Protection Industry Development in Hunan *Sun Lei* / 301

B.32 The Report on the Technical Research and Demonstration Projects of Heavy Metal Contamination Treatment in Xiangjiang River Basin *Peng Fuguo* / 310

B.33 The Policy Suggestions on the Demarcation of Coal Consumption Red Line *Qiao Haishu, Duan Shidan* / 320

B.34 Improving the Financial Weaknesses of Hunan Province, Boosting Two-oriented Society Construction: Problems, Causes and Countermeasures
"Two-oriented Society" Institute of Hunan University / 329

主题报告

Keynote Report

B.1
打好绿色发展组合拳
担当生态强省排头兵

易炼红*

　　党的十八大以来，习近平总书记就绿色发展提出了一系列新思想、新论断、新要求，为深化生态文明建设提供了根本遵循、理论指导和行动指南。湖南省委书记杜家毫在省第十一次党代会报告中提出了建设富饶美丽幸福新湖南的美好愿景，明确了"五个强省"的发展目标，强调要推动生态环境显著改善，实现从绿色大省向生态强省转变。长沙作为全国两型社会建设综合配套改革试验区的龙头，坚定践行绿色发展理念，持续推进生态文明建设，以此来提升品质长沙的环境品质，2016年再次荣获联合国开发计划署颁发的"中国可持续发展城市奖"。

---

* 易炼红，中共湖南省委常委、长沙市委书记。

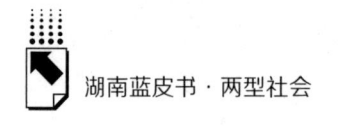

一 让理念扎根，始终保持绿色发展的思想定力

近年来，长沙市坚决摒弃拼资源、拼环境、拼消耗的传统发展模式，坚定推进绿色发展，树立绿色价值取向，形成绿色思维方式，加快建设生产发展、生活富裕、生态良好的美丽长沙。

（一）深刻认识绿色发展理念体现了对城市发展阶段特征的准确把握

改革开放以来，我国经历了世界历史上规模最大、速度最快的城镇化进程，城市建设成为现代化建设的重要引擎。城镇化快速推进中的一个突出矛盾和问题是资源环境承载力趋于饱和，环境污染等"城市病"亟待治理。习近平总书记深刻指出："你善待环境，环境是友好的；你污染环境，环境总有一天会翻脸，会毫不留情地报复你。这是自然界的规律，不以人的意志为转移。"推进绿色发展，是经济发展进入新常态、城镇化进入新阶段的必然选择。基于这样的认识，长沙坚持以强烈的忧患意识和责任担当深刻认识绿色发展的时代意义，使之贯彻于城市建设、城市治理等方方面面，真正实现青山绿水、蓝天碧水的城市图景。

（二）深刻认识绿色发展理念彰显了对城市发展客观规律的科学认识

绿色发展理念强调"生态兴则文明兴，生态衰则文明衰"，强调"保护生态环境就是保护生产力"，强调"绿水青山就是金山银山"，强调"让城市融入大自然，让居民望得见山、看得见水、记得住乡愁"，体现了马克思主义生态观和自然生产力理论的与时俱进，体现了对城市发展规律的深刻认识。在城市发展上，就是始终遵循城市规模同资源环境承载能力相适应的客观要求。近年来，我们深入贯彻落实中央和省委城市工作会议精神，尊重城市发展规律，坚持以自然为美、以生态为基、以绿色发展理念为引领，把建设"宜居宜业、精致精美、人见人爱"的品质长沙不断深入推广。

（三）深刻认识绿色发展理念回应了城市让生活更加美好的群众期待

习近平总书记明确指出，良好生态环境是最公平的公共产品，是最普惠的民生福祉。城市作为人类文明的结晶，理应尊重自然、回归自然，成为市民享有良好生态环境的"诗意栖居地"。在城市发展中贯彻绿色发展理念，为人民提供干净的水、清新的空气、安全的食品、优美的环境，关系最广大人民的根本利益。"人民对美好生活的向往就是我们的奋斗目标。"长沙始终以对人民、对子孙后代负责的精神，牢固树立保护生态环境就是保护民生、改善生态环境就是改善民生的理念，在城市规划建设管理等各环节坚持"两型"引领、生态优先，始终践行绿色惠民的庄严承诺。

二 让举措落地，积极探索绿色发展的实践路径

长沙作为国家森林城市、国家园林城市、全国绿化模范城市以及全国两型社会建设综合配套改革试验区，推进绿色发展是一以贯之的追求。近年来，通过一系列"组合拳"，让绿色发展落地生根、开花结果。

（一）以绿色发展引领经济转型升级

在长沙转型创新发展中，坚持把绿色发展摆在优先位置，进行重点聚焦，努力探索经济发展新常态下转型创新发展的新路径、新模式。

推进资源利用高效化。健全能源节约机制，制定能效"领跑者"制度实施方案，出台分布式光伏发电补贴方案，建成及在建天然气分布式能源项目装机规模达213兆瓦，建成光伏发电项目装机规模超60兆瓦，超额完成单位地区生产总值能耗下降省定目标。完善土地集约利用机制，建立节约集约用地综合标准化体系，形成土地开发利用强度和效益考核办法，浏阳市农村宅基地制度改革试点进入实质性推进阶段。落实最严格的水资源管理制度，建立水资源开发利用、用水效率、水功能区限制纳污"三条红线"控制目标，启动市对区县（市）水资源管理考核工作。

推进产业发展两型化。着力推进创新驱动发展，成立工业技术研究院3

家，新增商事主体14.4万余户，新材料、电子信息、生物医药等产业增长15%以上，移动互联网、新能源汽车、北斗导航、3D打印等产业增长50%以上，湘江新区获批全国首批"双创"示范基地，长株潭获批创建"中国制造2025"试点示范城市群。以高端化、绿色化为导向抓重大项目建设，2016年新引进世界500强企业投资项目18个、投资过50亿元项目24个，格力家用空调、尔康制药二期、梅溪新天地等项目顺利建成，中电信息、长丰猎豹、铁建重工、中国通号、中信戴卡、沃特玛基地、蓝思机器人、恒大童世界等项目均是符合绿色发展要求的好项目、大项目。

推进清洁生产全程化。在全市重点推广绿色建筑技术与两型住宅产业化等十类技术，完成80多个试点示范项目。在农村广泛推广散户生活污水生物湿地处理技术，农村水环境质量明显改善。在宁乡县试点推广生态养殖与污染治理技术，52个养殖场实现粪污零排放，年减排化学需氧量350吨、氨氮170吨。长沙获批国家循环经济示范城市。

（二）将绿色发展贯穿品质长沙建设

坚持以提高环境质量为核心，以解决突出问题为重点，持之以恒地推进"宜居宜业、精致精美、人见人爱"的品质长沙建设，努力为全市人民提供更多优质生态产品，让好山好水好风光遍布城乡大地。

坚持铁腕治理污染。深入开展"清霾"行动，淘汰燃煤锅炉47台，淘汰黄标车、老旧车3.4万辆，空气优良率达73.8%。深入开展"碧水"行动，实现湘江长沙段101个排污口全截污，实施浏阳河流域综合整治项目52个，整治城区黑臭水体24处，全市出境断面水质达标率100%，"长沙蓝"成为常态。深入开展"净土"行动，七宝山地区历史遗留废渣治理工程基本完成，开展农田重金属污染治理102.95万亩。深入开展"静音"行动，建立噪声防治联动机制，开展"三考"静音集中执法行动。

坚持大力实施造绿。从2014年起，以"让城市融入自然、让自然涵养城市"为目标，持续实施三年造绿大行动，充分展示"城在林中、路在绿中、人在景中"的绿色城市新画卷。2014~2016年，全市共完成绿化面积34486公顷，其中，建成区新增绿地2015公顷，新增公园绿地1066公顷；全市森林覆盖率达54.8%，建成区绿化覆盖率达39.7%，城市中心区人均公园绿地面积达10.8平方米。

坚持严格保护绿心。加强绿心保护管理，建立市区乡三级目标责任体系、项目准入审查机制、联合执法监管机制。加强绿心保护工程，实施植树造林、封山育林、退耕还林、林相改造等工程，推进绿心地区生态环境修复与治理。启动绿心地区两型综合示范带创建，全面落实两型规划理念、发展要求和标准体系。

（三）把绿色发展融入民生福祉改善

坚持以人民为中心的发展思想，着力提升全社会绿色发展自觉，畅通绿色发展"最后一公里"，创造更多老百姓看得见、摸得着、感受得到的绿色发展成果。

推进社区全面提质提档。启动社区全面提质提档三年行动计划，通过建设和优化社区服务阵地、公共交通、停车场地、管网体系、绿化美化、老旧社区改造等基础设施项目，着力打造一批与具有国际品质和湖湘文化标识的现代化大都市相适应的品质高端、功能完善、服务一流、群众满意的现代化新型社区。2016年，完成棚户区改造4.2万户553.6万平方米，提质改造老旧社区50个、背街小巷100条，改造城中村9个，增加公共设施用地5.8万平方米。

构建绿色综合交通体系。大力发展综合立体交通，地铁1号线开通运营，3、4、5号线加快建设，6号线启动建设；中低速磁浮快线、长株潭城际铁路相继运营；南北横线、金阳大道、岳宁大道等建设提速，芙蓉北大道全线通车；建成公交专用道103公里、自行车专用道90.8公里；实施断头路、瓶颈路改造项目52个；公交出行分担率达43.1%。

推动绿色住宅建筑发展。全面执行绿色建筑项目管理规定，新开工绿色建筑项目面积占新开工建筑面积30%以上，100个项目取得绿色建筑设计标识，面积达1180万平方米。出台装配式建筑发展扶持政策，鼓励发展全装修住宅，支持实施设计、生产、施工、装修一体化，开展带装配式建筑要求的土地招拍挂试点。成功举办2016中国（长沙）住宅产业化和绿色建筑产业博览会，可再生能源建筑应用示范城市建设通过住建部验收。

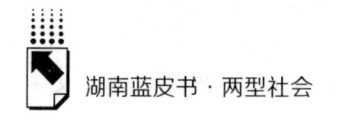

三 让机制护航，不断强化绿色发展的共建共享

凝聚全社会推进绿色发展的"最大公约数"，注重在机制保障上发力。近年来，长沙围绕体制创新、体系保障、生活方式等凝聚合力，推进绿色发展共建共享。

（一）完善绿色发展体制

围绕打造全国两型社会建设综合配套改革试验区，推动其向纵深发展。稳步推进生态文明体制改革6个方面24个具体改革事项，其中制定海绵城市建设实施意见、完善污染物排放许可制、健全生态环境监测网络等改革取得重大进展。率先在全国开展绿色发展评价考核体系研究与试点，探索建立市对区县（市）、园区绿色发展评价指数体系。率先在全国开展两型标准认证试点，4家景区通过两型旅游景区认证。同时，水资源管理行政首长负责制、节约集约用地标准化、湘江新区综合性生态补偿、环境联合执法等一批"试点改革"先行先试，两型财政金融体制、两型工业准入提升退出、生态环境保护市场化等一批"特色改革"强力推进，绿色建筑推广、零碳县建设、生活垃圾智能分类等一批"原创改革"大胆探索，农村环境综合整治模式、餐厨垃圾集中收运与资源化利用、分布式能源创新发展体制机制等6项案例成为全省首届生态文明改革创新案例。

（二）健全绿色保障体系

加强制度建设、构建长效机制是落实绿色发展理念的根本保障。强化城市绿色发展的系统思维、创新思维、法治思维和底线思维，依托全国两型社会建设综合配套改革试验区平台，在巩固生态文明体制改革成果的基础上，进一步健全城市发展的绿色保障体系。完善绿色发展的科学民主决策和政绩考核责任制度，实行最严格的耕地保护制度、环境保护制度和生态保护红线管理制度，建立健全生态保护责任追究制度、环境损害赔偿制度和生态环境损害责任终身追究制度，用制度红线守住绿色底线，用制度红利保障绿色发展。深入探索建立符合实际的自然资源产权制度、自然资源有偿使用制度和生态补偿制度,并让这些制度成为刚性约束,划定城市发展边界,提升城市承载能力。

(三)践行绿色生活方式

绿色生活方式与每个人的生活息息相关,对绿色发展和生态文明的最终实现具有基础意义和关键作用。近年来,我们本着绿色发展人人有责、人人共享的原则,大力倡导并践行绿色生活方式,以住宅产业化推广绿色居住模式,以"公交都市"和自行车慢行系统建设推广绿色出行模式,以"两型庭院、两型社区、两型村镇"等活动推广绿色生活模式,在全社会初步形成思想自觉和行动自觉。坚持绵绵用力、久久为功,就一定能换来长沙蓝天常在、青山常在、绿水常在的城市发展的美好明天。

总报告

General Report

B.2
2016~2017年湖南两型社会与生态文明建设情况与展望

湖南省人民政府发展研究中心课题组*

2016年,湖南加快推进两型社会第三阶段改革建设,纵深推进生态文明体制改革,取得积极成效,资源节约集约利用成效明显,生态环境质量总体向好,产业绿色转型步伐加快,体制机制进一步完善,两型社会第三阶段改革建设实现良好开局。2017年,湖南将围绕深化生态文明体制改革,推进资源节约集约利用,加强环境治理和生态保护,加快推进技术创新和金融创新等重点领域,推动全省两型社会和生态文明建设取得更大的成就。

一 2016年湖南两型社会与生态文明建设情况

2016年,湖南全面启动两型社会第三阶段改革建设,在生态文明体制改

---

* 课题组组长：卞鹰，湖南省人民政府发展研究中心主任；课题组副组长：唐宇文，湖南省人民政府发展研究中心副主任、研究员；课题组成员：彭蔓玲、刘琪、黄君、戴丹、罗会逸。

革、产业绿色转型、环境治理、政策标准评价体系完善、试点示范推进和经验总结推广等方面取得了重要进展。

（一）两型社会与生态文明体制改革全面有序推进

1. 自然资源资产产权制度方面

2016年1月，湖南正式出台《湖南省自然资源生态空间统一确权登记工作实施方案（2015～2020年）》，明确结合湖南省实际，以不动产统一登记为基础，有序推进自然资源生态空间确权登记，探索建立符合实际的管理体制和运行机制，到2020年，基本形成自然资源统一确权登记制度和体系。并分别在浏阳、澧县、芷江选取一个乡镇，开展不动产统一登记和自然资源统一确权登记试点工作，中央深改组第29次会议已将此三县市确定为全国自然资源统一确权登记试点地区，要求重点探索个别重要的单项自然资源统一确权登记。

2. 生态红线制度方面

2016年4月，湖南正式启动全省生态红线划定工作。在总结郴州桂东、汝城、宜章和资兴等"三县一市"生态红线制度建设试点经验的基础上，制定出台了《湖南省生态保护红线划定工作方案》《湖南省生态保护红线划定技术方案（试行）》等规范性文件，形成了全省生态保护红线划定初步方案。2016年8月，在全省24个国家级重点生态功能区县市正式实施产业准入负面清单制度，是全国首批发布负面清单的7个省份之一。截至2016年底，全省生态保护红线初步划定面积9.88万平方公里，占全省土地面积比例为46.61%；其中一类管控区1.89万平方公里，二类管控区7.99万平方公里。

3. 生态补偿机制方面

2016年，基本完成对湖南湘江新区综合生态补偿，对38个试点行政村（社区）完成了生态基础摸底工作，并拨付了2015年扶持资金。出台了公益林分类分区域补偿办法，并在2016年两次提高公益林生态补偿标准，国有的国家级、省级公益林补偿标准提高至13元/亩，集体和个人所有的国家级、省级公益林补偿标准提高至17元/亩。将湘江流域生态补偿制度和措施扩大到其他流域、区域和领域，2016年湘江流域生态补偿追加奖励资金达3688.75万元，较上年增加691.75万元，专项用于湘江流域8市生态补偿奖励。

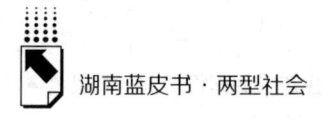

4.生态环境保护市场化机制方面

以排污权交易促进第三方污染治理试点项目正式落地，在全国走在前列。株洲清水塘、湘潭竹埠港地区2016年上半年共争取中央预算内资金5590万元，用于专项支持两地采取第三方治理方式实施区域环境综合整治。筹备碳排放权交易市场建设，2016年出台了《湖南省实施低碳发展五年行动方案（2016~2020年）》，对未来五年湖南省低碳发展做出了全面部署，力图打造亚太地区低碳技术交易中心。推广合同能源管理，以公共机构为重点领域，出台了《湖南省推进公共机构合同能源管理实施方案》，对省政府机关一院和省电信机房节能等实施合同能源管理项目。

5.绿色金融制度方面

2016年6月，湖南省委、省政府出台《关于加快金融业改革发展的若干意见》，并将绿色金融纳入全省"十三五"金融业改革发展规划。2016年10月成立了长株潭城市群两型社会建设金融改革协调小组，落实《长株潭城市群金融改革发展专项方案》，专门发文明确责任分工，并向国家争取长株潭试验区绿色金融改革试点，积极探索绿色金融制度。深化企业环境信用评价，2016年向社会公布湖南省环保"黄牌"企业137家、"红牌"企业88家。创新绿色金融产品，2016年永清集团与长沙银行共建200亿元环保产业基金，这是全省首支环保产业基金。

6.清洁低碳技术推广机制方面

强化低碳技术开发与推广。截至2016年底，共研发出清洁低碳重大关键技术近100项，推广十大清洁低碳技术共800多个重点项目，总投资800亿元。与此同时，推进清洁低碳技术推广试点，目前，已争取湘潭高新区、岳阳绿色化工产业园、益阳高新区纳入国家低碳园区试点；省级层面，确定了32家低碳社区试点，筛选17家单位作为低碳示范试点。加强技术推广平台建设，成立湖南湘江节能环保协作平台，省内外200家节能环保企业加入，已协助举办亚太低碳技术峰会、亚欧水资源大会、首届中国生态养殖大会等20多个重大活动，为节能环保公司提供项目对接、智库支持、产学研对接等咨询服务200多次。

7.生态环境监督监察和责任追究制度方面

2016年7月，湖南省委全面深化改革领导小组审议通过了《湖南省贯彻落实党政领导干部生态环境损害责任追究办法（试行）实施细则》和《湖南省开展领导干部自然资源资产离任审计试点实施方案》，强化领导干部环保责任，倒逼各地的绿色发展。随后，湖南又发布《湖南省生态环境损害赔偿制度改革试点工作实施方案》，将绿色发展的责任从领导干部扩展到全社会。2016年6月，湖南省高院环境资源审判庭正式揭牌，开启专门化法庭"治污"模式，标志着湖南环境资源审判工作进入专门化、专业化的轨道，也标志着湖南环境资源司法保护工作步入新的历史起点。2016年3月，湘潭县上马垃圾填埋场偷排渗滤液被查处，系湖南首例拘留公职人员的环境污染案。启动全省环境保护督察试点工作，督察组进驻益阳，共责令关停违法企业133家，停产整治130家，移送刑事拘留案件4起、行政拘留案件12起，已对相关部门实施责任追究38人，有力促进了环境质量的改善和环境问题的解决。

（二）产业绿色转型步伐加快

1. 绿色生态农业开启新篇章

湖南以三个"百千万"工程为抓手，推进农业供给侧结构性改革，加快农业转型方式。开展"水稻+"生产模式示范，稻田综合种养面积达到204万亩。统计数据显示，湖南2016年粮食总产量稳定在300亿公斤左右，优质米占比由2010年的不足10%提高到50%。继续实施"百企"工程，重点培育119家龙头企业，规模以上农产品加工企业达到3800家，全年农产品加工业完成销售收入1.35万亿元。继续实施"千园"工程，新认定现代农业特色产业园147个。在24个县市区开展农村一二三产业融合试点。强化农产品质量安全监管，在符合条件的优先保护类耕地建设无公害农产品基地并进行认定，2016年新建衡东等10个省级无公害农产品生产示范基地县，认定无公害农产品产地205个，加强农产品质量安全全程监管和追溯体系建设，"三品一标"农产品认证总数达2960个，全省农产品例行监测合格率达到98%。

2. 加快构建绿色制造体系

2016年，湖南出台《湖南省绿色制造工程专项行动方案（2016~2020年）》。重点支持绿色设计平台建设、绿色关键工艺突破、绿色供应链系统构建3类项目，湖南有7个项目列入2016年国家绿色制造系统集成项目支持计划（全国仅83个），预计获批资金1.62亿元，获批数量位居全国第一。推动

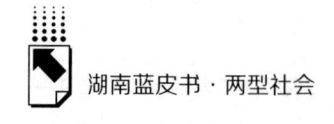

循环经济试点，娄底市国家循环经济综合标准化试点通过考核评估，工业污水排放量由2013年的7158.8万吨下降到2016年的4800万吨，涟钢、冷钢工业废水综合循环利用率达到95%以上。

3. 绿色建筑业稳步发展

全省大力实施绿色建筑行动，开展节能改造和新建筑施工强制标准执行。2016年，各中心城市城区新建建筑节能强制性标准执行率设计阶段和施工阶段均达到100%，全省新增绿色建筑项目120个，建筑面积约1366.7万平方米。目前全省取得标识的绿色建筑总量达到249个，建筑面积约2921.4万平方米。推进既有建筑节能改造示范项目，全年各地共计完成公共建筑节能改造项目42个，改造面积93.55万平方米，完成居住建筑节能改造项目63个，改造面积187.55万平方米。大力推进住宅产业化，全省目前已建成住宅产业化基地15个，其中国家住宅产业化基地2个，年产能达到2100万平方米。长沙作为国家住宅产业现代化综合试点城市，住宅产业化累计施工面积逾1000万平方米，拥有远大住工、三一集团等7个省级住宅产业化基地，PC（预制混凝土构件）年产能突破1000万平方米。

4. 环保产业快速发展

2016年，湖南环保产业产值继续保持20%左右的高速增长，预计达1900亿元，居全国前十位，中部第一位。同年，湖南出台《湖南省节能环保产业发展五年行动计划（2016~2020年）》，对未来五年环保产业发展的目标、重点、举措作了明确的规定。开展"湖南省环保产业十佳企业"评选，并对2015年度湖南省环保企业"走出去"先进单位进行了授牌。一批环保产业骨干企业日益发展壮大，比如，永清环保完成了湖南24万亩土壤修复；凯天环保锁定城镇及园区的地下水、地表水和家庭门户废水的综合治理；华时捷突出"环境中医"的扮演角色，致力于废水残留物的回收提取再利用。

（三）生态环境质量进一步好转

1. 重点推进减排工程，主要污染物进一步下降

2016年，湖南省实施了一批重点减排工程，以长株潭城市群、湘江流域和洞庭湖生态经济区为重点，组织102家工业企业开展自愿性清洁生产审核并编制了清洁生产审核报告。全年综合能源消费量为5946.23万吨标准煤，同比下降1.5%；煤炭的清洁化利用程度有所提升，洗精煤和其他洗煤的消费量占规模工业能源消费合计的比重较上年提高0.2个百分点。主要污染物减排完成国家下达的年度目标任务，化学需氧量、氨氮、二氧化硫、氮氧化物排放量同比下降2.82%、3.07%、8.42%和6.72%。

2. 继续推进水土气治理，取得阶段性成果

启动洞庭湖水环境综合治理五大专项行动及湘江保护和治理第二个"三年行动计划"（2016~2018年），在湘江流域开展"河长制"管理试点，2016年总计启动实施水污染防治项目983个，完成942个，全省主要水体水质总体保持稳定，洞庭湖湖体、浏阳河、邵水等支流局部水域水质有所提升，湘江流域干支流180个断面水质总体为优，Ⅰ~Ⅲ类水质断面比例为97.8%。推进大气污染防治，全年完成535个重点治理项目，淘汰黄标车和老旧车辆16.8万辆，淘汰燃煤锅炉507台，全省14个市州所在城市环境空气质量平均优良天数比例为81.2%，同比上升3.3%，6项主要污染物年均浓度值除O_3上升1.5%外，SO_2、CO、$PM_{2.5}$、PM_{10}和NO_2分别下降20.8%、15.8%、9.4%、8.4%和3.7%。积极开展土壤污染防治，2016年争取国家重点支持下达土壤污染防治专项资金5.56亿元，启动了21个土壤污染治理与修复试点项目，重金属污染耕地修复治理试点面积，达到274万亩。

3. 积极推进农村环境综合整治，农村环境持续优化

继续推进农村环境综合整治全省域覆盖试点，2016年新支持35个县市区启动整县推进，目前全省有农村区域的126个县市区（含县级管理区）已全部启动农村环境综合整治。全省围绕"一减二控三基本"目标，积极开展农业面源污染治理，2016年新建50个以自然村为单位、22个以行政村为单位和3个以流域为单位的农业面源污染防治典型地区。目前已有21个县市区通过验收，纳入省政府绩效考核的4000个村综合整治已全部完成，建设美丽乡村304个。浏阳在全省率先启动全域美丽乡村示范县（市）创建，重点打造了10条休闲农业与乡村旅游精品线路，被评为"中国美丽乡村建设示范县"。

4. 加速推进绿心保护，筑牢生态屏障

作为长株潭三市重要生态屏障的长株潭绿心面积达522.87平方公里，是世界上最大的城市群绿心。2016年7月，《株洲市绿心地区生态补偿考核办法

（试行）》正式出台，这是长株潭城市群的首个绿心地区生态补偿考核办法；11月，长沙市雨花区跳马镇成功创建省级绿心保护与发展示范片，其占有绿心面积为183.84平方公里，占长株潭城市群生态绿心地区面积的1/3，是整个长株潭城市群生态绿心的核心。湘潭在绿心规模不减、"三区"（禁建区、限建区、控建区）比例不变、各区内部平衡、生态廊道连片、生态品质提升的基本原则下，根据产业发展布局、历史遗留问题、"三区"范围调整等对湘潭市生态绿心地区总体规划局部进行修改，以促进生态绿心地区经济社会持续健康发展。

（四）政策标准评价体系逐渐完善

1. 扩大政府两型采购范围，发挥导向推动作用

2016年5月，湖南省财政厅等6个部门联合正式发布《湖南省政府采购两型产品认定办法》，对两型产品的申报条件和申报及认定程序作了规范，为充分发挥政府采购政策功能起了重要的导向作用。政府两型采购范围进一步扩大，目前已完成第四批两型技术产品认证与发布，171家企业、793个产品进入两型技术产品目录，截至2016年底，全省近83.3%的两型产品企业参与过政府采购，中标率超过36.4%。

2. 推进两型标准化建设，发挥规范引领作用

2016年8月，湖南正式出台《关于推进生态文明及两型社会标准化改革建设的实施意见》，拟从绿色产业发展、绿色产品与消费、两型城乡建设、两型组织、自然生态系统保护、资源节约与保护、环境治理与保护七个方面，制定实施99个标准，以标准化引领两型社会和生态文明建设，从试验区起步，向全省铺开。目前已编制了60多个标准、规范、指南，在全国率先建立两型标准体系，两型景区标准由"地标"上升为"国标"。开展两型标准贯标，在长沙市全市和株洲、湘潭绿心地区开展标准化综合实施试点；率先开展两型认证，创造了全国经验，两型园区、两型村庄认证方案已经国家质监局备案。

3. 建立绿色发展评价体系，发挥激励约束作用

韶山绿色GDP评价改革试点顺利完成，形成了《韶山市绿色GDP评价体系研究》，开发绿色GDP评价指数，共60个指标，完成韶山市近年绿色评价指数纵向比较和湘潭市各区县横向比较分析，韶山市推广应用绿色GDP评价考核体系，促进绿色发展的政策文件《关于深化绿色发展指标考核评价体系推进绿色发展的实施意见》于2016年12月5日正式出台并实施。两型综合评价体系进一步完善，已连续发布2012～2015年年度两型评价报告，为国家绿色发展评价指标体系的建立提供了借鉴。

（五）以试点示范带动经验总结推广效果彰显

1. 加快推进重大试点示范

2016年，湖南按照一方面积极争取国家布局新的改革试点，另一方面扎实推进现有试点取得成效的原则，集中力量推动生态文明体制改革试点示范建设。推进武陵山片区、湘江源头区域、衡阳、宁乡四个国家生态文明先行示范区建设，并印发了衡阳市、宁乡县生态文明先行示范区建设实施方案。2016年8月，国务院正式批复同意《湖南南山国家公园体制试点实施方案》，南山国家公园成为全国首批国家公园体制试点地区之一。推动循环经济发展试点，2016年，长沙市、安化县、安乡县纳入国家循环经济试点示范创建城市，安化经开区跻身国家循环化改造重点支持园区，全省各类国家级循环经济试点达到20个。推进昭山等生态绿心地区示范片（带）建设和继续开展两型示范创建活动。其中，评选省级两型村庄、社区、学校和合作社创建单位105个，评选省级两型小城镇、村庄、社区、企业、景区示范单位12个，评选省级两型示范机关2个、创建机关10个。

2. 加强改革经验总结提升推广

2016年4月，湖南首届31个生态文明改革创新案例出炉，是全国第一个生态文明改革专项案例评选，并在各大媒体作了宣传推介，通过本次评选，不仅形成了一系列看得见、摸得着的改革成果和典型经验，还形成了一些卓有成效、影响长远的工作理念和推进机制，收到良好的效果。11月初，国家发改委在拟推广湖南政府两型采购、农村环境治理、城市环境治理、绿色发展评价指标、示范创建五项改革经验的基础上，增加了标准体系建设、公共资源交易平台建设以及规划的编制、实施、监控三项改革经验，将湖南改革的经验模式推向全国。

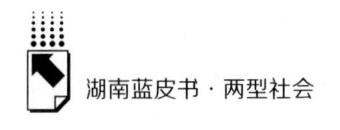

二 存在的主要问题

(一)两型社会与生态文明体制改革待深化

1. 部分改革滞后

根据生态文明体制改革任务时间表要求,截至2016年底,全省有6项改革事项未在规定的时间内完成。其中,制定自然资源资产管理体制试点方案,制定完善自然资源资产管理体制的意见及实施方案,编制湿地资源资产管理体制改革实施方案,制定湖南省"十三五"节能减排综合性工作方案,完善湖南省固定资产投资项目节能评估和审查办法5项,计划2016年出台但由于中央文件尚未出台导致进度延后;大气污染防治条例1项,计划2015年出台但延后至2017年4月才出台。

2. 部分改革落地任务紧

比如明晰自然资源产权、健全法制体系、生态文明投融资机制建设及新型绿色金融产品开发等,涉及点多、线长、面广,而目前还处于刚刚破题阶段,抓落地的任务相当紧迫。

3. 需要部门联动的事项多

随着改革进入攻坚期、深水区,"牵一发而动全身"的重点改革、难点改革不断增多,涉及的部门利益也十分广泛,财税、价格、土地、金融、行政管理等各项改革相互协同配合的难度较大;湘江流域治理、洞庭湖生态经济区建设等跨区域合作发展问题需进一步统筹资源、协调各方利益。

(二)生态环境质量仍不容乐观

1. 水、大气、土壤环境质量仍需进一步改善,个别污染因子在一定区域长期超标现象依然存在

水环境方面,洞庭湖湖体水质2016年虽略有好转,但所有监测断面仍全面超标,总体为轻度污染,营养状态为中度。大气环境方面,虽然全省空气质量年平均优良天数上升,但仍在全国排名第17位,而且在9月、11月、12月出现连续的重污染天气;长株潭空气质量低于全省平均水平,长沙空气质量低于周边大多数省会城市,优良率在全国338个重点城市中排第233位,在31

个省会城市中排第15位。土壤环境方面，土壤治理刚刚起步，全省土壤污染点位超标率位于全国前列，局部地区重金属污染严重，耕地质量堪忧，大型工业企业周边和工矿业废弃地污染治理任务繁重。

2. 农村环境状况仍令人担忧

随着农村经济的发展，生活污水、垃圾大量排放，但当前乡镇污染水处理率低于10%，垃圾处理大多采取荒山、湖边填埋的方式，焚烧处理技术也不成熟，安全隐患多。近年，湖南省农业生产及畜禽养殖发展较快，但畜禽规模养殖率低于全国水平，污染治理设施不健全，废弃物无害化处理和综合利用率低，污染物直排山林或水体，造成地下水和土壤污染；同时，传统农业耕种方式中农药、化肥、农膜大量使用，污染物长期在土壤中停留累积，给生态环境、食品安全也带来隐患。

（三）资源节约和利用仍有差距

1. 能源消费习惯需进一步改善

一方面，高耗能行业的能源消费占比始终维持高位，2016年全省六大高耗能行业综合能源消费量虽然同比下降1.7%，占规模工业能耗的比重为79.3%，与上年同期持平，但增速却比上年提高4个百分点，说明短时间内难以改变高耗能行业能源消费占比大的状况。淘汰落后产能，调整产业结构仍面临较大压力。另一方面，能源加工转换效率较同期略有下降，2016年全省规模工业能源加工转换效率为70.6%，比2015年减少0.3个百分点，其主因是2016年火电企业发电空间不足，设备利用水平较低，火力发电加工转换效率降低0.6个百分点。进一步提高能源加工转换效率任重道远。

2. 土地利用方式需进一步转变

"十二五"期间湖南省每年用地总量都在30万亩以上，而国家每年下达的用地计划缺口在10万亩以上，土地供需矛盾大。同时，部分地方政府由于过度依赖"土地财政"等原因，土地闲置、批而未供、过度抵押融资等问题依旧存在，特别是园区土地节约集约利用程度总体偏低，建筑容积率偏低、投入产出强度不高、闲置和浪费现象多等情况普遍存在，转变土地利用方式迫在眉睫。

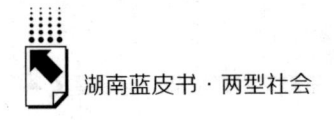

（四）科技和金融支撑能力需要增强

1. 科技支撑力量不足

从专利状况看，2016年湖南省专利申请为67779件，比湖北少27378件；湖南每万人发明专利拥有量为4.11件，湖北为5.39件。从科研经费来看，2016年湖南R&D经费支出为460亿元，仅占全省生产总值的1.47%，不仅低于全国平均水平（2.1%）0.63个百分点，比同为两型改革试验区的湖北也低了0.45个百分点，总量少了160亿元。

2. 金融支持力度不足

近年来，虽然湖南绿色金融有了一定的进展，但依然处于起步阶段，目前还未形成广泛的绿色金融共识。无论是制度政策的设计，还是绿色金融行业，都没有统一的标准，人民银行、银监会虽屡屡颁布绿色信贷政策，但尚未建立一套完善的法律保障体系，缺乏具体的工作指导目录和环境风险评估标准等，一定程度上影响了绿色信贷的可操作性。

三 2017年湖南两型社会与生态文明建设面临的环境分析

绿色发展已经成为时代的主题和趋势，不论国际还是国内都将生态文明建设提高到一个新的高度，2017年，湖南两型社会与生态文明建设机遇和挑战并存。

（一）面临的国际形势

2017年，随着绿色发展成为世界潮流和新科技革命的不断推进，湖南绿色发展面临新的机遇，同时湖南也需面对更高的要求。

1. 全球生态环保和绿色发展进入新阶段

2016年，《巴黎协定》正式生效、第二届联合国环境会议召开、杭州G20峰会通过《二十国集团落实2030年可持续发展议程行动计划》等一系列事件，标志着全球生态环保和绿色发展进入新的历史阶段。随着生态治理和绿色发展日益成为全球共同关注的热点，各级政府、企业以及社会大众的观念将进一步转变，地方政府在一定程度上将降低对经济发展指标的过度追求，提高对生态环保的重视，同时民众绿色生态理念也将加速形成，促进绿色消费。从产业来看，一些不符合生态要求的产业受到的限制将更多。

与此同时，挑战与机遇并存。一方面，国际社会要求我国在节能减排方面承担更多责任，我国积极响应《巴黎协定》等约定，主动承担自身责任，提出了节能、二氧化碳峰值等一系列目标，湖南也将面临更大的节能减排压力。另一方面，为保护本国相关产业发展，美国、欧盟、日本等发达国家向发展中国家设置绿色贸易壁垒，这对湖南装备制造业等主要出口产业的绿色化转型提出了更高的要求。

2. 新科技革命与新工业革命深度交互

绿色是本轮科技革命和工业革命的一个重要特征，2017年，人工智能、虚拟现实、大数据等技术的应用将更加广泛，生物技术、信息技术、电池技术等不断进步，科技创新日益成为经济发展的核心力量，也将为湖南两型社会和生态文明建设提供强有力的技术支撑。一是人工智能、大数据等技术和工具应用范围不断扩大，尤其是在环保领域应用的推广，为湖南生态环保相关的决策提供更加科学的依据和更加有效的手段，并提高应对突发环境事件的能力。二是科技革命带动低碳技术、生态修复技术等两型技术的发展，为湖南加强节能减排、生态修复等工作提供了技术层面的可能。

科技革命也对湖南两型社会和生态文明建设提出了挑战。一是主要发达国家投入大量资金支持低碳、环保、新能源等技术的研发，湖南能否利用好自身优势，在本轮科技革命中赢得主动，存在挑战。二是科技创新速度加快，新业态的不断发展，可能对环境造成不确定的污染或者生态破坏，对新兴产业如何进行科学的环保评估也是湖南两型社会建设面临的新挑战。

（二）面临的国内形势

近年来，我国全面深化改革，不断完善生态环保政策体系和法规体系，为湖南两型社会和生态文明建设提供了强劲动力和有力的制度保障，但同时更高的环保要求也给湖南带来了一定压力。

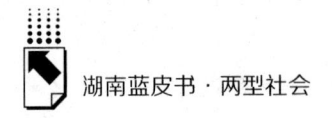

1. 改革深入推进,绿色发展动力与压力并存

党的十八大将"绿色发展"列入五大发展理念之一,我国生态文明改革正以更快的速度向更宽的领域纵深推进,随着GDP核算、生态补偿等制度的不断完善,湖南两型社会建设制度保障体系也日益完善。供给侧改革深入推进将助推湖南传统产业升级改造,加速环保产业、新能源产业等战略新兴产业发展。

但改革的纵深推进也使湖南面临更多的竞争和压力。长江经济带是国家生态文明体制改革的重点区域,节能减排、污染防治等目标均比其他地区高,湖南作为这一区域的重要省份,面临较大的压力。湖南钢铁、有色、水泥等高耗能高污染产业的产能过剩情况还比较严重,传统产业转型压力比较大。随着市场化不断推进,部分为刺激产业发展的优惠政策将逐步退出,节能减排成本将增加,同时部分新兴产业的利润空间将有所下降,发展动力将有所减弱。

2. 法规体系逐步完善,保障与守法成本同时增加

从2015年开始,我国环保法律法规接连出台。2017年,部分法律法规将正式启动实施或进一步推进,配套政策法规将延续密集出台的趋势,环境保护和生态文明建设法规体系将进一步完善,这为湖南两型社会和生态文明建设提供了有效的法律支撑,随着法规体系进一步严格和完善,法治红利将进一步显现,法治将成为湖南两型社会建设的重要保证。

但不断严格的环保法规和环保要求也给湖南省带来了一定压力。从政府角度来看,湖南有些领域如空气质量、重金属污染治理等要想实现规定目标,压力较大。各级地方政府需要根据新法规的要求,对原来一系列的地方政策进行清理。从企业层面来说,更加严格的法律法规,更高的节能减排和环保要求,企业将在节能环保方面增加更多的投入,对企业的发展形成压力。

(三)面临的省内形势

建设"生态强省"目标的提出,将湖南绿色发展上升到新的高度,随着有关政策的不断建立和完善,示范试点的深入推进,新业态、新模式的发展,湖南两型社会和生态文明建设将得到更大支持,同时在产业转型等领域也将面临更大的压力。

1. 生态强省目标首次提出

湖南省第十一次党代会提出："推动生态环境显著改善，实现从绿色大省向生态强省转变"，这是湖南第一次明确提出建设"生态强省"的目标。伴随着目标的提出，围绕支撑生态发展的一套政策体系将逐步建立，如2017年财政将对环境整治、生态补偿等方面加大投入力度，"智能、绿色、高端"的两型技术和产品将得到更多支持，地方政府考核中生态因素所占比重将提高，绿色出行等两型生活方式将得到更大范围推广，等等，这些都将加速湖南两型社会与生态文明建设。

2. 国家级示范试点不断增加

近年来，湖南和两型社会建设相关的国家级示范试点项目不断增加，如国家主体功能区建设试点、国家生态文明先行示范区、国家水生态文明城市建设试点、国家循环经济示范城市、国家海绵城市建设试点、国家连年休耕制度试点等。国家级示范试点为湖南两型社会与生态文明建设在建设模式、建设路径等方面提供了更好的平台，在国家政策的支持下，为湖南在具体领域开展两型社会建设改革试验提供便利。

3. 共享经济快速发展

得益于互联网技术的飞速发展，共享经济作为一种新业态得到越来越多人推崇，湖南共享经济在2016年也得到飞速的发展，2017年将迎来发展黄金期。目前共享经济发展还不规范，运营模式还存在缺陷，可能造成其他方面损失，浪费人力和物力，但是共享经济对湖南资源利用率和提升居民消费理念具有重要作用，有利于湖南两型社会与生态文明建设。

4. PPP模式广泛应用

PPP模式在生态领域的应用广泛，2014年以来，湖南省级PPP项目中，生态环保项目约占25.6%。今后，湖南省将在污水处理、垃圾发电、管网管廊、海绵城市、污泥处理、水体治理等环保领域加大投入力度，PPP模式将为这些项目建设提供有力的资金支持，成为促进湖南两型社会与生态文明建设的一项重要手段。

四 对策建议

2017年，是湖南两型社会建设第三阶段改革的关键年，也是落实生态文明体制改革任务的攻坚之年，为圆满完成下一阶段的工作任务，必须深入贯彻落实湖南省委、省政府关于生态文明改革的一系列部署安排，坚持统筹兼顾与重点突破，将两型社会与生态文明建设与推动供给侧结构性改革、实施"创新引领、开放崛起"战略、建设富饶美丽幸福新湖南更好地结合，加快生态强省建设。

（一）统筹兼顾、重点突破，深化两型社会与生态文明建设体制机制改革

1. 以不动产登记为基础，加快推进自然资源产权制度改革

一方面，夯实基础、深化不动产登记制度改革。加强部门间统筹协调，按照"四统一"的要求，进一步将土地、房屋、林地、草原等不动产登记的职责整合到国土资源部门，做好资料移交工作，确保各类资料及时完整移交到位。开展标准化登记窗口建设，统一登记业务流程，切实规范登记行为。开展相关法规、规章和规范性文件的清理，研究不动产登记实践的重大问题，进一步完善不动产法规政策。

另一方面，紧抓内核、加快自然资源产权制度改革。以摸清湖南自然资源家底为目标，制定工作方案、明确责任分工、强化督导落实，加快开展自然资源生态空间调查，初步查清湖南自然资源空间分布、位置、面积、范围等情况，建立湖南自然资源与地理空间基础数据库。深化浏阳、澧县、芷江等地不动产登记改革试点，以不动产登记工作内容和机制为基础，坚持资源公有、物权法定和统一登记的原则，结合试点资源禀赋特点和发展现状，启动重要单项的自然资源统一确权登记，形成较完善的工作模式和制度体系，为全省提供可复制、可推广的经验。

2. 以主体功能区战略为基础完善空间规划体系

一是健全主体功能区配套制度。组织湖南省新纳入国家重点生态功能区的县市区编制产业准入负面清单，因地制宜地引导和约束产业发展。完善财政与投资政策，加大对重点生态功能区的转移支付力度，对符合主体功能区发展方向的投资项目，在建设用地、贷款贴息和投资补助等方面加大扶持力度。进一步完善差异化绩效考核制度，借鉴韶山绿色GDP改革试点经验，探索建立符合定位、具有地方特色、体现各地发展阶段的考评体系。

二是完善空间规划体系。按照国家和湖南主体功能区规划的要求，以资源环境承载力评价为基础，以建立多部门合作的协调机制、统一的技术标准、刚弹结合的指标体系为手段，构建层级合理、功能互补、统一协调的国土空间规划体系。探索编制湖南省国土空间规划，开展长株潭国土空间规划前期研究，推进临湘"多规合一"试点。

3. 健全两型社会与生态文明建设市场体系

一是推进碳排放权交易制度改革。完成建立碳排放权交易市场的基础性工作，建议按照"柔性总量控制"方案进行碳排放总量设定，按照"统一行业分配标准"、"差异地区配额总量"与"预留配额柔性调整"三项原则进行碳配额分配。完善碳排放交易注册登记系统，实现与国家碳交易注册登记系统的同步与连接。以全国碳交易市场启动为契机，探索与湖北等地签署碳交易体系建设战略合作备忘录，推动跨区域碳交易。充分借鉴"两省五市"试点的有益经验，探索开发碳基金、碳债券、碳期货等金融产品，有效降低企业碳配额交易的履约成本，激活碳交易二级市场的活跃性。支持湖南国际低碳技术交易中心规范运作，争取国家批准湖南作为首个全国低碳技术交易试点。

二是推进环境污染第三方治理改革。大力发展节能服务产业，全面推行效益分享、费用托管、节能保证等多类型合同能源管理模式，围绕重点行业领域，推动节能咨询、设计、评估、审计等节能市场配套服务体系建设。深化株洲清水塘、湘潭竹埠港、宁乡、衡南县等地环境污染第三方治理试点。

4. 完善两型社会与生态文明责任追究制度

一是深化环保督察制度改革。落实环境保护"党政同责""一岗双责"，实施监管清单制度，实行环保督察信息公开，加快推进环保督察制度建设。总结益阳环保督察试点经验并在全省全面推进，适时开展环保督察"回头看"。加快推进生态环境损害赔偿制度改革试点，研究制定环境污染损害鉴定评估技术规范。

二是健全环境监管执法机制。建立环境联合执法工作机制，推动完善环境联合执法体系，以湖南省高级人民法院环境资源审判庭的成立为契机，探索在长沙、岳阳分别成立湘江、洞庭湖专门环境资源法庭。探索将生态环境监测网络建设与环保垂管改革相结合，制定湖南生态环境监测网络建设实施方案，切实加强质控体系建设，强化监测信息的分析与共享，为环境质量改善提供有力支撑。

5.完善改革的统筹协调推进机制

站在全局高度通盘考虑，统筹推进湖南省两型社会与生态文明建设的重大问题，加强整体部署、突出上下联动，统筹各方力量形成合力，协调解决跨部门、跨地区的重大事项。抓实改革动作，进一步加强改革任务的倒排、调度、督办等工作，确保改革推进有力有序。突出重点攻坚，重点协调涉及生态文明建设"四梁八柱"的制度性建设。

（二）大力推进资源节约集约利用

1.扎实推进节能减排

一是大力推动工业节能降耗。一方面，严格准入，执行新的能耗限额标准，完善投资项目节能评估和审查制度，突出项目落地的能效把控，严格控制高能耗、高排放产业低水平扩张和重复建设，淘汰一批落后产能。另一方面，突出工程带动，充分运用大数据和云计算等先进技术，加快推进重点领域"两型"化改造；继续实施锅（窑）炉改造、余热余压利用和能量系统优化等重点节能工程，提升能源利用效率。

二是逐步健全节能降耗长效机制。一方面，培育和发展第三方能源审计机构，围绕石油、化工、电力等高能耗行业和洞庭湖等重点区域，推广能源审计、加大节能失信行为惩戒力度，倒逼企业提高能效，破解"节能守法成本高、违法成本低"的困境。另一方面，形成示范效应，借力自愿性清洁生产审核和"两型工业企业"认证，以减少污染物排放、提高资源产出效率为主要着力点，对符合要求、进入目录的企业实行奖补，引导全省工业企业逐步走向两型发展道路。

2.深入推进循环经济发展

一是打造湖南循环经济发展新高地。围绕生态强省和推进供给侧改革的战略部署，建议将郴州、永州等地的循环经济试点示范通盘考虑、统筹推进，加强技术创新和资金保障，着力打造湘南地区有色金属循环利用的增长极，提升产业发展质量、增强产业转移吸引力。

二是纵深推进园区循环化改造。借鉴现有园区循环化改造试点的经验，有序扩大园区范围，将试点由石油、化工、钢铁等重工业产业园区向一般服务业、工业园区推广，依托园区现有产业结构和资源禀赋，引进相配套的企业实现园区内资源的循环利用和能源的梯级利用。有序推广资源产出率统计体系试点，并借此开展循环经济发展评价指标体系的研究，探索制定循环经济企业、产业和园区标准，将循环经济发展纳入地方绩效考核范围并加大考核力度。

三是推进"城市矿产"开发试点，实现社会层面循环经济发展。支持长株潭再生资源回收利用体系建设，构建以"互联网＋"垃圾分类回收、社区回收站点为基础，以分拣加工集聚区为核心，以管理信息平台为支撑的资源回收利用体系。推进岳阳市云溪区建筑垃圾循环利用及市政污泥生产绿色建材技术推广项目，形成"政府支持＋市场运作＋技术支撑＋标准引领＋项目落地＋产品应用"的云溪模式，并向全省推广。

（三）加强环境治理和生态保护

1. 以湘江保护与治理为抓手有序推进重点流域水环境整治

推进湘江保护和治理向"一湖四水"延伸。一方面，深入推进湘江流域污染防治第二个"三年行动计划"，加强湘江流域水污染防治。深入推进流域造纸、焦化、氮肥等行业的专项整治，强化近岸区域的畜禽污染治理，促进船舶标准化及船舶、港口、码头生活垃圾上岸处置。创新"一湖四水"管理体制，在全省全面推行河长制。

另一方面，以洞庭湖区域环境整治为重点，有效遏制水质富营养化趋势。争取将洞庭湖区域纳入农业面源污染综合防治示范区的笼子，建立洞庭湖湿地生态保护补偿制度，科学划定畜禽养殖禁养区、限养区、适养区，有序推进禁养区畜禽养殖业的退出，堵住污染的源头。大力推进洞庭湖流域的水生态修复，在条件适宜的湖岸线开展退耕还湿、植树造林等绿化工作；以洞庭湖区域打造开放高地为契机，引进国际先进的水污染治理技术、资金与人才，打造洞庭湖景观修复的样板，强化末端治理。建立洞庭湖水环境保护联防联控机制，打破行政区划和部门界限，力求形成全流域、全方位、多功能综合整治格局。

2. 深入推进土壤重金属污染治理

大力推动土壤环境质量监测网络建设，加快完成全省土壤污染状况详查；对问题集中的区域进行风险排查，建立风险管控名录；建立污染地块名录及其开发利用的负面清单，合理确定土地用途。探索建立土壤污染治理与修复全过程监管机制，严格修复方案审查，对土壤污染治理与修复的责任方实施终身责任追究。深化长株潭耕地重金属污染修复试点，进一步推动"VIP+n"治理模式示范建设，构建可复制、易推广的标准化镉污染稻田综合防治与修复技术体系。继续推进株洲清水塘、郴州三十六湾、娄底锡矿山等区域土壤重金属污染治理项目建设。推进绿色矿山建设，实施历史遗留工矿污染治理和生态修复。落实地方政府治理历史遗留矿山地质环境问题的主体责任，鼓励第三方治理。

3. 继续推进大气环境综合整治

一是深化工业污染源治理。以湖南绿色制造体系的建设为契机，推动钢铁、水泥、有色等重点行业进行脱硫脱硝和除尘改造。强化燃煤管控，提高煤炭洗选比例，限制高硫分、高灰分劣质煤炭的开采与使用，积极推进煤炭清洁利用。

二是推动交通污染防治。进一步推进黄标车淘汰和油品升级。支持和鼓励共享单车快速发展，加强步行和自行车交通系统建设，加快长沙绿道建设，提高绿色出行比例。发挥湖南新能源汽车电池材料产业的优势，大力打造金洲锂电谷，加大新能源汽车推广力度。

三是开展道路扬尘整治。推进绿色施工，在建筑施工场地及其他裸露地面实施绿化、透水铺装或覆盖。借鉴江苏等地有益经验，探索开展施工场地扬尘排污费征收试点。

四是健全长株潭地区大气污染联防联控机制，加强统一协调、联合执法和信息共享，提高跨区域大气污染应急联动、协作处置的能力。

4. 着力推动农村环境污染治理

一是加大农村面源污染治理力度。精准施策，深入开展测土配方施肥、节水灌溉、秸秆还田、农膜回收等技术，加快种植业绿色转型。以畜禽养殖污染控制与资源化技术国家工程实验室的建设为契机，开展养殖污水处理与污染控制、畜禽粪便资源化、畜禽养殖与循环农业生产等配套技术的攻关，探索在武陵山片区等扶贫攻坚重点地区开展生态养殖试点，编制生态养殖方案和标准。建立"户、村、乡、县"四位一体的农村生活垃圾收集与处理处置系统，强化人员技术培训，保障设施长期、稳定运行。

二是加强农村饮用水水源保护。严格水源保护区内的环境综合整治，禁止保护区内从事可能污染饮用水水源的活动。加大经费保障力度，加强饮用水水源地水质监测能力建设。完善应急体系，做好饮用水水源突发环境事件预案的编制、评估、发布、演练等工作。

5.加大生态保护力度

一是实施生态修复工程，推进生态建设。大力推动退耕还草、还林、还湿，完善湿地保护制度，启动湖南天然林保护工程，因地制宜营造防护林。加强南岭山区、武陵山区等生物多样性重点区域的生态保育，抢救濒危珍稀野生生物。有序推进长株潭生态绿心保护，引导绿心地区重点发展都市农业、休闲旅游、文化创意、养老保健等产业，实现生态保护与经济发展双赢。

二是深化"国字号"试点。通过理顺管理机制、拓宽资金来源、鼓励社会参与等手段，加快完成南山国家公园试点，构建"政府主导、管治分离、特许经营、多方参与"的国家公园管理模式。大力推动长沙、常德等地海绵城市和地下综合管廊试点，有效提升城市生态服务功能。

（四）加大技术创新力度，大力发展绿色新兴产业

1.突出创新、引导节能环保产业快速发展

以长株潭国家自主创新示范区的加快建设为契机，用好国家赋予的先行先试政策，加快政策、人才、资金等创新要素向重点领域和关键环节倾斜，围绕能源、钢铁、石化、交通等领域，加快水生态修复技术、土壤修复技术、农村面源污染治理技术等关键技术和共性技术攻关。

搭建和引导产业技术创新、技术推广战略联盟发展，组建低碳技术创新平台、工程研究中心和企业技术中心；支持湘江节能环保协作平台为绿色湘军企业提供全方位系统解决方案，扶持湖南绿匠工场打造为湖南低碳技术的公益孵化器。

借助财政补贴、税收减免、定价支持、政府采购、应用示范等手段，培育与壮大节能环保市场；完善"能效领跑者"、环境标志产品认证等政策，建立绿色节能产品、技术和装备的绿色招投标制度。

支持长株潭等有条件的地区整合创新资源，打造集研发、设计、生产、运营于一体的环境治理装备制造、环境监测仪器制造和环境服务产业集聚区，引

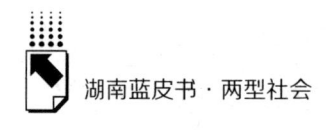

导节能环保产业集聚发展。

2. 以跨界融合为手段打造新业态

一方面，鼓励产业跨界，把握以"互联网＋"、大数据、3D打印、人工智能为核心技术的第三次工业革命趋势，构建绿色产业体系，如扶持"互联网＋垃圾回收"产业、打通垃圾收储运链条，积极推进"互联网＋生态旅游＋健康产业"融合发展、创新全域旅游模式等。

另一方面，鼓励资本跨界，鼓励发展环保服务总承包模式、政府和社会资本合作模式等，在市政公用领域大力推行PPP模式，推动政府由过去购买单一治理项目服务向购买整体环境质量改善服务方式转变，推行环境污染第三方治理模式。

此外，围绕"大众创业，万众创新"战略构建一批创客空间，集聚一批创意创业人士，通过公共服务平台提供便利方式，培育一批围绕绿色低碳领域具有高成长性的瞪羚企业。

（五）加快金融创新步伐，为两型社会与生态文明建设提供资金保障

1. 构建多元化绿色金融体系

推广绿色信贷、绿色保险、绿色债券等绿色金融产品，探索绿色金融衍生品的开发，在绿色能源、绿色建筑等领域开发适当的信贷产品。将长沙银行发行绿色金融债的有益经验向全省推广，深化株洲绿色信贷机制改革试点。

广泛吸引社会资本投入两型社会和生态文明建设中，鼓励民间资本发起设立主要投资于低碳节能、生态环保等领域的产业基金。

开展绿色金融领域的国际合作，积极利用国际金融组织和外国政府贷款投资，引资引智，助力湖南省绿色金融发展。

2. 加强绿色金融配套机制建设

一是完善绿色担保机制。针对新兴绿色环保企业轻资产与缺少抵押物的特点，创新担保方式及服务模式，协调金融机构与项目投资方对接，探索建立由业主、投融资方、保险机构风险共担和利益共享的担保机制。

二是开辟绿色审批通道。同等条件下优先审批用于支持绿色、低碳、循环

经济的授信申请，对绿色金融重点客户授信业务优先安排调查与审批。

三是开展第三方评估。探索在绿色金融产品发行中引入第三方评估机构，对绿色金融产品支持绿色产业项目发展及其环境影响等实施跟踪评估，提高绿色金融激励机制的有效性。

部门篇
Department Reports

B.3
关于推进湖南生态强省建设的初步探索

湖南省环境保护厅

湖南省第十一次党代会上,省委书记杜家毫庄重地提出"五个强省"的新湖南发展目标,"生态强省"列入"五个强省",作为湖南未来五年的发展纲领,受到社会各界广泛关注,凝聚了政心民心、振奋了士气斗志。为贯彻落实湖南省第十一次党代会精神,我们对湖南生态强省建设作了一些初步探索,并提出几点建议意见。

一 生态省的具体内涵

从字面理解,生态省是经济社会生态协调发展,各部门、各行业基本实现可持续发展的省级行政区域。具体而言,就是在省级行政区划范围内,以科学发展观和绿色发展理念统领经济社会生态发展全局,保护生态环境,转变发展方式,同时遵循经济、社会、生态三大发展规律,着力推动社会走上生产发展、生活富裕、生态良好的发展之路。

对于生态省建设，需要关注几个重要层面：从建设目标来看，要充分发挥本地生态优势和区位优势，立足解决生态环境的整体性与行政管理条块分割的矛盾，扭转"点上治理、面上破坏、整体恶化"趋势，大力推行绿色生产、生活和消费方式。从工作思路来看，要利用可持续发展理论和生态学、生态经济学原理，通过加快推进产业升级、完善国土空间开发制度、加强资源节约和环境保护等一系列深化生态文明体制改革的举措，统筹规划和实施环境保护、社会发展与经济建设。从战略定位来看，要成为生态文明制度创新试验区，着力推动具有"四梁八柱"性质的体制机制创新，建立体现国家治理能力现代化的差异化绩效考核体系；要成为绿色发展先行区，在生产、消费、流通等环节大力推行低碳化、循环化改造；要成为空间开发先导区，构建科学合理的城镇、农业和生态空间布局；要成为人居环境建设示范区，建设青山绵延、绿水环绕的美丽家园。

二　中国生态省建设相关情况

（一）发展历程

1983年，中国社会科学院于光远研究员首次提出"生态省"概念，认为要"把青海省建设为生态省"。1999年，国家环保总局批准了海南《关于建设生态省的决定》。1999年11月，国务院授权国家环保总局批准吉林省开展国家生态省建设试点，2001年12月，《吉林省生态省建设总体规划纲要（2001~2030年）》批准实施。

2000年，国务院印发《全国生态环境保护纲要》，正式提出生态省建设，这是国家层面正式明确相关工作目标。截至2016年6月，全国已有16个省区市开展生态省建设工作。

2007年，为深化生态示范区创建工作，国家环境保护总局印发了《生态县、生态市、生态省建设指标（修订稿）》（环发〔2007〕195号），明确了生态省量化考核指标。

（二）代表性省份工作情况

福建省生态省建设。福建省生态文明建设起步早、力度大。2000年，习近平总书记任福建省省长时，站位高远、思路清晰、措施有力，提出生态省建设的总体构想并推动实施了《福建生态省建设总体规划纲要》。加强了对自然保护区、森林公园、湿地公园等重要生态功能区的保护和建设力度；在全国率先开展森林资源补偿费试点，健全森林生态补偿机制。自规划实施以来，福建生态省建设取得显著成效，节能减排水平和生态环境指数一直位居全国前列，尤其是66%的森林覆盖率稳居全国之首，生态补偿、集体林权制度改革、红壤区水土流失整治等工作也有力推进，成功打造了"清新福建"品牌。

国务院于2014年出台了《关于支持福建省深入实施生态省战略加快生态文明先行示范区建设的若干意见》，福建生态省建设从此上升为国家战略，进入创建全国生态文明先行示范区的新阶段。2016年9月，中办、国办印发《国家生态文明试验区（福建）实施方案》，明确了6大方面26项重点任务，重点聚焦推进建立健全国土空间治理体系、完善生态环境保护市场体系、构建多元化生态补偿机制、建立健全自然资源产权制度等改革任务；目标是到2020年，资源利用效率、污染治理能力、环境质量明显提升，生态文明制度体系基本建成，绿色生产、生活、消费方式得到大力推行，经济社会生态协调发展的现代化建设新格局基本形成。

安徽省生态省建设。2004年，安徽省出台《安徽生态省建设总体规划纲要》，启动生态省建设。2011年，安徽省第九次党代会提出打造经济、文化和生态"三个强省"、建设美好安徽的目标，系全国首个明确提出生态强省的省份。2012年，颁布《生态强省建设实施纲要》，实施"科学开发国土，构建主体功能明确的区域发展体系、发展绿色产业；构建高效低耗的生态经济体系、强化生态保护；构建山川秀美的自然生态体系、提升资源利用效率；构建可持续的资源支撑体系、实施综合治理；构建安全稳定的环境保障体系、建设美好家园；构建宜居宜业的生态人居体系、弘扬生态文明；构建全民参与的生态文化体系"等七大任务及面源污染防治工程、空气清洁工程等十大重点工程，为生态强省建设的初步进展提供保障。2016年以后，继续推进相关工程建设，全面完成目标任务。

三　湖南生态强省建设的现实基础

十八大以来，党中央将生态文明建设纳入"五位一体"总体布局，明确提出"创新、协调、绿色、开放、共享"五大发展理念，生态文明建设和环境保护工作提到了一个前所未有的高度。在湖南省委、省政府的坚强领导下，持续推进"四化两型""绿色湖南"建设，生态文明建设和环境保护工作取得了显著成绩。

（一）湖南生态强省建设的有利条件

1. 资源条件优越，基础条件扎实

一是具备先天性生态优势。湖南森林覆盖率达59.64%，远高于全国21.63%的平均水平，居全国第六；有森林公园126个，其中国家级森林公园59个，居全国第一；国家湿地公园69处，居全国第一。拥有长江第二大支流湘江和全国第二大淡水湖洞庭湖。形成了以洞庭湖为中心，以武陵－雪峰、南岭、罗霄－幕阜山脉为构架，以湘、资、沅、澧水系为脉络的"一湖三山四水"生态空间格局。山清水秀的生态环境，是湖南的"无价之宝"，也成为最公平的公共产品、最普惠的民生福祉。

二是满足生态省建设的基本条件。《生态县、生态市、生态省建设指标（修订稿）》（环发〔2007〕195号）中生态省建设的基本条件为"制订了《生态省建设规划纲要》、全省县级（含县级）以上政府（包括各类经济开发区）有独立的环保机构、完成国家下达的节能减排任务、三年内无重大环境事件、外来入侵物种对生态环境未造成明显影响、生态环境质量评价指数位居国内前列或不断提高、全省80%的地市达到生态市建设指标并获命名。"虽然当前《生态省建设规划纲要》尚未制定，生态市命名工作尚未推开，但基本条件中提及的其他各项硬指标均已完全符合要求。

2. 敢为人先，生态文明建设顶层设计体系完整

一是率先启动两型社会建设。早在2007年，长株潭城市群就在全国率先报批实施方案，开展资源节约型、环境友好型社会建设综合配套改革，近年来先后实施106项原创性改革，形成了一批可推广、可复制的经验模式。

二是率先出台生态文明体制改革实施方案。党的十八届三中全会后，湖南省委成立生态文明体制改革专项小组，2014年，出台了《湖南省生态文明体制改革实施方案（2014~2020年）》，为全国首个生态文明体制改革实施方案，基本完成了改革的顶层设计。按照"源头严防、过程严管、后果严惩"的整

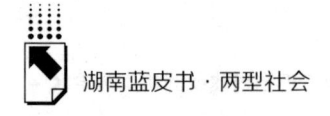

体思路，提出划定生态红线、生态补偿、节能减排治污市场化、生态环境保护责任体系、法治保障等方面的任务。

三是率先开展生态文明和环境保护工作机制改革创新。率先颁布实施《湖南省环境保护工作责任规定（试行）》《湖南省重大环境问题（事件）责任追究办法（试行）》，并被环保部在全国转发，形成党委政府统一领导下各级各部门齐抓共管的工作格局。制定实施《湖南省环境质量监测考评办法（试行）》，进一步强化环境质量为核心的环境管理机制，突出地方政府主体责任。出台《湖南省国家重点生态功能区县域生态环境质量考核评估暂行办法》，为衡量县域生态创建工作成效提供了准绳。

四是迅速构建"山水林田湖生命共同体"保护治理体系。2011年，《湘江流域重金属污染治理实施方案》获批，为全国唯一由国务院批复的重金属污染治理试点方案。2013年，湖南省政府为统筹湘江流域治理，将湘江保护和治理列为省政府"一号重点工程"，现已推动"一湖四水"治理，带动山水林田湖生命共同体的保护与治理。2016年，湖南省政府批复《武陵山区山水林田湖生态修复与保护重大工程试点实施方案》，已上报财政部，拟启动实施。

3. 勤勉笃实，生态文明建设成果丰富

近年来，湖南按照两型社会建设、绿色湖南创建等一系列战略部署，扎实推进生态文明建设和环境保护工作，坚持在发展中保护、在保护中发展，生态文明建设取得了显著成效。

一是重点流域区域污染防治取得重大突破。实施省"一号重点工程"第一个、第二个三年行动计划，湘江水质整体稳定向好，洞庭湖区生态环境逐步恢复，株洲清水塘、湘潭竹埠港、郴州三十六湾、衡阳水口山、娄底锡矿山等重点区域环境整治和建设取得明显成效。建立完善大气污染防治机制体制，全省14个市州实现$PM_{2.5}$实时监测和数据发布，全省有行政村的126个县市区全部启动农村环境综合整治，农村环境面貌大幅改观。

二是主要污染物减排成效显著。完成了"十二五"及2016年国家下达的二氧化硫、氨氮和氮氧化物总量、化学需氧量减排指标，以及湖南确定的重金属砷和镉总量减排约束性指标任务。

三是生态环境保护优化经济发展方式的作用逐步显现。以资源环境成本倒逼经济增长方式转变，以环境资源配置量化推动产业转型升级，以生态环境容量优化区域布局，环保职能在发展大局中得到充分发挥。

四是环保意识明显提高。各级党委政府牢固树立绿色发展理念，社会公众绿色发展意识也有了较大提高，形成了较好的绿色生产生活方式与重视环保、支持环保、参与环保的良好氛围。

（二）湖南生态强省建设的薄弱环节

1. 国土空间科学开发程度仍然不高

2012年，湖南省政府印发《湖南省主体功能区规划》，成为全国首批发布的省级主体功能区规划之一。《规划》从城市化建设、农业发展、生态安全等方面，将122个县市区划分为重点开发区域、农产品主产区、重点生态功能区等三类主体功能区。但是在实际工作中，一些地区不能从长远和全局的角度优化国土空间开发格局，国土开发优化难以做到科学优化和精细优化；不能按照主体功能区的定位优化国土空间开发格局、规范国土开发秩序，甚至盲目开发、过度开发、无序开发，资源环境承载能力已经接近或超过极限；不注重提高土地集约利用水平，不注重优化城镇空间结构、农业布局、生态空间，国土空间科学开发程度不高。

2. 绿色、循环经济发展仍然未占主导

湖南作为有色金属之乡，产业结构偏重，传统支柱产业占比较大，新兴产业规模偏小，单位GDP能耗较高。产业机构一时难以根本性扭转，重金属污染等历史遗留问题突出。作为传统农业大省，长期以来种养业规模大、污染量多面广，水系发达又导致污染转移、扩散速度快，污染问题长期累积。

3. 环境质量与目标期望仍然有一定差距

环境质量总体上稳中向好，但流域性、区域性、行业性环境污染问题仍较突出。水环境质量方面，湘资沅澧大部分支流存在超标。洞庭湖在全国62个重点湖库中水质较差，总磷、总氮持续超标，长期维持在中营养水平；近年来总体呈现恶化趋势。大气环境方面，全省市州城市空气质量达标率为77.9%，长株潭只有70%左右；长沙市空气质量综合指数在全国74个重点城市中排第37名，处于中等水平，与周边省会城市相比，低于贵阳、南昌、广州、重庆，仅好于武汉。土壤环境方面，点位超标率位居全国前列，局部地区污染严重；耕地质量堪忧，大型工业企业周边和工矿业废弃地问题突出。湖南特有、典型

的重金属污染，尽管近年来治理成效显著，但由于长期积累致使污染程度深、范围广，污染形势依然严峻。

4. 生态环保改革仍然任务繁重

长期以来，生态文明建设和环境保护工作既要不欠新账，又要多还旧账，压力和挑战一直存在，还需要把深化改革放在核心位置，进一步理顺、完善、创新体制机制。当前，牢固树立生态优先理念、加大突出污染问题治理投入、强化环境执法监管等方面还有待增强，全面建立生态红线制度、生态补偿制度、生态环境损害责任追究制度还刚刚起步，省以下环保机构监测监察执法垂直管理体制改革思路还没形成完善体系；环境监管能力与新的形势不相适应的问题比较突出，县乡基层环保队伍人员力量和装备保障薄弱，环保系统业务能力建设亟须加强。

总而言之，当前发挥湖南山清水秀的生态优势，尽快补齐制约生态文明建设的各方面短板，加快天蓝、地绿、水清、土净的生态强省建设，让生态环境成为湖南人民实实在在的绿色红利，我们认为恰逢其时。

四　几点建议

（一）尽快成立生态强省组织机构

生态强省建设涉及湖南省两型办、发改委、国土资源、环境保护、住房和城乡建设、水利、农业、林业等多个部门，牵涉面广、工作量大。为加快推进该项工作，建议湖南省委、省政府尽快成立领导小组，统筹推进全省生态强省建设工作，明确具体牵头部门，组织实施规划编制、方案制定、任务分解、督促考核等各项工作。

（二）立即启动生态强省实施方案编制工作

生态强省是湖南未来五年新湖南建设的一项具体任务，也是实现全省生态文明的具体行动。实现生态强省战略目标，时间紧、任务重，抓紧做好顶层设计时不我待。建议由相关部门牵头组织开展生态强省实施方案编制工作，细化工作任务、明确实施计划，科学谋划，稳步推进。

（三）先行先试，积极争取国家政策、资金支持

一是尽快实施《武陵山区山水林田湖生态修复与保护重大工程试点实施方案》，并争取纳入国家试点。习近平总书记强调要开展山水林田湖生态修复与保护重大工程，国务院将武陵山片区确定为十四个集中连片贫困区之一，加快推进武陵山片区生态修复和保护工作是实施生态强省的必要举措。目前，《实施方案》已通过湖南省人民政府批复，建议尽快启动实施，并积极争取中央财政支持。

二是争取湖南尽早纳入国家生态文明试验区范围。2016年8月，中办、国办印发了《关于设立统一规范的国家生态文明试验区的意见》，首批选择福建省、江西省和贵州省作为试验区，明确今后将根据改革举措落实情况和试验任务需要，适时选择不同类型、具有代表性的地区开展试验区建设。湖南省应当继续发扬实干精神，不等不靠，先行先试，推广湘江治理经验，大力实施大气、水、土壤污染防治行动计划，筑牢"一湖三山四水"生态屏障，加快推进循环型工业、农业、服务业，推动绿色发展，倡导绿色生活，建立人与自然和谐发展的新格局，同时，以现有工作成果，积极申请、争取尽快纳入国家生态文明试验区。

B.4 狠抓资源节约循环利用 提升生态文明建设水平

湖南省发展和改革委员会

按照党的十八大和十八届三中、四中、五中全会精神，湖南省委、省政府坚持把生态文明建设摆在突出位置，紧紧围绕建设富饶美丽幸福新湖南的战略目标，狠抓资源节约循环利用，强力推动生态文明建设，促进了全省经济绿色、循环、低碳、可持续发展。

一 2016年主要工作成效

2016年以来，以制度、技术、结构为抓手统筹推进节能降耗，以试点推广为途径加快推进循环经济和资源综合利用，在宏观研究、资金争取、项目推进等方面取得了明显进展，为"十三五"开局提供了有力支撑。

（一）突出宏观研究，切实抓好规划编制和体系建设

一是加强专项规划编制。牵头编制印发了《湖南省"十三五"节能专项规划》；会同湖南省住建厅研究编制了《湖南省"十三五"城镇生活污水处理设施建设规划》《湖南省"十三五"垃圾无害化处理设施建设规划》；会同湖南省农业委编制了《湖南省秸秆综合利用规划（2016~2020）》。

二是加强重大课题研究。完成了"十三五"能源消费总量和强度双控课题研究，通过数学模型分析、统计数据修正，提出了"十三五"市州能耗双控指标分解方案；完成了湖南园区循环化改造分析报告，从不同类型、不同区域、不同层次角度出发，对全省园区循环化改造进度及发展需求进行了全面摸底和科学分析，进一步推进循环化改造进度，破解存在的难题。

三是加强制度体系建设。积极推进《湖南省实施〈循环经济促进法〉办法》出台,完成了法规的调研、论证和文本起草。在全省范围内开展资源消费调查统计,收录全省及各市州、各行业的能源统计、资源消费调查数据,以及重要历史年份的全省主要统计数据,打造基础数据库。在五个国家循环经济示范城市和五个国家级循环化改造试点园区率先探索建立资源产出率统计体系。

（二）突出目标考核,统筹推进节能工作顺利开展

一是科学设定能耗"双控"目标。基本确定了湖南"十三五"能耗强度在2015年基础上下降16%、能源消费总量控制在1.785亿吨标准煤以内的指标计划。

二是开展节能目标责任考核。2016年圆满完成了年度节能目标任务,单位GDP能耗下降5%左右,顺利通过了国务院考核组对湖南省政府的"十二五"节能目标责任评价考核。组织完成了"十二五"市州政府和在湘万家企业节能目标责任评价考核,考核结果及时向全社会公告。

三是落实节能评估审查制度。2016年共对316个项目进行审查,累计核减用能量9000吨标准煤。配合完成了湖南煤炭行业能耗情况专项检查和2013~2015年部分项目能评措施落实情况现场督察,并对市州能评制度落实情况开展了专项检查,对未完成节能目标的重点用能单位进行了现场监察。

四是创新开展节能宣传。联合红网组织举办了"节能领跑、绿色发展"为主题的2016年湖南节能宣传周活动,策划实施丰富多彩、富有创意的启动式和湖南省"十二五"节能成果展等相关宣传活动。

（三）突出试点示范,积极探索循环经济发展典型模式

一是推进循环经济示范城市建设。成功争取长沙、安乡、安化获批国家循环经济示范城市（县）,并指导编制了各具地方特色的创建方案上报国家。同时,持续发力,不断推进首批娄底、资兴开展循环经济示范城市创建。娄底结合循环经济综合标准化试点城市建设,实行"双创双促",通过节能减排、清洁生产、综合利用三大工程,全面提升全市基础建设、产业发展和环境整治,

循环经济工作成效明显；资兴启动了生态资源权利置换改革试点，构建了特色显著的有色金属综合循环产业链条。

二是推进园区循环化改造。2016年共争取国家专项建设基金1.86亿元，支持衡阳重金属废水深度处理循环利用扩建及管网建设工程、湖南石化化工产业园公共物料管廊建设项目等5个重点项目建设。衡阳松木、岳阳绿色化工、桂阳工业园等5个国家级循环化改造示范园区共54个重点支撑项目已有17个投产或部分投产，13个项目在建。通过一批重点项目的实施，基本实现了资源高效、循环利用和废物"零排放"，促进了产业集中分布、集约发展，提升了园区综合竞争力。

三是强化餐厨废弃物处理试点城市建设。组织召开试点城市项目建设集中调度会，督促衡阳、长沙、湘潭、娄底、株洲国家餐厨废弃物资源化利用和无害化处理试点城市建设，并进行全省通报。目前，大部分试点建设正有序推进，衡阳、长沙已建成投产。其中长沙实现了日处理餐厨废弃物500吨，市区覆盖率100%，大型门店收集处理率100%，先行先试的"长沙模式"获得了国家认可，并作为先进经验介绍推广。

（四）突出重点项目，不断提升资源节约及综合利用成效

一是示范基地建设推进顺利。娄底市、湘潭高新区、花垣县3个国家资源综合利用示范基地79个重点项目完成投资34亿元，大宗固废综合利用率分别达到87%、96%和75%，年综合利用各类产业废物达3500万吨。其中娄底资源综合利用产值超过80亿元，湘潭高新区全区域内产业废弃物实现了全面治理、减量排放和资源化利用。

二是重点项目储备丰富。2016年，湖南入库并列入三年滚动投资计划的资源节约循环利用项目已达到105个，总投资超过100亿元，其中10个重点节能项目，建成后年节约标煤46088吨，36个资源综合利用项目，建成后年处理各类废弃物量达1000万吨左右。

三是秸秆综合利用模式成熟。依据湖南"十二五"农作物秸秆综合利用规划和实施方案，以秸秆禁烧为核心，推进全省4488万吨主要农作物秸秆综合利用，形成了秸秆还田、植菌变菜、过腹变奶、生物质变电等多种综合利用模式，全省秸秆综合利用率达80.96%。同时，以废弃物综合利用为核心的种

养一体化生态农业循环发展模式在不少市州推行，发展前景良好，为湖南生态农业发展探索了一条可行之路。

（五）突出地方特色，着力打造有色金属循环利用产业绿色增长极

一是以试点示范为依托，促进产业集聚。依托岳阳汨罗、郴州永兴、株洲清水塘等国家级循环经济试点，汨罗、永兴2个国家级"城市矿产"基地以及17家重点企业、7个循环化改造示范园区，初步形成了以长株潭为核心的有色循环再生产业圈和永兴、汨罗南北两大再生资源工业基地，目前湖南共有有色金属回收公司206家、经营户3500余户，收购网点5000多个，基本建成覆盖全国30多个省份的回收网络，为开拓国内外废旧资源回收提供了渠道保障。

二是以产业结构转型为契机，促进产值提升。2016年以来，湖南有色金属再生利用规模不断扩大，产业比重逐步提高，2016年湖南有色资源综合回收与再生利用产量达144.5万吨，较上年度增长1.8%。有色循环经济主营业务收入约1477.4亿元，为历史最高水平，其中金龙铜业更是创下了年平均增幅150%的金龙速度，到"十三五"期间，金龙铜业计划实现年加工100万吨的目标，产值超1000亿元。再生有色金属产业作为节能环保领域的重要组成部分，已成为湖南极具潜力的新的绿色经济增长极。

三是以专利技术为支撑，促进资源高效利用。大力推广在全国乃至世界处于领先水平的有色金属综合回收与再生利用专利技术和独特工艺，如充填采矿法、共生伴生矿种综合回收利用技术、无氰浮选工艺、三废回收处理、有色金属废弃物常温物理分解、连铸连轧一次成型工艺等，一系列可复制、可推广的综合回收与再生利用技术和工艺的推广使用，为湖南有色金属循环经济发展提供了强有力的技术支持，完成了从"有色大省"到"有色强省"的华丽转型。

二 存在的问题

"十三五"开局之年，尽管在节能减排、资源节约、高效利用方面取得了一定成效，特别是循环经济各类试点示范项目亮点突出，形成了独特的湖南模式，但也存在一些不容忽视的问题，需要认真对待并加以解决。

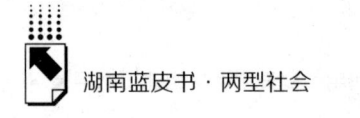

（一）地方政策机制滞后

一是法规制定上，节约能源法实施办法、循环经济促进法、固体废弃物回收利用、餐厨废弃物资源化利用和绿色消费等地方性政策法规还没有出台。二是政策执行上，节能监管体系有待完善，推进循环经济发展的激励机制和管理制度难以落实到位，企业退税流程长，影响了企业和公众推进循环经济发展的积极性。三是配套支持上，节能市场化机制仍面临着信息不畅、融资困难、竞争无序，相关税收、用地、国家专项资金支持等优惠政策略显不足，循环经济的评价指标体系尚未建立，行业标准相对缺乏，影响了对循环经济情况的调度、评价和考核。

（二）部分项目实施困难

因市场变化或客观条件影响，部分试点项目难以持续。如松木工业园、岳阳绿色化工产业园、桂阳工业园等园区均有大量项目需申请调整，湘潭市餐厨项目因群众抵制而暂缓建设，博世汽车再制造试点项目因条件不成熟予以撤销。项目调整较多影响到试点示范成效，需申请延期通过国家考核验收的现象时有发生。同时，项目建设配套压力较大。如松木工业园项目建设8.2亿元，配套设施建设近20亿元。常宁水口山经开区调整扩区后，大部分基础设施需要重建，地方政府和企业自筹的压力很大。岳阳绿色化工产业园在集中供水、供热、供电等配套设施建设方面压力较大。

（三）循环发展宣传不够

促进资源能源高效利用，积极发展循环经济作为生态转型的重要手段，需要公众广泛参与，就湖南循环经济发展现状来看，因宣传引导缺乏，行业协会平台不畅，除专业同志外，循环经济对大多数人来讲还是一个相对陌生的概念，大家对循环经济的常识知晓不多、概念模糊，公众对循环经济的参与度不高，缺乏良好的社会氛围和群众基础。

三 2017年主要工作思路

2017年是"十三五"规划的全面推进之年，按照生态文明建设总体要求，将围绕建设富饶美丽新湖南的主题，以提高能源资源利用效率为核心，突出改革创新，强化政策引导，全面推进能源双控和循环发展引领计划，着力加快湖南生态文明建设步伐。

（一）围绕生态强省部署，扎实做好相关基础性工作

一是部署节能减排工作。制定《"十三五"全民节能行动计划》，切实贯彻落实节能优先战略。进一步强化湖南省节能减排领导小组工作联络协调机制，制定《湖南省"十三五"节能减排综合性工作方案》，进一步明确节能减排工作目标、重点任务、责任分工和保障措施等，确保完成"十三五"节能减排约束性目标任务。

二是开展形势分析和课题研究。落实季度节能减排形势分析制度，加强预判研判、预调微调和精准发力。建立循环经济专家库，充分利用外脑，借鉴外省经验，围绕用能权交易、资源循环利用产业发展、绿色金融体系建设、循环农业发展等主题开展课题研究，为下一步决策提供政策参考。

三是加强宣传培训力度。在《湖南日报》、湖南经视、红网等主流媒体设立资源环境专栏，组织开展2017年节能宣传周，举办资源节约和环境保护相关培训，广泛宣传政策知识，积极倡导绿色生活方式，引导社会构筑绿色、循环、低碳发展新理念。

（二）围绕总量强度"双控"目标，实施节能全民行动计划

一是强化"双控"目标考核。实施能源消费总量和强度双控行动，将节能和控制能源消费总量目标分解到各地区和重点用能单位，制定《"双控"目标责任评价考核实施方案》，开展目标责任评价考核。加强重点领域用能、节能、能效监测信息化建设，加快能源利用状况报告在线直报、能源利用在线监测等平台建设，强化终端用能产品能效标准、单位产品能效限额标准、管理类基础标准等标准约束。

二是落实完善节能评估审查制度。制定节能评估和审查办法，并对国家发改委44号令执行情况进行专项督察，进一步加强能评事中事后监管，充分发挥能评在控制高耗能行业产能和能源消费总量过快增长中的源头把关作用。

三是实施重点用能单位"百千万"行动。制定《重点用能单位"百千万"

行动实施方案》，融合资金支持、专家指导、宣传培训、监察执法等手段，组织实施节能技术改造工程，推动建设能源管理体系、计量体系和能耗在线检测体系，打造万家企业节能低碳行动升级版。

（三）围绕资源产出率提升，实施循环发展引领计划

一是推进循环发展引领计划实施。根据国家循环发展引领计划制定《湖南省循环发展引领计划实施意见》，进一步加强对循环发展的组织领导和统筹协调。积极组织有条件的地区开展城市资源循环利用产业基地、工业废弃物综合利用产业基地和生态农业循环基地创建。做好资源节约综合利用重点项目储备，积极争取中央预算内及专项基金支持，推动节能节水、大宗固废综合利用、园区循环化改造、低值废弃物资源化处置、农林废弃物资源化利用等一批重点项目建设。

二是做好循环经济试点经验推广。持续推进包括城市矿产、园区循环化改造、循环经济示范城市（县）建设、餐厨废弃物处理等国家级试点示范建设。认真做好汨罗"城市矿产"示范基地、衡阳、长沙餐厨废弃物处理试点、桂阳工业园园区循环化改造等中期评估以及总结验收工作。同时，充分发动行业协会和龙头企业的积极作用，广泛收集典型案例，提炼试点经验，向全省范围推广。

三是完善循环经济制度体系建设。推进循环经济发展评价指标体系建设和资源产出率统计体系试点。会同统计部门对相关指标进行收集、汇总和分析，指导市州建立调查分析制度，完善基础数据库建设。推进生产者责任延伸制度，推动产业链的形成。促使生产者责任向前延伸到产品设计可再制造性，向后延伸到产品废旧物回收和再制造的体系建设，打通制造与再制造间的融合关系。鼓励再生利用向中高端技术发展，形成可操作、可复制、可推广的路径经验和发展亮点。

B.5
强化国土资源管理 推进生态文明建设

湖南省国土资源厅

国土是生态文明建设的空间载体和重要基础。党的十八大报告对优化国土空间开发格局的发展理念进行了深化和细化，以"人口资源环境相均衡、经济社会生态效益相统一"为原则，以"控制开发强度、调整空间结构"为手段，以"促进生产空间集约高效、生活空间宜居适度、生态空间山清水秀，给自然留下更多修复空间，给农业留下更多良田，给子孙后代留下天蓝、地绿、水净的美好家园"为目标。习近平总书记强调，要按照"人口资源环境相均衡、经济社会生态效益相统一"的原则，整体谋划国土空间开发，科学布局生产空间、生活空间、生态空间，给自然留下更多修复空间。要大力节约集约利用资源，推动资源利用方式根本转变，大幅降低能源、水、土地消耗强度，大力发展循环经济，促进生产、流通、消费过程的减量化、再利用、资源化。要实施重大生态修复工程，增强生态产品生产能力，以解决损害群众健康突出环境问题为重点，坚持预防为主、综合治理，强化水、大气、土壤等污染防治。2013年11月习近平总书记在视察湖南时还要求"谱写建设美丽中国湖南新篇章"，为湖南加快生态文明建设指明了前进方向。

国土资源部门担负着土地资源、地质矿产、测绘地理信息和不动产统一登记的管理职责。优化国土空间开发格局，推进土地资源节约集约利用，加强矿山地质环境治理，对促进经济、社会和生态环境协调发展，推进生态文明建设具有重要意义。2016年，在湖南省委、省政府的正确领导下，尽职尽责保护国土资源，节约集约利用国土资源，尽心尽力维护群众权益，为全省经济社会发展和生态文明建设提供了有力保障。

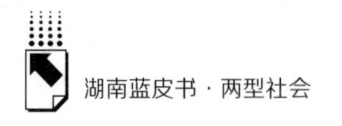

一 2016年主要工作成效

（一）推进土地节约集约利用，守住生态保护红线

土地是人类生存发展之本。节约集约利用土地是生态文明建设的题中应有之义，是经济社会可持续发展的必由之路。以习近平同志为核心的党中央反复强调，要毫不动摇坚持最严格的耕地保护制度和节约用地制度。湖南土地资源紧缺，人均耕地0.06公顷（0.9亩），仅为全国人均耕地（1.52亩）的59.2%，不到世界人均水平的五分之一，人地矛盾非常突出。推进土地节约集约利用，守住生态保护红线势在必行。近年来，以保护资源、节约集约、维护权益、改革创新为目标，积极推进土地管理制度改革，优化土地利用结构、提高土地利用效率，为促进经济发展方式转变和结构调整提供了有力支撑。

1. 建章建制引导节约集约用地

2016年5月，湖南省政府印发了《关于进一步加强节约集约用地的意见》（湘政发〔2016〕10号），以优化国土空间布局、盘活存量建设用地、提升土地产出水平、拓展土地利用空间为重点，遵循"框定总量、限定容量、盘活存量、做优增量、提高质量"的总思路，从优化土地利用结构和布局、着力规范土地市场行为、切实提高土地利用效率、全力推进各类开发区节约集约用地、建立节约集约用地长效机制五个方面提出了一整套系统性、针对性和可操作性的政策措施，着力以制度机制创新激发地方实践，通过全方位、多层次地推进节约集约用地，实现以土地利用方式的转变促进经济发展方式的转变。

2. 规划计划管控节约集约用地

规划的节约是最大的节约，坚持规划先行，引导和规范节约集约用地。推进湖南土地利用总体规划修编，科学确定城乡建设用地、耕地和基本农田、生态用地的空间范围，统筹安排土地利用的规模、结构和时序。严格执行规划计划，健全土地利用标准体系，严格按年度计划和定额标准供地。打破行政区划界限，编制长株潭"3+5"城市群国土规划。按照"反规划"理念，优先科学划定耕地和永久基本农田，落实耕地保护责任；优先保护山林、水体、湿地、城市群绿心等生态系统，构筑生态安全屏障；合理安排建设用地，严格控制建设用地总规模，统筹协调不同行政区和功能区产业发展、重大基础设施等各类用地。在长沙等地试点推进村级规划合一，统筹村域内土地利用、村庄建设、国土整治、产业发展和生态建设。

3. 加强耕地保护倒逼节约集约用地

节约用地，就是各项建设千方百计不占或少占耕地，形成节约用地"倒逼"机制。健全共同责任机制。湖南省政府修订出台了《市州政府土地管理和耕地保护责任目标考核办法》，确立各级政府主要负责人为耕地保护第一责任人，作为政府年度目标管理考核、干部政绩考核和离任审计的重要内容，考核结果抄送组织部门。湖南财政安排专项资金，对完成耕地保护责任目标、业绩突出的政府与部门给予奖励。创新补充耕地机制。湖南人大颁布实施了《土地开发整理条例》和《耕地质量管理条例》。针对长株潭地区耕地后备资源缺乏、无法自行完成补充耕地任务的实际情况，实行异地有偿调剂制度，在全省范围内统筹耕地补充。湖南省政府设立耕地保护专项资金，对新开耕地安排耕种补助资金，补助年限不得少于5年；对新补划的基本农田安排设施配套资金。实施重大项目带动战略，按照"北整理、南开发、西保护"的思路，湘北启动环洞庭湖千万亩基本农田整理、湘南启动涔天河26万亩耕地后备资源基地重大工程建设。

4. 开展土地综合整治优化节约集约用地

湖南省委、省政府联合下发了推进土地综合整治的文件，土地开发整理由单一的土地整理向"田、水、路、林、村"综合整治转变；由增加耕地、改善耕地质量的单一目标向增加耕地、提高农业综合生产能力、推进村庄整治、优化用地结构、改善人居环境等多目标转变。2010年以来，先后启动实施了环洞庭湖基本农田建设重大工程、娄邵盆地基本农田建设重大工程和25个农村土地整治示范县建设，形成了以两个重大工程和25个示范县为重点，其他农村土地整治项目为补充的高标准基本农田建设格局。近5年中央和湖南省本级共投入246.41亿元资金实施土地综合整治和土地开发，建成高标准农田1495万亩，进一步优化了全省节约集约用地结构。

5. 开展去存量土地专项工作推进节约集约用地

2016年4月，湖南省政府办公厅印发了《关于印发〈湖南省去存量土地专项工作方案〉的通知》（湘政办函〔2016〕48号），明确全面贯彻落实最严格的节约集约用地制度，全面盘活利用存量建设用地，进一步规范用地行为，提高土地利用效益，为实现全省经济社会持续健康发展提供有力的用地保障。通过开展以闲置土地处置和降低批而未供比例为主要内容的去存量土地专项工作，将前五年批而未供土地降低至批准总面积的25%以内，切实提高土地节约集约利用水平。截至2016年12月25日，湖南省2009年至2013年期间842宗（3154.54公顷）闲置土地，除司法查封的25宗（151.60公顷）闲置土地，已基本处置到位；湖南省2014年以后新发现的880宗闲置土地（5239.83公顷），已处置743宗（4763.60公顷），占总面积的91%，完成了湖南省政府规定的80%工作任务目标。全省前五年平均供地率由68%提高到80%。

6. 开展土地集约利用评价工作促进园区节约用地

按照"集中、集约、集聚、集群"的发展思路，湖南各级开发区抢抓发展机遇，基本形成了良好的投资环境，在对外开放上起到率先突破的示范作用，有力推动了全省经济社会的快速发展。湖南目前共有开发园区141家，对全省14个市州122个县市区实现了全覆盖，确保了每个市县工业项目都有集中落地的区域，避免了以前工业项目"村村点火、户户冒烟"的情况出现。用地管理更加规范。明确园区土地管理职能由市县国土资源局统一履行，收回了原来下放给开发区的部分土地管理权限，有效避免了土地越权审批、违规圈占、低价出让等行为的发生。土地利用走向集约。2008年开展第一轮开发区土地集约利用评价至今，湖南开发区土地集约利用相关指标有了明显提高。开发区平均土地开发率从68.71%提高到80.21%，供应率从90.86%提高到93.77%，建成率从84.03%提高到92.40%，工业用地率从39.24%提高到42.82%，综合容积率从0.77提高到1.03，工业固定资产投入强度从1518万元/公顷提高到2686万元/公顷，工业用地产出强度从2574万元/公顷提高到5359万元/公顷。开发园区以占全省1.05%的国土面积，创造了全省46.51%的地区生产总值、68.32%的工业总产值、64.72%的税收、31.77%的工业企业就业岗位，成为湖南区域经济增长的重要支点。

7. 建立典型示范引领机制推进节约集约用地

积极探索节地型城市建设模式和产业发展模式。在长沙新河三角洲、武广客运专线黎托客运站等地开展节约集约用地试点。新河三角洲实施人车分流节约集约用地新模式，与传统开发相比，节约土地58.62公顷。黎托客运站利用地形高差实行人车竖向分流，节地率40%左右。总结提炼湖南省典型节地模式和节地技术，2016年编制了《节约集约看湖南》（第一册），将新河三角洲城市立体开发等9个节地模式编辑成册，在全省推广。

（二）加强矿山地质环境治理，改善生态环境质量

湖南省是一个矿业大省，矿业开发历史悠久，因采矿造成的矿山地质环境问题十分突出，生态修复和整治任务繁重。按照中央关于加强生态环境建设的总要求，结合湖南实际，坚持规划引领、基础优先、系统推进、分步实施，按照"在保护中开发，在开发中保护"的原则和节约资源、保护环境的要求，大力推进矿山地质环境综合治理。

1. 坚持规划引领

组织编制了《湖南省矿山地质环境保护与恢复治理规划（2016~2020年）》《湖南省矿山生态环境综合整治实施方案》《湖南省武陵山片区山水林田湖生态修复工程试点实施方案》，划定了50个矿山地质环境治理重点区，确定了16个矿山地质环境恢复治理及土地复垦重点工程。

2. 加大资金投入

2016年投入1000万元，启动湖南第二轮矿山地质环境调查评价工作。督促冷水江、资兴、耒阳3个资源枯竭型城市矿山地质环境恢复治理项目加快收尾工程以及郴州苏仙区多金属矿区、湘潭锰矿矿山地质环境恢复治理示范工程的实施。继续安排省级财政资金1700万元，用于冷水江锡矿山、郴州三十六湾、永州零陵锰矿、邵东石膏矿等重点矿区的矿山地质环境综合治理。引导矿山企业投入36451.5万元进行矿山地质环境恢复治理，修建挡墙193个、沟渠172条、沉淀池172个，废石综合利用758750立方米，植树129602株、复绿面积2255.4亩，并对167处土地进行复垦、复垦面积2919.8亩。矿山生态环境得到有效恢复。积极争取中央财政项目，计划总投资67.47亿元实施武陵山片区山水林田湖生态修复工程，重点实施湘西-铜仁生态扶贫区、澧水中上游水源涵养区、雪峰山生态屏障保护区、娄邵盆地脆弱生态修复区4个区域的重点矿区、森林、耕地、水域、村镇和公园的生态修复和保护等七大工程。

3. 积极推进绿色矿业发展

2016年帮助矿山企业向金融机构融资6.6亿元，有力支持了矿山企业转

型发展。不断拓宽地质工作领域，强化城市地质、农业地质和环境地质调查，积极谋划宝玉石、矿泉水、黄金、富硒的开发。湖南省政府下发了《关于促进矿泉水开发利用的若干意见》，计划培育千亿元天然矿泉水产业。郴州市被列为全国50个绿色矿业发展示范区之一，成功举办了第四届中国（湖南）国际矿物宝石博览会，签约总额200多亿元。

4. 持续推进矿业秩序整顿和矿山环境治理

开展了石膏矿山专项整治，积极推进煤炭行业去产能工作，实现矿业发展环境持续优化。继续推进矿产开发整合，出台了《湖南省矿业权招标拍卖挂牌出让管理办法》和矿山环境综合整治方案。结合湘江流域保护"一号重点工程"，会同湘江流域8市人民政府积极组织编制了《湖南省湘江流域露天开采非金属矿开发利用与保护专项规划（2016~2020年）》，持续开展矿山地质环境综合治理及示范工程建设。

5. 开展地下水监测和地质环境资源保护开发利用

配合国家地下水监测工程，在9个市建成141个监测井并开展常规监测工作。继续推进平江石牛寨、乌龙山国家地质公园地质遗迹保护项目的实施，指导冷水江等9个县市开展地质公园建设。投入资金2000余万元，在重点地区开展天然矿泉水、地热资源和土地质量调查评价和勘查工作，服务地方政府合理开发利用地质环境资源，发展特色产业。

二 2017年主要工作思路

2017年，将继续深入开展土地节约集约利用和矿山地质环境治理工作。

（一）推动国土资源要素精准供给

全面完成土地利用规划调整和第三轮矿产资源规划编制工作。合理安排年度建设用地计划。增强土地政策对经济结构调整的适应性和支撑力，准确把握土地供应的结构、时序和节奏，优先保障有效投资、产业振兴、脱贫攻坚等重大任务的项目用地，重点抓好重大基础设施、先进制造业、现代服务业、战略性新兴产业的土地供给。继续推动钢铁、煤炭行业化解过剩产能，严把新增产能用地、用矿关口，不向产能过剩和低水平重复建设的项目供地批矿。

（二）巩固深化去存量土地工作，推进土地节约高效利用

出台城镇低效用地再开发利用政策，进一步加大闲置土地处置力度，把批而未供的土地比例降低到合理水平。出台"人地挂钩"政策，根据人口流动情况分配建设用地指标。抓紧做好城市地下空间开发利用规划，统筹城市地上地下建设。

（三）创新支持实体经济的资源供应方式

振兴实体经济是供给侧结构性改革的重要任务，也是国土资源系统服务和保障经济发展的主战场。围绕振兴实体经济，突出应用导向，聚焦产业发展，落实和完善产业用地政策，推动工程机械、汽车及零部件、有色等传统优势产业转型升级，促进旅游、文化、金融、健康养老等新兴产业落地生根。抓紧抓实创新创业"135"工程载体用地，鼓励采取长期租赁、先租后让、租让结合等灵活多样的供地方式，鼓励以工业用地在法定最高出让年期内缩短出让年期等方式实行弹性出让，降低企业用地成本。

（四）推动矿业转型升级

持续推进找矿突破战略行动，提升能源矿产、大宗优势矿产和战略性新兴矿产的保障能力。着力打造以市场为导向的多元投资平台，鼓励和引导社会资本投入地质找矿。调整资源开发利用结构，控制煤炭、钨和稀土开采总量，积极引导新兴能源、新兴建材、贵金属、宝玉石、矿泉水产业的发展，支持传统有色产业的提升改造，努力振兴矿业市场。优化矿产开发区域布局，推进矿产资源集中开发和有效保护。持续推进矿产开发秩序整顿，关闭退出一批落后小矿山。强化资源节约集约利用，完善重要矿产开发准入标准体系，提高资源开发利用水平。推动绿色矿山和绿色矿业发展示范区建设，着力构建绿色矿业发展长效机制。

（五）加大矿山地质环境保护与综合治理力度

围绕湘江流域保护"一号工程"，组织实施湘江流域露天开采非金属矿开发利用规划，把"山水林田湖"作为生命共同体，重点开展"一湖三山四水"等主体生态功能区综合治理与生态修复。开展矿山地质环境调查评价以及重点矿区综合整治，实施采空区综合治理，加强历史遗留工矿废弃地再利用。加强地下水调查评价及监测，有效服务地下水的利用保护和污染防治。

B.6
践行绿色发展理念　促进工业绿色发展

湖南省经济和信息化委员会

党中央、国务院提出加快生态文明建设，将绿色化摆到与新型工业化、城镇化、信息化、农业现代化同等重要的位置，对工业发展提出了新的更高要求。2016年，湖南经信委始终坚持绿色发展理念，在保护青山绿水中加快推进新型工业化，狠抓工业节能、清洁生产和资源综合利用等各项工作，形成工业文明和生态文明良性互动、互相促进的局面。2016年，全省单位规模工业增加值能耗下降7.82%，高出全国降幅2.35个百分点，全省规模工业综合能源消费量为5946.23万吨标准煤，同比下降1.5%，以较低的能源消耗支撑了较高的工业经济增长。

一　2016年湖南工业节能与综合利用情况

（一）加快构建绿色制造体系

一是组织编制绿色制造顶层方案。为贯彻落实《湖南省贯彻〈中国制造2025〉建设制造强省五年行动计划（2016~2020年）》（湘政发〔2015〕43号），编制了《湖南省绿色制造工程专项行动方案（2016~2020年）》《湖南省节能环保产业发展五年行动计划（2016~2020年）》《湖南省装配式建筑产业链行动计划》《湖南省空气治理技术及应用产业链行动计划》，由湖南制造强省建设领导小组以湘制造强省办〔2016〕3号文件、湘制造强省办〔2016〕7号文件、湘制造强省办〔2016〕13号文件印发实施。按照工信部开展绿色制造体系建设的要求，组织编制了《湖南省绿色制造体系建设实施方案》，以湘经信节能〔2017〕15号文件印发实施。

二是组织实施百家节能环保企业培育工程。启动百家节能环保企业培育工程，筛选确定并印发《2016年全省重点调度协调的100家节能环保企业名单》，积极支持中联重科、远大科技集团、远大住工、威胜集团、永清环保、凯天环保等一批在行业具有核心竞争力的龙头企业发展壮大。

三是组织开展绿色制造系统集成项目申报工作。积极组织企业申报国家绿色制造系统集成项目，楚天科技股份有限公司中药制剂装备制造绿色关键技术改造项目等7个项目列入2016年国家绿色制造系统集成项目支持计划，获批项目数量居全国第一。

（二）大力推进节能降耗

一是启动实施百家企业节能节水改造工程。鼓励支持重点用能企业实施锅（窑）炉改造、余热余压利用、能量系统优化等重点节能工程以及节水改造工程，降低单位产品综合能耗，持续提升电机、锅炉、内燃机等终端用能产品能效水平，帮助企业降低生产成本、增加经济效益、提高产品竞争力。组织实施2016年全省电机能效提升工程，印发《2016年全省电机能效提升工程试点企业名单》，支持纳入试点的22家企业实施电机能效提升方案，淘汰低效电机，推广高效电机，开展电机系统节能改造，促进电机产业转型升级和电机能效提升。

二是组织制定一批工业节能标准。组织制定了《单位产品综合能耗计算及限额制定通则》《两型工业企业》《生物质燃料工业锅炉节能监测方法》《卷烟单位产品能源消耗限额》等地方标准，修订《日用陶瓷单位产品能耗限额及计算方法》和《工艺陶瓷单位产品能耗限额及计算方法》等6个地方标准，逐步完善湖南工业节能标准体系。

三是加强工业节能监察工作。印发《湖南省2016年工业节能监察工作计划》《湖南省2016年重大工业节能专项监察实施方案》，对工信部下达湖南的137家国家重大工业节能专项监察企业实施现场监察。

（三）扎实推进清洁生产

一是夯实基础工作。湖南中质信管理技术有限公司获批成立国家第一批工业节能与绿色发展评价中心。加强对纳入自愿性清洁生产审核计划企业的督促和指导，组织对2015年开展审核企业进行专项调研，实地核查清洁生产审核效果，帮助企业协调解决相关问题。

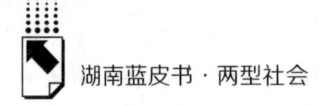

二是强化制度建设。制定《湖南省工业企业自愿性清洁生产审核验收规范》和《湖南省自愿性清洁生产审核报告评审规范》，统一清洁生产审核评审和效果评估标准。

三是落实审核计划。按照《湖南省2016年工业企业自愿性清洁生产审核计划》的进度安排，以长株潭城市群、湘江流域和洞庭湖生态经济区为重点，组织102家工业企业开展自愿性清洁生产审核并编制了清洁生产审核报告。

（四）加强资源综合利用

一是开展机电产品再制造试点示范。中联重科、三一重工、湘电集团等国家第一批机电产品再制造试点单位通过验收，中联重科、湘电集团2家单位由于行业示范效应显著，还被确定为国家机电产品再制造示范单位（全国共9家）。山河智能、中国铁建重工等7家企业获批国家第二批机电产品再制造试点单位。

二是组织生态设计示范企业创建和电器电子产品生产者责任延伸试点。湖南熙可食品获批国家第二批工业产品生态（绿色）设计示范企业。湖南绿色再生资源有限公司获批工业和信息化部、财政部等四部门电器电子产品生产者责任延伸首批试点名单。

三是开展再生资源综合利用工作。衡阳银泓再生资源回收利用有限公司等3家企业申报工信部废钢铁加工行业准入，组织对汨罗万容电子废弃物处理有限公司等3家废钢铁加工准入已公告企业开展现场监督检查。长沙矿冶研究院有限责任公司等12家单位的13项技术装备申报工信部工业资源综合利用先进适用技术装备。

二 2017年湖南工业节能与综合利用工作思路

主要目标：全省单位规模工业增加值能耗下降4.5%左右。

（一）启动实施绿色制造体系创建工作

启动实施《湖南省绿色制造体系建设实施方案》，先期启动绿色工厂和绿色园区创建评估工作，探索绿色产品和绿色供应链管理企业创建工作。

2017年评估确认25家省级绿色工厂、2家省级绿色园区，并积极推荐申报国家级绿色工厂和绿色园区。组织符合条件的行业领军企业组成联合体，开展绿色制造系统集成工作，积极组织申报2017年国家绿色制造系统集成项目。

（二）大力发展节能环保产业

组织实施《湖南省装配式建筑产业链行动计划》和《湖南省空气治理技术及应用产业链行动计划》，编制年度工作方案，举办两大产业链对接会，集中力量支持产业链龙头企业发展壮大，努力协调产业链重点项目建设中存在的问题，推动产业链加快发展。加大力度，支持2017年度重点调度协调的100家节能环保企业培育发展。

（三）启动"两型工业企业"认证工作

对照《两型工业企业》地方标准，以降低资源能源消耗、减少污染物排放、提高资源产出效率为主要着力点，组织认证20家左右"两型工业企业"，及时总结和推广经验，引导全省工业企业逐步走两型发展道路。

（四）持续推进工业节能降耗

实施2017年电机能效提升工程，促进电机产业转型升级和电机能效提升。继续实施锅（窑）炉改造、余热余压利用和能量系统优化等重点节能工程，大幅提升工业能源利用效率。推进一批具有示范带动作用的合同能源管理项目建设。

（五）组织实施工业清洁生产

印发《湖南省工业企业自愿性清洁生产审核验收规范》和《湖南省自愿性清洁生产审核报告评审规范》，启动清洁生产审核验收工作，加强对清洁生产审核机构与专家库管理，确保清洁生产审核取得实效。紧密结合湘江保护和治理"一号重点工程"，以长株潭试验区、湘江流域和环洞庭湖经济区为重点区域，组织100家工业企业开展自愿性清洁生产审核并推进中高费方案实施。积极推广应用清洁生产技术。

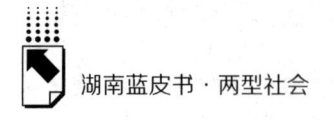

（六）继续推进资源综合利用

积极引导企业开展资源综合利用工作，促进资源的最优配置和高效利用，协调帮助符合条件的企业落实国家税收优惠政策。积极组织企业申报国家资源再生利用准入规范企业和重大示范工程建设项目。推进机电设备再制造产业发展，组织对浏阳再制造产业基地进行验收。

（七）制定一批工业节能标准

继续组织开展强制性单位产品能耗限额地方标准的制定工作，加大能源计量统计、节能监测、节能技术评价等节能基础标准的制修订力度，组织制修订5个左右工业节能地方标准，逐步完善湖南工业节能标准体系。

（八）做好工业节能监察工作

进一步强化对重点用能企业的节能监管，提高能源利用效率，组织开展能耗限额标准执行情况专项监察，钢铁、水泥和电解铝行业阶梯电价政策执行情况专项监察、电机和变压器能效提升专项监察、燃煤工业锅炉能效提升专项监察等重大工业节能监察工作。

B.7
湖南省农业资源环境现状与保护对策分析

湖南省农业资源与环境保护管理站*

农业资源环境是承载人类文明的物质基础,当前,湖南资源、环境两道"紧箍咒"越绷越紧,面临着农业面源污染、重金属污染、耕地质量下降等诸多问题,农业生态环境成为突出短板。推进农业供给侧结构性改革,打造湖南优质农产品供给基地,建设富饶美丽幸福新湖南,必须补齐农业资源环境短板,打好可持续发展基础。

一 当前湖南省农业资源环境保护面临的形势

长期以来,湖南农业发展主要是建立在资源高消耗和环境不友好基础上,农业资源环境保护工作面临着以下方面的严峻形势。

(一)农产品刚性需求增长与资源环境约束趋紧问题并存

二胎政策全面放开后,我国人口基数将进一步扩大,据测算,每年为满足人口净增长,需增加粮食30亿公斤;加上消费升级,要间接消耗大量粮食。同时,随着工业化、城镇化快速推进,每年要减少耕地600万~700万亩,城市生活用水、工业用水和生态用水还要挤压农业用水空间。为了保护和恢复生态环境,还要适度退耕还林还草。需求增加、资源减少,将使粮食等农产品供求长期处于紧平衡状态。

---

* 作者:涂先德、周建成、陈欣欣、杨青、肖顺勇。

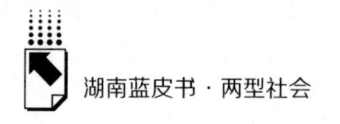

（二）农业资源环境数量减少和质量不断退化问题并存

首先，耕地资源不断减少，质量不断下降。湖南人均耕地呈较明显的递减趋势，已由新中国成立之初人均 1.65 亩降至 0.9 亩，仅为全国人均耕地（1.52 亩）的 59.2%，不到世界人均水平的五分之一。加上复种指数高、利用强度大，全省耕地质量退化较为严重，土壤基础地力普遍下降。有关监测表明，湖南耕地平均有机质含量只有 3.07%，远低于发达国家 3.5%~4% 的水平。湖南 19.1% 的耕地土壤有机质缺乏，34% 的基本农田缺钾，47% 的基本农田缺磷，每年耕地有机质损失高达 248 万吨，氮、磷、钾等无机养料 192 万吨，相对产量年均递减 0.96。目前，湖南中低产田（土）面积占耕地总面积的比重为 67.7%，比全国均值高 8 个百分点，比第二次土壤普查新增近 6 个百分点。

其次，水资源时空分布不均，出现实质性缺水。湖南虽是水资源大省，但是水资源分布时空极不均衡，呈现出季节性、区域性和资源性缺水特点，影响农业用水安全。农业用水利用效率低（渠灌区只有 30%~40%，井灌区也仅 60% 左右）。加上污染日益严重，湖南水质性缺水突出，许多地方出现"有水不能用"。据相关部门数据，湖南农田灌溉水、地表水样点水质超标率为 31.5%，地下水样品超标率为 64.8%；中小城市郊区和工矿区农田灌溉水受到不同程度的重金属污染，污染率分别为 11.3%、21.4%。

再次，工农、城乡争地争水矛盾突出。湖南耕地资源不断减少的矛盾尚未解决，近年来在耕地占补平衡上，出现了占优补劣、补充耕地质量偏低的情况，"三占三补"的问题严重。工业生产用水、城市生活用水和生态用水进一步挤占农业灌溉用水，预计到 2020 年，农业灌溉用水将减少 20 亿平方米，比例将降低到 55% 左右，加剧了资源短缺。

（三）农业资源利用方式不合理和农业投入品使用方式不科学问题并存

一方面，农业资源利用方式不尽合理。耕地重用轻养，导致耕地地力下降，养分失衡。土壤酸化明显，湖南是全国土壤酸化最严重的省份之一，PH 酸碱度小于 5.5 的强酸性耕地土壤面积达 2239 万亩。耕作层普遍变浅，平均耕层厚度只有13厘米左右。稻田潜育、次生潜育化逐步加剧，目前湖南潜育化稻田面积达到841万亩。农业用水大水漫灌、超量灌溉等现象仍比较普遍，有效利用率低，湖南单项节水技术覆盖率只有34.7%，生产效率只有1千克/立方米左右，与我国北方、长三角、珠三角地区相比差距较大。

另一方面，农用化学品、农业生产资料利用效率不高。农业生产过度依赖化肥，且施肥结构不合理，存在"三重三轻"现象，化肥利用率偏低。据统计，湖南主要作物氮、磷、钾肥利用率分别为29.96%、25.91%、36.65%，氮肥和钾肥分别低于全国平均水平3和5个百分点。湖南年施用农药12万多吨，亩均高出全国施用量的20%；农膜年使用约8万吨，回收率不到80%，"白色革命"和"白色污染"并存。

（四）农业生态环境外源性污染和内源性污染问题并存

一方面，由于城市与工矿业"三废"不合理排放等，城镇生活污水和生活垃圾处理率不到50%，工业和城市的污染加速向农业和农村扩散，造成耕地重金属污染严重，农产品产地环境质量令人担忧。据调查统计，湖南受污染耕地已超过1420万亩，主要分布在湘江流域、洞庭湖区及其他区域的工矿周边农区，主要污染因子为镉、铅、砷、汞等。遭受不同程度大气污染的农田近300万亩，因固体废弃物堆存而被占用和毁损的农田达10万亩，每年造成粮食减产约4亿公斤。

另一方面，随着农业集约化程度不断提高，各种农业投入品不断增加，养殖业数量和规模不断扩大，在增产农产品的同时，面源污染问题日益显现，成为社会和公众关注的热点问题。据第一次全国污染源普查结果显示，全省农业源总氮、总磷等排放量分别占到湖南排放总量的36%、58%，造成60%以上的地表水富营养化，20%以上的地下水超过国家饮用水标。

（五）农业生物多样性下降和外来物种入侵严重现象并存

湖南是生物多样性最丰富的省份之一，伴随着环境污染、乱砍滥伐、盲目开垦、过度捕捞等人为破坏现象和严重的生物入侵，湖南生物多样性受到了前所未有的威胁，特别是一些野生物种急剧减少或消亡。调查显示，目前湖南极危物种有16种、濒危物种73种、易危物种232种。外来物种入侵问题日趋严重，因特殊的地理位置、多样的生态环境和面源污染的加剧，外来物种入侵呈现出种类多、蔓延速度快、损失大的特点。据调查，已入侵湖南的外来生物达122种，特别是以福寿螺、红火蚁、巴西龟、水葫芦、加拿大一枝黄花等为代表的外来入侵物种，正在肆意蔓延，防不胜防。更令人担忧的是，现有的入侵物种尚未完全控制，又面临新的外来物种入侵的风险，近年来，广东猖狂蔓延的植物杀手薇甘菊，1小时可蔓延数米，现已越过广东地域向湖南边界突破，西南的紫茎泽兰、辽宁的美国白蛾等也正在伺机进入湖南。

二 在农业供给侧结构性改革中加强农业资源环境保护

新形势下，推进农业供给侧结构性改革是我国农业政策改革和完善的主要方向，我们要抓住这一机遇，切实加强农业资源环境保护，从根本上破解农业资源环境两道"紧箍咒"的制约，把湖南打造成优质农产品供给基地。

（一）重点突破农产品产地安全分类管理

按照《土壤污染防治行动计划》的要求，着重推进以下工作。

一要做好土壤重金属污染普查工作，重点摸清全省当前耕地重金属污染状况，为开展分类管理奠定基础。

二要建立农产品产地土壤环境质量监测预警体系。加快构建农产品产地土壤重金属污染监测网络，及时掌握耕地重金属污染的动态变化趋势。

三要划定农产品产地土壤环境质量类别。在开展普查的基础上，科学划定农产品产地土壤环境质量类别（优先保护类、安全利用类和严格管控类），建立起农产品产地环境质量档案、管理信息系统和分类清单。

四要切实加大保护力度。要将符合条件的优先保护类耕地划为永久基本农田，实行严格保护。特别是产粮（油）大县要制定土壤环境保护方案，实施农药化肥零增长行动，推行农业清洁安全生产，在此基础上，全部认定为无公害、绿色和有机农产品产地，颁发产地认定证书。

五要着力推进安全利用。要根据土壤污染状况和农产品超标情况，筛选污染耕地安全利用施用技术模式，对安全利用类耕地集中的县市区要制定安全利用方案，降低农产品超标风险。实施风险管控与应急处置，对农产品质量暂未达标的安全利用类耕地开展治理期农产品临田检测，严禁污染超标农产品进入流通市场，确保舌尖上的安全。

六要全面落实严格管控。加强对严格管控耕地的用途管理，依法、有序划定特定农产品禁止生产区域，严禁种植食用农产品；研究将严格管控类耕地纳入国家新一轮退耕还林还草还湿实施范围，制定实施重度污染耕地种植结构调整或退耕还林还草还湿计划。

（二）全面推进农业面源污染综合防控

一要强化农业面源污染监测工作。要逐步建立完善监测预警体系，实施精准监测。到2020年，要在全省设置244个定位监测网点、14个农田径流污染监测国控点和14个养殖小区污染监测国控点，基本构建覆盖全省的农业资源环境监测预警网络。

二要突出抓好农业重点领域面源污染减排。大力推进"两减一增"计划，深入开展测土配方施肥、秸秆还田、绿肥种植、统防统治和绿色植保技术，到2020年，化肥、农药使用量实现零增长。科学规划布局畜禽养殖，深入推进种养结合，向清洁化、标准化、循环化方向转变，实现畜牧业与种植业协调发展。加强畜禽养殖废弃物的资源化、综合循环利用，抓好畜禽污染防治。到2020年，全省完成5000个千头规模生猪养殖场和1000个禽类规模养殖场粪污综合利用与处理设施建设，确保75%以上的规模化养殖场配置污染处理设施。

三要推进农业面源污染综合治理。推进面源污染综合防控，继续从自然村、行政村和小流域三个层面推进全省农业面源污染防控，开展农业面源污染防治工程建设，在村域范围内实现面源污染有效拦截和消纳。启动环洞庭湖、湘江流域跨流域的典型面源污染综合治理工程，解决区域性的农业环境突出问题，探索农业面源污染防治的新技术、新模式。

（三）科学推动土水肥药资源利用方式转变

一是突出质量提升，转变耕地利用方式。从"保、提、调、控、治"五个方面提升耕地资源利用水平。到2020年，建成高标准农田3316万亩，强酸性耕地土壤得到有效改良，稻田潜育化、坡耕地水土流失、耕层变浅、土壤污染等问题得到有效遏制，耕地基础地力平均提高0.5个等级以上。

二是突出发展节水农业，着力转变农业用水方式。念好蓄、调、节"三字经"，稳步发展有湖南特色的节水农业技术，到2020年农作物水分生产率提高20个百分点以上。

三是突出减量增效，转变施肥用药利用方式。转变施肥施药理念，由传统的"增产施肥用药"转向"增产、经济、环保施肥用药"相协调的科学施肥用药。力争2020年全省化肥农药使用量实现零增长，主要农作物化肥农药利用率达到40%以上，有机肥资源利用率提高20%以上。

（四）加快推进农业废弃物资源化利用

一是大力推进秸秆综合利用。建立农作物秸秆市场化收储利用体系，以秸秆"五化"利用为主，大力推进秸秆综合利用。到2020年，秸秆综合利用率达到95%以上。

二是大力推进畜禽养殖废弃物资源化综合利用。积极探索推广适合区域特点的畜禽粪便综合利用技术模式，推进种养一体化平衡发展，到2020年，畜禽粪污资源化利用率达到80%以上。

三是加大农膜等农业投入品回收与资源化利用力度。加快建立农膜等农业投入品及其包装物的集中回收处理机制，启动可降解地膜的示范和推广，防止对农业生产和生态环境带来的不良影响。到2020年，废弃农膜回收率达到80%以上，30%的产粮（油）大县和所有蔬菜产业重点县开展农药包装废弃物回收处理，形成一批适合湖南特点的可复制、可推广的农业投入品再利用模式。

（五）推进农业物种资源保护工作再提升

首先，加强生物资源保护。要深入开展农业生物资源调查，尽快摸清家底，建立监测体系，掌握动态变化趋势。鼓励科研单位开展研究，发掘能够支撑新品种选育的优异基因资源。加强对遗传多样性丰富、濒危状况比较严重的农业野生生物资源的有效保护，开展保护基础设施建设。加强物种资源的收储工作，抢救性收储一批重要生物物种资源。

其次，加强外来物种管理。要贯彻落实《湖南省外来物种管理条例》的规定，建立外来物种引入行政许可、风险评估等制度，严把"引入关"。建立监测预警机制，及时掌握湖南主要外来入侵物种消长动态。建立"守土有责"意识，落实防治责任。开展科学防控，注重生态控制和生物防治技术的应用，实现由依赖人工灭除和化学防治向综合防治和绿色防控转变。开展执法行动，严厉打击非法引入和违法经营一类外来物种的行为，确保湖南省农业生产、生物和生态安全。

参考文献

张桃林：《增强责任感　提高执行力　努力开创农业资源环境保护工作新局面——在全国农业资源环境工作会上的讲话》，《农业资源与环境学报》2014年第6期，第487~494页。

《湖南农村统计年鉴》，2015。

湖南省环境保护厅：《湖南省生物多样性调查和评价研究报告》，2010。

《国务院关于印发土壤污染防治行动计划的通知》，国发〔2016〕31号。

湖南省人民政府关于印发《湖南省土壤污染防治工作方案》的通知，湘政发〔2017〕4号。

B.8
湖南省水资源利用与水生态保护

湖南省水利厅

2016年是"十三五"开局之年,也是如期实现全面小康社会和实现第一个百年目标奠定坚实基础的第一年。为全面贯彻湖南省委、省政府关于生态文明建设指导精神,统筹推进"五位一体"总体布局,协调推进"四个全面"战略布局,按照"三个着力"要求,围绕建设"五个强省",湖南水利厅积极践行中央新时期的治水新思路,坚持改革创新,狠抓贯彻落实,始终坚持以水生态文明建设为载体,以实施最严格水资源管理制度为核心,建立健全水生态文明制度体系,优化水资源配置格局,全面促进水资源节约利用,恢复水生态系统健康,倡导水文化传承,为加快建设富饶美丽幸福新湖南提供了坚实基础和有力保障。

一 湖南省水资源利用与水生态保护主要措施及成效

(一)以最严格水资源管理制度考核为抓手,着力推动用水方式转变

全面贯彻落实国务院关于实行最严格水资源管理制度的要求,建立健全覆盖省、市、县三级行政区域的总量控制、效率控制、纳污控制的"三条红线"和绩效考评体系,目标是到2020年,万元地区生产总值用水量、万元工业增加值用水量分别降至80立方米和54立方米以下,较2015年分别降低28%和38%以上,年用水总量控制在350亿立方米以内,重要江河湖泊水功能区水质达标率提高至92%。同时,根据湖南水利厅、湖南发改委等10家省直有关部门联合印发的《湖南省实行最严格水资源管理制度考核工作实施方案》的要求,连续2年深入开展对14个市州政府实行最严格水资源管理制度情况

的考核，并及时向社会通报了考核结果。考核结果纳入水利建设"芙蓉杯"考核、水污染防治行动计划考核和各级党委、政府年度绩效考核，作为对各级政府主要负责人、领导班子综合考核评价的重要依据和领导干部自然资源资产离任审计的重要指标，并直接与中央和省级水利资金分配挂钩。按照"以水定城、以水定地、以水定人、以水定产"的要求，各地把水资源论证和取水许可作为各部门、各行业水量分配及产业布局的前置条件，加强国民经济和社会发展总体规划、城市总体规划和重点建设项目布局的水资源论证工作。取用水总量接近控制指标的地区，限制审批建设项目新增取水许可，已达到或超过控制指标的地区，暂停审批建设项目新增取水许可。强化用水需求和用水过程管理，分年度下达了各省管河道外取水户用水计划，控制用水总量，提高用水效率。通过严格限制用水总量，控制高耗水、高污染产业的发展，有力地促进了湖南产业结构调整和工业布局优化，推动了经济发展方式转变。

（二）以水功能区的监督管理为基础，着力强化水资源保护

按照"定好位、算好账、掐住源、抓重点"的原则，切实强化水功能区监督管理。出台了《湖南省水功能区监督管理办法》（湘政办发〔2016〕14号），对照2014年湖南省政府批复的水功能区划，印发《2017年度湖南省水资源监测方案》，对124个省级重要饮用水水源地、334个省级水功能区、20个省界断面、25个市州界断面、27个其他重要河流断面进行了水质监测评价，按月发布水环境质量状况通报。同时，启动了省级水功能区纳污能力核定的修编，完成了长江经济带取水口、排污口和应急水源布局规划湖南实施方案的编制，在湘江长沙段开展了水功能区水域风险图编制和污染扩散模拟研究，在浏阳河开展了主要污染物降解系数分析研究。出台了《湖南省入河排污口监督管理办法》（湘政办发〔2016〕82号），联合湖南经信委、环保厅、住建厅开展入河排污口核查登记，共核查登记各类入河排污口4018处，建立入河排污口台账和电子管理台账系统，启动入河排污口监测方案编制和监测站网布局，开展部分入河排污口监督性监测和日常监督检查。突出饮用水源地保护，完成了长沙株树桥水库等6个国家级水源地安全保障达标建设并对达标建设实施情况开展了第三方后评估。积极争取将东江水库、浏阳市浏阳河水源地等37处

省级重要饮用水水源地纳入国家级水源地名录，湖南国家级水源地达到43处。组织各市州开展124处省级重要饮用水源地现状调查评价，按照"一地一策"的原则，编制安全保障达标建设方案并组织进行技术审查。积极配合湖南人大开展《湖南省饮用水源保护条例》立法工作。

（三）以流域保护与治理为重点，着力创新江河湖库生态综合治理模式

持续推进湘江流域保护和治理，积极落实省委书记杜家毫"不搞大开发、共抓大保护、恢复大生态、提升大协作"等系列要求，迅速行动、紧密协作、扎实推进，保护与治理各项工作取得了较好成效。

一是水资源保障能力显著增强。流域重点水源工程涔天河水库扩建工程正式下闸蓄水、毛俊水库正式开工，一批中小水源工程顺利推进，共完成流域170座大中型、6400多座小型病险水库除险加固，新增蓄水能力近20亿立方米。强化工业、农业和生活节水，严格各行业取水许可审批，对235家重点用水单位实现在线监控，建成高效节水灌溉面积10.6万亩，确保了流域8市用水总量没有突破控制红线。

二是水环境质量逐步改善。开展了城镇集中式饮用水水源地安全保障达标建设，对重要水源保护区实施隔离防护、污染治理和实时监控，积极推进农村饮水工程水源地保护和水质监测设施建设，流域56个省级重要饮用水水源地水质合格率达98.6%，基本保持Ⅲ类以上水质，农村饮用水水源地水质合格率达80%。流域水质持续好转，141个水功能区水质达标率89.4%，较2016年提高3.5个百分点。

三是水生态保护稳步推进。严格采砂总量控制和日常监管，干流城区河段实现全面禁采，违法开采和偷采盗采有效遏制；积极推进河道保洁，建成了覆盖流域64个县市区关键节点的河道保洁监控系统，70%的地区组建了专业清洁队伍，20%的地区通过购买社会化服务清洁沿河两岸及水体垃圾，基本实现水岸无垃圾堆、水面无漂浮废弃物。加强河湖系统治理。各地结合城市防洪、排涝、河道岸线整治、人居环境改善，积极推进河湖系统治理，充分发挥河湖综合功能。同时，将湘江保护治理经验向"一湖四水"拓展，坚持流域与行政区域相结合，实施水陆统筹、联防联控、流

域共治，做到"四水协同、江湖联动"，加快构筑"一湖三山四水"生态屏障。

（四）以水资源可持续利用为目标，着力推进节水型社会建设

积极贯彻落实节水优先方针，以水资源可持续利用为目标，按照节水就是减排的指导思路，紧扣节水防污主线，围绕水资源节约、水安全保障和水环境改善主题，将节水型社会建设与两型社会建设、水生态文明城市海绵城市建设等中心工作有机对接，并将相关内容纳入《湖南省"十三五"水利发展规划》。先后组织完成了《湖南省水资源综合规划》《湖南省水资源调度方案及系统建设规划》《湖南省水资源保护规划》《湖南省节水型社会建设"十三五"规划》《湖南省水功能区划》，对湖南20个行业63种产品实施强制性用水定额标准，组织完成《湖南省用水定额》实施情况评估，拟定《湖南省节约用水管理办法》（征求意见稿），委托第三方机构开展了法律咨询。在全省城镇实施阶梯水价制度，对超范围、超定额用水加价征收水资源费，目前长沙、株洲、湘潭、衡阳、郴州、常德、怀化、湘乡、醴陵、常宁等10个设市城市已在城区实行了居民生活用水阶梯水价。开展了"先费后用、节奖超罚"的农业水价综合改革，探索出了农业节水新模式，以岳阳铁山灌区、宁乡黄材灌区、官庄水库浏阳灌区、长沙桐仁桥灌区、涟源山茂灌区为试点平台，以促进农业节水增效为目标，以完善农业水价形成机制为核心，以创新体制机制为动力，全面推进农业水价综合改革，通过价格杠杆的调节作用，有效提高了全社会民众节水意识。推进节水载体建设，联合湖南省机关事务管理局开展公共机构节水型单位建设，提出了湖南公共机构节水型单位建设标准，建设完成湖南省委办公厅、湖南发改委、湖南农业大学等44家省直节水型公共机构，培育了中粮可口可乐、蓝思科技等行业节水典型。在湖南岳阳市、长沙市、湘潭市、株洲市开展节水型社会试点建设，成功通过水利部验收和评估，获评全国节水型社会建设示范区。选择祁东县、华容县等7个县市开展省级节水型社会建设试点，探索县域范围开展节水型社会建设的做法和经验。编制完成了《湖南省水资源调度方案及系统建设规划》，确定了湖南水资源调度的主要河流控制断面的最小需水流量，制定了水资源调度方案、措施和补偿机制，完善了城市在缺水期和发生水污染事件时水资源调度的应急预案。建立健全了电调

服从水调的机制，确保了预期调度目标的实现。以"世界水日""中国水周"为载体，培养普通民众节水理念，在全社会营造全民节水氛围，开展了形式多样的宣传活动。如组织开展用水计量推介会、水平衡测试培训和经验交流会等技术推广活动；联合湖南发改委、经信委、住建委等多部门实施水效领跑者引领行动；联合雨花区枫树山小学和长沙市广播电台举办节约用水"小小演说家"活动；联合红网、华声在线等主流媒体开展以"保护水资源、且行且珍惜"为主题的湖南百公里毅行活动；联合长沙理工大学、湖南水利水电职业技术学院等高校开展"节约用水、从我做起、从家做起"的全民节水校园行活动。

（五）以江河湖库水系连通为手段，着力开展水生态保护与修复

以水生态文明建设为依托，以江河湖库水系连通为手段，对照湖南省"一湖三山四水"生态安全战略格局和"一核三极四带多点"主体功能定位，突出全省水生态文明城市试点、两型社会建设区、生态文明先行示范区、环洞庭湖区、扶贫攻坚区域等重点区域，大力实施江河湖库水系连通工程，从源头上扭转水生态环境恶化趋势，推进生态敏感区、生态脆弱区和生态功能受损河湖的生态修复，构建"格局合理、循环通畅、生态良好、环境优美"的江河湖库水系体系。

一是打造山水城。以国家精准扶贫、全面建成小康社会为契机，通过小范围的水资源配置和水资源、水环境保护为重点，以河流自然生态景观提升改造为重点，探索构建以郴州市区、怀化芷江－中方－鹤城、张家界市区为代表的山区河湖水系连通模式，建设"城在山中藏、市在林中造、水在城中绕"的山水城市。

二是打造生态城。以水生态文明城市试点建设为契机，综合考虑城市的蓄水防洪、截污治污、景观文化等需求，以维持河道自然、多样、亲水、优美的形态，保护和修复城市水生态系统为目标，以构建"水体流动、水少可补、水多可排、水脏可换"的城市生态水网为重点，探索构建以"长株潭+娄底+衡阳"（"3+2"城市群）为代表的丘岗区河湖水系连通模式，提升城市品位，让"望得见山、看得见水、记得住乡愁"成为现实。

三是打造绿湖城。以全面推进洞庭湖区水环境综合治理为契机，依托洞庭

湖垸内外水系整体格局，以提升外湖、垸内水体自净能力和环境容量为目标，以江湖连通、垸内垸外连通和垸内河湖沟渠连通为重点，综合采取拦污、截污、引流、清淤、修复等措施，探索构建以常德、益阳、岳阳为代表的湖区河湖水系连通模式，确保洞庭湖"生态水量有保障、湿地不萎缩、水质有改善、生态不退化"，建成在全国有示范效应的大湖区域水系连通模式。

（六）以水生态文明试点城市为标杆，着力突出水生态文明城乡建设

大力推进长沙、郴州、株洲、凤凰、芷江5座国家级水生态文明城市试点建设，在全省形成水生态文明城市标杆，发挥示范引领作用，如长沙以"两型引领、城乡统筹，保护为主、防治结合"为基本原则，打造独具一秀的山、水、洲、城魅力景象。郴州市通过搭建"一核两廊四极多节点"基本构架，打造了"山水名城·美丽郴州"的特色品牌。株洲市通过打造"一轴三区，三网六城"的总体布局，形成山、湖、河、城相融合的"生态株洲"。凤凰县沿着"生态领一业、一业带三化"的县域特色经济发展道路，深度挖掘区域特色山水文化内涵，打造了山清水秀、和谐宜居的"中国最美丽小城"。芷江县通过打造"一脉四片五区多点"建设，构建"青山为屏、河湖为脉、城水相依、人水和谐"的水生态文明建设格局。通过试点建设的带动作用，试点区域水系完整性、水体流动性、水质状况和生物多样性得到明显改善，城市防灾减灾能力和水资源配置能力得到加强、城市水环境明显改善、城市形象显著提升，广大人民群众关心水、珍惜水、节约水意识得到提高。

（七）以落实各项政策措施为保障，着力构建长效机制

一是探索构建水资源资产产权制度和用途管制制度，提出了水资源使用权用途管制制度草案；在长沙县江背镇开展了水资源使用权确权登记和水权交易试点。二是创新流域生态补偿机制，实施了湘江流域生态补偿试点并完成了2016年度湘江流域生态补偿考核；并在浏阳市株树桥水库开展饮用水源地生态补偿试点。三是开展水生态工程评价标准技术规范和水生态文明城市评价标准体系研究。四是根据《湖南省生态红线制度建设改革试点实施方案》，在资兴市、桂东县、宜章县以及郴州市汝城县开展生态红线制度建设改革试点。

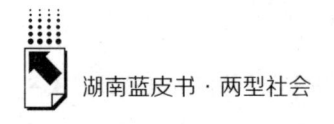

二 存在的问题和困难

（一）观念认识有待提高

一方面重经济轻生态，先污染后治理的传统思维还存在。从水生态文明的角度来看，违规侵占水域、违规排污、违规河道采砂以及城市建设挤占水生态空间等问题仍然突出。另一方面，存在追求形象工程、短期效应的倾向。以生态建设之名行开发破坏之实，违反自然规律，片面追求城市景观建设，罔顾当地水生态和水资源的承载能力，追求人工水体景观建设"政绩工程"，甚至出现了水资源浪费与水生态破坏的倾向。没有注重发挥规划的引领作用，与人民群众最紧迫、最关注的水问题结合不够。

（二）体制机制有待完善

生态文明建设是一项系统工作，涉及方方面面，但由于我国目前资源、环境、生态等工作分属不同部门管理，部门分割、条块分割、城乡分割现象还比较严重，在湖南水生态文明建设过程中九龙治水问题依然突出。在生态环境监测方面，环保、国土、水利、林业等部门均有自己的监测体系，人员多，设备贵，运行费用高，但由于没有实现信息共享，浪费严重，对外发布信息权威性不够。在执法监管上，公安、环保、水利、交通、渔政等部门的执法力量未整合，联合执法机制不健全，打击破坏生态环境违法行为的威慑力不强。

（三）投入机制有待创新

生态文明建设离不开大量的资金投入，以目前湖南地方财政状况来看，由政府进行大量投入并不现实，虽然目前倡导建立"政府引导，地方为主，市场运作，社会参与"的多元化筹资机制，但由于生态文明建设的特殊性，导致社会资本参与积极性不高。如在水污染治理领域，由于其投资回报率总体偏低，加上针对水污染治理的环境金融产品比较单一、配套政策不完善，影响了社会资本参与水污染治理的积极性。

三 2017年度重点工作

（一）坚持节水优先，加快实施双控行动

切实强化红线管理、节水增效，促进淘汰落后产能和产业结构调整。强化"三条红线"管控。组织做好最严格水资源管理制度2016年度考核工作，全面推进用水大户及高耗水、高污染企业的单独考核。全面推进双控行动。健全水资源消耗总量和强度双控指标体系，全面完成全省主要江河水量分配工作，开展市县两级行政区水资源承载能力评价工作，严格实行消耗总量和效率"红线"管理。大力开展节水型社会建设。开展水效领跑者行动，开展县域节水型社会达标建设，严格用水定额管理，建成一批节水型企业、单位、社区。

（二）突出入河排污口管理，统筹做好水功能区监督保护

全面完成市县水功能区划和省级主要水功能区立碑工作，启动湖南重要水功能区风险评估，推进省界缓冲区监督管理。加强水功能区水质监测，定期发布水功能区水质状况通报。全面建立入河排污口台账，完成重点入河排污口标识标示工作，开展重点入河排污口监督性监测。完成省级水功能区纳污能力核定（修编），提出限制排污总量意见。完成地下水禁采区、限采区和地面沉降控制区范围划定。全面完成湖南重要饮用水源地的现状调查评估和安全保障达标建设方案批复，并启动安全保障达标建设，开展国家级饮用水水源地安全保障达标建设后评估，加强对饮用水水源地保护工作的监督检查。

（三）拓展湘江保护经验，在全省全面推行河长制

深入实施湘江保护与治理"一号重点工程"第二个"三年行动计划"，全面推行河长制，加快完成省级工作方案出台、河湖名录确定、办公室组建、任务分解落实等工作，建立覆盖省份县乡四级的河长体系。要以治污控源和生态保护为重点，全面推进"一湖四水"的系统整治和有效保护，确保河长制取得实实在在成效。湘江保护与治理，要坚持"治"与"调"并举，统筹推进

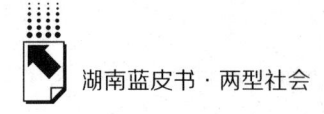

工业、城镇和农村污染治理，加大造林增绿等生态保护工程的建设力度，严守水资源保护的"三条红线"，巩固提升湘江保护治理成效。

（四）加强水源涵养和生态修复，着力建设水生态文明

加强水源涵养区、江河源头区以及重要生态功能区的生态保护，推进重点区域水土流失治理，加快坡耕地综合整治和生态清洁型小流域建设。推进城乡水环境治理，大力开展水生态文明城乡创建，继续推进长沙、郴州、株洲、凤凰和芷江等试点城市的水生态文明建设，完成长沙、郴州2个第1批试点城市验收。加快实施江河湖库水系连通工程建设，对纳入《湖南省江河湖库水系连通实施方案（2017~2020年）》中的重点项目，加快推进前期工作。加强农村河道综合整治，打造自然渗透与净化的"海绵家园"，促进美丽乡村和新型城镇化建设协同推进。加快落实江河湖泊的空间用途管制，实行分级管理，建立建设项目占用水利设施和水域岸线的补偿制度，实现江河湖泊的生态恢复。

（五）进一步深化改革创新，构建科学的水资源管理体制机制

统筹城市与农村、地上与地下以及常规与非常规等各类用水，实现防洪、蓄水、供水、水污染治理和水生态保护等所有涉水事务的统一规划、统一调度和统一管理。根据各地不同的水资源禀赋、承载力以及用水需求，执行差别化的水生态文明创建模式，实现水生态文明城市创建与经济发展思路相统一。积极推进水资源资产产权制度建设，加快推进初始水权确权与分配等工作，推进水资源确权登记试点，科学核定企业、居民等各类用水户的水资源使用权限；培育水权交易市场，实现水资源的优化配置；开展跨区域、跨行业、跨用户的水权交易试点，因地制宜探索多种形式的水权交易规则和流转方式。

B.9
打造青山绿景 建设两型社会

邓三龙[*]

2016年,湖南林业认真贯彻湖南省委、省政府的决策部署,以绿色化为导向,以供给侧结构性改革为主线,坚持生态优先,注重两型引领,全力推进林业改革发展。到2016年底,湖南森林覆盖率59.64%(全国21.66%,世界31.8%),湿地保护率74.13%(全国45%)。2016年完成营造林1237.1万亩,林业总投入221亿元,林业产业总产值达3732亿元;森林火灾受害率0.025‰,林业有害生物成灾率3.1‰,均大幅度控制在国家规定范围内。现在青山绿景已成为湖南的一张靓丽名片,为两型社会与生态文明建设提供了绿色支撑。

一 两型社会与生态文明建设成效

(一)充分发挥林业巨大的生态效应

一是为开展环境治理攻坚克难。筛选出构树、大叶女贞等抗逆性和吸附土壤污染能力强的树种,在湘潭锰矿、株洲清水塘等地开展退耕还林还湿试点,积极治理湘江流域重金属污染。大力实施栖息地修复、有害生物防控、候鸟保护等项目,推进了洞庭湖湿地、东江湖湿地、水府庙湿地等战略湿地的保护。新获批松雅湖等8处国家湿地公园,国家湿地公园总数达69处,有效降解了对重要河流的污染。

二是为维护生态安全主动担当。首次全面启动天然林保护项目,湖南成为全国7个试点省之一,1833万亩天然林纳入保护范围。综合治理石漠化地区

---

[*] 邓三龙,湖南省林业厅厅长。

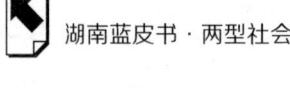

24万亩，安化县云台山成为全国首个国家石漠公园建设试点单位。省级以上生态公益林管护面积达7484万亩。启动了森林禁伐减伐三年行动。构建了覆盖空域、地面与地下的立体森林防火体系，火灾损失降为历史最低点。加强林业有害生物防治，有效遏制了松材线虫病、松毛虫等虫情蔓延的趋势。

三是为推进生态改革先行先试。国有林场改革持续推进，国有林场面貌焕然一新。集体林权制度改革持续深化，怀化市积极推动集体林业综合改革试验。采伐管理改革取得重大突破，非乔木经济林等不再限伐，楠竹采伐不再办理采伐证、运输证，解决了造林容易采伐难的问题。城步县稳步推进"湖南南山国家公园"试点，资兴市、宜章县、汝城县、桂东县等地逐步展开生态红线制度试点。

（二）让林业服务社会与人民

一是引领崇尚绿色的潮流。湖南全省1800万人次参加全民义务植树1.2亿株，对20万棵古树名木建档立卡实施保护。绿化评比、绿化表彰深入推进。植树节、张家界国际森林保护节、世界名花生态文化节、世界湿地日、乐享湿地嘉年华等生态教育、宣传、节庆活动影响广泛。永州林业博览园引领赏绿护绿潮流，深受市民欢迎。油茶企业集中亮相中国食品餐饮博览会，湖南茶油继续引领绿色消费的潮流。湖南省林业厅获评2017年省级两型示范机关，发挥了引领绿色化的窗口效益。

二是引领生物多样性保护的潮流。积极争取国家林业局南方野生动植物保护馆落户湖南，成功举办了世界野生动植物日、麋鹿保护宣传周等活动，从江苏大丰引进了16头麋鹿，进一步丰富了洞庭湖保护区麋鹿种群的基因库。开展了候鸟等野生动物保护"清网行动"，确保候鸟安全过境。出台了《森林公园管理办法》。建成自然保护区191处、面积2053万亩；国有林场214处、面积1658万亩；森林公园130处、面积705万亩；各级植物园建成5处、在建4处。

三是引领生态创建的潮流。在中心城市大力推进森林城市创建活动，继长沙市、岳阳市、娄底市之后，常德市、郴州市荣获"全国绿化模范城市"称号；继长沙市、益阳市、郴州市、株洲市、永州市之后，常德市荣获"国家森林城市"称号。推进"秀美村庄"建设，完成村庄绿化87万亩，推进庭院绿化315万户。

（三）让人民群众充分享受林业红利

一是实行网上审批便民。把属于省级层面的行政审批全部实行网上办理，进一步简化林业相关行政审批流程。2016年，湖南省林业系统网上办证300多万份，平均用时7.2个工作日，比法定时限提速64%。

二是增加林业投入惠民。在全省51个贫困县投入林业项目和生态补偿资金21.3亿元，惠及贫困林农近300万人。争取国家天然林专项资金1.1亿元，将1.1万个建档立卡的贫困人口就地转岗为生态护林员。国有的国家级公益林补偿标准由每年每亩10元提高到13元，集体和个人补偿标准达每年每亩17元；长株潭生态绿心区国家级、省级生态公益林补助标准提高到25元/亩。

三是发展生态产业利民。全省油茶林总面积达2113万亩，茶油年总产量达23.4万吨，2016年总产值突破300亿元，累计带动120万林农增收致富。永州市、衡阳市被国家林业局评为"全国油茶示范市"。全省花卉种植面积达115万亩，综合产值超200亿元；全省楠竹面积1635万亩，综合产值达206亿元；全省家具产业实现总产值270亿元；全省森林旅游接待游客4309万人次，综合产值达416亿元。

（四）完善林业治理体系

一是绿色化模式不断创新。郴州形成了全面增绿、积极建绿、及时调绿、强力还绿、见缝插绿的"五绿"模式，建成了"春有花、夏有荫、秋有色、冬有绿"的林中之城。长沙以三年造绿大行动为契机，探索了让道路变"绿网"、河道变"绿脉"、庭院变"绿点"、森林变"绿肺"的城市绿化模式。湘西自治州在开展八百里绿色行动之后，提出全域生态、全域康养概念，启动了千里生态旅游走廊建设，将"植树造林"向"植树造景"推进。娄底圆满完成"绿化娄底四年行动计划"，探索了"联村建绿"的典型模式，提升了全市的绿化积极性。

二是法治化进程加快推进。争取湖南省森林公园管理条例列入省人大立法计划，出台了《湖南省湿地公园管理办法》。全省第一部县域生态环境保护自治法规《靖州苗族侗族自治县生态环境保护条例》顺利出台。各地林业部门都向社会公布了林业行政权力清单、责任清单及涉企收费项目。林业行政综合

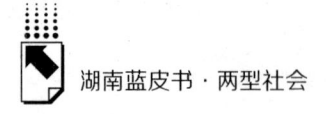

执法稳步推进，全省共办理各类涉林案件1.4万件，打击处理各类嫌疑人5万余人，森林公安和其他林业行政执法机构的作用得到进一步发挥。衡阳市、常德市综合执法机构普遍建立，执法效能大幅提升。

三是信息化管理持续深化。全省性林业信息化应用系统从46个增加到49个，测土配方、行政审批、林权查询、防火监测、公文处理等应用系统不断完善。面向基层开展信息化技术培训3000人次，湖南信息展示中心接待省内外96批2000人次参观。郴州市积极发展智慧林业，打造了护林员管理、营造林管理、森林火灾监控、古树名木管理等信息平台。娄底市、邵阳市、湘西自治州等地广泛运用林地测土配方信息系统，提高了营造林质量。

二 湖南林业推进两型社会建设的主要经验

在两型社会建设过程中，湖南林业注重围绕供给侧结构性改革，在行业内找突破口，在市场中找需求点，不断提升林业发展的质量与效益。概括起来就是"五不"模式：

（一）探索森林康养，实现"不住院能治病"

何谓森林康养？即依托优质的森林资源，将林业与现代医学和传统养生学有机结合，打造有益于人们健康长寿的平台。2016年4月，湖南省林业厅与北大未名集团合作，建成了全国首家林业森林康养中心。目前，又在青羊湖国有林场建设面向大众的康养基地。由于森林康养既是健康工程更是民生工程，国家林业局发文向全国进行推广，湖南省人民政府也出台了《关于推进森林康养发展的通知》（全国第一个有关发展森林康养产业的省级文件），制定了《湖南省森林康养发展规划（2016~2025）》。

（二）发展林下经济，实现"不砍树能致富"

以前，林业讲资源利用就是砍伐森林，谈到环境保护就意味着经济发展受到制约。如何做到"既要青山绿水也要金山银山"？湖南林业转变了发展思路，不再局限于木材产业，而是充分利用林下空间、大力发展林下经济。湖南省共创建了国家级林下经济示范基地10个、省级林下经济示范基地116个、省级特色林下经济产业园5个，培育出茯苓、天麻、灵芝、黄精等一大批可持续、可复制、可推广的林下产品。2016年，全省林下经济产值达500亿元，林下经济收入已占林农人均收入的20%以上。

（三）推广林权交易，实现"不卖地能增收"

集体林权制度改革分山到户后，如何让林农因林地而增收？那就要做好林权流转。第一步，建立中部林权交易中心，与全省林权交易中心实现了互联互通。第二步，通过交易平台进行线上竞价交易，结果发现线上竞价的林地林权，比线下协商交易即当面买卖要增值10%~30%。第三步，实现资源评估、抵押贷款、在线流转一条龙服务，让林地可以抵押贷款。在中部林权交易中心的带动下，2016年，全省流转林地200多万亩、交易金额10亿多元，推进森林抵押贷款近30亿元。特别是看到互联网加林权交易的模式在法律上无后顾之忧，四川、云南等13个省（区）纷纷来此交易。

（四）启动林业碳汇，实现"不毁林能增效"

如何提升湖南优质森林资源的资源转化率，着眼于2017年国家将启动碳排放权交易体系的国际承诺，湖南林业积极部署推动林业碳汇的发展。2016年，湖南林业厅在龙山县、泸溪县、长沙县等地启动碳汇试点，营造碳汇林20万亩、碳汇草1100亩。全省各地积极规划建设碳汇林工程，完成优材更替、无节良材300万亩，建成国家木材战略储备林300万亩，为未来碳汇交易储备资源。目前，湖南林业碳汇开发的技术规范和开发计划已经完成，2017年全省首批开发计划覆盖55个县市区127个国有林场，总面积达到400万亩，每年向市场提供370万吨的林业碳汇交易量，按每吨60元计算，可直接创造碳汇收入2亿元。

（五）开展绿色防治，实现"不打药能治虫"

怎么解决农药防治易导致水土污染这个问题，湖南林业研发出"一物降一物"的生物防治技术，即用天敌防治病虫害。为此，湖南省林业厅建立了天敌繁育中心，规模化生产病虫害的天敌并研发出安全的病毒产品，年治理染病森林600多万亩，林业有害生物成灾率一直控制在国家规定的4‰以内。目

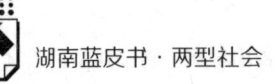

前，四川、安徽等多个省（区）来湖南采购生物防治的产品，带来的直接经济效益高达2亿多元。如果这一产品得到推广并运用在农业上，人民群众完全可以吃到不打农药的农产品。

三 2017年思路及重点

2017年湖南林业发展的总体思路是：坚持以党中央提出的绿色化为总方向，以湖南省第十一次党代会提出的生态强省为总目标，以提升林业现代化水平为总任务，以改革推动、创新引领为总抓手，突出健康森林、美丽湿地、生态城乡、绿色产业四大主题，推动湖南实现从绿色大省向生态强省的跨越。

2017年的预期目标是：营造林1200万亩以上，森林覆盖率稳定在59%以上，森林蓄积量增长2000万立方米以上，林地保有量稳定在1.9亿亩以上，林业产业总产值增长12%以上，湿地保护率稳定在72%以上；森林火灾受害率控制在0.9‰以下，林业有害生物成灾率控制在4‰以下。

2017年的重点任务如下。

（一）经营健康森林

一是精准提升森林质量。抓好森林抚育、天然林保护、优材更替、国家储备林建设，编制中长期《湖南省森林经营规划》，培育大径材、优质材，让湖南森林由穿"衬衣"向穿"棉衣"跨越。

二是持续推进禁伐减伐。实施禁伐减伐三年行动，用好用活禁伐减伐补助，提高林农的保护积极性。

三是切实加强森林资源管护。抓好森林防火和林业有害生物防治，防止发生重特大森林火灾、林业病虫害。严格林地审批，严厉打击侵占林地、破坏森林资源等违法行为。

（二）保护美丽湿地

一是强化湿地修复。根据国务院办公厅出台的《湿地保护修复制度方案》，加快湖南省湿地保护修复制度的制定与出台，推动湿地保护从抢救性保护向全面保护转变。

二是推进湿地治污。主动对接长江经济带战略保护好一湖四水，扎实推进湘江流域退耕还林还湿试点建设。

三是加强湿地保护。进一步加大国家湿地公园、省级湿地公园试点的建设力度。充分运用新媒体技术，深入开展世界湿地日、洞庭湖国际观鸟节等宣传活动，让湿地保护的理念深入人心。制定湿地分级管理制度，建立和完善湿地生态补偿制度。

（三）建设生态城乡

一是扩展森林城市。大力推进"国家森林城市"建设，全面启动"省级森林城市"创建。全面开展"五边"（城边、路边、水边、村边、房边）造林，不断改善人居环境。打造绿色通道，做好高速公路、高铁沿线绿化。

二是建设秀美林场。深化国有林场的改革与建设，统筹推进林木资源的保护与利用，让国有林场既秀美又富裕。

三是保护生物多样性。深入贯彻实施新的《野生动物保护法》，严厉打击猎捕、买卖保护动物的违法行为。加强各级自然保护区建设，不断改善野生动植物栖息地。

（四）发展绿色产业

一是打造新业态。聚力打造森林康养、林业碳汇、林下经济、林权交易四大林业新业态，进一步扩大绿色供给。

二是提质优势产业。充分利用现代农业"百千万"工程建设机遇，对花卉、楠竹、家具等具有优势的传统产业进行升级改造，大力培育龙头企业，打造一批知名品牌。

三是推进生态产业扶贫。因地制宜发展楠竹、酥脆枣、猕猴桃、板栗等产业，探索发展乡村旅游等新兴服务业，吸纳社会资本转型投资林业，千方百计增加贫困林农收入。

（五）强化创新引领

一是突出实用科技创新。结合市场需要、群众需要，围绕雾霾治理、重金属治理、碳汇等热点焦点问题，有针对性地开展林业应用科技研究。

二是突出信息化建设。推动林地测土配方、林权管理等信息系统的维护、更新，打造数字林业升级版，巩固信息化建设优势地位。

三是突出理论文化创新。要加强生态强省政策理论研究，挖掘和繁荣森林文化、湿地文化、花文化等生态文化，打造多元化的林业宣传格局。

（六）深化林业改革

深化集体林权制度改革、国有林场改革和采伐管理改革、林业行政审批制度改革，进一步释放林业活力。建立生态保护红线制度，全面划定林地、湿地和物种红线。指导抓好国家公园体制改革试点，统筹建设南山国家公园。推进林业投融资机制改革，探索启动林业PPP项目试点。推进林业执法机制改革，因地制宜推行以森林公安为主体的林业综合行政执法模式。

区域篇

Regional Reports

B.10
加快构建良性水生态 促进城市可持续发展
——长沙市水生态文明体系建设的调查与思考

长沙市人民政府研究室*

水是生命之源、生产之要、生态之基。水生态文明既是良好生态的体现，也是地域特色的象征，更是城市品质的标志。长沙作为全国首批水生态文明建设试点城市，近年来坚持依水建城、治水靓城，切实加强水资源保护、水环境治理、水安全保障，水生态文明建设取得了良好成效，但仍然存在诸多亟待解决的问题，必须认清水生态文明建设面临的新形势和新要求，精准施策，综合施策，推动水生态文明建设再上新台阶，促进城市可持续发展。

一 长沙水生态文明建设取得的主要成效

长沙市始终坚持"水安全、水经济、水文化、水生态、水景观"五位一

---

* 组长：唐曙光，长沙市人民政府研究室主任；副组长：彭文滋、肖索夫；成员：袁金明、易海威、陈风、廖森胜、刘铁伟。

体的总方针，出台《长沙市湘江流域水污染防治条例》《湘江保护与治理三年行动计划（2013~2015）》《长沙市最严格水资源管理制度实施方案》等，全面推进"治污水、防洪水、排涝水、抓节水"四水共治，水生态文明城市建设成效初显。

（一）水资源保护治理不断加强

一是流域治理有力实施。以"一江五河（湘江，浏阳河、捞刀河、圭塘河、靳江河、龙王港）"为重点，强化流域综合治理，着力整治河滩种菜、倾倒垃圾、废弃船只、非法建设、污染河面、水上经营等乱象，取得较好成效（见表1）。

表1 长沙市部分河流治理情况

河流	治理前情况	治理措施	投入	治理后情况
湘江	上游沿江工矿企业无序排放，河道内乱采乱挖屡禁不绝，排污口污水未经处理直排湘江，面源污染较严重	整治河滩种菜、河岸垃圾、河道采砂、废弃船只、非法建筑、河面污染、水上餐饮	200亿元	河畅景美、岸整水净、滩清坡绿、碧水靓城
浏阳河	城区段水环境污染严重，水质常年为Ⅴ类或劣于Ⅴ类	污水处理设施建设、涉水工业污染整治、排污口截污、农业面源污染治理	200亿元	Ⅱ~Ⅲ类水质占评价河长的比例为91.4%
圭塘河	不少企业偷排污水，河水发臭发黑	排口截污、流域综合治理、畜禽养殖污染治理和水污染企业排查治理、河道清淤、重金属污染治理、生态修复	18亿元	流淌的河水已清澈见底，河流两岸碧草相连，乔木、灌木相映成趣。规划在圭塘河流域中上游建设2个湿地公园

加强湘江治理。特别是将保护湘江母亲河摆在前所未有的战略高度，以贯彻落实省政府的"一号重点工程"为契机，拆除湘江库区范围非法沙场140家，清退采沙船80条，整治运沙船649条，依法取缔18艘非法经营水上餐饮渔船和茶饮船，清除岸滩垃圾3万余方，生态披绿7000余亩，初步实现了

"河畅景美、岸整水净、滩清坡绿、碧水靓城"的治理目标。加强湘江支流的治理。出台《浏阳河城区段污染治理实施方案》，累计投资200余亿元，实施重点项目262个，采取污水处理设施建设、涉水工业污染整治、排污口截污、农业面源污染治理等多种有力措施，推动浏阳河水生态环境逐步改善。圭塘河系城市内河，之前不少企业偷排污水，河水发臭发黑，长沙市编制了圭塘河总体规划方案，上游实施引水补水工程，中游开展生态修复提质，下游加强排口巡查，集中开展圭塘河沿线排口截污、流域综合治理、畜禽养殖污染治理和水污染企业排查治理等工程，水域环境明显改善。加强生态清洁型小流域建设。实施开慧河、阳谷河、大溪河等5个试点项目，探索出以生态措施为主导的流域治理新路子。如开慧河清洁型小流域治理项目改变以往水泥水渠的模式，在水渠中适当种植水草，有效净化了水质，鱼虾等生物又重新出现，打造了"水土流失治理长沙模式"。

二是水污染源头治理有效深化。坚持保护优先，正本清源，从源头上遏制水环境污染。严把建设项目准入关。提高涉水行业准入门槛，先后否决污染项目425个，退出各类污染隐患企业398家。严控污水排放。实施污水排入排水管网许可制度，加快中心城区截污改造工程建设，全面完成湘江枢纽城区段101个排水口截污工程，污水实现全收集、全处理。严格监管工业废水排放，严惩偷排、超标排放污水等违法行为。严管农村面源污染。近年来全市共治理或退出畜禽养殖场5.6万家（户）、933.9万平方米，内五区和湘江流域已经基本退出，同时创建畜禽标准生态化生产场1200个，畜禽养殖污染物处理利用率达85%以上，有效减少了畜禽养殖对水环境的污染。全市629座上型水库全部退出投肥养殖，实行"人放天养"。全市农村共修建生活污水净化池944座、公共生活垃圾收集池342座，生活垃圾回收处理率达90%以上，基本实现污染源属地管理、就地治理和污水不外流、不下河。

三是城市黑臭水体整治有序推进。出台《长沙市黑臭水体整治工作实施方案》，重点整治24处黑臭水体，其中湖塘4处、河流20处。建立健全"一周一督察总结、一月一调度通报"的工作机制和"一对一、点对点"的调度模式，科学制定技术方案，因地制宜地采取控源截污、垃圾清理、清淤疏浚、生态修复等方式，建立日常清捞、养护等长效管理机制，做到标本兼治，治理情况每半年向社会公布一次，自觉接受群众监督。

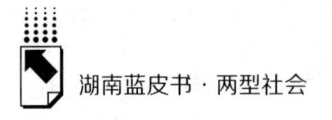

（二）水循环体系建设迈出坚实步伐

一是大力推进河湖连通工程。长沙水系发达，水网密布。近年来抓住政策机遇，大力实施河湖连通工程，力促河湖相连、水系相通。启动实施6个河湖连通工程，计划总投入50余亿元，用3年左右时间实现龙王港、圭塘河、后湖、大众垸、桐溪湖、黄金河水系等水系连通（见图1），其中圭塘河、雷锋河、雷锋湖连通工程2017年即可完工。引导区县实施河湖连通工程，沩水望城区段被堤坝隔断，分成了老沩水和新沩水，通过修建新河道，打通水系，将老沩水和新沩水连接起来。芙蓉区杨家湾水系连通项目通过改造杨家湾撇洪主干渠为生态明渠、新建景观调蓄公园以及西龙路箱涵等工程，使各水系相互连通、良性循环（见图2）。

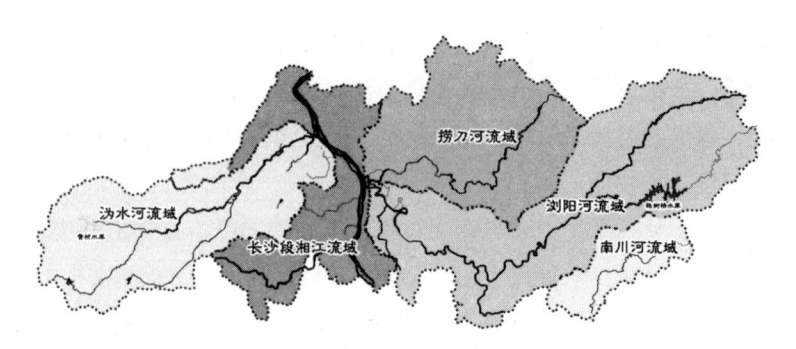

图1　长沙市水系示意

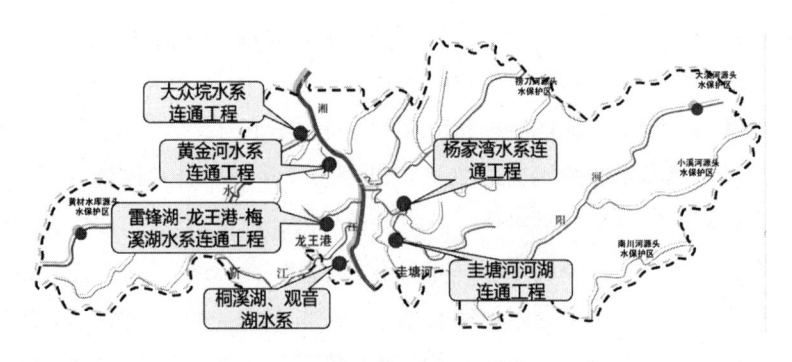

图2　长沙市部分河湖连通工程示意

二是启动海绵城市建设。把建设海绵城市作为蓄水节水、保障城市水安全的重要举措，出台《关于全面推进海绵城市建设的实施意见》《长沙市海绵城市建设工作方案》《长沙市低影响开发雨水系统设计技术导则（试行）》等，指导全市海绵城市建设。按照"渗、滞、蓄、净、用、排"六字方针，切实加大市政排水设施建设力度，大力实施城镇排水管网建设、雨污分流改造、易涝点整治、应急强排设施建设，增强吸水、蓄水、净水、释水、调水功能，不断提升防洪排涝能力，打造会呼吸、有张力的城市。滨水新城北部成为湖南省海绵城市建设三个试点区之一。

（三）水资源开发水平不断提升

一是依水建城，强化综合利用。综合规划"江、河、湖、库"等水系景观要素，积极打造"城在水中、水在绿中、人在画中"的亲水宜居环境，让水为城市塑灵魂、添灵气、增活力。把水利景观作为水生态文明建设的生动课堂和形象代言，建成国家级水利风景区4处、省级水利风景区4处，打造了浔龙河生态小镇、靖港古镇、板仓生态小镇等国家级生态示范乡镇55个。推进湘江风光带、浏阳河风光带、捞刀河南岸风光带建设，因地制宜布设广场、沙滩、游园等市民亲水休闲场所100余处，这些亲水平台建成后成为人们休闲、健身、娱乐的好去处。高水平规划建设浏阳河文化旅游产业风光带，沿河打造了滨江文化园、北辰文化创意产业园和隆平水稻博物馆等一批优质项目。积极宣传传承湖湘水文化，举办浏阳河文化艺术节，实施长沙县春华渡槽水文化保护和铜官窑水文化传承工程项目，筹建长沙市水文化馆，水利资源逐步转化成现实的经济效益和社会效益。

二是加强湿地保护，提高生态功能。以"保护—利用—提高"为理念，注重发挥湿地生态系统的防洪调蓄、生态净水、改善环境等功能，大力推进西湖渔场、梅溪湖、洋湖等7处湿地公园建设，建成4个国家湿地公园（浏阳河、金洲湖、千龙湖、松雅湖），城区内新增湿地达2.2万亩。实施湿地生态修复，启动10个城市内湖、15个核心洲岛的生态保护工程建设。严格实行生态"绿心"保护，严惩违法占用湿地行为，开展退耕还湿试点，建设"湿地生态示范村"。将湿地保护率纳入对区县（市）绩效考核指标体系，2015年，全市湿地保护面积逾2.5万公顷，较2013年增加50%，保护率达60%。如苏坨垸湿地改造前违建菜棚遍地，通过以财政补贴引导菜农改种荷花，打造了5000余亩的"荷花走廊"，实现了生态效益、经济效益、城市品质效益的完美结合。

三是大力推进节水工作，创建节水型城市。树立"节水就是防污"理念，深入实施工业、农业和城镇居民生活节水工程，建设节水型社会。以经济杠杆促进节约用水，全面实施阶梯式水价，完成户表改造40多万户，户表改造用户年用水量下降19%。城区非居民用水近三年节水0.5亿立方米，相当于5个西湖蓄水量。积极开展节水"三同时"工作，明确建设项目必须制订节水方案，配套建设节水设施，并与主体工程同时设计、同时施工、同时竣工使用。推进产业结构调整，逐步淘汰耗水量大、污染严重的产业。开展节水城市试点，全市万元GDP用水量、万元工业增加值用水量分别从试点期前的129立方米/万元、107.6立方米/万元下降到2015年的44立方米/万元和34立方米/万元（见表2），工业用水重复率、节水器具普及率、水功能区水质达标率、灌溉水有效利用系数分别从试点期前的40%、60%、50%、0.45提高至70%、98%、75%、0.509。

表2　长沙市行业用水指标比较

年份	万元GDP用水量（立方米/万元）	万元工业增加值用水量（立方米/万元）	建筑业用水量（立方米/万元）	服务业用水量（立方米/万元）	人均用水量（立方米/人）
2013	54	42	7	10	530
2014	49	37	6	8	525
2015	44	34	6	8	503

（四）水安全得到有效保障

第一，防洪排涝能力逐步提升。"十二五"期间，全市共完成各类水利投资260亿元，比"十一五"增长45%，着力构建了以防洪大堤、撇洪渠、排水泵站、涵闸和蓄滞洪区相结合的综合防洪排涝体系，防洪排涝能力明显提高。投资63.78亿元，建成长沙湘江综合枢纽，发挥了汛期防洪、枯水期保水的重要作用。列入国家规划的588座病险水库全部完成除险加固。实施开福区堤防、潇湘大道堤防、浏阳河朝正垸堤防、烂泥湖防洪圈堤防加固达标工程，全市462公里城乡堤防（千亩以上堤垸）完成达标建设286公里。加强水源地源头森林植被保护，严格执行主要江河沿线全面禁伐和封山育林制度，提升了森林植被水源涵养、水土保持能力。建设水库联合调度管理系统，实现雨洪调蓄、旱枯调剂，解决季节性缺水问题。完成雨污分流和排水管网改造400公里，建设信息化管理平台及时受理处置下水堵塞问题，在城区易堵点试点安装立篦式雨水口，铺设透水砖，到达雨水自然渗透，减轻对排水管网的排放压力。推进"智慧水务"平台建设，建成自动采集雨量站233个、水位站158个、视频站约180个，基本实现中型水库、重点河道、关键闸坝等重点部位远程监控。2016年7月成功经受住历史罕见的大暴雨考验，城区基本没有发生内渍。

第二，农村饮水安全工程稳步推进。把农村饮水安全工程列入年度重点民生实事工程。将城市管网延伸至农村，实施城郊接合部和临城集镇集中供水，建成规模水厂57处、集中供水工程931处，实现了100%的乡镇通自来水、83%的村通自来水，农村自来水普及率达65%，解决了210万人饮水不安全问题。建设河西泉水冲水库应急水源工程，以及星沙、永安、洞阳3个园区应急水源工程，为安全饮水提供坚强保障。

第三，污水处理、水质监测全面加强。建成城市污水处理厂11个，日处理规模达163万吨；7个污水处理厂达到一级A及以上排放标准，其余的正实施扩建和提标改造，城区水体水质明显提高。建成乡镇污水处理厂76家，望城区、长沙县、宁乡县委托专业公司对乡镇污水处理设施实施规范化运营。"五区九园"按要求基本建立污水集中处理设施。全市生活污水处理率达96.91%。全面建成长望浏宁四县（市、区）水质检测站（所），通过水厂专检室、水厂化验室、国家城市供水水质监测网长沙监测站三级监测体系，24小时实时监控城市供水。自来水厂水处理检测必检指标从100多个增加到216个，出厂水质全面优于国家标准。

二 长沙水生态文明建设存在的突出问题

长沙市水生态总体形势是好的，但与中央对水生态文明建设的要求、与群众对水生态的期望仍有一定的差距，任务依然艰巨。

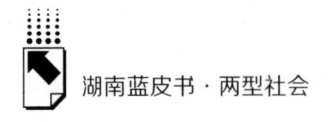

（一）水污染防治压力依然较大

长沙城镇化、工业化进程加速推进，2007~2015年城镇化率由60.2%升至74.38%，8年提高逾14个百分点，居民生活及工业用水快速增长。2007年长沙市用水总量为33.28亿立方米，2015年为37.37亿立方米，增长12.3%。其中，2015年农业、工业、居民生活、公共生态用水分别为17.04亿立方米、12.58亿立方米、3.84亿立方米、3.91亿立方米，用水需求和水污染防治压力较大。

第一，城镇生活污水不断增加。城镇生活污水排放量增长较快，2015年城镇生活污水排放量达3.95亿吨/年，为2005年的1.6倍。尽管城镇生活污水80%左右经净化处理后达标排放，但大量的尾水排放导致氨氮、总磷、化学需氧量等污染物排放总量超过河流的环境容量，部分河段清污比低于常规水平（如浏阳河城区段枯水期清污比目前仅为1∶3，远低于常规清污比3∶1），造成集中纳污河段基本丧失地表水环境功能，甚至成为黑臭水体。目前，主城区属于黑臭水体的湖塘及河段达24处，其中湖塘4处、河段20处，黑臭水体整治任务十分艰巨。此外，长沙市域内水系发达，点多面广线长，重点流域500人以上小集镇近400个，每天产生约20万吨生活污水，流域环境治理压力比较大。

第二，农业面源污染较难防控。有的盲目追求农作物高产，随意加大化肥、农药、薄膜使用量，农村面源污染控制难度大。一方面，农民使用化肥、农药缺乏科学性，凭经验盲目撒施，化肥有效利用率仅30%~40%，农药残留问题突出，造成水体污染程度加大、污染物消纳能力降低，严重威胁水生态安全。另一方面，农村畜禽养殖和水产养殖点多面广，尤其是投饵投肥的人工水产养殖非常普遍，以致大部分塘、库、湖存在水体富营养化问题，水质状况堪忧；部分规模化养殖场环保设施不达标，特别是液态粪污及沼液消纳不彻底，直排自然水体，导致水体富营养化。部分农村地区环保设施配套没有及时到位或未正常投入使用，导致农村、集镇生活垃圾随意扔、污水直排，污染土壤和水体。

第三，部分工业园区污水处理滞后。长沙市工业经济持续高速发展增加了工业用水需求，产生大量工业污废水。2005~2015年，全市工业废污水排放量由4065万吨增加至5101.73万吨，增长25.5%。由于工业污废水具有排放量大、污染范围广、污染物种类繁多、污染物质危害大等特点，导致污水处理厂进厂水严重超标，污水处理厂运行负荷非常高，无法有效实现污染物的削减。加之部分园区截污管网建设进度滞后，大量废水未归集到污水处理厂进行处理；有的园区部分生活污水直排河流，成为水污染的严重隐患。

（二）水生态循环系统有待打通

近年来，随着湘江长沙综合枢纽工程的建成蓄水，湘江长沙段由河流变为库区，全市水环境发生了较大变化，亟待构建顺畅、良性的水生态循环体系。

第一，河流生态流量下降，污染物扩散降解能力下降。湘江长沙段既是长沙市区的主要饮用水水源地，也是城区的唯一纳污水体，还是航运重要通道。长沙湘江综合枢纽工程蓄水后，库区水体流速减缓，自净能力下降。据监测数据显示，坝前（望城自来水厂断面）氨氮和总磷指标呈上升趋势，尤其是总磷指标已逼近国家标准限值，库区水环境安全隐患逐步显现。同时，湘江常年顶托浏阳河水，浏阳河上游有株树桥水库及20余座闸坝拦蓄了大量水资源，造成城区段流速变得十分缓慢，流速小于每秒0.1米，枯水期最小径流量低于每秒5立方米，污染物扩散降解能力急剧下降，水体自净能力严重衰减。特别是圭塘河作为浏阳河的重要支流，无清水补充，下游治污难度较大。

第二，城区内部分湖泊为死水，水质呈恶化趋势。长沙市中心城区水面面积超过1公顷的湖泊、山塘和池塘有930余处，但河湖连通工程仍处于起步阶段，大部分河湖水系之间未能实现有效连通，梅溪湖、咸嘉湖、后湖等湖泊除汛期有少量雨水汇入外，基本上无其他水源补充，湖水流动性较差，置换周期较长，自净能力较弱，污染物环境容量不足，存在水质恶化甚至成为死水的风险。

第三，湿地保护滞后，湿地自净功能有待提升。长沙湿地资源丰富，拥有国家、省、市级重要湿地52个、总面积42622公顷（未计水田面积），占全市土地面积的3.6%。受诸多自然因素和人为因素影响，长沙市湿地生态系统具有明显的脆弱性。一方面，湿地资源遭受蚕食，面积不断缩减，团结湖、陈家湖等自然湿地已基本消失。初步统计，60年来消失的自然水面、湿地总面积超过120平方公里。另一方面，大部分湿地公园过分追求经济效益，把人工造

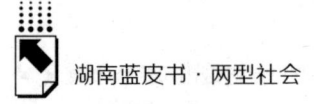

景、畜养水禽、观光休闲、房地产开发等作为开发建设重点，却忽视自然生态修复、维护生态多样性的初衷，缺乏对湿地的科普教育、科技研究、立法尝试和保护宣传，使湿地的生态净化、水量调节、气候应对等生态功能弱化。

（三）水生态基础设施仍然较滞后

随着沿河建设和城镇化快速发展，涉水基础设施明显滞后于城镇发展，部分片区污水管网不完善，污水处理设施建设不到位，雨季污水和地表径流通过溢流口直排江河，短板较为突出。

第一，排水管网建设滞后。城区内大部分排水管网为雨污合流，且因部分道路未建成，未形成完整的污水管网收集系统。湘江、浏阳河、龙王港等江河沿线虽投入大量资金进行了截污改造，但主要以末端截流为主，汛期仍有大量污水下河，污水直排现象无法从根本上杜绝，造成一定程度的水体污染。目前，未办理排水许可的工商注册经营户超过95%，还有大量的工商未注册的经营户，都存在无证向城市排水管网排放污水的可能性，容易导致市政管道和污水处理厂严重受损，为污水处理厂稳定运行和水生态环境带来较大风险。此外，原长沙铬盐厂污染场地修复、岳麓污水处理厂排口下移等项目实施难度大、进展缓慢。

第二，污水处理厂建设滞后。随着城区截污工作的基本完成，污水处理量提高近30%，给污水处理带来较大压力。部分污水处理厂能力不足，从以往"吃不饱"变成"吃不消"，加上1/3强的污水处理厂只达到一级B排放标准，污水处理排放标准偏低，存在超标排放成为"污染源"的风险。新港污水处理厂、雨花污水处理厂等虽已建成使用，但因污水收集管网建设滞后，目前尚未充分发挥其作用，实际使用产能与设计产能差距大。由于城区污水处理厂"超负荷"运行和进水不足的问题同时存在，仍有少部分污水未经处理直排。

第三，垃圾填埋场建设滞后。随着城区面积不断扩大、城市人口快速增长，城市生活垃圾日产生量由2003年的1600吨增至7000多吨，年均增长10%以上。迅猛增长的生活垃圾对生活垃圾综合处理体系带来巨大压力。目前长沙市仅有生活垃圾终端处理设施一处（黑麋峰垃圾填埋场），担负6区1县近5000吨/日的生活垃圾无害化填埋处理、500多吨/日的污泥固化处理、1500多吨/日的垃圾渗滤液处理任务。由于垃圾增速远超预测量，垃圾填埋场将提前15年填埋至设计标高、用完设计能力。特别是雨季大量雨水与垃圾渗滤液混合，远超污水处理厂处理能力，溢出后对地表和地下水均造成严重污染。虽然新规划了三座生活垃圾终端处理设施，但受选址等因素影响，新的终端处理设施建设尚未启动。

第四，农村污水处理厂利用率低。大部分乡镇污水处理厂规划设计和建设规模远超实际需求。由于乡镇人均用水量低、管网配套不完善、雨污分流不到位等原因，65个污水处理厂仅有8个日均处理污水量达到2000吨，只占已建成污水处理厂数的12.3%。绝大部分乡镇污水处理厂实际日均处理量仅300~600吨，远未达到设计规模，运行负荷率低。有的开工后迟迟不能完工投入使用；有的因管网未建成只能闲置"晒太阳"，造成极大浪费；有的只建成了主管网，且主管网主要建在新集镇，而人口密集、真正需大量收集污水的老集镇的管网建设远远没有跟上，致使污水未能及时有效收集；有的工程建设质量存在问题，存在漏水、渗水甚至清水倒灌现象；有的缺乏专业技术及管理经验，无法确保污水处理设施设备的正常运行及维护检修，影响了污水处理厂的正常稳定运行；还有的因选址不当等暂未开工建设，如浏阳市的沙市镇、枨冲镇、淳口镇、文家市镇等。

（四）多头治水体制机制亟须理顺

第一，部门职责交叉不顺。水生态建设涉及水务、住建、环保、林业、农业、发改委、财政等众多部门，是一项需要全民参与的综合系统工程。在实际管理和运行过程中，多个部门业务和职责交叉重叠，部门之间缺乏协调机制，责任难以落实，存在"九龙治水"乱象。特别是浏阳河、捞刀河的管理与保护工作涉及多个区县，因缺乏流域性综合治理规划，上下游管理工作没有统一规则，防洪、治污工程建设没有一致标准，没有对沿线水量、水权进行合理分配，上下游水资源开发利用程度不一，导致枯水季节下游入境流量减少，降低了水体自净能力，影响下游水质和供水安全，增加了下游治污难度。

第二，专业队伍建设滞后。水资源管理涉及面广，专业性、时效性、系统性要求高，目前水务系统没有一个专门的水资源管理机构，水资源管理人员不足。受机构、编制、人力和财力等因素影响，环保部门仍存在专业人员少、配备弱的状况，与水污染防治工作相关的专门机构和专业队伍尚未不完善，特别

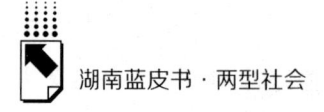

是镇村两级水生态环境保护工作力量很薄弱,难以发挥监管作用。

第三,经费保障存在差距。水生态建设是个系统工程,也是个长期任务,投入相当大。省份县各级在水资源管理方面投入资金非常有限,资金缺口较大。当前,长沙市提前迎来了第二轮水务建设高峰期,特别是近三年,省份重点工程项目较多,建设任务陡增,建设资金需求过于集中。比如,水务集团2015年建设资金投入约17亿元,2016年投入25.61亿元,近期在建和拟建项目还需投入40多亿元。投融资体制机制有待创新,民间资本参与水生态文明建设较少,主要通过银行借款等债务融资方式筹资,融资成本和财务费用较高,还本付息压力加大,进一步加剧了资金压力。

(五)全民水生态意识有待加强

第一,节水意识有待提高。长沙地处江南,许多人的思想还停留在"长沙不缺水"的认识上,意识不到水环境污染和水资源短缺带来的严峻挑战,破坏和浪费水资源的行为仍然较为突出,全社会节水意识需要进一步加强。个别部门单位还没有树立正确的政绩观和水生态保护理念,特别是镇村一级还存在不愿管、不敢管、不真管的情况。一些企业和个人法制意识淡薄、唯利是图,存在偷排污水、与环境执法"打游击战"的现象。

第二,水资源重复利用不够。全市工业重复用水整体呈现利用率低、普及度弱、覆盖面窄、大企业少和行业集中等特点。从整体情况来看,2015年规模工业重复用水企业476家,仅占全部企业的18.1%,同比下降2.4%;重复用水在1万立方米以上的企业仅104家,重复用水企业占比低,重复用水规模小。分行业看,重复用水主要分布在化学原料和化学制品制造业,计算机、通信和其他电子设备制造业以及非金属矿物制品业,此三个行业的重复用水占到全市重复用水总量的72.3%;全市38个有取水量的行业中,还有7个行业重复用水为零,重复用水利用尚有较大拓展空间,利用率有待进一步提升。

第三,再生水利用率偏低。2015年全市再生水利用总量为16.42万吨,仅占用新水总量的0.06%。全市仅有4家企业利用再生水,占比仅为0.15%;而全市纳入统计监测的污水处理企业2015年污水处理量达3.03亿吨,同比增长16.9%,规模工业企业处理完后的再生水大多直接排放,循环利用率低。此外，长沙市中水利用规划方案暂未批复，导致敢胜垸污水处理厂及暮云污水处理厂等项目中水回用的规划、初设等前期报建手续无法办理。

三 加强长沙水生态文明建设的建议

水是城市发展的重要命脉，要对照中央水生态文明建设的要求，立足长沙实际，综合施策，标本兼治，加快构建良性水生态，让水更好地服务城市可持续发展、造福长沙人民。

（一）实施河湖连通工程，促进水系循环

实施河湖连通工程是顺应水生态规律、形成良性水循环的有效途径，也是治理城市内涝的重要举措。要把河湖连通作为水生态文明建设的重中之重，分步有序推进。

第一，坚持规划先行。结合长沙市城市总体规划及"十三五"规划，制定城区河湖连通水生态工程专项规划，制定水库水、湖泊水、再生水调配方案，使全市河湖的水"流起来"，增强水系自我净化能力，构建"引排顺畅、蓄泄得当、丰枯调剂、多源互补、调控自如"的水网体系。

第二，多渠道加大资金投入。河湖连通工程量、资金需求量大，必须争取各方支持。中央对地方实施河湖连通工程提供了良好的政策和资金支撑，每个项目补贴8000万元，要抢抓机遇，积极争取资金。同时，运用好PPP模式，引进社会资本参与投资建设。

第三，加快工程进度。加快推进圭塘河、杨家湾、龙王港、桐溪湖等水系连通工程，综合采取调水引流、清淤疏浚、生态修复等措施，打通水系"任督二脉"，把死水变为活水、污水变净水。

第四，完善水资源调配机制。建立雨季蓄水、旱季补水、丰枯调剂、区域调配的水资源综合利用新机制，通过建库筑坝、增蓄保水，提高雨洪资源的利用能力，解决季节性、区域性缺水问题。完善全市骨干水库枯水期水量调度方案，制定全市主要湖泊汛期限蓄水位，发挥城市内湖的削峰功能，科学精细调配水资源，提升河流动力，扩容水资源承载能力。

（二）加大污水治理力度，逐步改善水生态环境质量

坚持问题导向，抓住关键领域和重点环节，坚持治理与保护相结合，逐步提升水质量，改善水环境，实现"水清、河畅、岸绿、景美"的目标。

第一，深入推进江河湖泊治理。对城市规划区35条5公里以上河流、900多处1公顷以上水域实施刚性保护，以国土生态资源保护规划为载体，实行生态红线保护，像保护基本农田一样保护水面，像管理街道一样管理河道。一是加强日常监督管理。深入推进湘江保护和治理第二个"三年行动计划"，加快出台《浏阳河流域水污染防治条例》，建立健全江河湖管理协调机制。加强垃圾清理打捞和河道采沙管理，实现岸边无垃圾堆、水面无漂浮废弃物。对重点水域实施在线监控，定期检测水质。二是推进排污口截污改造。开展浏阳河、龙王港、捞刀河、靳江河、沩水等河流全流域污染源和排污口排查，严格监管监测，确保排放达标，确保污染物排放总量在河道生态环境容量可承受范围内。推进主城区外排口的截污改造，加快老汤阳桥泵站自排口、敢胜垸排水口、黄兴大桥南排水口截污改造，消除污水直排河流现象。三是重拳治理黑臭水体。深化"包水体达标、包时间进度、包运行维护、包长效常态"的治理机制，因地制宜，科学施策，综合治理，逐步改善水体环境质量，让水体从"黑臭丑"变"清绿美"，确保2017年底前消除建成区黑臭水体，各类水体稳定达到Ⅴ类及以上水质。

第二，严格控制污染源。全面治理农业农村面源污染、工业污染、生活污染，从源头上减少污染排放。一是大力整治农业面源污染。加强农村畜禽养殖场污染防治，在重点流域、饮用水水源保护区和重要水库周边区域，全面划定禁养区和限养区，分区域发展畜禽养殖业。大力发展生态农业，采取激励措施，鼓励农民减少和控制农药、化肥的施用量，鼓励和支持畜禽养殖废弃物综合利用。二是强力整治工业污染。加快"去产能"，严格控制新增工业污染源，坚决淘汰高污染、高耗能、高耗水的"三高"企业。强化工业园区污染防治，要求工业项目必须进园区，园区必须配套建设污水处理设施，污水收集率要达到100%。严格企业主体责任，督促企业加大治污投入力度。三是努力减少生产生活垃圾。大力倡导单位和个人践行绿色低碳方式，勤俭节约，自觉减少垃圾的产生。推行垃圾分类投放、分类收运、分类利用、分类处置。推行

生产者责任延伸制度，要求生产企业回收使用过的废旧产品并再利用，实现垃圾减量化、资源化、无害化。

第三，加快配套设施建设。加快污水处理设施建设。组织各乡镇编制和完善集镇排水专项规划，推进完善区县（市）-乡镇-村-户四级污水处理体系。逐步加大投入，提高污水处理厂建设、运行补助标准，提高地方积极性。加快推进开福、岳麓、新开铺、苏托垸、长善垸等污水处理厂的新建和提标扩建工程，实现工业园区污水处理厂全覆盖，确保2017年底前城镇污水处理厂全面达到或优于一级A排放标准。理顺污水处理厂管理体制，明确各部门管理职责，推广委托第三方运营的市场化管理模式。一是加强饮水、污水、排水管网建设。加快推进自来水管网延伸工程建设，确保2017年底农村自来水普及率达到85%以上。加强已建成乡镇污水厂的污水收集管网配套建设及运行管理维护，提高乡镇污水处理厂利用率。逐步推进区域雨污分流改造，探索在新建或改建工程中实施单体或小区初期雨水截留以及雨水综合利用工程。二是加强垃圾处理站建设。提升黑糜峰垃圾处理站处理能力，避免污水溢出流入河道，加快选址启动新垃圾处理场建设。推进垃圾焚烧厂建设，实现生活垃圾"无害化、减量化、资源化"处理。

（三）坚持预防为先，提升水生态保护水平

第一，严格落实水资源保护制度。坚持以水定需、量水而行、因水制宜，围绕水资源配置、节约和保护，全面落实水资源开发利用、用水效率、水功能限制纳污"三条红线"，严格实行取用水总量和入河排污总量控制。加快建设东、西部山区水源生态保护区，保护大围山、沩山等山区，特别是大溪河、小溪河、沩水源等水源涵养地保护，严控各类开发活动，对保护区内农民因禁养、限养和保护森林植被所带来的生产性减收给予合理的经济补偿。严格实施水域管理，确保全市水域面积稳中有升，维护生态系统平衡、完整与永续发展。合理确定主要河流控制断面生态基流与供水水库、地下水的生态水位，建立江河湖泊生态健康定期评估制度，落实具有生态保障任务的水库、主要江河闸坝生态调度功能与区域生态配水、补水机制，增强水资源科学配置能力。

第二，打造精品湿地系统。大力实施退耕还湿，借鉴钱塘江水经过西溪湿地净化后注入西湖等经验，充分发挥湿地的生态净水功能。实施"一江八河"

湿地生态系统保护与恢复项目，规划建设解放垸、东湖、三人托等湿地公园，科学开发苏托垸公园，与湘江、浏阳河沿岸风光带相映衬，构建集休闲、旅游、文化于一体的综合性湿地公园。统筹考虑湿地生态净化工程与湿地公园建设，促进湿地生态性、景观性和功能性的有机结合，在处理净化生产生活污水的同时，充分发挥湿地生态旅游休闲价值。

第三，优化水生态环境设计。在涉水工程规划设计和建设各环节，要高度重视对水生态环境的保护，注重发挥健康的河湖水系对区域生态环境和人文景观的贡献，注重维护河流平面形态与河湖岸坡的自然状态，优化设计和建设方案，优先采用生态材料和措施，有效减少裁弯取直、"硬化、渠化、白化、几何化"与水土流失等现象，把建设活动对水生态环境的负面影响降到最低，取得社会、经济和生态综合效益最大化。

（四）科学利用水资源，提升水生态综合效益

第一，大力节约水资源，建设节水型城市。采取高用水行业差别水价等措施多渠道促进节水，重点创建一批节水型示范园区、企业、灌区和生活小区。一是强化农业节水举措。采取工程、农艺和管理等多项技术措施发展节水农业，大力推广渠道防渗、低压管灌溉、喷灌、滴灌、微灌等节水技术，提高农业用水效率。二是推进工业节水工程。围绕工业节水重点，推广工业用水重复利用、高效冷却、热力和工艺系统节水、洗涤节水、工业给水和废水处理、非常规水资源利用等先进节水技术和生产工艺，提高水资源利用效率。加快工业企业节水改造，严格执行用水定额制度，加强用水大户节水减排监管，有效降低全市万元GDP取水量。三是节约城市管理用水。加强对污水处理厂尾水的利用，经处理后用于环卫、消防、园林等工作，减少自来水消耗量，提升水资源循环利用率。比如，可合理利用长善垸等污水处理厂尾水，在浏阳河风光带铺设管网和接口，用于风光带沿线绿化、环卫、景观等工作。四是推广倡导居民节水。加快推进户表改造，全面推行"一户一表、计量出户"，鼓励企业研发、普及生活节水器具，选择有条件的小区开展雨水、中水利用试点。

第二，大力建设海绵城市，实现水时空调节。加快海绵城市建设相关技术、政策体系研究及规划、三年行动计划纲要编制，尽快出台《长沙市海绵城市建设过渡期措施及临时管理办法》，并建立项目库。积极推行"低影响开

发"建设模式,充分利用公园、绿地等地上、地下空间,建设雨水收集利用设施和大型排水设施,打造"渗、滞、蓄、净、用、排"有机结合的水系统,消除城市内涝。突出示范引领,重点推进望城滨水新城省级示范区及其他市级示范新区的海绵城市建设。在政府投资的市政道路、公园、大型公共建筑、易涝区治理、河流综合整治、饮用水源保护区综合治理等项目中,逐步强制落实海绵城市建设要求;在重点开发区域、城市中心区及更新改造区,结合片区规划,编制海绵城市建设详细规划及实施方案,有序开展海绵城区建设。

第三,建设富有个性的亲水平台,打造特色鲜明的临水经济。以湘江、浏阳河、捞刀河、沩水为轴心,构筑沿江环湖(水库)安全生态带、景观带工程,打造保障安全、改善生态、服务区域的沿江环湖(库)绿色长廊。以沿岸风光带和产业带为辐射,凸显生态、景观、文化、旅游、产业五大核心功能,打造集旅游、商务、餐饮、娱乐于一体的休闲产业活力圈,形成特色突出、配套互补的产业链。整体规划沿岸风光带,改善片区生态环境,提升片区城市价值,培育区域发展后劲,打造"黄金水岸线",形成新的经济增长极。充分发挥长沙新港的航运优势,运营好至上海的国际集装箱"五定班轮",加快转化智能公路物流枢纽港、深圳国际长沙城市综合物流港建设,形成水运港、铁路港、公路港"三港互通"的交通要地、物流高地,打造国家交通物流中心。

(五)创新体制机制,形成治水合力

第一,强化依法治水。严格水法执法监督,增强法律的刚性,从严打击填水填湖、河道建房、河道排污等行为。为解决水执法力量不足的状况,推行片区联合执法。进一步下放权力,使县乡水资源管理机构具备必要的行政执法监督权。严把行政审批关口,对于不能满足总量控制要求、不能实现达标排放、不符合产业政策或规划布局要求的涉水项目坚决不批。加强相关部门沟通,强化信息共享和部门联动,完善重大水污染违法案件移送司法机关处理等协同联动机制,形成水污染防治工作的强大合力。继续开展水环境污染整治行动,强化责任追究,严厉查处非法水上餐饮,坚决制止沿江沿河企业非法排污现象。加大水污染防治监督管理力度,加强对重点工业污染源和城镇生活污水处理厂的检查,确保治污设施正常运行和污水稳定达标排放。

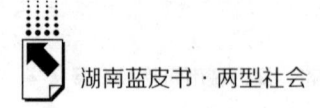

第二，创新制度建设。以建设良性水生态为目标，重点推进水资源综合规划、生态补偿、资金投入等改革，强化制度创新，形成有利于水生态文明建设的利益导向机制。一是推进水资源综合规划。加快水资源综合规划编制，推进城市防洪排涝、水生态修复、河湖管护等工作。统筹考虑可持续发展需要，协调好城镇与农村、水域与城市的发展规划，促进水网、绿网、路网"三网"协调。二是建立水资源补偿机制。建立水资源补偿专项资金，由受益地区向水资源保护区、流域上游提供生态保护经济补偿。积极探索多元化补偿方式，引导和鼓励开发地区、受益地区与生态保护地区，流域上游与下游通过自愿协商或者按照市场规则建立横向补偿关系。如上游地区实施水资源保护项目减少的污染物排放量，通过排污权交易转让给下游地区、企业，把生态保护转化为实实在在的经济效益。三是建立健全投入机制。落实各项财税扶持政策，形成长效、稳定的水生态文明建设投入机制，将重大水生态文明建设项目优先列为各级重点建设项目。充分发挥政府的主导作用，积极引入市场机制，创造条件鼓励和吸引社会力量、民间资本参与水生态文明建设。

第三，提升全民水生态意识。利用多种方式开展宣传教育，增强全民爱水护水意识，营造全民参与、齐抓共管氛围。利用"世界水日""中国水周"等进行大型宣传活动，以"爱水、护水、惜水"为中心内容，充分利用大众传媒资源，开展先进水文化和理念进机关、进农村、进学校、进企业、进社区系列活动，使水生态文明建设深得民心、深入人心。更加注重水生态文化的挖掘、培育与提炼，形成一批具有区域特色的水生态文明建设精品和文化作品。强化水生态文化的传播与弘扬，引导全民树立科学的水生态伦理价值观，努力形成人人崇尚水生态文明的社会新风尚。

B.11
不负重托　努力推进株洲绿色转型发展

毛腾飞*

2017年1月15日，湖南省委书记、省人大常委会主任杜家毫在参加湖南省十二届人大七次会议株洲代表团审议讨论时指出，株洲要"在推进创新发展上发挥带头作用、在推进长株潭一体化建设上发挥主动作用、在振兴实体经济上发挥领军作用、在推进绿色转型发展上发挥示范作用"。作为国家两型社会综合改革试验区，株洲一定牢记使命，不负重托，坚定不移实施"创新驱动、转型升级"总战略，深化生态文明制度改革，积极探索低碳、循环、绿色发展之路，加快推进株洲绿色转型发展，加快建成老工业城市转型发展示范区，把株洲打造成为两型试验的标兵、绿色发展的标杆、生态文明的标志。

一　在加快动能转换上下功夫

作为国家老工业基地搬迁改造试点城市和湘江保护与治理重点区域，株洲面临经济下行和结构调整的双重压力，依靠传统增长模式难以为继，必须寻找和增强经济发展驱动力。近年来，我们坚持以加快推进供给侧结构性改革为主线，一手抓传统动能转型，一手抓新产业新动能培育，加快新旧动能转换，推动经济发展行稳致远、提质增效。

一是以建设国家自主创新示范区为重点，大力推进科技创新。充分发挥科技创新的支撑作用，全面实行科技人才、创新平台、企业技术、成果转换、科技金融"五张需求清单"，全力构建"政产学研用"相结合的技术创新体系，集聚创新资源，加快科技成果转化，推动以科技创新为核心的全面创新，打造全省标志性科技创新基地。

---

* 毛腾飞，中共株洲市委书记、市人大常委会主任。

二是以全力打造株洲·中国动力谷为重点，做大做强优势产业。充分发挥动力产业集成优势，坚持优势产业优先发展，按照"3+3+1"产业体系，发展壮大轨道交通、航空、汽车等三大动力产业，积极培育与之相关联的信息技术、新材料、新能源产业及现代服务业，全力打造株洲·中国动力谷。积极推进"中国制造2025"试点示范城市建设，大力实施工业"1093"行动，加快发展十大重点产业，实施9大专项行动，打造3大标志性工程，加快培育高端装备、新材料、新能源、新一代信息技术产业、生物医药、节能环保等战略性新兴产业，构建多点支撑、多极联动的产业发展新格局。

三是以清水塘老工业区搬迁改造为重点，改造提升传统产业。积极稳妥推进5家中央省属企业的搬迁改造，全面完成148家中小企业关停搬迁，确保取得标志性、突破性进展；运用新技术、新工艺全面改造提升传统产业，推动冶炼化工、服饰、陶瓷、烟花等传统优势产业智能化、绿色化、品牌化发展，实现产业转型升级和产品更新换代。

四是以实施"互联网+"发展战略为重点，加快发展"四新经济"。加快推进信息技术与农业、制造业、服务业融合发展，重点开发3D打印、物联网等新技术，发展智能工业机器人、大数据应用等新产业；推动农业与文化、旅游、健康等关联产业有机对接，推动一二三产业融合发展，培育科技金融、文化创意等新业态；大力发展众创、众包、众扶、众筹空间等新型孵化模式，推广"O2O"（线上线下）、远程教育等个性化定制服务等新模式。同时，大力弘扬企业家精神和工匠精神，实施品牌战略，鼓励企业开展个性化定制、柔性化生产，增品种、提品质、创品牌，更好满足群众消费升级需求。

二 在优化人居环境上下功夫

良好的生态环境是最普惠的民生福祉，也是推进两型社会试验区第三阶段改革建设的题中之意。我们主动顺应人民群众对干净的水、清新的空气、洁净的食品、优美宜居的生态环境的新期待，坚持把生态环境品质作为展现株洲形象的一张名片，把生态环境管理作为社会治理的一大特色，把生态环境安全作为城市发展的一条底线，加快建设天蓝地绿水清土净的生态强市。着力实施"四个行动"：

一是"碧水蓝天"和"青山净土"行动。从2016年起，利用3年时间，重点实施湘江保护与治理省政府"一号重点工程"、清水塘老工业区搬迁改造治理工程、饮用水水源保护工程、城市生活污水治理工程等"十大工程"，努力实现"江水清、两岸绿、城乡美"目标。加强山水林田湖生态修复和保护，开展大规模国土绿化行动，推行封山育林全覆盖，大力保护生态绿心，构建健康、优质、可持续的生态系统。

二是"城市绿荫"行动。从2016年起，利用3年时间，投资百亿多元，重点实施城市林荫道路建设、公园和广场林荫景观建设、单位庭院小区绿化建设、林荫停车场建设、立体绿化建设、山体和水系生态修复等"六大工程"，努力实现让城市生长在林中，让市民生活在景中。

三是"旧城提质"行动。从2017年起，利用3年时间，投资三百亿多元，在旧城区范围内重点对400万平方米城市棚户区（城中村）实施拆除新建，对300万平方米违章建筑实施拆违控违专项整治，对1000万平方米老旧小区住宅实施综合整治，重点实施棚户区拆除新建、拆违控违专项整治、"三供一业"移交社区改造、老旧小区专项整治、"两岸一线"景观靓化、历史文化特色街区保护、小街小巷拉通提质、农贸市场改造升级"八大工程"，进一步完善城市功能，提升城市品位，方便群众生活。

四是"交通畅通"行动。从2016年起，利用3年时间，投资三百亿多元，新建改造道路300多条，总里程300多公里。重点拉通一批骨干道路和园区道路，打通一批城市"断头路"，疏通一批交通堵点，完善一批交通设施，修通及改造一批支路和小街小巷，积极创建"公交都市"，加快发展轨道交通，着力完善交通体系，改善交通环境，提高通行效率，有效缓解交通拥堵。

三 在低碳循环发展上下功夫

坚持节约优先，推动资源节约集约循环利用，推动发展方式从"高碳"向"低碳"方向转型。

一是加强资源综合循环利用。对能源消耗、矿产资源和水资源消耗、建设用地等实行总量控制和强度控制的双控制度。大力发展循环经济，加快建立覆盖工业、农业、服务业的循环产业体系，积极推行企业循环式生产、产业循环

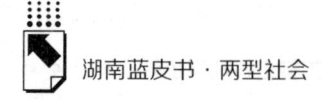

化组合、园区循环式改造。

二是推进节能技术产品推广应用。按照"推广一项技术、发展一批企业、培育一个产业"的思路,加强清洁低碳技术推广应用,重点推广节能与新能源发电、绿色建筑、污水处理等十大清洁低碳技术,促进株洲市绿色节能建筑、新能源动力、光伏和风电等节能环保产业发展。依托湘江保护和治理、清水塘老工业区搬迁改造、节水型社会试点城市建设、海绵城市建设等重大生态环保工程,加强技术系统集成,形成示范带动效应。

三是推进示范创建,培育绿色文化。坚持"绿色发展,人人有责、人人参与",以示范创建为抓手,大力开展两型标准建设示范工程,由点到面,整县连片推进两型对标创建,深入推进两型园区、机关、学校、社区等示范创建,让绿色发展成为全社会的自觉行动、价值追求和精神风尚。

四 在创新体制机制上下功夫

坚持用制度保护生态环境,不断推进体制机制创新,加快构建生态环境源头严防、过程严管、后果严惩的制度体系。重点完善六个方面的机制:

一是主体功能区机制。严格落实主体功能区制度,根据主体功能定位,健全差别化的规划引导、财政扶持、产业布局、土地整理、资源配置、环境保护、考核评估等政策措施。

二是自然资源产权和管理机制。建立权属清晰、权责分明、监管有效的自然资源资产管理制度,依法适度扩大使用权的出让、转让、租赁、抵押、担保入股等权能;对土地、河流、森林等自然生态空间实行统一确权登记,严格划定生态红线,严把资源环境准入关。

三是自然资源有偿使用和生态补偿机制。深化资源性产品价格改革,完善居民生活用水、用气阶梯式价格制度;坚持"谁受益、谁补偿"的原则,建立和完善重点生态功能区、自然保护区、集中饮用水水源保护区、矿山等生态补偿制度。

四是环境保护监管和执法机制。推行污染物排放许可制度,推进环境影响评价制度、"三同时"制度与排污许可制度的有机衔接。完善环境信息公开制度,建立健全生态信息定期公布、环境保护举报和突发事件快速披露制度。完善企业环保信用制度，将企业环保行为与信贷、资源要素价格挂钩。加强生态文明联动执法，健全大环保格局，完善行政执法与环境司法的有机衔接机制，用执法如山保护绿水青山。

五是环境保护市场化机制。创新环境服务模式，大力推广合同能源管理、合同环境服务，积极推行PPP等模式。建立健全环保市场交易机制，积极探索推行用能权、排污权、用水权、碳排放权交易。完善绿色金融制度，推行绿色信贷、绿色证券、绿色保险等金融模式，创新节能受益质押贷款、绿色金融租赁、清洁发展机制等金融产品，拓宽融资渠道。

六是绿色评价和责任追究机制。建立健全绿色发展绩效评价考核制度，完善绿色发展评价指标体系，增加资源消耗、环境损害、生态效益等指标及考核权重。健全生态损害赔偿制度，提高环境违法成本，严厉整治和惩处损害群众环境利益的行为，直至追究刑事责任。实行地方党委、政府领导班子成员生态文明建设"一岗双责"，全面推行领导干部自然资源离任审计和责任终身追究制度，让制度成为硬约束。

B.12
坚持绿色发展　建设"大美湘潭"

曹炯芳*

近年来,湘潭始终牢固树立和落实绿色发展理念,坚持以推进两型社会建设综合配套改革为总揽,以建设"伟人故里、大美湘潭"为愿景,以创建全国生态文明试验区为目标,以"两型"的思维、"两型"的眼光、"两型"的举措、"两型"的方法谋划和推进生态文明建设,构建了经济社会与生态文明协调发展的良好格局。

一　坚持"两型"引领,第二阶段改革任务全面完成

截至2016年,湘潭市国家两型社会建设综合配套改革试验区第二阶段改革任务全面完成,产业转型、节能减排、生态环境、城乡面貌等方面取得重大突破,不断变美变靓的城乡家园让湘潭人民感到越来越畅通、便利和舒适。

(一)产业转型取得新进展

2016年,全市实现地区生产总值1840亿元,同比增长8%,规模工业增加值860亿元,同比增长6.8%,三次产业结构调整为8:53.1:38.9,六大高耗能行业增加值占比同比下降2.4个百分点。传统产业加快转型步伐,全年投入工业技改资金达100多亿元,启动实施了一批重大技改项目。大力推进工业化与信息化的深度融合,截至2016年全市96%以上的制造业企业实施了信息化改造。高新产业加速发展,产值突破2000亿元,吉利、泰富两家龙头高新企业产值分别达140亿元、180亿元,湘潭经开区、高新区成为千亿园区。

* 曹炯芳,中共湘潭市委书记、市人大常委会主任。

（二）节能减排呈现新成效

积极构建风能、太阳能、生物质能和地热能等新能源推广利用体系，阶梯水价、电价、气价改革顺利实施。2015年，全市工业用水重复利用率达到96.07%，城市生活污水处理率达到93.14%，城市生活垃圾无害化处理率继续保持100%，万元GDP综合能耗同比下降7.05%。

（三）城乡面貌发生新变化

城区积极实施绿化、亮化、美化、净化工程，在公共自行车租赁系统实现市区全覆盖的基础上，大力推进绿色公共出行，城市品位进一步提升，全市上下齐心合力争创全国文明城市。长株潭城际铁路通车，湘潭成为全省重要的综合交通节点城市，"美丽乡村"示范片建设加快推进，农村环境卫生综合整治成效明显，农村面貌明显改善。2016年，城镇化率达到59.5%，城、乡居民人均可支配收入分别达到3.16万元和1.67万元，同比增长8.0%和8.5%。

（四）生态环境实现新跨越

城市"三圈"森林体系基本形成，昭山、水府湿地公园、东台山、隐山、金霞山等生态资源保护性开发稳步推进。2015年，全市森林覆盖率达到46.2%，城区绿化面积近900万平方米，城区人均公园绿地面积达到9.2平方米。环境综合治理取得重大突破，湘江保护和治理"一号重点工程"深入实施，竹埠港环境污染第三方治理试点实施方案2016年2月获得国家发改委批复，农村环境卫生综合整治深入推进，城市空气质量和湘江水质稳步提升，全市生态环境和人居环境明显改善。

二 坚持多措并举，生态文明建设扎实有力推进

2016年，湘潭坚持以绿色发展、低碳发展、循环发展理念引领生态文明建设，以两型社会综合配套改革为抓手，大力开展绿心调规、宽带中国建设、两型改革、两型示范创建，实现了生态文明建设有序有力推进。

（一）突出抓规划引领

按照生态文明建设标准，全面提升长株潭绿心规划。一是绿心规划调整。经多次协调，湖南两型管委会在报湖南省人民政府批准后，于2016年10月正式启动绿心地区规划调整工作，全面部署推进湘潭生态绿心地区综艺规划局部修改工作，目前已形成湘潭市绿心地区总体规划局部修改建议方案。二是绿心规划编制。完成九华示范区片区规划局部调整相关工作，并组织对九华示范区片区规划的省份评审。完成岳塘区、高新区、昭山示范区绿心地区控制性详细规划的编制，并与省两型管委协调，争取通过评审。三是两型村庄示范。启动昭山示范区立新村、岳塘区指方村和天易示范区金霞村三个绿心村庄规划编制工作。目前，昭山示范区立新村绿心村庄规划已完成入户调查摸底和文本编制，正对细节部分进行完善。岳塘区指方村绿心村庄规划已完成入户调查摸底和文本编制，正在进行修改完善。天易示范区金霞村绿心村庄规划已完成入户调查摸底和文本编制，目前拟启动征求意见和召开专家评审阶段。

（二）突出抓改革突破

一是坚持科学谋划。编制《湘潭市2016年两型社会建设工作要点》，将生态文明体制改革、两型社会建设改革内容整合为包括创新城乡环境同治机制、创新流域综合治理机制等十三类改革，分解细化为30项，并逐项明确了责任单位。下发《关于明确2016年全市两型社会建设综合配套改革试验区重点改革试验任务责任分工的通知》，对国家发改委布置的七项改革任务进行了全面部署。出台了《湘潭市生态文明体制改革实施方案（2014~2020年）》，为推进改革向纵深发展提供了政策依据。二是坚持项目拉动。积极组织申报清洁低碳技术推广和改革试点项目专项资金，共申报项目9个，获批项目6个，争取省级资金支持147万元。加快竹埠港"退二进三"步伐，全面实施竹埠港地区重金属污染土壤稳定化修复示范工程；完成了1500吨渗漏废水的处置；易家坪、竹埠、双埠等3个片区的综合治理加快推进。三是坚持探索创新。通过湘潭竹埠港生态环境治理投资有限公司绿色投融资平台建设，探索建立环境污染第三方治理产业投资基金体系，探索"环境污染整治+土地开发整理"打捆运营模式。四是坚持以点带面。成功申报省级两型示范创建社区2个、省级两型示范创建村庄3个，继续稳步推进市级两型创建工作。深入挖掘竹埠港综合环境服务模式创新、锰矿废弃矿山区域生态治理与综合开发体制机制创新、天易示范区城市矿产综合利用推广模式、湘潭县农村生活污水"智慧治理"模式、湘江湘潭城区段水域全面实行政府购买服务保洁新模式等12个生态建设改革典型，在全市范围内推广，形成了同频共振、同向发力的良好势头。

（三）突出抓基础夯实

实施"精美湘潭"建设两年行动计划，2016年铺排推进项目160余个，道路提质、街面亮化、拆违控违、小区改造、市容环境整治等稳步推进，城市品质全面提升。以财政资金撬动社会资本，累计投入7亿元建设美丽乡村，梅林桥等美丽乡村示范片区建设形成亮点。尤其是策划打造"互联网+"模式下长株潭生态绿心两型示范带（湘潭地区），争取资金1080万元，重点用于昭山立新村、岳塘盘龙大观园、天易金霞山的两型项目建设，立新村通过750万元的两型创建资金，依托美丽乡村建设，全年已投入6000万元，实施民居改造、道路提质、水系治理、商业打造等系列项目，村容村貌明显改善。

（四）突出抓宣传引导

一方面，通过横幅、板报、电视、报纸以及移动互联新媒体等多方渠道，以土洋结合、新老交织的宣传方式，深入开展接地气的宣传活动，讲好"两型"小故事，开展"两型"学校、社区、家庭创新以及"绿行家"等活动，发展壮大环保志愿者队伍，推动"两型"理念深入人心，绿色生活方式成为常态。积极组织开展"两型"宣传活动，组织100支队伍1000多人宣传两型社会、宣传绿色出行。另一方面，通过与新华网、红网等主流媒体合作，借助外力和专业力量，开展"两型"社会建设亮点专题集中宣传报道。《人民日报》2016年4月25日头版《长株潭护绿成为必答题》推介了湘潭市昭山示范区生态修复工程经验，《人民日报》的《创新潮涌起湘江》推介了湘潭竹埠港"退二进三"工作经验，使湘潭两型社会、生态文明建设经验走向全国，提升了湘潭的影响力。

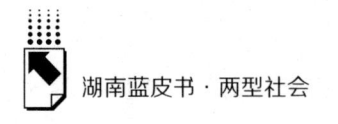

三 坚持常态长效，努力创建全国生态文明试验区

2017年，是加快推进生态文明和两型社会第三阶段建设，建设"伟人故里、大美湘潭"的关键之年。湘潭将切实树牢和践行"创新、协调、绿色、开放、共享"发展理念，按照党的十八大及十八届历次全会和省、市党代会的战略部署，坚持以"两型"为着力点，以先进地区为标杆，以更大的勇气和决心推进生态文明体制改革，大力创建全国生态文明试验区，全力将生态优势转化为发展优势，努力实现绿色发展、绿色富市、绿色惠民，让蓝天常驻、碧水长流、大地常绿。

（一）着力加快产业转型升级

按照提升低端、主攻高端、转型为先的原则，牢牢抓住推进长株潭国家自主创新示范区建设契机，整合高校、企业、科研院所创新资源，组建产业技术创新联盟，培育发展战略性新兴产业，重点培育新能源、通用航空、北斗导航应用、新型动力等战略性新兴产业，加快改造提升传统产业，大力推进企业低碳、循环技术升级改造，催生一批附加值高、竞争力强的新经济增长点。围绕创建"中国制造2025"试点示范城市群，实施企业智能化改造升级滚动计划，努力打造中部崛起"智造谷"。坚持保护优先、合理利用，充分发掘山水资源优势，加快将韶山建成世界知名旅游目的地和"锦绣潇湘"核心品牌，将"千里湘江第一湾"建成全国知名经典景区，将山市晴岚、盘龙大观园、长株潭F2赛道等打造成旅游新地标。

（二）着力推动改革向纵深发展

加强生态文明体制改革，按照国家和湖南省部署要求，结合湘潭实际，探索建立健全资源节约和高效利用、生态环境保护和治理等体制机制改革。加强生态环境治理，以湘江保护和治理"一号重点工程"为抓手，加快实施山水林田湖生态保护和修复工程，加强竹埠港重点地区污染整治、鹤岭地区矿山环境治理力度，继续推进长株潭地区大气污染联防联控。加强绿心保护，严格控制基本生态红线，发挥生态绿心地区的生态屏障和生态服务功能；加大涉及绿心地区违法违规行为查处及恢复植被力度。加强对绿心地区水环境的治理与修复。创新生态绿心保护发展模式，启动实施生态绿心地区复绿、补绿五年行动。

（三）着力推进精美家园建设

坚持以精致精美、生态宜居为目标，着力构建科学合理的城镇发展体系，加快形成"一主两次、多点支撑"的城镇发展格局，拓展城市发展空间。重点抓好三大建设：一是精美湘潭建设。运用"现场工作法"和"一线工作法"，进一步整合力量、加快进度、落实责任，确保精美湘潭建设取得老百姓满意的成效，确保创建全国文明城市一举夺旗。二是美丽乡村建设。加快推动公共服务设施向农村延伸，改造、完善村级活动场所和社区公共服务场所，改善农村水、电、路、通信等基础设施，继续抓好农村环境卫生综合整治。以城际铁路、高速公路、城际主干道、主要旅游线路、湘江岸线等为重点，打造一批生活、生产、生态和谐美好的美丽乡村示范区、示范片、示范村。三是交通路网建设。要加快内外联通的通道建设，构建高效快捷的交通路网，实现外通内活、无缝对接，巩固湘潭作为全省重要交通节点城市的地位。全面启动"精美湘潭·畅安交通"三年行动，建成益娄高速，开工建设醴娄高速，尽快拉通G320、G240、潭花线、韶山至乌石等快速干道。推进干线公路与农村公路有效对接，完成G107、S208等国省干线公路"白改黑"提质改造。

（四）着力推动长株潭生态一体化

立足长株潭核心增长极，树立共建共享、互联互通、共治共管的理念，推动在长株潭一体化中生态先行、率先作为。在规划编制上全面对接，制定《长株潭一体化规划纲要》，配套实施"三个三年行动计划"，明确每一个阶段，每一年的重点任务和目标。加强社会发展规划、城乡规划、土地利用规划、环境保护规划及相关专业规划在编制时间、规划时限、规划范围、规划目标和规划内容等方面的全方位对接。在机制平台上全面接轨，以国家两型综合配套改革试验区建设、国家自主创新示范区、"中国制造2025"试点示范城市群三个国家级平台为载体，加快与长沙、株洲的产业深度融合，协同发展。重点建立长株潭一体化的生态文明建设体制机制、长株潭环境联防联治机制以及

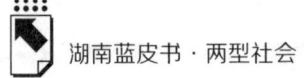

引领、规范、促进区域经济一体化的体制、盘活存量土地的机制，搭建"长株潭基础设施一体化发展投融资平台"。明确生态保护修复、生态补偿、环境治理、基础设施及生态产业建设重点区域和重点建设项目。在政策上全面衔接，以长株潭城市群为载体，继续加大向国家层面争取试验权、试点权和话语权。着眼生态绿心、生态板块、绿色装备、绿色资源开发等领域，打造国内外独一无二的城市群"绿心"。

（五）着力构建全社会参与大格局

加强两型社会共建共享的载体与平台建设，加快培育一批两型示范样板和公众教育平台，引导全社会践行绿色低碳文明的生产和生活方式。一是建设两型综合示范片区样板。通过实施有机垃圾减量处理、废旧物资回收循环利用、屋顶光伏电站等项目，统筹推进两型新城、两型学校、两型企业、两型景区等示范样板建设。二是深化两型示范创建活动。持续开展两型企业、村庄、社区、景区、机关、学校、门店、家庭等示范创建，推动两型生产和生活方式、两型技术和产品、两型服务和设施、两型文化等要素进入创建单位，培育一批两型创建示范单位。及时总结推介两型创建经验模式，扩大示范带动效应。三是加强宣传引导。组织开展系列两型主题活动，鼓励支持两型类社会组织发展，遴选培育一批两型社会共建共享教育基地，面向社会开放，扩大生态文明宣传和两型知识普及。

B.13
贯彻绿色发展理念　加快建设美丽衡阳

——衡阳市2016~2017年两型社会与生态文明建设报告

周农[*]

建设资源节约型、环境友好型社会，既是生态文明建设的重要内容，也是贯彻落实"绿色"发展理念的生动实践。近年来，衡阳市把加快推进两型社会与生态文明建设作为推动转型发展的重要抓手，贯穿经济社会发展的各方面和全过程，产业结构更趋合理，人居环境日益改善，老百姓的幸福指数不断提升。

一　2016年两型社会与生态文明建设工作的主要成效

2016年，衡阳认真贯彻落实绿色发展理念，坚持以建设两型社会为转变经济发展方式的重要抓手和着力点，扎实推进四化联动，推动经济增长由外延扩张向内涵提升转变，取得了良好成效。

（一）经济结构更加优化

2016年，全市地区生产总值达2853.02亿元、增长7.9%，居全省第4位；三次产业结构调整为15.1:41.5:43.4，第三产业占比较上年提高3.2个百分点；高新技术产业增加值增长17%，新增高新技术企业37家。全市粮食总产达到330.73万吨，新增专业大户达1.2万户，新增农民合作社和家庭农场分别达982个、817个，市级以上农业产业化龙头企业达338家。六大高耗能行业增加值占规模工业增加值比重较2012年下降4.6个百分点。服务业保

---

[*] 周农，中共衡阳市委书记、市人大常委会主任。

持高速发展，第三产业增加值达1237.62亿元，同比增长11.1%。旅游业持续健康发展，全年共接待国内外旅客5812.35万人次，同比增长15.2%；实现旅游收入388.66亿元，同比增长26.4%，南岳区获批"国家全域旅游示范区"创建单位。

（二）城乡环境更加宜居

完成湘江保护和治理第二个"三年行动计划"治理项目119个、实施大气污染防治项目116个、完成300个行政村的农村环境综合整治任务。"两供两治"建设扎实推进，中心城区新建、改扩建供水管网48.3公里、燃气管网64公里。全面实施大气污染防治，城区空气优良率达80%，化学需氧量、氨氮、氮氧化物、二氧化硫排放量分别削减2.5%、3%、5.8%、4.5%，均完成省下达的目标任务。城区绿化提质改造取得明显成效，衡阳植物园、耒水西岸风光带建成开放，城市建成区绿化覆盖率达40.4%，绿地率达到37%，人均公园绿地面积达到9.39平方米，三项数据均超过国家园林城市标准。着力加强"三边"造林、城市园林、封山育林等工作，实施人工造林49.28万亩、完成通道绿化6820.9公里，全市森林覆盖率达47%。

（三）资源利用更加高效

大力推广清洁低碳技术，全市单位GDP综合能耗下降5.5%。加快建设松木、水口山两个国家级循环化改造示范园区，着力构建有色、化工、高端装备制造、电子信息、资源综合利用、煤炭循环等6条循环工业链，有序推进水口山循环化改造金铜综合回收利用产业循环配套、恒光化工蒸汽余热余压综合利用等重点项目建设。建立水资源"三条红线"指标体系，全市用水总量控制在32.73亿立方米以内，万元工业增加值用水量由83立方米降到76立方米以下，农田灌溉水有效系数提高到0.491以上，均满足红线控制要求。

（四）制度体系更加完善

编制《衡阳市生态文明体制改革实施意见（2016~2020年）》，出台《衡阳市党政领导干部生态环境损害责任追究实施细则（试行）》，完成了环境空气自动监测、水质常规监测能力建设等环境监察监测7大重点工程建设，构建了"源头严防、过程严管、责任追究、保障有力"的生态文明建设制度体系。出台《南岳区林业生态红线保护利用规划》,对林地和湿地进行了红线划定,明确保护等级,制定了保护措施。

二 2016年两型社会与生态文明建设工作的主要做法

衡阳市第十一次党代会提出,要坚持绿色发展,大力推进生态文明建设。在贯彻落实好湖南省委、省政府各项决策部署的基础上,立足自身实际积极探索,不断深化两型社会建设,形成了一些具有衡阳特色的方法举措。

(一)强化顶层设计,在思路谋划上求"新"

坚持规划先行、创新引领,从规划、制度层面入手,不断完善两型社会建设的顶层设计。

一是高起点制定两型社会建设"路线图"。编制完成《衡阳市"十三五"两型社会建设规划》,明确了"十三五"时期全市两型社会建设的目标任务、基本路径和保障措施。

二是高标准调整城市总体规划。以两型理念为指导,完成《衡阳市城市总体规划(2006~2020年)》第7次修编,生态控制面积(含水面)3253.26平方公里,占总土地面积的21.25%。推动衡山科学城、来雁新城、滨江新区等新区城市总体规划、土地利用总体规划、环境保护规划、经济社会发展规划"多规合一",解决了规划和项目"两张皮"的问题。

三是高质量编制系列绿色规划。编制了《湘江衡阳流域科学发展总体规划(2016~2020年)》《衡阳市"十三五"循环经济发展规划》《衡阳市矿产资源总体规划(2016~2020年)》等一系列绿色规划,为两型社会建设提供了指导。

(二)坚持共建共享,在参与程度上求"广"

加大两型宣传力度,不断提升全市人民的生态意识。

一是广泛宣传引导。将每年6月定为两型社会宣传月,大力开展"节能领跑,绿色发展""绿色衡阳,低碳创新"等主题活动;在《衡阳日报》等媒体，开设《两型发展看衡阳》《生态文明体制改革进行曲》等专栏，在全市营造推进两型社会建设浓厚氛围。

二是突出示范引领。大力开展社区、村庄、学校、企业、门店、家庭等两型示范单位创建活动，培育省份级示范创建单位400多个，目前共认定省级两型单位130多家，两型示范单位、基地5个，引领带动了全社会践行两型生产和生活方式。

三是创新考评机制。引入第三方评价机制，与南华大学经管学院合作开展两型社会综合评价，探索建立市对县市区、园区两型社会综合评价指数体系，激发全市参与两型社会建设的热情与动力。

（三）突出项目支撑，在产业转型上求"好"

紧紧抓住项目建设这个"牛鼻子"，以项目促转型，不断提升经济社会发展的质量和效益。

一是努力争取政策支持。瞄准国家、省级重大战略支持和重点投向，围绕棚户区改造、采煤沉陷区、老工业基地搬迁改造等国家、省级扶持项目，积极争取中央、省预算内资金以及中央实施专项建设基金等资金支持。

二是狠抓重点项目建设。水口山金铜项目一期、特变电工高端集成智能产业技术改造、祁东官家嘴风电场、城市生活垃圾焚烧发电厂等186个项目建成投产。围绕"科技创新示范区、总部经济集聚地、高端制造发动机、改革转型试验田"为目标，大力推进总规划面积20平方公里的衡山科学城建设，已注册企业34家，到位注册资金8.35亿元，新增产业投资50亿元。

三是加快产业转型升级。围绕做强园区抓工业，科学制定规划，完善基础设施，加大招商力度，提升服务水平，着力将园区打造成为经济发展的核心增长极。围绕龙头企业抓农业，大力实施"十百千万工程"，着力发展特色农业，加快农村土地流转，培育壮大龙头企业，畅通农产品销售渠道，全面提升农业现代化水平。围绕南岳衡山抓旅游，提出以南岳衡山为龙头，以中心城区为依托，以县市旅游带为支撑，大力实施全域旅游战略，全面提升旅游产业发展水平。大力实施创新驱动发展战略，高新区"双创"基地等5个企业、学校获批省级创新平台，衡阳师范学院传统村镇文化数字化保护与创意利用技术实验室成功申报国家地方联合工程实验室。

（四）狠抓改革创新，在工作推进上求"实"

衡阳把全面深化改革作为加快建设两型社会的重要手段，充分发挥改革的牵引作用。

一是建立节能环保市场化机制。大力推广 PPP 模式，扎实推进城市生活垃圾焚烧发电厂、餐厨垃圾无害化处理中心以及松木、角山、酃湖污水处理厂建设；积极采取多种模式与社会资本合作，吸引知名环保服务企业入驻衡阳，城镇垃圾无害化处理率达到100%；成功创造了集垃圾焚烧发电、餐厨垃圾资源化利用、医疗危险废弃物无害化处置、建筑垃圾综合处置、水泥窑协同处理污泥等五位一体的废弃物综合处理模式。衡南县环境第三方综合治理获评省级示范模式。

二是探索建立资源有偿制度。推进排污权交易试点，出台《衡阳市主要污染物排污权有偿使用收入征收使用规定（试行）》；实施居民生活用水阶梯式水价制度和非居民用水超定额累进加价制度，全面实施阶梯式电价、气价改革，对高耗能企业执行惩罚性电价。

三是创新城乡环境同治模式。以畜禽污染治理、集镇污水处理、农村垃圾收集处理三个"全覆盖"工程为重点，出台农村环境综合整治财政奖补政策，形成了以"政府主导、村民自治、城乡统筹、科学发展"为特征的农村环境综合整治模式，建成乡镇垃圾中转站43个，关停搬迁107个规模化养殖场，规模化以上养殖场无害化处理率达到60%以上。

三 2017年两型社会与生态文明建设的主要打算

2017年是党的十九大召开之年，是实施"十三五"规划重要之年，是全面推进生态文明体制改革的深化之年，做好2017年的工作意义重大。总的思路是：深入学习贯彻习近平总书记系列重要讲话精神，牢固树立和贯彻落实新发展理念，坚持以提高发展质量和效益为中心，以推进供给侧结构性改革为主线，坚持生态优先、节约优先、保护优先的原则，突出重点，加快建设生态强市。

（一）加快推进三大改革

一是深化生态文明体制改革。出台《衡阳市生态文明改革和建设实施方案》，制定生态文明改革重点项目实施计划，确保改革落到实处。从健全空间和资源管理体制、健全生态环境治理和保护制度、健全推进绿色循环低碳发展引导和考核机制着手，重点推进全民所有自然资源资产有偿出让制度方案的制定，完善耕地占补平衡制度，推行环境第三方治理和探索区域环境综合治理托管服务模式，全面推行河长制，推进农村环境综合整治全覆盖，推进环境信用体系建设，建立完善环境联合执法工作机制等改革，逐步构建"源头严防、过程严管、责任追究、保障有力"的生态文明建设体系。

二是探索资源市场化改革。健全生态保护补偿机制，推进资源可持续利用。深入推进排污权交易，创新排污权交易制度。探索差异价格试点工作，促进资源合理利用。完成全市重点工业企业碳排放摸底，积极参与全省碳排放交易市场建设。建立重点区域污染整治多方协同机制，推进水权交易试点，探索建立水权交易规程、风险防控机制。积极在环境污染治理和生态修复领域推广PPP模式，启动整镇制环境治理第三方服务试点。

三是进行考核评价体系改革。建立健全绿色发展引导机制、政策体系和考核机制，开展绿色发展评价试点工作，建立由经济发展、资源消耗、生态环境等指标构成的绿色发展指标体系，实行项目管理，纳入年终目标考评体系。

（二）抓好产业三大转型

一是推动农业向集约、绿色经济转型。以增加农民收入、保障有效供给为主要目标，以提高农业供给质量为主攻方向，大力实施"十百千万"工程，优化农业产业体系、生产体系、经营体系，提高农业综合效益和竞争力。加快发展油茶、茶叶、林木、中药材、特色水果、特色水产等特色农业，着力培育和引进龙头企业，支持大三湘、南岳云雾茶、绿海粮油、角山米业等一批农产品加工企业做大做强，培育领军型农业产业化龙头企业10家以上，力争全市农产品加工业总产值增长20%以上。以增加绿色优质农产品供给为目标，大力推行农业标准化生产，加强质量安全监管，注重品牌创建，打造更多的地理标志产品。促进一二三产业融合发展，抓好现代农业产业园、科技园建设，积极发展农村电商、休闲农业、生态农业、体验农业。严守耕地红线，推动藏粮于地、藏粮于技战略加快落地，加强农田水利和高标准农田建设，狠抓耕地重金属污染治理，不断提高粮食综合生产能力。

二是推动工业向清洁、低碳经济转型。紧密对接"中国制造2025"和"互联网+"战略，实施制造强市"663行动计划"，大力发展智能电网、精密模具、有色加工、汽车零部件、核材料等优势产业。围绕特变电工、富士康、水口山、机油泵、二七二等龙头企业拉长产业链条，做好建链、补链、强链文章，形成规模集群优势。积极争取申报国家创新型城市试点，加强关键共性技术攻关，在输变电、汽车零部件、电子信息、生物医药等领域攻破一批关键核心技术，建设一批国家级和省级重点实验室、工程技术研究中心、企业技术中心。推动产学研合作体制机制创新，推进衡山科学城科技创新中心、高新区双创中心等一批科技孵化器和众创空间建设，力争高新技术企业突破100家。推进产业整合和优化升级，编制《衡阳市"十三五"清洁低碳技术推广工作实施方案》，降低资源消耗和生态环境成本。加快住宅产业化发展速度，推广绿色建材和装备式建筑，政府投资的公共建设项目全面实行产业化建设。

三是推动服务业向智能、节约经济转型。大力实施全域旅游战略，努力挖掘本地文化资源，促进旅游与文化融合发展，培育旅游龙头企业，打造品牌旅游路线，加快推进南岳衡山、鄢湖公园、雨母山风景名胜区、东洲岛等旅游项目建设，使旅游成为全市经济发展的领跑产业。加快发展第三方物流和智能物流，积极发展空港物流、临港物流，推动物流业与制造业、现代农业、商贸业联动发展。大力发展文化、金融、物流、研发设计、商务咨询、健康养老、家政服务等服务业，抓好华耀城、万达广场等重点服务业项目建设，推动生产性服务业向专业化和价值链高端延伸、生活性服务业向精细化和高品质转变。

（三）全面实施三大治理

一是加强水污染治理。贯彻落实《水污染防治行动计划》，扎实推进湘江保护与治理第二个"三年行动计划"，大力实施一批重点水污染治理项目，全面推动城镇污水处理设施及配套管网建设，加快完成松木、角山、鄢湖污水处理厂等重点建制镇污水处理厂建设。继续推进垃圾场综合整治，全面完成城乡一体垃圾收容体系建设，确保城市生活垃圾焚烧发电厂、餐厨废弃物无害化处理中心正常运营。持续开展蒸水等湘江主要支流、城市黑臭水体整治，确保地表水达标率稳中有升。

二是加强大气污染治理。落实《衡阳市大气污染防治行动计划实施方案》

（2017年），深化工业废气、机动车排气、餐饮油烟、建筑工地和道路扬尘整治，切实提高空气质量优良率。

三是加强土污染治理。以"土十条"实施为契机，扎实抓好土壤污染治理和修复，推进车江铜矿、湘衡盐矿、川口钨矿、界牌、七一二、白果等矿山生态修复治理工程，实施农村环境卫生综合整治，控制农药、化肥使用量，有效减少土壤污染事故，推动全市土壤环境逐步好转。

（四）大力推进三大建设

一是推进城镇"五化"建设。着力推进城镇硬化、净化、美化、亮化、绿化工程，推进城市扩容提质，加快来雁新城、滨江新区、酃湖新城、陆家新区、雁峰南部生态新城等城市新区建设步伐，推进老城区改造，加强地下管廊和海绵城市建设，不断提升城市品质。大力推动新能源汽车普及应用，扩大新能源交通工具使用范围，完善公共自行车租赁系统建设。搞好通道绿化和"三边造林"，力争城市建成区绿化覆盖率超过42%。

二是抓好美丽乡村建设。按照"布局美、产业美、环境美、生活美、风尚美"的总要求，重点打造雨母山、茶山坳、横江、萱洲等四大美丽乡村核心示范片区；各县市区集中打造1个美丽乡村示范片，启动建设50个美丽乡村示范村，加强人工造林、封山育林和森林管护，力争全市森林覆盖率达47.6%。

三是推进示范工程建设。大力推进白沙示范片区建设，抓好"南江片区"规划，明确功能定位和产业布局，引领两型产业快速发展。在村镇、社区、学校、企业、合作社等领域开展专项创建，总结评选市级两型创建单位60家、创建5个两型宣教基地、评选10个优秀改革创新案例，力争获评省级两型创建单位20家以上。完善《衡阳市国家生态文明先行示范区建设方案》，健全推进生态文明先行示范区建设机制，着力推进资源节约循环利用6大类示范重点工程建设，完成11个项目。

（五）着力做好三大宣传

一是加强媒体宣传。定期在报纸、广播、电视、网络等媒体开设两型社会及生态文明宣传板块，与衡阳日报社合作开设两型社会及生态文明改革专栏，宣传推广改革创新案例经验。总结衡阳两型社会和生态文明改革经验,力争在央媒、省媒推介,展示衡阳新形象。

二是深化课堂教育。编印完善《两型教材》,实行小学两型课程全覆盖,纳入中学自选兴趣课程表,组织大学开展两型讲座;加强与湖南生物学院、衡阳师范学院开展生态文明建设理论研究合作,在市县两级党校常设生态文明和两型社会建设课程。

三是开展主题活动。大力开展以推介两型产品和技术、宣传节能知识为主的"两型宣传月"活动,举办两型宣传文艺专题演出,组织衡阳两型社会建设和生态文明发展论坛、全市两型社会建设和生态文明改革培训等活动,全面提升全市人民生态环保意识。

B.14
坚持绿色引领　大力建设两型社会

——邵阳市2016~2017年两型社会与
生态文明建设的探索与思考

龚文密*

邵阳地处湘中偏西南、资江上游，辖武冈1市，邵东、新邵、隆回、洞口、绥宁、城步、新宁、邵阳8县，大祥、双清、北塔3区，总人口820万，总面积2.1万平方公里。近年来，邵阳市深入贯彻落实湖南省委决策部署，坚持把两型社会建设作为生态文明建设的重要内容，以绿色发展为引领，牢固树立"既要金山银山、又要绿水青山，既要生活小康、又要百姓健康"的绿色发展理念，大力发展绿色产业，全面推进城乡绿化、水土治理、资源保护、美化环境建设，着力将邵阳打造成湘中湘西南乃至全省独具魅力的"绿色名片"。

一　2016年邵阳两型、生态建设的实践和成效

2016年，邵阳全面落实绿色发展理念，以两型建设为平台，以改革为动力，坚持发展、治理、保护同步推进，攻坚克难，协调发展，两型社会建设取得了新成效。

（一）立足市情，科学制定"两型建设"规划

邵阳发展拥有生态环境优势和绿色资源优势，环境质量水平在湖南处于领先地位。同时，邵阳地域辽阔、人口众多，底子薄，财力弱，这些外部因素也

---

* 龚文密，中共邵阳市委书记、市人大常委会主任。

给纵深推进两型、生态建设带来了压力和困难。因此，在实际工作中，严格按照中央和湖南省委、省政府的决策部署，结合邵阳实际，积极探索，不断创新，科学制定"两型建设"规划，着力将生态优势转化为发展优势，将生态压力转化为发展动力，攻坚克难，大胆突破，全力构建两型、生态建设"邵阳模式"。

一是科学制定战略总规。坚持立足市情，精心谋划顶层设计。在市第十一次党代会上，邵阳确立了"二中心一枢纽"发展战略，明确把"生态立市"作为实现邵阳永续发展的必要条件，坚持走两型引领、生态绿色可持续发展之路。制定出台了《邵阳市国民经济和社会发展第十三个五年规划纲要》，明确了"加强生态文明建设详规"，坚持绿色、低碳、循环发展理念，改善和提升生产、生活条件，促进资源节约、循环利用，推广绿色生产、生活方式，改善人居条件，加强环境保护和生态修复，加快推进邵阳两型社会建设。通过战略、总规的确立，为两型社会和生态文明建设奠定了法律基础和根本保证。

二是建立完善控制性详规。坚持规划先行，建立完善各项控制性详规。进一步建立完善了《东部城市群城镇化建设规划》《西部生态圈规划》《邵阳市生态文明示范工程试点实施规划》等区域规划或特色规划，涉及生态绿色体系建设、新材料、生物医药、节能环保、城乡基础设施、交通水利等九大类219个项目，总投资2300亿元。

三是加大规划落实执行力度。充分发挥总规和各项详规的战略作用、前瞻作用和引领作用，采取"严格实施、预防在前、违法必究"的强力举措，进一步提高规划执行力，强化规划科学性、严肃性、权威性和一贯性，确保"一张蓝图描到底"。坚持对所有绿色发展专项规划落实情况实行网格化监督管理，突出对自然生态保护、环境污染治理、城乡环境综合整治等重点区域、重点规划项目实行定点监控，杜绝发生规划项目"变脸"现象，确保两型建设项目严格按照批准的规划实施。

（二）突出重点，扎实推进"两型邵阳"建设

坚持以两型、生态为引领，以两型家园建设、两型产业发展、两型文化培育为重点，着力推进"两型邵阳"建设。

一是大力推动两型家园建设。近年来，邵阳市以创建国家卫生城市、生态

城市和园林城市为抓手，重点抓好道路、公园、广场、小区庭院的绿化工作，加速推进资江、邵水沿江沿岸风光带建设，全方位、多层次地实施城镇绿化工程；加快恢复重建"佘湖雪霁""双江秋月""神滩晚渡"等古八景，建设东塔公园、北塔公园、紫薇博览园等新八景，塑造城市绿色名片。目前，邵阳城市人均绿地面积达10.6平方米，创建国家卫生城市顺利通过暗访和技术评估。推动美丽乡村建设，创建省级生态乡镇93个、生态村100个，建成全省美丽乡村建设示范村5个，市级美丽乡村建设示范村30个，隆回虎形山瑶族乡成功创建国家级生态乡镇。着力加强生态保护和污染治理，推进实施增绿扩绿工程，重点开展"四边五年"绿色行动；加大湿地、森林、河流等生态资源保护与开发力度，先后实施金童山国家级自然保护区、白云湖国家湿地公园、夫夷江国家湿地公园等一批生态保护项目。全市湿地保护率达79%，森林覆盖率稳定在61.03%。扎实推进节能减排，坚决淘汰高耗低效及高排放等落后产能，先后对110多个不符合环保要求的项目进行了否决，关停并转落后小煤窑、烟花爆竹企业313家；实施涉水减排项目15个、涉气减排项目9个，化学需氧量、氨氮、二氧化硫、氮氧化物等4项主要污染物减排均超额完成省定任务。

二是大力推动两型产业发展。坚持走绿色产业发展路子，狠抓传统产业改造升级，推进战略新兴产业培育壮大，加快实现产业发展绿色化。一年来，邵阳高端机械装备、电子信息、生物医药等战略新兴产业快速发展，北京分享通信"大数据创新产业园"、中电彩虹盖板玻璃等战略新兴产业项目相继入驻邵阳，全市高新技术产业增加值278亿元，同比增速20%。农业产业经营化水平不断提高，以米业、乳业、楠竹、蔬菜、油茶、药材等为主导产业的生态农业规模不断扩大，拥有规模农业加工企业398家，其中省级以上龙头企业达到48家。电子商务、互联网、旅游等新兴产业加速发展，经省认定电子商务企业达40家，限额以上商贸流通企业达825家。旅游产业发展迅速，以新宁崀山世界自然遗产5A级景区为龙头，重点推进以崀山、南山、黄桑为主体的西部生态旅游圈建设，加快推进以魏源故居、蔡锷故里、隆回花瑶为主体的东部历史文化和民族风情旅游圈建设，全市旅游产业实力不断增强。

三是大力推动两型文化培育。坚持通过政策、法制、行政、道德等多方面引导和约束，加强两型知识宣传教育，加大绿色文化培育力度，引导群众积极参与"两型邵阳"建设，提升全民生态文明意识。大力提倡绿色商务、绿色消费、绿色出行，开展节能节水、公共场所控烟、光盘行动等活动，引导公民自觉形成绿色消费习惯。广泛开展生态文明宣传教育活动，积极开展党员领导干部、企业管理者和城乡居民的生态文明知识培训工作，推动两型知识和生态理念进机关、进企业、进社区、进校园，进一步提升了全民生态文明意识。大力开展绿色环保行动，通过举办植树节、爱鸟周、世界湿地日等环保活动，进一步增强公民环保意识，推动形成了尊重自然、善待自然、热爱自然的社会新风尚。

（三）完善机制，不断优化"两型建设"环境

构建"两型"社会、建设"绿色邵阳"，是一项系统工程。一年来，邵阳坚持以改革创新为动力，进一步建立完善配套机制，不断优化"两型建设"环境。

一是完善考核机制。近年来，邵阳大力改革工作绩效考核机制，提高了生态和两型在考核中所占的比重，实行分类考核，东部城镇群的重点是工业产值和自主创新能力，西部生态圈的重点是生态和农业产值，推动以 GDP 为核心的考核模式向更加科学合理的方式转变。同时，将两型、生态建设作为对干部进行考核的重要指标，也是衡量地方经济的重要指标，引导领导干部采取可持续的发展方式。由于建立了正确的考核机制，两型、生态建设取得了良好成效，全市建成 7 个自然保护区，并被整体纳入国家首批生态文明先行示范区，绥宁、城步、新宁等三个地区被列入国家新一批重点生态功能区。

二是完善管理机制。严格执行《环境保护法》《水法》等国家相关法律法规，并结合邵阳实际，制定出台了生态资源保护和综合利用、城乡绿化、节能减排、大气污染防治、水源和森林保护等方面的规章制度和实施细则，进一步完善生态环境管理机制。制定出台税收优惠政策，鼓励纳税企业和个人加强环保节能技术的开发和应用，进一步完善推动生态文明建设的激励机制。

三是完善投入机制。提高资金保障力度，及时拨付环保建设资金和生态补偿资金，并提高资金的使用效率。加大投入力度，实现财政预算中生态所占比重逐年增加。2016 年，市财政投入 79.3 亿元进行环境整治和支持生态发展。

以推进市场化运作的方式不断拓宽资金渠道，引导和鼓励各类资金和投资主体进入生态文明建设。

二 当前邵阳两型、生态建设面临的主要问题

两型社会建设的本质要求是绿色发展，在降低资源消耗、减少环境破坏的同时，还需要持续扩大有效供给，提高要素生产率。随着全面改革深入推进和发展步伐不断加快，发展增速、环境保护、资源节约等一些深层次的问题将更为突出。对于邵阳来讲，集中体现在三个方面：

一是发展增速与资源减少的问题。邵阳作为一个欠发达地区，经过多年负重爬坡，发展已行至快车道，正处在加速发展、跨越赶超的关键时期。但受过去高投入、高消耗、高污染的传统发展模式影响，各类资源出现不同程度的萎缩，资源供需失衡的矛盾日益突出。随着邵阳工业化、城镇化的进一步发展，未来一段时期内，对各类资源的需求量还将增加，有限的资源供给面临着发展增速的巨大压力。

二是深度开发与资源保护的问题。推动资源深度开发、实现资源高效永续利用是提升邵阳经济社会发展品质的必由之路。但由于对资源保护的认识不全面、资源开发与保护机制不健全等原因，资源深度开发与保护并重的方针没有落到实处，重开发轻保护、资源浪费严重、资源利用水平低等现象仍然存在。如何在开发中保护、在保护中开发，实现资源深度开发与保护的辩证统一，是邵阳当前发展面临的重要课题，也是亟待解决的重要问题。

三是追求短期效应与保持生态可持续发展的问题。虽然加强人们环境保护意识日益增强，但是经济发展实践过程中，重当前效益、轻可持续发展的现象仍然存在。如地方政府政绩观偏差，存在片面追求发展速度而忽视生态环境保护的现象；企业生态责任意识不强，违规排放污染物现象屡禁不止；部分群众生态意识淡薄，过度攫取资源换取生活资料，造成生态破坏。在加快转变发展方式和调整产业结构的进程中，邵阳两型社会和生态文明建设面临着做大经济总量同时实现转变发展方式和降低资源环境消耗的多重压力，迫切需要通过全面深化改革来推进两型社会建设。

三 突出绿色发展，加快实现两型、生态建设新突破

2017年，是党的十九大召开之年，是全面建成小康社会的关键之年，也是邵阳实施"二中心一枢纽"战略的开局之年。邵阳将全面贯彻好省第十一次党代会精神，紧紧围绕"五个强省"目标，大力实施"创新引领、开放崛起"战略，以两型社会为抓手，全力推进生态文明建设，着力抓好两型重点改革、生态环境治理、绿色循环发展、产业转型升级等工作，努力建设富饶美丽幸福新邵阳。具体从四个方面继续探索、持续发力。

（一）以改革创新为引领，增强绿色发展动力

坚持改革引领、创新驱动，进一步完善两型社会与生态文明建设机制体制，不断激发绿色发展活力。科学制定"绿色"规划。对照两型发展要求，立足全省"一带一部"、"五个强省"战略和市"二中心一枢纽"战略目标，以《十三五规划》为"大纲"，以《邵阳市城市总体规划（2016～2030）》《西部生态圈规划》等专项规划为"小目"，进一步制定完善绿色发展目标体系，继续抓好顶层设计的修改补充和完善工作，提升规划的前瞻性、科学性和指导性。加快完成主城区100平方公里控规的法定审批程序，建立健全城市综合交通体系、公共设施体系、历史文化资源保护等专项规划。坚决维护规划的权威性和严肃性，严格规划监管执法，做到一张"绿图"全覆盖，一张"蓝图"干到底。持续推进深化改革。推进以简政放权、放管结合、优化服务为重点的行政管理体制改革，持续深化商事制度、财税体制机制改革；坚持强化资源高效利用、提高要素生产率，大力推动供给侧结构性改革；深化要素配置市场化改革，加快实施自然资源产权价格改革、人才制度改革，促进人才、技术、资金合理有序流动；以农村集体产权制度、农村经营制度为核心，深化农村综合改革。大力创新体制机制。进一步健全两型综合评价体系、全面建成小康社会等绩效评估体系，形成更为科学的党政干部绩效评估体系。建立实施领导干部环境离任审计制度、生态环境损害责任终身追究制，倒逼干部政绩观转变。进一步强化网格化环境保护监管，建立市、县（市、区）、乡镇街道三级环境监管网络，推广随机抽查制度，切实强化环保监管执法。

（二）以产业转型为支撑，夯实绿色发展基础

坚持将生态文明建设与产业转型深度融合，积极推动绿色产业发展，构建现代产业发展新体系，夯实绿色发展基础。强化工业主导地位。坚持以科技为先导，以市场为导向，重点发展高端装备制造、信息技术、生物医药、环保等新兴产业，抓好湘中制药、通达汽零、兴达精密机械、三一智能渣土车等一批重大工业项目。坚持做大做强园区经济，持续推动湘商产业园建设，力争园区新增工业总产值和税收分别达到260亿元和10亿元。加快申报国家级经济技术开发区和国家级创新创业示范基地。推动农业绿色转型。坚持经营体系集约、生产方式绿色的理念，提升农业产业化经营水平，大力发展食品加工和农产品加工，重点发展水果、奶业、油茶、茶叶、楠竹、花卉等产业。积极推进农业农村三个"百千万"工程，培植一批农业龙头企业、各类农业专业合作社和种养大户，加快发展观光农业、休闲农业、扶贫农业。加快服务业提质增效。按照节约、低碳、绿色理念，重点发展金融、物流、旅游、文化、健康养老等现代服务业。加快推进物流中心建设，实施"互联网+商贸流通"行动计划，加快电商产业园、电子商务示范企业、第三方电子商务平台等现代物流项目建设。充分挖掘旅游资源优势，开发绿色旅游项目，精心打造"崀山、南山、云山、黄桑、花瑶"旅游精品和旅游示范工程，提升旅游产业的美誉度和知名度。

（三）以城乡统筹为抓手，提升绿色发展品质

坚持依托城乡统筹，以中心城市扩容提质和美丽乡村建设为突破口，大力推进绿色城镇和乡村建设。深化城市综合提质。围绕历史文化名城、山水园林绿城、宜居宜业新城的目标，重点推进城区道路、公用设施、主题公园、环城生态圈等工程建设，提升中心城区集聚承载和辐射带动功能。充分利用国家棚改政策，加快实施邵石片区、博雅棚户区等一批棚户区改造，改善城区人居环境。加快推进"海绵城市""智慧城市"建设，探索数字化城市管理模式，促进城市管理工作全面升级。打造美丽宜居乡村。坚持抓好美丽乡村建设办点示范工作，高标准创建一批省级美丽乡村示范村。实施高铁、高速公路、国省道沿线的村庄民居民俗风貌改造，打造3~4个美丽乡村建设示范带。推动城乡

一体化发展。坚持以城带乡、协调发展，把小城镇建设与新农村建设有机结合起来，加快培育一批现代农业型、商贸型、生态旅游型等特色鲜明的小城镇。强化城市和小城镇对农村的辐射带动作用，集中力量建设一批人口集中居住、产业集聚发展、功能集成配套的新农村综合体。

（四）以生态治理为重点，坚守绿色发展底色

始终坚持绿色引领，大力推进环境保护和生态治理工程，营造蓝天、碧水、青山。注重生态保护。坚持源头保护，科学划定林地、森林、湿地和生物多样性保护四大红线，抓好世界自然遗产、国家公园、风景名胜区、森林公园、自然保护区、湿地等重点区域的保护与管理，进一步优化生态环境。持续推进增绿扩绿工程，深入开展"四边五年"绿色行动计划，重点抓好天然林保护、生态林工程、水土保持工程，建成国家森林城市；启动宝森国家森林公园建设，打造城区生态"绿肺"。加强环境治理。全力抓好大气、水、垃圾和噪声等污染治理，以资水流域污染治理为重点，加快推进龙须塘化工区环境综合治理工程，实施城镇雨污分流、污水处理、垃圾处理和危险固废处理设施建设。持续深入推进农村环境综合整治，统筹源、点、面的综合治理，切实改善农村环境面貌。推进绿色低碳发展。持续推动节约型社会建设，坚持节约集约利用水、土地、矿产等资源，强化资源管理，降低资源消耗强度。坚持依靠科学技术降低资源消耗，积极推广采用节能、降耗、节水、环保的先进技术设备和产品。坚决淘汰落后产能，大力发展科技含量高、资源消耗低、环境污染少的新兴产业。

B.15
岳阳市2016~2017年两型社会与生态文明建设的探索和思考

胡忠雄*

2016年，岳阳市两型社会与生态文明建设成效明显，转型升级进一步加快，改革创新进一步加力，城乡统筹进一步加强，工作机制进一步完善，示范效应进一步彰显。2017年，岳阳市将继续推进两型社会和生态文明建设实现新突破，突出"四个着力"，即着力推动产业优化升级，着力加强环境综合治理，着力转变资源利用方式，着力健全生态文明体制。

一 2016年岳阳市两型社会与生态文明建设成果

2016年，在湖南省委、省政府的坚强领导下，岳阳市紧紧围绕"一极三宜"江湖名城建设，积极践行五大发展理念，全面推进两型社会和生态文明建设，经济社会继续平稳健康发展。全市GDP、规模工业增加值、固定资产投资、社会消费品零售总额、公共财政预算收入、居民人均可支配收入分别增长7.8%、7.1%、14.5%、12%、9.2%、9.6%，主要经济指标增幅稳居全省第一方阵。

（一）转型升级进一步加快

坚持新兴产业培育与传统产业提质并重，加大优势产业扶持力度。

一是大力发展新兴产业。重点推进装备制造、节能环保、军民融合等新兴产业发展，加快健康医药产业园、军民融合产业园等新兴产业示范基地建设，

---

* 胡忠雄，中共岳阳市委书记、市人大常委会主任。

培育壮大科伦制药、国信军创、中科电气、东方雨虹等骨干企业，装备制造、有色循环、电子信息等产业分别增长10.6%、9.9%、10.7%，新兴产业规模工业增加值增长10.2%，占全市规模工业比重为23.73%，同比提升2.3个百分点。积极实施全域旅游战略，大力推进南湖13118工程、洋沙湖国际旅游度假区等项目建设，成功举办岳阳洞庭湖生态旅游文化节等丰富多彩的旅游文化活动，旅游市场人气持续高涨，旅游总人数、总收入继续保持高位增长。做大现代物流规模。综合保税区封关运行，岳阳获批全国现代物流创新发展试点城市。

二是积极提升传统产业。实施优秀干部和科技人员进企业计划，开展"院士专家岳阳行"系列活动，深入推进重点产业帮扶，抓好石化、食品等传统产业的提质升级，延伸石化产业链，建立并完善厂地协作规范对接机制和联席会议制度，科学规划建设绿色化工产业园区，成功举办石化产业招商推介会，签约项目总投资达20亿元，形成了石化、食品两大千亿元产业集群。

三是全面推广清洁低碳技术。在完善《岳阳市清洁低碳技术推广实施方案》的基础上，充实完善《岳阳市2016年清洁低碳技术项目库》，新增清洁低碳技术推广项目64个；成功争取"云溪建筑垃圾循环利用技术及市政污泥生产绿色建材技术项目"纳入省级清洁低碳技术推广试点范畴。

（二）改革创新进一步加力

根据国家"十三五"规划部署和要求，结合岳阳实际，不断深化生态文明体制改革。

一是突出改革重点。制定了《市委生态文明体制改革专项小组2016年改革工作要点及责任分工》，明确了工作重点，细化了工作责任。针对全市重化工业污染、城市地下管廊建设等问题，出台了《岳阳市生态环境监测网络建设工作实施方案》《生态环境监测网络建设实施细则》，研究制定了《岳阳市排污许可证管理工作方案》。

二是注重创新突破。大力推进节能减排和治污市场化改革，研究制定了《岳阳市关于推广环境污染第三方治理实施意见》，编制完成了《岳阳市国控重点企业环境信息自主公开奖惩机制》，创造了生态文明体制改革创新案例，平江县整治全域环境助推"绿富双赢"模式和汨罗市白水镇生态乡村建设模式得到湖南省两型试验区管委会认可。启动海绵城市规划建设，完成了《岳阳市海绵城市建设总体规划》等多项规划，建立了《海绵城市建设项目库》，起草了《海绵城市建设管控办法》，编制了《岳阳市海绵城市试点城市（2016~2018）建设实施方案》和《海绵城市建设技术导则》，将海绵城市建设试点城市专项资金纳入城市发展基金，作为资本金进行广泛融资。

三是做好跟踪问效。加强与湖南省生态文明体制改革专项小组的衔接沟通，及时把握上级改革政策精神和改革进展动向。同时加强对县市区以及市直相关单位的指导，加强对改革项目推进进度督察，实行分月调度、季度汇总、年底对账，及时发现问题，总结经验，推广亮点模式，保障各项改革工作有序推进。

（三）城乡统筹进一步加强

紧扣两型要求，坚定不移走以城带乡、城乡互动的发展路子。

一是大力夯实基础设施。全面建成京港澳高速新开联络线、S308平江段大修工程；扎实推进三荷机场、蒙华铁路岳阳段、学院路综合提质改造等项目；建成并投产500千伏岳阳南输变电工程；提前2年全线拉通环南湖旅游交通三圈，成功实施临湖公路、G240岳阳县至湘阴段改扩建等工程。稳步推进农田水利"百千万"工程，升级改造农网412个村，解决农村饮水不安全人数累计达278.5万人。

二是加快改善城乡环境。启动湘江保护和治理第二个"三年行动计划"、洞庭湖水环境综合整治"五大专项行动"，铁山水资源保护持续加力，农村环境综合整治深入推进，国家级和省级生态乡镇达33个、生态村达95个，森林覆盖率和空气质量优良率分别达45.3%和80%，"水墨丹青"岳阳更加凸显，获评"2016中国十佳绿色城市"。

三是持续加大城市扩容提质。基本实现中心城区控制性详细规划全覆盖，常住人口城镇化率达55.5%；全面完成三个"三年行动计划"，即中心城区重点渍水地段整治、小街巷改造、道路交通微循环改造，扎实做好王家河流域综合治理，如期完成环南湖周边亮化和南湖公园、金鹗公园提质改造工程，市民休闲健身又多了几处好地方。城区全面更新新能源公交车，大力推广公共自行车租赁，绿色出行成为一道靓丽的风景。

（四）工作机制进一步完善

注重从机制入手，强化工作措施，持续推进生态文明建设。

一是健全生态环境治理保护机制。成立市生态环境保护委员会，认真执行《湖南省人民政府关于加快环保产业发展的意见》和《湖南省加快环保产业发展实施细则》，研究制定《岳阳市关于推行环境污染第三方治理实施意见》，落实全省生态红线技术规范和生态红线区域保护管理办法，推进全市生态红线划定工作。制订《洞庭湖生态经济区水环境综合治理近期重点工作与责任分工方案》，建立健全岳阳市东洞庭湖湿地创新生态保育机制，洞庭湖湿地秩序得到有效维护，全市湿地保护率达76.6%，岳阳市被授予"全国水生生物资源养护先进单位"和"长江禁渔工作先进单位"荣誉称号。

二是健全生态环境监管机制。落实环境信息公开办法，出台《岳阳市生态环境监测网络建设工作实施方案》和《生态环境监测网络建设实施细则》，建立国控重点企业环境信息自主公开奖惩机制，对36家国控重点企业开展监督性监测，及时将相关监测信息在环保部门官网发布，岳阳污染源自动监控数据传输有效率、企业自行监测结果公布率和监督性监测结果公布率均达到省考核要求。

三是健全生态文明建设考核和责任追究机制。根据《湖南绿色发展评价指标体系》和《湖南省〈党政领导干部生态环境损害责任追究办法（试行）〉实施细则》，制定《岳阳市环境保护督查实施方案》《2017年全市环境保护督查计划》《集中式饮用水水源地专项检查方案》，出台《岳阳市网格化环境监管体系实施方案（试行）》《岳阳市污染源日常环境监管双随机抽查制度的实施方案》，确保两型建设落实落地。

（五）示范效应进一步彰显

将《长株潭城市群区域规划》有关生态环境保护、产业发展定位以及空间布局内容融入《洞庭湖生态经济区规划》，抓好两型发展。

一是培育一个两型示范样板。编制《2016年岳阳市两型示范创建工作方案》，选择岳阳楼区洛王街道办事处大桥湖社区作为推进重点，培育形成了以"爱、德、和、孝"为品牌的社区创建模式。该社区先后荣获"岳阳文明社

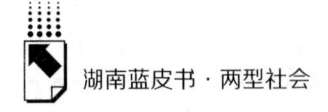

区""岳阳文明创建示范社区""岳阳小康示范社区"等称号。

二是推广一个两型创建模式。创建了"岳阳市汨罗市白水镇生态乡村建设模式",白水镇西长村先后被评为"全国美丽乡村百强村"、"全国生态村"、"全国宜居村庄"和"湖南省农村新型集中社区建设试点村"、"湖南省两型建设示范村"、"湖南省新农村示范村"。

三是积极申报一批两型创建单位。2016年,全市有9个单位纳入省级两型创建单位范畴。同时,将平江县岑川镇包湾村等9个村庄、岳阳楼区金鹗山街道办事处太子庙社区等2个社区和朝阳小学等4个学校推荐申报2017年省级两型创建单位。

二 2017年进一步推进两型社会与生态文明建设打算

2017年,是实施"十三五"规划的关键之年,是推进供给侧结构性改革的深化之年,是岳阳全面建成小康社会的决胜之年。在新的一年,岳阳将按照"五位一体"总体布局和"四个全面"战略布局,全面贯彻实施五大发展理念和"创新引领、开放崛起"战略,坚持稳中求进工作总基调,全力推进园区建设、交通建设、港口建设、脱贫攻坚"四大会战",着力在两型社会和生态文明建设上实现新的突破,努力谱写富饶美丽幸福新湖南的岳阳篇章!

(一)着力推动产业优化升级

以绿色化、低碳化为方向,进一步调整优化产业结构,严格落实"园区十条",强力推动9大重点产业发展提速提效,整体提升产业发展层次和水平。一是以创新为引领强力推进产业高新化。全面提升创新能力,推动创新驱动发展,大力培育企业创新主体,大幅提高科技创新水平。积极争取国家和省重大科技基础设施、重要科研机构和重大创新能力项目落户,推动建设一批高水平的工程技术研究中心、技术中心、院士工作站、工程实验室、产业技术战略联盟等创新平台。积极推进企业与高校、科研院所开展产学研合作,重点围绕石油化工、食品加工、新材料、先进装备制造、生物医药、电子信息、现代物流、节能环保等重点产业领域进行关键技术攻关和新产品研发。组织实施传统产业领域重点企业技术改造示范工程,推进一批产业关联度大、技术水平高、市场前景好的技术改造项目，延伸产业链条，以增量提升促存量优化。

二是以新兴产业为抓手强力推进产业高端化。加快发展电子信息、先进装备制造、新材料、节能环保、生物医药等基础条件好、市场前景广、带动作用强的新兴产业，培育打造一批支柱型产业。坚持龙头带动和集聚区建设融合发展，加快打造一批区域优势突出、规模效应显著、技术水平先进、产业配套完备的示范基地。加速推动能源生产和消费革命，促进能源结构清洁转型，加快推进华电平江电厂、神华国华岳阳电厂、静脉产业园、福寿山抽水蓄能电站等项目相关工作。加快推进信息化与工业化深度融合，抓住互联网跨界融合机遇，促进大数据、云计算、物联网和3D打印技术、个性化定制等在制造业全产业链集成运用，推动制造模式变革。加快发展以航运物流、电子商务、现代金融、休闲旅游、文化创意、健康养老等现代服务体系，打造新的增长点。

三是以市场为导向大力推进产业高质化。积极引导企业围绕市场需求，加大技术投入，提高装备水平，优化工艺流程，研发推广市场需求大、技术含量高的新产品，进一步改善产品结构、提升产品质量。鼓励企业依托自主知识产权做强核心业务，争创驰名商标和著名商标，打造具有竞争力和影响力的精品和品牌。大力推广应用本地两型产品，引导政府采购向本地两型产品倾斜，鼓励本地超市、配送中心和商场加大采购本地产品力度。加快转变农业发展方式，鼓励发展专业大户、家庭农场、农民合作社等多种形式的适度规模经营，推动以精深加工为重点的农产品加工业发展，积极开发农业多种功能，促进一二三产业融合发展。

（二）着力加强环境综合治理

深入实施大气、水、土壤污染防治行动计划，着力解决环境突出问题，全面改善环境质量，留住城市可持续发展的生态"基因"，加快建设蓝天常驻、青山常绿、碧水常流的美丽岳阳。

一是加强大气污染防治。加强温室气体排放管控，建立重点单位温室气体排放报告制度，加快燃煤锅炉和工业窑炉现有除尘设施升级改造。全面启动中心城区禁炮工作，加强秸秆露天禁烧监管，治理餐饮行业油烟污染，强化施工场地扬尘污染治理。严控挥发性有机物排放，突出抓好云溪区工业挥发性有机物（VOC）治理。加强移动源污染防治，强化机动车尾气管控，稳步淘汰"黄标车"，大力推广新能源汽车。实施"森林进城三年行动"，打造"林路相拥、林水相依、林城相融"的森林城市景观。妥善应对重污染天气，将重污染天气应急响应纳入市、县两级政府突发事件应急管理体系。

二是加强水环境整治。认真贯彻落实湖南省"一号重点工程"，狠抓湘江保护和治理第二个"三年行动计划"，加大洞庭湖水环境综合治理力度。全面推行"河长制"，深入实施沟渠塘坝清淤增蓄、畜禽养殖污染整治、河湖围网养殖清理、河湖沿岸垃圾清理、重点工业污染源排查五大专项行动，积极开展汨罗江、新墙河、华容河等中小河流综合治理，力争南湖水质年内达到Ⅲ类标准。严格执行污水特别排放限值和水污染物排放新标准，实行排污许可证制度和排污总量控制，严厉打击企业无证或超标、超总量排污行为，大力实施重要水功能区入河排污口整治工程，构建人水和谐的生态环境。强化石化、造纸、食品加工、纺织等重点行业以及工业园区、港口船舶的水污染治理，稳步降低水污染负荷。加快城乡生活污水集中处理设施建设与升级改造，新建扩建一批污水处理厂。推进铁山水库等重要饮用水水源地全面达标建设，定期发布水质监测数据，确保饮水安全。

三是加强土壤污染治理。实施土壤环境保护工程，建立土壤环境治理调查、监测制度。加快土壤污染物源头治理，强化固废填埋场、废弃物堆场、重化工企业等监管，有效控制污染面蔓延。强化农业生产过程环境监管，鼓励增施有机肥和高效缓释肥，推广高效、低毒、低残留农药应用、测土配方施肥和植保绿色防控技术。开展土壤重金属污染治理工程，按照污染程度，对土地进行生态修复、变性开发和移民安置。

（三）着力转变资源利用方式

全面推进节能、节水、节地、节材，大力发展循环经济、低碳经济，实现绿色发展。

一是强化节能减排。开展重点用能单位节能低碳行动，推进重点产业能效提升，推动长岭炼化、巴陵石化、华能电厂等企业实施节能改造。优化能源利用结构，逐步削减一次能源中煤炭的比重。推广应用建筑节能技术，推进已建公共建筑、居民住宅建筑节能改造。发展绿色交通，推动纯电动、天然气、油气混合动力等清洁能源公交车辆应用，推广天然气出租车、电动汽车、公共自行车等环保交通工具。加大限制过度包装、禁塑、淘汰白炽灯力度，引导消费者购买高能效家电、新能源机动车等节能环保低碳产品，减少使用一次性用品。推进政府绿色采购，推行绿色节能和无纸化办公。

二是发展循环经济。围绕提高资源产出率和循环利用率，以减量化、再利用、资源化为原则，不断完善循环型工业、农业、服务业体系。建立健全再生资源回收体系，开发利用"城市矿产"，促进垃圾分类回收、分类处理，推进秸秆等农林废弃物以及建筑垃圾、餐厨废弃物资源化利用，发展再制造和再生利用产品。抓好生产系统和生活系统的循环链接，推动企业余能、余热在生活系统的循环利用，鼓励企业生产设施协同资源化处理城市废弃物。积极开展循环经济示范行动，大力推动循环经济示范城市、示范村镇、示范园区、示范企业创建，推进岳阳绿色化工产业园循环化改造试点和汨罗循环经济示范试点，加快岳阳静脉产业园建设和临湘资源型城市转型发展。

三是减少资源消耗。实行最严格的水资源管理，加强资源开发利用、用水效率和水功能限制纳污等"三条红线"管控措施，鼓励雨水收集和中水回用，推广高效节水技术和产品，推进节水型机关、学校、医院、社区等建设，打造节水型社会。在确保建设用地总量稳定的前提下，严控增量、盘活存量，明确用地开发强度指标，促进土地混合开发和复合利用，统筹地上地下空间综合利用，推广先进节地技术，建设使用多层标准厂房，强化闲置低效用地处置，提高土地使用效率。合理开发利用矿产资源，加强市场准入管理，强化执法监察，坚决制止乱挖滥采，推进绿色矿山建设。

（四）着力健全生态文明体制

树立底线思维，强化"绿水青山就是金山银山"的发展理念，实施最严格的源头保护、损害赔偿和责任追究制度，建立起两型社会和生态文明建设的长效机制。

一是推进关键环节改革。建立健全自然资源生态空间统一确权登记体系，清晰界定水流、森林、山岭、荒地、滩涂等各类自然资源的产权主体。创新自然资源所有权和使用权实现形式，推动所有权和使用权相分离，明确占有、使用、收益、处分等权利归属关系和权责。探索建立水权制度，对水域、岸线等水生态空间进行确权试点，进一步厘清水资源所有权、使用权及使用量。严格实行耕地保护制度，坚守耕地红线，开展基本农田保护示范区建设。实行能耗强度和能源消费总量控制制度，健全节能评估审查制度，加强节能评估后期监管。建立湿地保护制度和生态修复机制，明确各类湿地功能，规范保护利用行为。健全矿产资源开发利用管理制度，加强矿产资源查明登记和有偿占用登记管理，推进矿产资源勘查开发市场体系建设，探索建立矿产资源交易平台。

二是严格实行管理考核。完善两型社会建设考核评价体系和统计监测评价指标体系，将资源综合利用、环境质量、污染物总量减排等指标的完成情况作为考核和审计各级党政领导班子、领导干部的重要内容，将两型社会和生态文明建设各项任务的完成情况与财政转移支付、生态文明建设补助等资金安排以及各类评先创优挂钩。科学编制自然资产负债表，将自然资产和环境责任纳入领导干部离任审计范围，实行生态环境损害责任终身追究制。

三是扩大社会公众参与。加强生态环境信息披露，采取多种形式公开生态环境信息，大力推动企业环境信息公开，加快常态化、制度化进程，保障公民的知情权。健全重大决策和重大项目社会稳定风险评估机制，广泛听取公众关于涉及群众利益的重大决策、建设项目的意见及建议，坚持开展专家咨询和论证，切实维护群众合法权益。

B.16
守住青山绿水　打造金山银山

——常德市2016~2017年两型社会与
生态文明建设的探索与思考

王　群*

2016年，是湖南省两型社会建设第三阶段的开局之年，也是生态文明体制改革纵深推进之年。常德市上下扎实推进各项工作，两型社会和生态文明建设成效明显，两型产业得到新发展，节能减排取得新进展，生态环境获得新改善。2017年，将着力推动科技创新，加快促进产业转型，全面加强资源节约，大力开展污染治理，扎实推进示范创建，推动常德两型社会和生态文明建设实现新跨越。

一　2016年常德市两型社会与生态文明建设主要成效

2016年，常德按照湖南省委、省政府的决策部署，紧紧围绕"一三五"的战略目标，将两型社会与生态文明建设作为绿色常德的重要内容，融入新常德新创业的生动实践，高水准谋划、高标准推进，取得了较好的实效。常德先后被评为全国绿化模范城市、国家森林城市，获得国家首批海绵城市建设试点，一片片青山绿水得到严格保护，一座座金山银山得到合理开发，呈现了两手抓、两促进的生动局面。

（一）以创新为引领，发展绿色产业

注重以科技创新推动新兴产业发展，不断改造传统产业，着力构建资源消

---

* 王群，中共常德市委书记、市人大常委会主任。

耗低、环境污染少的现代产业体系。

1. 推动科技创新

一是着力建设创新园区。全力推进园区创建工作，常德高新区列入科技部省级园区升级名单，津市工业集中区获批为省级高新区，启动环洞庭湖国家现代农业科技示范区核心区创建。

二是建设科技重大创新平台。加快科技企业孵化器建设，全市建成8家科技企业孵化器，在孵企业255家。启动众创空间建设，"创+汇"创客空间、湖南幼专创客街被认定为湖南省第一批众创空间，德人牧业星创天地、长林水产星创天地纳入第一批国家级"星创天地"备案名单。

三是促进科技与金融深度融合。引导各区县市加入风险补偿资金池，归集市级风险补偿资金3100万元。建立科技型中小微企业库，为金德镭射等29家提供担保贷款8255万元。成立2.15亿元的常德新材料产业创业投资基金。

2. 发展新兴产业

一是强化产业"两化"融合。落实"互联网+"专项行动，湘佳牧业等4家企业入选"工业+互联网"优秀案例项目，打造常德工业互联网应用标杆。深入推动企业信息化，联合联通公司在全市开展"企企通"信息化建设活动，将各类园区、企业接入互联网，构建服务智能制造的"宽带网络+工业云+工业智能终端"三级工业信息基础设施框架体系。

二是大力发展新能源。光伏电站建设领跑全省，争取光伏发电建设指标330兆瓦，占全省指标的27.05%，其中，汉寿太子庙40兆瓦光伏电站并网发电，是湖南第一个并网发电的地面光伏电站。风力发电实现零的突破，桃源牯牛山风力发电项目纳入了全省风电开发建设范围，总投资4.5亿元，装机容量54兆瓦。充电基础设施建设试点工作稳步推进，已有200台新能源公交车投入营运。

3. 改造传统产业

一是加快淘汰落后产能。推动供给侧结构性改革，通过淘汰落后产能、引导企业转产实现"去产能"。对常德金德山水泥和常德祥盛轧钢2家企业的落后生产线进行了拆除、报废，并妥善处理了职工的重新就业和下岗安置问题。目前，正稳步推进3家国有煤矿的改制工作。

二是鼓励引导企业转型升级。通过资金引导、政策扶持等手段，积极引导企业转型转产。如：推动科箭机械和长沙慧盟重工整合组建慧盟重工，向工程机械4S店零部件制造、维修服务转型；联嘉机械由制造传统油缸向制造螺旋摆动油缸升级；佳诚机械和质中电通讯由原来的机械零部件配套加工向设计、制造、安装城市钢构件转型。

（二）以两型为导向，推进节能减排

加快推进生产生活方式低碳化、绿色化、循环化，促进资源节约高效利用，强化主要污染物减排，推动绿色建筑规模化发展，进一步提高经济绿色化程度。

1. 促进资源节约

一是实施一批重点节能工程。开展电机系统节能改造，恒安生活用纸、澧县华峰锌业成为全省电机能效提升工程试点。推进自愿性清洁生产，环宇纺织、欣悦食品等7家企业纳入省自愿实施清洁生产试点。实施"三废"资源化利用工程，奔骥环保、新伟纺织纳入国家工业资源先进适用技术装备目录。

二是开展公共机构合同能源管理试点。超前于湖南省政府文件要求，选择常德第二人民医院和湖南职业技术学院率先开展公共机构能源管理试点。

三是发展循环经济。建立循环经济工作推进机制，安乡县、澧县被分别确定为国家和省级循环经济示范县，常德经开区被确定为省级循环化改造园区，金健米业、盈成油脂等5家企业被确定为省级循环经济试点示范企业。

2. 强化污染减排

一是全面完成主要污染物减排任务。坚持工程减排、结构减排、管理减排"三管齐下"，全面完成湖南省考核的四项主要污染物减排任务，为全市经济社会发展腾出容量和空间。

二是大力推进排污权交易。全市共完成排污权交易138笔，四项主要污染物交易总量达到292.87吨，其中化学需氧量31吨、氨氮6.54吨、二氧化硫145.4吨、氮氧化物109.93吨。对902家企业分配核定初始排污权，启动总量刷卡排污试点，第一阶段13家企业总量刷卡系统已通过省厅验收。

3. 推广绿色建筑

市本级政府投资公益性公共建筑、2万平方米以上大型公共建筑、保障性住房和以湘雅常德医院、市民之家为代表的常德北部新城全面执行绿色建筑标

准，完成绿色建筑设计评价标识立项89.19万平方米，占2016年新建建筑面积33%。常德芙蓉观邸写字楼和万达广场购物中心获得绿色建筑评价设计标识。万达广场农科中心、市民之家、湘雅常德医院、常德恒大华府、常德西城新区物流园公租房等项目通过绿色建筑评价设计标识立项。

（三）以环境为依托，提升城乡品质

统筹推进新型城镇化和新农村建设，提升城市品质，改善农村环境，努力让城市有乡村的生态，乡村有城市的整洁。

1. 提升城市品质

一是大力建设海绵城市。常德市委、市政府出台《关于加快推进海绵城市建设的实施意见》，指导全市海绵城市建设。目前已建成面积7.10平方公里，完成投资49.97亿元，完工项目68个。常德海绵城市建设依托中规院开发的海绵城市建设管理平台并以信息化管理为基础，在日常管理、前期规划、中期设计和后期验收等方面提供可视化展示。《人民日报》在头版刊发常德海绵城市建设情况，并做了深度阐述。

二是成功创建全国绿色模范城市和国家森林城市。通过三年多来的扎实创建，2016年3月，全国绿化委员会下发《关于表彰全国绿化模范单位和颁发全国绿化奖章的决定》（全绿字〔2016〕2号），常德被授予全国绿化模范城市称号。8月顺利通过国家森林城市实地核查验收，9月被国家林业局正式授予"国家森林城市"称号。

三是成为全省首个可再生能源建筑应用示范城市。常德推广可再生能源建筑应用示范项目四年多，2016年10月圆满完成验收，成为湖南首个可再生能源建筑应用示范市。全市累计完成104项示范工程，示范应用面积250.265万平方米，超额完成国家下达的总任务数。

2. 改善农村环境

一是大力推进农村环境综合整治。全面完成津市、安乡、西湖和西洞庭、武陵农村环境综合整治推进项目，超额完成350个行政村的整治任务，达到371个。津市建立"绿色存折"制度、推动农村垃圾分类处理在2016年中央改革办《改革情况交流》上刊发，被央视《经济半小时》栏目报道，全国进行推介；安乡县创建的"三个三分之一"农村垃圾分类处理模式，在2016年

全省城乡垃圾处理五年专项电视电话会议上做了典型发言，形成示范带动效应。

二是扎实推进美丽乡村建设。积极推进"厕所无害化、建房规范化、庭院绿色化、集镇整洁化、垃圾处理市场化"五化建设，目前均取得较大进展，同时制定美丽庭院建设标准，全市掀起美丽庭院建设热潮。大力建设美丽乡村示范村，授予武陵区芦荻山乡金狮堤村等31个村"美丽乡村"称号，以示范村为节点，推动美丽乡村成片成带建设。扩大"3+X"农村社会治理创新试点，石门秀坪、柳叶湖太阳谷、桃源县枫林花海、津市神九堰、临澧高顺新等5个试点，已初步形成一套较成体系的治理模式。

3．打造完美社区

一是抓好项目建设。围绕每个街道建好"一所一校四中心"、每个社区建好"一站一园一场五室"的建设目标，改造新建完美社区项目168个，其中街道公共服务用房14个、社区公共服务用房129个、派出所16个、普惠性幼儿园3个、街道卫生计生服务中心6个。

二是推动治理创新。以常德市委、市政府名义出台了纲领性文件《关于进一步深化完美社区建设的实施意见》（常办发〔2016〕8号）。完善网格治理机制，指导全市划分网格8631个，配备专兼职网格员8712名，实现网格党支部全面覆盖。探索社区自治模式，开展"我的社区我的家、我的社区我奉献、我的社区我做主"及《居民公约》征集评选活动，增强居民自我教育、自我管理、自我发展的能力。

三是打造特色品牌。各试点社区打破常规，整合各类资源，因地制宜打造自己社区的服务品牌。如：体育东路社区打造阳光家园、田工爱心屋、姚跃林工作室、青苗学堂等服务品牌；紫桥社区打造爱心储蓄银行、居民家园、老蔡和事佬工作室、开心聊吧、放学来吧、乐龄日间照料中心、慈善超市、社区书屋、畅想京剧社等服务品牌。

（四）以绿色为底色，推进生态保护

坚持以人为本、生态优先的原则，加强生态保护，努力实现生态系统的良性循环。

1．加强水资源保护

一是推动水源保护和河湖保护地方立法。2016年地方取得立法权后，常德先行制定水利方面两个法规条例，即《常德市饮用水水源保护条例》《常德市城区河流湖泊保护条例》，目前这两部地方性法规草案已修改完毕，进入市人大审议程序。

二是建设农村饮水长效机制。重点建立水质检测、维修养护和安全防控三大农村饮水机制。建成85处千吨万人水厂水质自检平台、8个县级水质检测平台和市级中心检测平台。以县为单位出台农村水厂维修养护管理办法，建立县级财政补助基金。所有供水规模万人以上、部分供水规模5000人以上的水厂安装视频监控系统，常德市政府出台《常德市农村饮水安全工程管理办法》。

2. 加强林业资源保护

一是完善林业发展政策。出台《常德市林木绿地认养认建管理暂行办法》，为常德深入推进常德市全民义务植树运动增添了强劲动力。出台《关于加强太阳山、河洑山、德山林业生态保护的规定（试行）》，为加强常德市城区林业生态保护提供有力保障。

二是加快推进造林绿化。完成整地造林23.42万亩，油茶育苗375万株，出圃苗木3122万株。全市参加义务植树人数达310.6万人次，植树1139万多株。投资3500万元，建成庭院绿化示范村16个，建设绿色庭院示范户570户，带动了全市10%庭院达到绿色庭院标准。全市森林覆盖率达47.99%，林地面积达1251.52万亩，其中有林地1083.71万亩，活立木蓄积量3712.22万立方米。

三是防治林业有害生物。加强对松材线虫、马尾松毛虫、竹蝗蛾等有害生物监测防治，严格森林植物检疫执法工作，全面完成林业有害生物普查。全市林业有害生物发生面积41.32万亩、发生率为3.84%，成灾面积0.35万亩、成灾率0.28‰，防治面积37.47万亩、防治率为90.68%，其中无公害防治34.6万亩、防治率92.3%。

3. 加强环境监管

一是推进环境安全防控体系建设。率先在全国、全省探索"3+3"环境安全防控体系建设，制定权力、责任、安全"三大"管理清单，加快推进群防、技防和协防"三大"防控体系和环保系统内部监管责任机制、政府环境安全责任机制和企业环境安全约束责任机制"三大"防控机制建设。目前，

"3+3"环境安全防控体系已覆盖全市201个乡镇（街道），129家重点企业被纳入环境安全清单动态管理。

二是提升环境监测水平。不断优化完善监测点位，共布设环境空气质量自动监测点位14个，水质监测断面54个，县级水体交界断面31个，土壤环境质量监测点位220个。不断拓展监测范围，将市城区和各区县市城关镇以及新划定193处农村饮用水水源地纳入常规监测范畴，实现了城乡集中式饮用水水源地水质监测常态化、全覆盖。不断强化在线监控，28家国控污染源在线监控企业有效传输率达99.2%，自行监测公布率达97.2%，监督性监测信息公开率达100%。

（五）以问题为导向，突出环境治理

着力解决空气、水、土壤等方面群众反映强烈的突出环境污染问题，实施"蓝天碧水净土行动"，进一步提高环境质量。

1. 实施"蓝天"行动

不断加大"气十条"实施力度，集中开展了10蒸吨及以下燃煤锅炉淘汰、重点行业整治、加油站油气回收、工地扬尘治理、道路扬尘控制、餐饮油烟治理、"黄标车"淘汰、黏土砖厂关闭、露天垃圾和秸秆禁烧等十大专项行动，基本完成了年度整治任务。特别是工地扬尘、道路扬尘、夜市烧烤以及露天焚烧秸秆、垃圾等重点污染源得到有效管控，并首次启动了重污染天气Ⅳ级应急响应，促进了城区环境空气质量的有效改善。

2. 实施"碧水"行动

编制完成《常德市贯彻落实水污染防治行动计划实施方案（2016~2020年）》。开展饮用水水源地环境状况评估，全面完成1000人以上集中式饮用水水源保护区的划定工作，全市饮用水源保护区总数达到205处。推进饮用水源保护区规范化建设，关闭保护区内和周边污染源30处、取缔排污口8个。实施洞庭湖重点工业污染源排查整治，排查企业排污口1029个，目前正进行分类整治。开展打击非法捕捞行为专项行动，收缴各类违规违法船载电捕鱼设备3200多台（套），查处非法捕捞案件12起，追究刑事责任29人次。

3. 实施"净土"行动

按照基础工作先行、防治规划先行、防控体系先行、技术路径先行、治理

示范先行"五个先行"原则，编制了《常德市土壤污染综合防治技术方案》《常德市土壤污染防治行动计划实施方案》《常德市土壤污染综合防治先行区建设方案》，启动市本级土壤污染防控治能力建设、石门县典型区域土壤污染综合治理工程、临澧县土壤污染综合治理工程、安乡县安丰乡农用地土壤污染治理和修复工程等试点项目建设。

（六）以示范为标杆，深化全面创建

以示范为方式推进全市两型社会和生态文明建设，让各个地方、各个单位"做有动力，学有样板"，充分发挥示范单位的引领带动作用。

1. 推进生态示范建设

率先在全省编制完成《常德市生态文明建设示范区规划》，目前已通过部、省专家评审，待常德市政府提交市人大审议通过后出台实施。完成生态红线划定工作，将自然保护区、森林公园等禁止开发区，以及水源涵养区等生态敏感区、脆弱区纳入生态红线保护范围。

2. 开展两型示范创建

在村庄、社区、企业、园区、学校、景区、小城镇、机关、农民专业合作社等领域开展两型示范创建活动，在两型村庄、社区、企业和乡镇等领域评选省级示范单位3家、创建单位11家，获得省专项资金448万元。并将武陵区落路口社区打造成为两型样板社区，形成了节能产品、清洁能源、低碳生活方式、环保袋、垃圾分类、废旧物资回收和花卉苗木进社区的七大突出特色。

3. 加强两型示范区建设

常德经开区现有工业企业近400家，规模工业企业110家、亿元企业45家、高新技术企业24家、世界500强投资园区的企业3家，建成标准化厂房面积近70万平方米，基本形成了装备制造、新能源和新材料、医药、林纸加工、食品加工以及纺织服装六大产业集群。柳叶湖旅游度假区重点发展生态旅游业，重点引进了大唐司马文化旅游综合体、禾田居度假酒店等项目，完成了柳叶诗韵、柳毅传书、沙滩公园、环湖路景观工程等一批旅游基础工程，华侨城卡乐世界、大唐司马文化旅游综合体等一批重大旅游产业项目。

二 存在的主要问题

总体来看,常德在推进两型社会与生态文明建设上措施有力、成效明显,但仍存在一些问题和有待提高的地方。主要体现在:

(一)经济方式转变压力巨大

从区域发展竞争的态势来看,发达地区正在走入内生增长和创新驱动的发展道路,而常德却面临着加快发展与转型发展的双重任务和双重压力。2016年,常德三次产业结构比为13∶44∶43,第一产业比重过高,第三产业比重过低;高新技术产业增加值270亿元,占GDP比重只有9.3%;全社会研发经费支出38.6亿元,占GDP比重仅为1.38%,远低于长株潭平均水平。

(二)环境质量改善任务艰巨

受内部污染源、外部输入性污染源、不利气象条件、地形地貌和地理等多方面因素影响,环境空气质量优良天数、优良率、$PM_{2.5}$年均浓度值等3项指标与预期目标有差距。部分重要河湖水质出现反弹,有继续恶化的趋势;饮用水水源保护区规范化建设亟待加快,工业园区污水处理厂建设进度滞后,还存在污水管网不配套、雨污未分流的情况。

(三)社会参与机制不完善

目前,公众参与环境保护仅局限在一定的范围内,公众参与的平台较少,大多停留在表层和浅层上,没有形成制度化、常态化和组织化的公众参与机制。宣传教育不够,公众接受两型社会和生态文明建设教育的机会较少,特别是在一些农村地区,两型社会与生态文明建设的推动氛围不浓、难度较大。

三 2017年两型社会与生态文明建设思路和重点

2017年,常德两型社会和生态文明建设的主要思路是:按照建设五个常德的总体要求,以"守住环保底线、留住青山绿水"为核心,努力实现生产空间集约高效、生活空间宜居适度、生态空间山清水秀。工作重点在以下五个方面。

（一）着力推动科技创新

一是加快建设创新平台。打造连接政府、企业、大专院校以及科研院所之间的合作交流平台，形成政府引导、企业为主体、产学研结合的科技合作平台，让创新成为驱动发展的新引擎。真正做到在认识上求深化，在创新上下功夫，在结果上见实效。

二是积极创新产业模式。启动两化融合试点示范，推进机械、食品、医药、纺织、建材等重点行业智能制造单元、智能生产线、智能车间、智能工厂、智能制造研发中心建设，打造经开区汽车产业两化融合示范园区，年内确定100家两化融合首批试点示范企业。推进武陵区移动互联网产业园以及常德经开区、汉寿、澧县等区县电商产业园建设，为更多常德产业植入"互联网+"基因。

三是促进企业技术创新。重点是为"1115"工程企业提供"建平台、争项目、引人才、促转化"四方面的服务，培育和支持"1115"工程企业建立省级、市级企业技术研究中心。同时，实施中小微企业创新能力提升计划，鼓励企业通过引进成果、专利合作、技术入股等方式，提升自主创新能力，攻克一批产业技术难题。

（二）加快促进产业转型

一是大力发展新兴产业。加强产业引导，积极培育新材料、新能源、电子信息、生命科学、节能环保等战略性新兴产业，加快推进高端新材料工业园、智慧产业园、新能源汽车产业园、生命科学与健康产业园等新型园区建设，不断优化产业结构、提升产业级次，形成多点支撑、健康发展的产业新格局。

二是改造提升传统产业。通过工艺改造、技术创新、管理升级，加快烟草、食品、装备制造、有色金属等传统产业改造升级，努力让传统产业焕发新的生机，突破产业天花板，找到增长新动能。推进传统制造业绿色化改造工程，在重点园区、重点行业内，培育一批绿色园区和绿色工厂，推动常德力元新材开发绿色产品，建设绿色产业链，打造国家绿色制造试点示范。

（三）全面加强资源节约

一是推进节能节水改造工程。以六大高耗能行业为重点，鼓励支持用能企业实施锅（窑）炉改造、余热余压利用、电机能效提升和能量系统优化等重点节能工程以及节水改造工程，提升电机、锅炉、内燃机等终端用能产品能效水平，降低单位产品综合能耗。落实最严格水资源管理，抓好工业节水，鼓励纺织印染、造纸、化工、制革等高耗水企业废水深度处理回用。

二是推进资源综合利用示范工程。加强与企业对接，提高水泥窑及电厂协同处理工业和生活废弃物水平，推广废气余热发电和蒸汽高效循环利用。积极帮助企业纳入国家和省资源再生利用准入规范企业和重大示范工程建设项目。

三是推进工业领域清洁生产。围绕冶金、化工、建材、造纸、食品、医药、纺织、机械等重点行业，以项目实施推动清洁生产，促进工业领域节能减排。

（四）大力开展污染治理

一是深入推进大气污染治理。加快推进常德电厂集中供热工程进度，全面淘汰市城区10蒸吨及以下燃煤锅炉。加大高污染燃料禁燃区销售燃煤的处罚力度，规范藕煤加工厂生产销售行为，引导藕煤加工厂向外搬迁。加大建筑工地监管力度，确保扬尘控制措施到位，设施齐全并正常使用；加强建筑工地扬尘污染处罚力度，确保所有建筑工地、建设项目符合质量、安全和环保要求；加快建筑垃圾消纳场建设进度，进一步规范建筑垃圾运输车辆、时间和线路。加快推进秸秆综合利用，建立健全四级监管网格，层层落实禁烧责任。

二是大力推进水污染治理。狠抓工业污染防治，全面取缔"十小"企业，专项整治"十大"重点行业；集中治理工业集聚区水污染，完成洞庭湖重点工业污染源排查整治任务，加快推进工业园区污水处理厂及处理设施建设。强化城镇生活污染治理，完成市域内现有10个生活污水处理厂提质改造，市建成区污水基本实现全收集、全处理，县以上城镇污水处理达到95%以上、污水再生利用率达到10%以上。推进畜禽养殖污染防治，依法关闭或搬迁洞庭湖区内湖堤岸陆域水平纵深1000米、农村集中式饮用水地下水源取水点周边陆域水平纵深1000米禁养区内的规模养殖场。加强饮用水水源保护，完成全

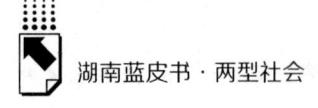

市范围内饮用水水源保护区规范化建设，重点保护沅水、澧水等集中式饮用水水源地，消除供水水源地的风险和隐患。

三是全面推进土壤污染治理。加快土壤污染综合防治先行区建设，全面启动土壤环境质量现状调查，建立覆盖全市的土壤环境质量和风险监测网络，推进一批防、控、治土壤污染治理与修复项目，构建土壤信息化管理平台，强化土壤基础数据和项目绩效管理，研究出台强化土壤环境管理的地方性法规，完善重点监管行业企业名单，强化污染源日常监管，开展土壤污染源和污染地块详查。

（五）扎实推进示范创建

一是抓好两型示范创建。围绕两型单位创建、两型示范基地、两型重点地区统筹、两型服务体系建设、清洁低碳技术推广等领域组织项目申报，扎实做好项目储备和实施工作。抓好两型示范区工作，协调常德经开区、柳叶湖旅游度假区实施好大河西先导区德山片区的发展规划。

二是抓好生态文明示范建设。落实生态文明建设示范区建设要求，启动国家级生态文明建设示范乡镇创建工作。科学划定生态保护红线，制定生态保护红线监督管理办法，对重点生态功能区编制产业准入负面清单。深化生态文明体制改革，完善工作推进和调度、考核机制。

B.17
推动绿色发展　建设生态郴州

易鹏飞[*]

生态是郴州最鲜明的特色，也是最具长远竞争力的独特优势。2016年，郴州市委、市政府把生态郴州建设纳入"十三五"发展总体战略布局，并通过市第五次党代会和市五届人大一次会议上升为全市人民的共同意志。当前和今后一段时期，全市上下就是要坚持生态立市、"两型"引领、绿色惠民，把生态郴州建设融入经济社会发展各方面和全过程，努力把郴州建设成为蓝天白云常现、绿水青山常在、鸟语花香常伴、清新空气常有的宜居、健康、美丽家园。

一　突出产业主导，增强"生态郴州"转型动力

坚持绿色发展，建设生态郴州，关键在产业的转型升级和经济的提质增效。近两年来，郴州市委、市政府牢固树立"产业主导、全面发展"总战略，围绕打造湖南"新增长极"和建设"五个郴州"总目标，全力以赴"兴产业、强实体、提品质、增实效"，形成了"产业主导、政府主推"的转型模式，激发了经济转型内在动力。

（一）产业主导

近两年来，郴州市坚持以产业转型带动经济转型，更好发挥企业在技术创新、转型升级、生态文明建设中的主体作用。着力实施工业转型升级、服务业发展、招商引资、重点项目建设四个"四年行动计划"，基本构建以有色金属、旅游文化、精品会展和矿物宝石、生态绿色、石墨及新材料为重点的有较

---

[*] 易鹏飞，中共郴州市委书记、市人大常委会主任。

强竞争优势的现代产业体系。2016年，全市完成地区生产总值2190.8亿元，增幅居全省第2位。规模工业总产值跃上3500亿元新台阶。高加工度工业、高新技术产业增加值分别增长15.2%、14.7%。4个园区跻身全省18个规模工业增加值过100亿元园区行列。服务业增加值增长分别比一、二产业快8.8和5.7个百分点，对经济增长贡献率提高到51.7%。全市创新创业园区新建标准厂房177.8万平方米，新入驻企业206家。南方石墨技术研发中心，湖南省石墨烯产业基地布局郴州高新区，柿竹园公司技术中心获评"国家企业技术中心"，宇腾有色等21家企业进入全省有色金属50强。下一步，将继续推进四个"四年行动计划"攻坚，全力抓好正威集团的稀贵金属产业供应链体系、全球矿产资源交易中心和矿物宝石产业园建设，突出抓好南方石墨的石墨产业园及研发中心、中化蓝天的氟化工产业园、金旺铋业的深加工材料基地、金贵银业年产2000吨高纯银清洁提取扩建、旗滨集团的光伏光电玻璃等重大项目建设，促进传统产业链集成、创新、升级。同时，对接湖南工业新兴优势产业链发展计划，进一步发挥企业创新主体作用，立足郴州实际重点培育壮大高端材料、矿物宝石、LED、大数据、先进装备制造等基础实、前景好的优势产业链，加快构建支撑郴州转型发展的新兴产业体系。

（二）政府主推

推动经济转型升级，既要发挥市场配置资源的决定性作用，也要发挥政府的引导和调控作用。郴州市以推进供给侧结构性改革为主线，以产业结构调整、产业效益提升为目标，不断转变领导地方经济发展的思路、方式、举措，初步实现了"三个转变"，即投资上从热衷于政府投资、财政投资转到招商引资、产业投资上来；招商上从侧重于资源型产业单向选择转到新兴产业、新兴业态多向选择上来；产业上从发展分散、随意布局的状况转到集中抓园区、重点抓园区、关键抓园区、核心抓园区上来。同时，大力落实供给侧结构性改革决策部署，全面完成"三去一降一补"年度任务，煤炭、有色采选业产值同比分别下降14.6%和7%。下一步，将继续深化供给侧结构性改革，落实好"三去一降一补"任务。坚决关闭9万吨以下高瓦斯煤矿，切实加快淘汰落后产能，全力完成节能减排任务，为先进产能和新兴产业腾出发展空间。扎实推进农业供给侧结构性改革，引导农民根据市场需求调整生产结构，增加紧缺农产品生产，着力培育农业生态品牌，促进农业提质增效。在招商引资、项目建设和产业投资上，进一步强化"环境容量"约束，建立倒逼机制，严格把好新建项目能耗、质量效益、安全标准、准入条件等关口，切实提高单位土地投资强度和产出效益，杜绝"捡到篮子里都是菜"的做法，真正引进技术含量高、产品附加值高、财税贡献率高、资源能源消耗低的产业项目。

二 坚持两型引领，建设"生态郴州"美丽家园

坚持绿色发展，建设生态郴州，落在老百姓的切身感受上，就是要宜居适业。郴州市牢固树立以人民为中心的发展思想，坚持两型引领，统筹生产、生活、生态三大布局，走具有郴州特色的城乡统筹发展之路，努力使郴州成为宜居的净土、适业的乐土。

（一）以"两型"理念统筹城乡建设

近年来，郴州坚持以中小城镇群为主体形态，大力推进新型城镇化和统筹城乡发展各项工作，城乡面貌实现了大的改变。郴州"大十字"城镇群加快融合，县城和示范镇、特色镇建设加快推进。2016年，郴州城镇化率达到51.3%，郴州市成为全国第三批新型城镇化综合试点城市，永兴、嘉禾、宜章、安仁等四个地区列入国家智慧城市试点。全市建成小康新村473个，获评"中国美丽乡村建设示范地区"。今后，郴州市将继续按照"两型"要求，进一步统筹城乡建设发展，把郴州人民的生活家园建设得更好。抢抓列为国家新型城镇化综合试点的机遇，按照"一个尊重、五个统筹"的要求，抓实城市总体规划修改，完善城镇群体系规划，力争"大十字"城镇群纳入国家中小城镇群改革试点范围。抓实中心城区功能完善配套，统筹新老城区建设。强化城市规划管控、环卫保洁、园林绿化、市政养护等精细化管理，促进智慧城市、海绵城市建设。抓实县城和小城镇建设，着力打造一批特色小镇。以"村镇化"理念为指导，规范农村建房、农村环境整治、新农村建设协同跪进，继续开展洁净乡村四年行动计划，推动水、电、讯、路等基础设施向农村延伸，打造一批产业强劲、环境优美、生活富裕、村风良好的美丽新村。

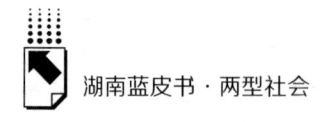

（二）以"两型"要求配套公共服务

近年来，郴州市以两型理念配套公共服务的实践取得了一些可喜的成效。市城区郴江河、燕泉河综合治理全面竣工。加快创建公交都市，大力推广新能源公交，截至2016年底，新投放新能源公交车1300余台。"气化郴州"项目大力推进，新增管道燃气用户12.3万户。城市公共自行车租赁和直饮水系统在市、县各城区推广。自行车绿道、体育健身步道和公园、游园不断完善。建设城乡垃圾收转运体系11个，解决150.5万农村人口的饮水安全问题。"点亮郴州"路灯节能扩改工程实现全覆盖。总长140公里的西河生态休闲风光带全面建成。下一步，要坚持两型理念，落实两型要求，提高两型标准，不断完善公共服务配套，尤其要在智能化社区、节能型城市、绿色化服务等方面加大力度，切实解决好群众最关心、最迫切的问题。

（三）以"两型"标准优化生态环境

良好的生态环境是美丽家园必不可少的条件。2016年来，郴州市继续实施"青山、碧水、蓝天、净土"工程，强力推进水、大气、土壤污染治理"三大攻坚战"，大力推进"一湖两河三江"生态环境综合治理和生态屏障工程建设，突出抓好三十六湾等重点区域流域，水泥、有色等重点行业，农业面源、农村环境等重点领域的综合整治，全市生态环境质量进一步改善，全市森林覆盖率达67.7%，市城区空气环境质量优良率为89.4%，优良率排名全省第一位，被评为国家级休闲城市，入选中国50大"氧吧"城市。今后，郴州市要继续以"四大工程、三大攻坚"为着力点，以"一湖两河三江"生态环境综合治理为抓手，全面落实省"一号重点工程"，加快推进瑶岗仙矿区、三十六湾及周边地区重金属污染治理，持续推进甘溪河、陶家河、春陵江、耒水等流域水污染综合治理，深化农村环境综合整治工作，推行山水林田湖五位一体的生态保护和修复工程，抓好南岭山地森林及生物多样性生态功能区建设，加强环东江湖、莽山和八面山生态圈保护。加速推进森林生态景观提质改造，突出城区周边和主要交通干线、"裸露山地"、主要河湖水岸线等重点地区绿化攻坚，让"林中之城"更加靓丽。

三 释放改革活力，创新"生态郴州"体制机制

坚持绿色发展，建设生态郴州，要以解决生态环境领域突出问题为导向，着力维护生态安全，着力改善环境质量，着力提高资源利用效率，着力落实党政责任，抓好生态环境关键领域的改革攻坚，推进生态文明领域治理体系和治理能力现代化，不断释放全社会参与生态文明建设的活力。

（一）健全资源节约和高效利用机制

郴州是一座资源型城市，曾长期存在着经济发展模式粗放、产业结构偏重等问题，给生态环境造成很大的压力，健全资源节约和高效利用机制尤为迫切。2016年，郴州市着眼于推动资源型产业向"全产业链"延伸，进一步加大体制机制的创新力度，尤其在优化资源配置上发力，推进要素市场化配置和投融资体制改革，整合现有政策资源，制定《郴州市推进落后产能市场化退出工作实施方案》，引导煤炭、有色、建材等企业加大生产工艺、流程的改造升级，大力推进清洁生产和资源能源循环利用，支持企业向产业链下游和高端研发新的产品，资源的利用效率和附加值得到极大提升。如南方石墨通过技术创新，把石墨产品纯度由原来的70%多提升到90%以上，每吨的价格由5000元左右飙升到2.6万元以上，如果纯度达99.9%，就可以卖到6万元以上。下一步，郴州市将进一步从体制机制、政策举措上深化资源集约节约和高效利用机制的改革，着力完善资源总量管理和全面节约制度，完善节能标准体系，对产品能耗标准、行业能耗限额标准、建筑物能效标准等进行及时更新，着力解决两型社会综合评价中"工业用水循环利用率不高和节能建筑比例不高"两个突出问题。同时，着力解决自然资源产品价格不合理、生产开发成本过低、生态保护得不到有效回报等问题，探索构建完善体现资源稀缺性和市场供求、自然价值和代际补偿的资源有偿使用和生态补偿制度。

（二）健全生态治理和环境保护机制

近年来，郴州市在全省率先开展生态红线制度试点，推进了跨行政区域环保执法改革，在市中级人民法院率先设立资源环境法庭，开展了全国生态文明

示范工程试点市、全国水生态文明城市试点等探索，东江湖入选国家湖泊生态环境保护重点支持湖泊，资兴市东江湖生态环境保护与综合治理机制改革、临武县重金属污染防治体制机制改革被评为湖南省首批生态文明改革创新案例。下一步，郴州市将继续推进生态红线制度改革试点，加快完善生态红线划定和监督制度，探索管控、补偿和再调整等配套政策。建立生态保护修复和污染防治区域联动机制。实施最严格的水资源管理制度，以湘江流域综合治理为依托，全面推行"河长制"，建立健全流域治理同步、交流协作和资源共享机制。建立生态建设开放合作机制，加强国际国内生态环保交流，积极推进南岭山地森林和湘江、珠江、赣江"三江源"的环境保护合作。

（三）健全生态文明绩效评价考核和责任追究机制

有什么样的发展理念，就会促成什么样的发展方式；有什么样的绩效评价考核，就会催生什么样的生态环境。近年来，郴州市通过绩效评价考核这根"指挥棒"来传播和践行尊重自然、顺应自然、保护自然的理念，认真落实生态环境损害赔偿、党政领导干部生态环境损害责任追究和自然资源资产离任审计等改革举措，推动生态环境保护"党政同责""一岗双责"等制度落到实处。同时，对县（市、区）形成了分类指导、分类考核、分类评价的绩效考核制度，加大了对绿色发展、环境保护等考核权重。下一步，将进一步完善绩效考核细则，建立绿色GDP考核评价体系，推进两型社会建设综合评价试点工作，顺应环保机构、监测监察执法垂直管理改革，着力构建"地方挂帅，环保监管，部门各司其职"的监管格局。

四 共享生态红利，促进"生态郴州"共识共为

坚持绿色发展，建设生态郴州，落脚点在于推进绿色惠民，促进生态郴州共建共享。要把生态作为最重要的资源、最重要的财富来保护、开发和利用，处理好生态环境与民生福祉的关系，让人民群众在生态文明建设中能够有更多的收入、更舒适的环境、更有品质的生活。

（一）让绿色产业更好惠及群众

建设"生态郴州"必须以提升综合效益、促进生态富民作为生态项目建

设的前提条件，着力把生态项目建成惠民项目。近两年来，郴州市致力于把现代农业、乡村休闲旅游、健康养老养生等绿色产业培育成富民产业，探索生态扶贫脱贫路径，统筹推进乡村旅游扶贫八大行动、光伏扶贫试点。2016年，实现80409名贫困人口脱贫、68个贫困村摘帽。其中仅光伏扶贫这一块，一年就建成村级电站53个、户用电站80个，预计每个村级电站可年增收6万元以上，每个户用电站可年增收3000元以上，且可连续受益25年。2017年，郴州市将启动文化旅游千亿产业四年行动计划，加快长鹿、东江湖、莽山、飞天山、通天山等重点旅游区项目建设，构建"一核两极多点"新布局，创响"天赐华夏、别样郴州"营销宣传，进一步打造"林中之城、休闲之都""五色辉映、五彩缤纷""碧水丹霞、福地郴州"系列品牌，精心策划开展春夏秋冬四季乡村旅游节等宣传推介活动，全力打造"国家全域旅游示范区"，着力把西河等田园风光带、新农村建设示范带打造成产业带、富民带。大力推动健康养老养生产业发展，打造一批以中药养生、温泉养生、避暑养生、运动养生为主题的旅游养生基地。加快建设特色优势农产品生产加工基地，大力发展油茶、松脂、中药材、花卉苗木等林业绿色富民产业，探索开展森林康养、林下经济、森林智慧旅游等林业新业态。在片区扶贫攻坚主战场，进一步加大生态扶贫力度，既维护好一方"绿水青山"，又让贫困群众找到脱贫致富的路子。

（二）让良好环境创造品质生活

习近平同志指出，要让良好生态环境成为人民生活质量的增长点。建设"生态郴州"必须要回应人民群众对良好生态环境的迫切需求，为全市人民带来更高的生活品质。近年来，郴州市通过持续推进城市大提质和"创文、创卫、创园、创森、创模"等城市创建活动，持续推进城乡绿化攻坚和城乡环境同治，城市基础设施不断完善，人居环境更加舒适，综合管理水平明显提升，市民文明素质和人民群众的幸福指数不断提升。郴州2015年入选全国30个最具幸福感城市之一。2016年成功创建全国绿化模范城市，创建全国文明城市持续深入推进。2017年，郴州市将继续以生态环境改善为抓手，以国家生态园林城市、国家环境保护模范城市、全国生态文明示范工程试点市和全国文明城市创建为契机，进一步提高人民群众生活品质。进一步提质城市公园、游园、休闲广场，让"城在林中，家在园中，人在绿中"和"林中之城"更加名副其实。大力推进东江湖二期饮水工程建设,让更多的群众尽快喝上干净的东江湖水。加快轨道交通、郴州机场等项目建设,大力发展绿色公交,加大自行车绿道建设力度,为人民群众创造更多绿色出行条件。把建设生态田园城市与培育特色小镇、建设美丽乡村结合起来,把创建国家全域旅游示范区与推进国家森林公园、湿地公园和农业"三区三园一体"建设结合起来,让全域郴州成为人们共享品质生活的生态文明体验区。

(三)让两型理念成为文化自觉

建设两型社会,不仅要在经济上让资源节约、环境友好成为准则,更要在社会上倡导形成文化自觉。2016年以来,郴州市全面开展了市级生态文明机关、企业、学校、乡镇、村庄(社区)、小区等示范创建活动,利用广播、电视、报刊、网络等新闻媒体加强生态文明理念宣传,调动了全社会支持参与生态文明建设的积极性。通过拍摄一部"林中之城·休闲之都"专题宣传片、编印一册《郴州森林生态旅游画册》、出版一本《绿野仙踪——郴州森林生态民间故事》等群众喜闻乐见的方式,宣传和推动生态文明建设,在人民群众中引起很好的反响。今后,要继续以倡导绿色低碳生活方式为着力点,推行全民节能行动计划,鼓励绿色消费、绿色出行、绿色休闲,让绿色低碳成为人民群众的生活习惯。建立健全公众参与机制,畅通人民群众在环境污染监督、生态文明建设中的知情权、监督权,支持民间环保组织和生态文明志愿者队伍开展生态环保公益行动,让生态文化成为郴州的特色名片。

B.18
生态文明看永州

——永州市2016~2017年两型社会与
生态文明建设的探索与思考

李 晖*

2016年,在湖南省委、省政府的正确领导下,永州市认真贯彻落实"四化两型"战略,以推进供给侧结构性改革为主线,深入践行绿色发展理念,始终坚持"生态优先",坚定不移推进生态文明体制改革,坚持不懈加强生态建设和环境治理,两型社会和生态文明建设取得良好成效。生态优美、环境友好已成为永州名片,成为建设创新开放新高地、品质活力新永州的有力支撑。

一 回顾2016,永州路径愈发宽阔

2016年,永州市空气环境优良天数达到303天,优良率83%,排全省第三位,$PM_{2.5}$浓度均值41微克/立方米。出境水质继续保持Ⅱ类水标准,县级以上城市集中式饮用水源达标率为100%。森林覆盖率继续稳定在62.5%。城市绿化覆盖率为30.42%,人均公园绿地面积达到3.8㎡。两型社会和生态文明的"永州路径"愈发清晰、愈发宽阔、愈发绚丽。

(一)以绿色理念为引领,经济发展转型升级

永州市委、市政府始终坚持筑牢绿色发展理念,极力促成产业发展与两型建设的深度融合,在全市形成了一批发展新亮点、经济增长点。

一是现代农业加快推进。将供给侧结构性改革的理念贯穿农业转型升级全

---

* 李晖,中共永州市委书记、市人大常委会主任。

过程，通过委市共建、招大引强，共同推进农业标准化、规模化建设。全市新增农业标准化示范基地62个，省级农业产业化龙头企业11家、现代农业特色产业示范园16家，省著名商标28件，"三品一标"产品118个。永州国家农科园通过科技部验收，向全国先进行列迈进。规模养殖深入推进，一大批"零排放"养殖场顺势而出。温氏集团在永州累计投资9.79亿元，所有合作养殖场均达到生态环保要求，省委书记杜家毫在参加省第十一次党代会永州代表团讨论时予以充分肯定。

二是新型工业加快升级。2016年，全市完成工业固定资产投资737亿元、技改投资316亿元，新增高新技术企业21家。新入统规模工业企业130家，居全省前列。园区规模工业总产值增长20.4%。永州经开区跻身省级高新技术开发区。工业税收占全市税收比重由33%提高到35%。"135工程"新入园企业193家。

三是旅游服务业加快发展。将旅游产业作为绿色发展的重要推力，结合永州旅游资源丰富优势，全力推动旅游业蓬勃发展。2016年，全市接待游客4239.9万人次，实现旅游综合收入228.3亿元，分别增长17.9%和19.8%。东安、江永、宁远跻身全国全域旅游示范区创建单位，金洞进入国家森林康养基地试点，舜皇山成功创建国家4A级景区。九嶷山、勾蓝瑶寨被列为全国旅游扶贫示范项目，116个村列为全国乡村旅游扶贫重点村。

（二）以城乡统筹为导向，两型建设加快推进

坚持从群众最为关心、联系最为密切的地方入手，抓好城乡统筹共建，努力让群众在家门口收获更多的获得感和幸福感。

一是生态空间格局持续优化。以乡镇级行政区为基本单元，将全市土地空间按照重点开发区域、限制开发区域和禁止开发区域进行划分，并且不设置优化开发区域。其中重点开发区3181.52平方公里，占全市土地面积的14.29%；限制开发区17079.75平方公里，占全市土地面积的76.70%；禁止开发区2007.26平方公里，占全市土地面积的9.01%。2016年共有3个县获评全国土地资源节约集约模范县称号。

二是美丽乡村建设如火如荼。出台了美丽乡村建设"1+15"文件。全年市、县领导带头办点180多个，建设美丽乡村示范村64个，创建省级美丽乡

村5个、市级美丽乡村10个,打造了祁阳八尺村、宁远周家坝村、零陵区香零山村、道县两河口村等一批美丽乡村示范村。三年农村环境整治行动成效明显,全市配备农村保洁员9000余人,86%以上的村实现清扫保洁,92%的乡镇配置了垃圾转运设施,农村生活垃圾集中处理率达80%,卫生厕所普及率达71.82%,农村生活垃圾的收集、分类、转运、处置逐步规范。

三是中心城区面貌焕然一新。坚持绿色引领和以民为本,注重"在开发中保护,在保护中开发",全力做好品质活力文章。全年开工城建项目130个,完成投资100亿元。零陵古城、"两中心"、湘南万商红商贸新城、永州大道地下综合管廊及后续配套等项目开工建设,滨江新城路网、湘江西岸棚户区改造、宋家洲综合整治、BRT快速公交等项目加快推进。有序推进全国文明城市、国家交通管理模范城市、国家园林城市创建工作,获批国家历史文化名城和省地下综合管廊建设试点城市。

(三)以保护治理为核心,生态优势巩固加强

绿色生态是永州最大的财富、最大的优势、最大的品牌。永州市坚持以生态文明建设为导向,切实巩固好、发挥好生态环境优势,努力打造生态文明建设的排头兵、"美丽湖南"建设的先行者。

一是狠抓减排项目整治。一批与改善生态环境质量、减少主要污染物排放、防治重金属污染相关的重大项目整治取得突破性进展。永州湘江纸业公司关停并转,零陵区废弃矿山综合治理工程全部通过省环保厅验收,宋家洲综合整治有序推进,下河线污水处理厂二期扩建及配套管网工程完工并投入运行。列入2016年计划的3个国家和省重点减排项目已经全部完成,列入国家规划的19个重金属污染治理重点项目完成18个,涉重金属企业个数和五类主要重金属污染物削减量全部达到"十二五"规划要求。

二是突出湘江源头保护治理。以"保证水量、优化水质、改善生态、畅通河道"为目标,全面启动落实湘江保护和治理第二个三年行动计划。制定出台了《永州市湘江流域退耕还林还湿试点实施方案》。2016年,全市共完成退耕还林工程造林2.26万亩,提前一年超额完成"美丽湿地"三年行动计划任务,湿地保护率达到77.32%。全面实施污染禁入、森林禁伐、矿产禁采、干流禁渔、畜禽禁养、河道禁挖"六禁"政策,对全市600多个重点水域实

施禁止投肥养鱼，取缔湘江宋家洲河段网箱养殖面积达 26.36 万平方米，完成养殖场退养 506 户。

三是严守生态保护红线底线。组织开展环境执法大练兵工作，全市共查处环境违法案件 45 起，处罚金额 131.78 万元，没有发生重大以上环境污染事故和生态破坏事件。继续推进三年禁伐减伐行动，全市没有突破约束性采伐额度 62.6 万立方米。渔政执法力度空前，出动日常巡逻执法和夜间执法 4768 人次，办理涉渔违法案件 281 件，有力地保护了水域生态环境。

（四）以示范创建为抓手，绿色名片越擦越亮

市委、市政府通过找准生态文明建设的切入点、发力点、兴奋点、引爆点，在全市探索推进了一批生态文明建设示范创建工作。

一是积极推进湘江源头区域国家生态文明先行示范区建设。编制下发了《湖南省湘江源头区域国家生态文明先行示范区建设工作方案》，明确了相关市直单位和源头县区政府的责任，创建工作有序开展。

二是深入推进国家主体功能区试点示范建设。充分利用国家生态功能区调整增补机会，东安县、江永县、江华瑶族自治县三县增补为国家重点生态功能区（国函〔2016〕161 号），目前永州市共有 7 个县成功纳入国家重点生态功能区。

三是全面启动国家生态文明城市创建。2016 年，永州市将创建国家生态文明城市列入市委第五次党代会报告和政府工作报告，并将之作为全市未来五年的六大奋斗目标之一予以明确。目前，成立了永州市国家生态（文明）市创建工作领导小组，创建工作进入全面推进实施阶段。

（五）以土地清理为抓手，发展空间不断拓展

不断强化土地节约集约利用，盘活闲置土地，以土地利用方式转变推动经济发展方式转变。

一是摸清土地利用"家底"。针对已经批准开发土地利用情况不明晰问题，开展"天眼稽查行动"明确土地利用情况。吸取卫片执法监督检查成功经验，对全市土地利用情况进行了"地毯式"清理，确定了全市闲置土地数量、具体分布情况和土地利用具体情况。

二是规范土地市场秩序。全面核查已经签订的土地出让合同，对于没有明确规定开工和竣工时间，或者没有明确违约责任的，要求补充签订《国有土地使用权出让合同补充协议》，增加开发条件、开竣工时间、违约责任等约定。出台《永州市国土资源管理规定》，明确净地出让、开竣工跟踪管理制度，为规范土地市场秩序提供了制度保障。

三是坚持依法依规处置。制定出台了《永州市有偿收回闲置土地指导意见》《永州市闲置土地依法处置到位认定标准》等一系列的规范性文件，切实加大土地清理整顿力度，2016年全市依法处置闲置土地393宗、面积9924.9亩，其中收回土地58宗、面积3347.1亩，促进动工建设333宗、面积6548.7亩。

（六）以深化改革为突破，改革红利持续释放

改革是破解难题，增进发展动能的首选举措，近年来，永州市始终坚持以改革的精神为引领，指导生态文明建设加速推进。

一是深化生态环境治理制度改革。加快推进环境监测服务社会化进程，开展空气污染源解析试点工作。编制了《农村生活污水治理实施方案》，确定农村环境综合整治重点村330个作为为民办实事项目。完成了7个乡镇（街道）110个行政村的重金属污染耕地修复治理试点任务，试点面积49070亩，投入项目资金2036.5万元。探索推进耕地质量"监测、监管、监督"行动，完善耕地土壤大田监测点230个，对4个市级土地开发项目开展了耕地质量补定，涉及面积7412.1亩。

二是深化生态环境保护制度改革。扎实推进湿地公园试点工作，设立金洞猛江河、东安紫水和宁远九嶷河国家湿地公园管理局，为有效开展湿地公园建设奠定了组织基础。制定矿山地质环境保护和土地复垦制度，以矿山地质环境保护和土地复垦为前提，从总则、完善矿山地质环境恢复治理、土地复垦、监督管理、法律责任等5个方面规范了治理行为。

三是深化生态环境监管制度改革。落实环境信息公开办法，公布了清理整治环境保护违规建设项目信息，并在每月定期公布了环境质量监测结果，饮用水、地表水断面达标率。围绕生态环境监测网络建设，开展了监测网络建设工作前期调查，并向省环保厅报送了"十三五"地表水环境质量监测方案。

四是深化资源总量管理和全面节约制度改革。启动《永州市资源有偿使用管理办法》和《关于进一步加强矿产资源开发管理的规定》制定工作。制定了《建设用地总量控制和减量化管理方案》，编制了实施评估报告并通过省里评审，是全省唯一全部通过实施评估的市州。目前，双牌、东安已经省政府批复，其他县区已编制规划文本通过省厅规划委员会和省政府办公厅等9个厅局联合审查会，正准备上报省政府批复。

（七）以健全机制为保障，各项工作有效落实

一是组织保障更加健全。成立了以市长为组长，分管副市长为副组长的两型社会建设工作领导小组，明确成员单位职责分工；各镇区也相应成立领导小组，形成一级对一级、一级带动一级的常态化责任体系。

二是顶层设计更加完善。根据《永州市"十三五"规划纲要》，将永州定位为国家生态文明建设示范市，把优良生态环境作为永州城市发展特色和"金字招牌"，增强生态产品提供和永续发展能力，打造在全国具有一定知名度和影响力的生态宜居山水名城，建设湘江源头生态城市群。

三是考核机制更加严格。制定了《深化生态环境体制改革年度目标任务》，按部门职能分工确定工作任务，强化生态文明建设考核和责任追究机制。努力在绿色永州建设、生态经济体系、环境优化发展、优美城乡环境、生态文明基础建设、生态系统修复等方面取得新突破。

二 直面问题，四大不足亟须发力解决

2016年，永州市两型社会和生态文明建设虽然取了一定成效，但经济社会发展和环境保护之间仍然存在不少矛盾，还存在一些困难和问题亟待解决。

（一）两型意识有待进一步加强

两型宣传教育、生态创建意识、绿色消费理念和两型创建活动力度还不够，全民自觉参与两型社会和生态文明建设自觉性还不够。政府仍然是环境保护主体、行政手段是环保主要力量，环保还未转化为企业和公众的自觉行动。

（二）产业转型有待进一步加快

产业集群化程度不高，产业链条不健全，产业结构高端化不足，产业自主创新能力不强。转变经济发展方式制约因素多，经济发展压力大，产业增长没有完全摆脱粗放型、外延式发展的模式。产业承接的项目以中小型、低附加值、劳动密集型企业居多，缺乏附加值高、技术含量高、产业链条长、带动能力强的企业。

（三）资源节约有待进一步增强

全市粗放型经济仍占主导，资源环境代价较大，行业集约化程度不高。全市土地资源粗放、低效利用问题仍然突出，乱占滥用土地、乱采滥挖矿产资源的现象仍然存在，单位GDP建设用地占用面积指标相对还比较高。

（四）资金投入有待进一步保障

一方面，自身财力不足。环保工程及生态基础设施建设需要大量资金投入，而永州地方财力薄弱，资金投入明显不足。另一方面，补偿机制不健全。如湘江源头生态补偿的补偿范围还比较窄，省里的补助和实际需求还有一定差距。为保证生态环保资金长期投入，需要建立生态补偿长效机制。

三 展望2017，四项举措助力蹄疾步稳

2017年，永州市将以湘江源头区域国家生态文明先行示范区和国家主体功能区建设为抓手，紧紧围绕城镇提质、交通提速、园区升级、旅游升温、脱贫攻坚、环境治理"六大战役"，把两型社会和生态文明建设融入经济社会建设各方面和全过程，不断优化空间开发格局，提高生态承载能力，推进绿色发展，努力将永州建设为国内知名的生态文明城市。

（一）优化空间格局，建设生态城市

进一步深化和完善永州市主体功能区规划，落实好以"重点开发区、限制开发区、禁止开发区"三大片区为主体的空间开发战略布局，以"五创五

化"工程为抓手，大力推进绿色城镇化，持续提升城镇建设品质。

一是落实主体功能区战略。依据资源环境承载能力、现有开发密度和发展潜力，突出主体功能，推动经济社会发展规划、城乡规划、土地利用规划、生态环境保护规划等"多规合一"，将市县全域划分为城镇化地区、农产品主产区、重点生态功能区三类空间，形成高效、协调、可持续的土地空间开发格局。在不同主体功能区实行差别产业政策，明确鼓励、限制和禁止发展的产业，探索不同主体功能区实行不同的污染物排放总量控制和环境标准，实行差别化土地管理政策、分类考核的绩效评价办法。

二是强化生态廊道功能。充分利用永州地区天然水体和自然山体，依托湘江源构建绵延市域的生态水系，依托越城岭—四明山、都庞岭、萌渚岭—九嶷山等自然山体构筑西北、西南、东南三道生态安全屏障，使之成为保障全市生态安全的主体区域，在永州全域形成山体、水体、农田与湿地有机相连的生态空间格局。推进城乡绿道网体系和河岸生态廊道建设，有效保护和利用水体、山体、绿地、景观等生态资源，构筑自然环境与人工景观相结合的城乡绿色廊道体系。

三是优化城镇生态环境。以全国文明城市创建、国家交通管理模范城市创建、国家园林城市创建、全国生态文明建设示范市创建、国家旅游休闲示范城市创建和城市绿化、美化、亮化、序化、数字化的"五创五化"工程为抓手，大力实施"城镇提质三年行动计划"。逐步完善各类园林绿化规划方案，引导各个单位和城市居民创建绿色社区、绿色机关、绿色学校、绿色企业、绿色医院和绿色家庭，完成中心城区35条道路绿化景观的提质改造，争取创建国家园林县城1个、省级园林县城3个。

（二）加强生态保护，筑牢生态屏障

坚持"保护优先、自然恢复、科学修复、合理利用"的原则，继续落实湘江保护和治理"一号重点工程"，有效治理生态环境污染，积极构筑湘江流域上游的生态安全屏障。

一是大力保护湘江水源地。全面推行河长制，建立市、县、乡三级河长体系。深入实施湘江保护和治理第二个"三年行动计划"，抓好湘江两岸退耕还湿工作，加强石期河、舜水河等支流的污染治理，完成造纸、焦化等重点行业专项治理；在湘江源头区域严格实施水资源管理制度，对流域沿岸的生活垃圾、畜禽和水产养殖污染排放进行控制管理，确保湘江跨界水质稳定达标。

二是大力保育山地森林。重点推进越城岭、都庞岭、萌渚岭等周边及中部山区的4个国家级自然保护区、2个省级自然保护区、4个国家湿地公园试点、8个国家级森林公园等的建设，加强林地、野生动植物和古树名木保护管理，提升森林、自然保护区、湿地等自然生态系统的多样性、稳定性和生态服务功能。严格禁止开荒、采石、采沙、采土以及其他毁坏林地的行为，稳步增加林地面积和提高森林保有量。持续巩固国家森林城市创建成果，扎实开展植绿大行动，完成人工造林27万亩。

三是大力防控治理环境污染。积极落实"气十条""水十条""土壤十条"，推进多污染物综合防治和环境治理。启动大气环境质量达标城市创建工作，对有机化工、汽车、电子信息、表面涂装、包装印刷等重点行业开展挥发性有机物综合治理。制定并实施土壤污染防治行动计划，加强对工业污染场地的治理，开展土壤污染治理与修复试点工作，完善土壤环境监管政策，建立污染土壤风险评估和环境现场评估制度。组织开展第二次污染源普查，建立健全重点污染源档案、污染源信息数据库和环境统计平台。

四是大力推进农村环境保护。全面实施以垃圾、污水、畜禽养殖污染治理为重点的农村环境综合整治工程。加快推进农村污水治理，完成900个村的污水治理任务。开展农村饮用水水源水质状况调查和评估，对农村饮用水进行制度化、常态化的安全监督监测，保障农村饮用水安全。加强农村工业污染防治，严格农村地区工业企业环境准入条件，完善乡镇集中工业区基础设施建设。继续推进"四清四化"工程，改善村容村貌，增加农村环境综合整治重点村476个。

（三）坚持绿色引领，积攒发展后劲

把生态环境保护与发展生态经济结合起来，加快推动生产方式绿色化，大幅提高经济绿色化程度，构建资源消耗低、环境污染少的绿色产业体系。

一是加快产业转型升级。以打好园区升级战役为抓手，以园区的提质升级推进产业的转型升级。加快发展节能环保、文化创意、生物医药、电子信息等战略性新兴产业,优先推进现代物流、电子商务、现代金融等现代服务业发展。完善生态环保产业技术支持体系,进一步整合市内高校、科研院所、重点园区和重点企业的科技资源,推进生态环保产业技术的研发、应用和推广。

二是推行清洁循环经济模式。全面推行清洁生产,把清洁生产作为环保审批、环保验收、污染物减排量核算的重要因素,选择重点企业组织开展清洁生产审核,推动企业开展清洁生产技术改造,提升永州整体产业清洁生产水平。按"减量化、再利用、可循环"的原则,大力发展循环经济,加快建立工业、农业、服务业循环发展体系,强化大宗固废综合利用,提高资源生产率和循环利用率。按照循环经济要求对各类产业园区进行规划、建设和改造,打造永州绿色循环经济示范区。

三是加强资源节约集约利用。积极推进节能减排工作,加快推广节能和减排技术使用及产品应用。继续淘汰落后产能和关停高能耗、高污染企业,实施产业发展"负面清单"管理,严禁耗能高、无排污总量指标的项目上马。推进工业污染源全面达标排放,实现城镇生活污水与垃圾处理设施全覆盖和稳定运行。在制定规划过程中全面落实环境影响评价制度,项目建设严格执行环境影响评价制度和三同时原则,积极推行环境影响后评价制度,实行全过程治污减排。

(四)创新制度体系,厚植绿色福利

按照政府主导、市场运作的原则,加快生态保护体制机制创新,构建产权认定清晰、多元主体参与、激励约束并重、机制系统完备的生态文明制度体系。

一是建立生态补偿机制。设立永州湘江保护基金,在永州县区间尝试开展区内生态补偿试点。积极与湘江下游城市对接,尝试建立上下游城市间横向补偿机制,探索对口支援、对口协作等多种补偿模式,通过项目支持和资金补偿等方式促进永州生态保护建设。探索推动与省内其他地区或周边外省地区实施碳排放权交易。

二是推进生态产品金融化。编制地方自然资源资产负债表,加快推进生态资源的市场定价。建立绿色金融体系,研究采取财政贴息等方式加大生态保护与治理的扶持力度，探索推进绿色信贷和绿色债券资产证券化。开展环境污染第三方治理，吸引社会资本参与环境基础设施的建设和运营，实现生态保护资金来源多元化。

三是完善生态环境监测监察制度。建立资源环境承载能力监测预警机制，对资源消耗和环境容量超过或接近承载能力的区域，实行预警提醒和限制性措施。完善环境监察机构设施标准化建设，健全环境监管体制，建立企业环境安全数据库，健全企业环境风险管理制度，从源头上强化生态风险防控。

B.19
怀化市2016~2017年两型社会与生态文明建设的探索与实践

彭国甫*

2016年，怀化市委、市政府深入贯彻习近平总书记系列重要讲话精神，认真落实湖南省委、省政府决策部署，大力推进两型社会与生态文明建设，取得了显著成效。

一 2016年两型社会与生态文明建设的主要成效

（一）坚持发展生态经济，切实把生态优势转化为产业优势、经济优势

从2014年起，持续实施产业及产业园区三年倍增计划，着力培育壮大现代商贸物流、生态文化旅游、医药健康、绿色食品四大支柱产业，怀化工业园成功转型为省级高新技术产业开发区、正在创建国家高新区，生态产业体系基本形成。围绕建设西南一流商贸物流基地，加快发展现代商贸物流业，成功入选全国物流标准化试点城市，狮子岩物流园获批全国示范园区、全省重点物流园区，全年完成批发零售业实现交易总额489.6亿元，同比增长11.7%。围绕建设全国知名生态文化旅游目的地，实施生态文化旅游业"1354"工程，成功获批第二批国家全域旅游示范区，全市累计接待国内外游客4000万人次、实现旅游收入270亿元，同比分别增长12.06%、22.3%。围绕建设全国医药健康产业示范基地，突出发展中药材种植加工、医药商贸物流、特色中医药健康服务、健康养老服务业，实现医药健康产业（加工）产值38亿元、增长

---

* 彭国甫，中共怀化市委书记、市人大常委会主任。

14.3%。围绕建设全国绿色食品产业示范基地，加快推进怀化国家农业科技示范园、靖州国家现代农业示范区建设，市级以上农业产业化龙头企业发展到288家，农产品加工业销售收入达339亿元，增长17.2%。

（二）加强生态环境保护，坚决守好山清水秀的自然生态

大力实施"青山工程"，扎实推进退耕还林、"三边"绿化等重点生态工程建设，全年新增天然林保护工程500万亩，完成1002公里高速高铁绿化走廊；开展大规模城市增绿行动，新增沅陵、靖州国家森林公园2个。大力实施"碧水"工程，全面实施用水总量、用水效率、水功能区现状纳污三条红线，实施以舞水河、太平溪综合治理工程为重点、总投资16.05亿元的生态建设工程，划定362处1000人以上集镇集中式饮用水源保护区，全市饮用水源水质达标率100%。大力实施"蓝天"工程，对扬尘污染、燃煤锅炉（窑炉）、烟花爆竹燃放等开展集中整治行动，加快淘汰落后产能和黄标车，有效控制城市雾霾、噪声污染，全年空气质量优良率达88.2%，全省综合排名第2。深入推进以"三化一改"为重点的"美丽乡村·幸福家园"建设，农村人居环境得到明显改善。大力实施"绿地工程"，新建市级综合性公园1个、街头小游园5个。

（三）加快绿色循环低碳发展，促进资源高效集约利用

全面启动节能减排工程，全年实施重点减排项目99个，其中水减排项目14个，农业源减排项目50个，气减排项目35个。万元规模工业增加值能耗下降12%，全面完成省政府下达的主要污染物减排目标。通过清洁生产审核工业企业103家，工业废物综合利用率从2014年的65.9%提高到2016年的91.3%。

（四）深化生态文明制度改革，严格生态环保执法监督

不折不扣落实中央、省委部署的生态文明制度改革"规定动作"，深入开展生态红线制度、资源总量管理和节约制度、耕地保护制度和土地集约节约利用制度、水生态文明制度等6项重点改革，取得了阶段性成效。落实最严格的环境保护制度，积极开展环保违法违规建设项目清理整治，对全市9000余家

企业进行排查，淘汰关闭项目105个、整顿规范项目2000个、完善备案项目401个。推行网格化环保监管，深入开展污染源日常监管随机抽查、行政执法后督察、环境安全隐患排查等执法检查行动，取缔关停企业102家，责令25家停止建设、389家企业停止生产、10家企业限期治理，严肃查处环境违法案件94起，其中移送公安10件，对相关责任人采取司法措施17人，9人追究刑事责任。

（五）大力开展两型社会创建，倡导绿色环保生活

积极开展文明城市创建活动，累计开展宣传活动2300次，发放宣传资料160多万份，设立固定宣传牌5500块，播出电视新闻、专题900多篇，发表报刊、网页稿件789篇，市本级创建省级卫生城市、省级文明城市、省级园林城市通过省里验收。7个乡村和社区列为全省两型社会创建示范点，新增市级绿色学校、医院、小区、宾馆等示范单位35所（个）。成功创建全国医疗废物综合管理示范城市，全市114家县级以上医院和217家乡镇卫生院医疗废物纳入集中处置，集中处置率分别达100%和71.4%，在全国、全省处于领先水平。

2016年，怀化市两型社会与生态文明建设成效显著，积累了许多成功经验，但在部分领域还存在不足。主要表现在以下方面。

一是生态文明建设体制机制还不完善。生态文明建设领导机构尚未明确，创建合力尚未形成，考核评价指标设置还不科学，考核结果运用不够充分。

二是生态文明建设资金投入机制尚未形成。地方财政投入有限，生态金融服务体系尚未建立，社会资本参与积极性不高。

三是经济转型升级任务重。经济粗放型发展特征依然明显，"两高一资"发展模式还没有根本转变，资源利用率仍然偏低。

四是环境监测执法能力与新形势不相适应的矛盾仍然突出，生态保护机制和责任机制仍需完善，环境执法监测设施设备和手段有待改进，尤其是环保与公安政法部门的执法联动有待进一步加强。

五是生态环保监管体系不完善。生态文明建设与其他领域的综合决策机制和统筹协调机制不够完善，环保监测体系建设滞后。

六是生态文化融合发展水平不高。两型和生态理念的群众普及程度还不

高，公众参与生态环保的积极性还不高，民间环保组织还有待进一步发展，反映生态诉求的公益性社会活动力量尚未形成气候。

二 2017年两型社会与生态文明建设的基本思路和重点

2017年是党的十九大召开之年，是贯彻落实省、市党代会精神的第一年，也是永州市推进"一极两带"建设的关键之年，做好两型社会与生态文明建设工作意义重大。根据省委、市委经济工作会议精神，2017年永州市两型社会与生态文明建设重点抓好五个方面工作：

（一）着力构建绿色发展产业体系

一是大力发展特色支柱产业。以获批全国物流标准化试点城市、国家全域旅游示范区创建单位为契机，突出现代商贸物流、生态文化旅游、医药健康、绿色食品四大产业的支柱地位，将怀化打造成全国生态文化旅游示范区、全国医药健康产业示范基地、全国绿色食品产业示范基地、西南地区一流商贸物流基地、大西南优质农副产品供应基地。

二是加快发展战略新兴产业。落实省"20个工业新兴优势产业链行动计划"，坚持一链一策，重点抓好物联网终端、新能源汽车、高端智能装备、3D打印等重点项目建设，形成支撑工业经济的新兴产业体系。全面改造提升传统产业，推动建材、有色、石化、食品加工、竹木加工等传统优势产业智能化、绿色化、品牌化发展。

三是全力提升产业发展平台。以怀化国家高新区、怀化经开区和13个县市区省级工业集中区为依托，推进市、县园区优先发展优势产业和特色产业，形成各具特色、竞相发展的格局，力争园区规模工业增加值占全部工业增加值比重达到42%以上。

四是切实增强科技支撑能力。全面落实全省科技创新大会精神，对接省创新创业园区"135"工程，以怀化国家高新区为引领，突出应用导向，聚焦产业发展，强化企业主体，力争在生物医药、农业科技、新能源、新材料等领域取得或引进转化一批标志性科技创新成果，培育新的产业和经济增长点。建立完善财政投入稳定增长机制，设立 3.6 亿元科技和产业发展专项引导资金，撬动金融资本、社会资本向科技创新聚集，切实加强创新服务体系和能力建设。

（二）切实加强生态建设和环境保护

一是大力实施生态建设工程。以环城森林生态圈建设和重要通道裸露山地治理为重点，完成人工新造 2.5 万亩，补植补造 500 亩，封山育林 18.3 万亩，打造千公里高标准绿色走廊；以 898 万亩省级以上公益林和高速高铁、国省道两边可视范围林地为重点，实施千万亩封山育林工程；以高速铁路、高速公路、国省干道沿线和重点集镇、重要景区和城乡接合部等为重点，实施千个"秀美村庄"建设工程，完成 200 个"秀美村庄"建设任务。

二是突出抓好环境综合整治。加强大气污染防治，深入抓好大气污染防治四年行动计划，在市区继续开展"铁腕治霾·风暴除尘"大气污染防治专项行动，切实提升市区空气环境质量。加强水环境污染防治，重点对钒锰冶炼、造纸等行业进行污染问题整治，深入实施洪江市清江湖、沅陵县五强溪、芷江县蟒塘溪等重点湖库生态环境保护和渠水流域环境综合整治工作，突出饮用水源保护，确保饮用水源安全。加强土壤污染防治，突出抓好以沅辰溆为重点的重金属污染治理，开展土壤污染源、污染场地调查，增强土壤污染风险管控能力，对土壤污染严重的区域实施综合治理。持续推进农村环境综合整治，重点解决农村生活污水、生活垃圾、畜禽养殖污染等突出问题。

三是切实抓好主要污染物减排工作。围绕省政府下达的四项主要污染物减排目标任务，突出抓好减排项目建设，重点是抓好污水处理厂及其配套管网建设、垃圾处理场渗滤液治理改造，确保完成年度减排目标。切实加强管理减排和科技减排，推动落后产能淘汰和黄标车、老旧汽车报废工作，推广先进适用环保新工艺、新技术，促进污染减排工作。

（三）建立健全完善的生态制度体系

一是深化生态领域各项改革。重点是围绕内河流域生态补偿机制、重点生态功能区转移支付资金使用监管、林业碳汇交易试点、水生态文明建设试点、国家公园体制改革等方面加大力度，全面落实河长制，力求取得实效。

二是加强生态环境执法力度。重点加强森林、排污、土壤、用水等方面的执法力度，深入开展环境安全隐患大排查等各类执法检查活动，加强各类环境违法问题整改和查处。进一步完善环保与政法部门的联动执法机制，对重大环境违法行为，引入政法力量严厉打击，强化环境执法的威慑力。

三是抓好环境监测体系建设。持续推进环境监测体系"三年行动计划"，重点搞好省界、市界、县界19个水质自动监测站建设和运营维护。强化12369环保热线服务。

四是完善排污权有偿使用和交易政策管理体系。确保工业企业排污权有偿使用费征收比例达到80%以上、新扩改工业项目交易政策执行率达到100%，严格落实工业项目排污总量控制制度。

（四）构建两型社会建设的良好氛围

一是扎实推进系列生态创建工作。突出抓好国家环保模范城市创建，进一步巩固已达标指标成果，协调组织各有关单位对重点、难点指标进行集中攻坚，确保2018年顺利实现创建目标。抓好系列绿色创建工作，认真开展创绿复查，继续争创一批国家级、省级生态乡镇以及绿色学校、医院、小区、机关、宾馆等生态绿色示范单位。

二是突出抓好生态文明宣传工作。重点围绕新环保法、生态文明建设搞好学习培训和宣传教育，努力争创一批省、市环境教育重点基地，抓好环境质量常规监测、监督性监测、应急监测和减排监测等执法监测和公益性监测，推进环保专项研究，推广环保科技。继续办好"环保讲坛"，积极选送人员参加中央和省级各类环保业务培训，提升环保队伍适应环保新形势、新要求的素质和能力。

三是倡导绿色生产和绿色消费模式。推动两型文化建设，积极开展绿色生活进机关、进社区、进学校、进农村活动，在全社会树立两型文明理念。引导各类企业自觉履行两型要求，树立两型理念，推行两型生产方式，切实节能减排。倡导广大干部群众节约资源、善待环境，积极营造爱护环境光荣、破坏环境可耻的良好社会风尚，共同建设两型社会。

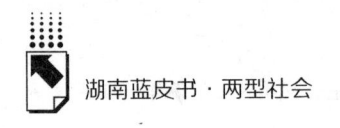

三 推进两型社会与生态文明建设的建议

加快推进怀化生态文明建设，既要自身努力，也亟须上级支持。为此，建议省委、省政府进一步加大对怀化生态文明建设的支持力度。

（一）建立与怀化生态贡献相适应的多元化生态补偿机制

一是提高国家级、省级生态公益林补偿标准。目前，湖南省国家级和省级公益林补偿标准分别为每亩17元和15元，而浙江、广东等地生态公益林补偿标准基本在每亩30元以上，最高的为每亩80元，建议将生态公益林每亩补贴标准提高至30~50元，使补偿标准与怀化经济社会发展需求相适应，让老百姓在守护青山绿水的同时得到应有回报。

二是增加重点生态区转移支付。怀化市每年仅森林生态效益价值就达1882.4亿元，就其贡献而言，在全省乃至全国都是十分突出的。目前全省实行统一的补偿标准，怀化在生态文明建设中所做的贡献与得到的补偿不相匹配。建议加大对怀化重点生态区财政转移支付力度。

三是启动跨区域横向生态补偿试点。加快建立体现生态环境价值、让保护者受益的资源有偿使用和生态保护补偿机制，引导生态受益地区与保护地区、流域上游地区与下游地区通过资金补助、产业扶持、人才培养等多种形式进行纵向横向补偿，不让山区群众捧着"金碗"受穷。

四是抓紧制定"生态补偿脱贫一批"精准化、差异化、具体化支持帮扶政策。建议省委、省政府在加大贫困地区生态保护修复力度、扩大生态补偿脱贫政策实施范围、让有劳动能力的贫困人口就地转成护林员等方面，研究制定更有针对性的政策措施。

（二）支持怀化加快发展生态经济、绿色产业

一是支持怀化生态文化旅游产业发展。支持怀化建设湖南旅游新的增长极和全省第二大旅游集散中心，从政策、资金、人才等方面对生态文化旅游发展给予大力支持。

二是支持怀化医养健康产业发展。从政策、资金、资源整合上给予大力支

持，支持怀化建设对接成渝城市群、辐射大湘西的生物医药园和医养健康产业基地。

三是支持怀化建设辐射大西南的优质农产品供应基地。将怀化绿色食品产业发展列入湖南省绿色食品产业建设规划重点扶持范围，加大政策倾斜和资金扶持力度。

（三）支持怀化建立区域性碳汇交易平台，开展碳汇交易试点

一是支持怀化建设区域性森林碳汇交易市场。建立以怀化为中心、覆盖武陵山片区的森林碳汇交易平台，出台完善符合山区实际、有利于生态保护和经济发展的碳汇交易支持政策。

二是支持怀化森林碳汇交易助推精准脱贫。将怀化列为森林碳汇扶贫试点市，通过试点工程建设，争取国家相关项目支持，吸引大中型企业开发森林碳汇项目。积极培育中介组织，在怀化市设立武陵山片区森林碳汇基金会，鼓励企业和个人购买森林碳汇，促进林业生态产品市场化。

三是加大怀化森林碳汇科研支持力度。在怀化高新区设立生态科技推广中心，承担湖南省森林碳汇交易应用研究及推广项目，重点在人才培养、基础研究、促进产学研结合等方面进行探索攻关，为完善森林碳汇交易体系提供必要支撑。

B.20
湘西自治州生态文明建设的探索与思考

叶红专*

一 坚持生态文明立州理念，转变经济发展方式，展示绿色发展新形象

近年来，湘西自治州深入贯彻中央、湖南省委决策部署，立足良好的资源禀赋和生态优势，坚持以绿色湘西建设为抓手，以生态建设、节能减排和环境治理为重点，大力发展绿色产业，倡导绿色消费，弘扬绿色文化，探索资源节约、环境友好的生产方式和消费模式，通过呵护绿水青山来培育金山银山，率先开启绿色发展之路。

一是绿色生态理念深入人心。深入开展城乡同建同治，昔日脏乱差的城乡环境得到根本性改观，实现了天更蓝、地更净、山更绿、水更清，面貌为之一新，特别是基层干部群众思想观念和生产生活方式有了明显转变，爱护洁净、呵护绿色、保护生态、美化环境的意识大大增强，行动更为自觉。现在的湘西，绿色生态优势日益凸显，对外形象显著改善，招商引资吸引力不断提升，全州上下建设绿色湘西，加快后发赶超的自豪感和自信心大大增强，为把湘西州创建成为国内外知名生态文化公园打下了最广泛、最坚实的基础。

二是绿色湘西工程加快建设。深入开展以退耕还林、生态公益林建设、石漠化治理、植树造林、城镇绿化美化等为重点的绿色湘西工程，积极创建国家森林城市，绿化造林 2 万亩、千里旅游走廊生态景观建设 1 万亩、秀美村庄建设 100 个，累计完成退耕还林 416.35 万亩，2016 年森林覆盖率达到 70.24%，

---

* 叶红专，中共湘西自治州州委书记、州人大常委会主任。

远高于全国、全省平均水平,生态效益总价值位居全省之首。加强饮用水源保护,加大主要污染物减排、重金属污染治理、大气污染防治工作力度,空气质量为全省最优,入选首批国家级生态保护与建设示范区。强力推进锰锌冶炼企业整治整合,将70多家企业整合成不到10家矿业集团,矿业经济走上安全发展、转型发展之路,绿色生态已成为湘西最响名片。

三是绿色产业发展粗具规模。抓住老司城申遗成功重大机遇,积极做好文化保护传承、挖掘开发、宣传推介三篇文章,放大绿色文化优势,抓好生态产业开发。生态文化旅游业持续"井喷"发展,已经成为富民强州的主导产业。形成了以柑橘、烟叶、猕猴桃、茶叶、百合、油茶、中药材为主的特色种植业,以湘西黑猪、黄牛、山羊为主的特色养殖业。特色种植、养殖业规模不断壮大,效益不断提升,绿色、生态、有机、富硒农业品牌影响力不断提升。生态工业以农产品加工、旅游商品加工、生物制药为重点,加快发展。但也存在一些问题和不足:生态环境比较脆弱,土地沙化、石漠化、水土流失问题较为突出,生态修复压力大;森林资源管理体制机制不活,严重制约自然资源的保护开发利用;绿色生态优势转化不够,生态资源开发利用率低、效益不高,生态服务功能价值化和森林资源资本化进程缓慢;群众生产生活、经济发展与资源保护的矛盾亟待从根本上解决。

回顾过来工作,有几点宝贵经验值得认真总结和长期坚持。

一是坚持一张蓝图一以贯之。生态强州是为湘西生态文明描绘的战略蓝图,也是湘西州发展必须长期坚持的总方略和主抓手。多年来,州委、州政府生态强州的决心始终没有变,工作始终没有断,力度始终没有减,在继承历届班子好的经验做法基础上,2013年,提出了"542"的发展思路和国内外知名生态文化公园的总战略、总愿景,坚持一张蓝图绘到底,坚定不移地续写好生态强州这篇大文章。

二是坚持突出重点以点带面。按照"总体规划、突出重点、因地制宜、分步实施"的原则,深入开展示范创建工作,全州共创建省、州、县级园林式单位(小区)25个,创建州级美丽乡镇、和谐社区各18个,创建州级美丽村庄101个,实施创建项目192个,投入资金5.74亿元,一批美丽乡镇、美丽社区和村庄初具雏形。

三是坚持统筹联动组拳出击。抓生态文明建设,既要优环境也要求发展,既要治污染也要促转型。湘西自治州坚持以生态文明建设、城乡同建同治和网格服务管理"三大工程"及其九项重要工作为抓手，着力放大绿色文化优势、创新社会综合治理、夯实基层基础工作，生态秀美、环境优美、民风淳美、社会和美的美丽湘西画卷轮廓初现。

四是坚持政府市场两手并举。一方面强化政府推动，加大生态文明建设投入，集中财力办大事，加强制度机制建设；另一方面注重发挥市场在资源配置中的决定性作用，鼓励民间资本投资和社会公众参与，积极营造生态文化，形成政府推动、市场机制和全社会参与的格局。

二 瞄准国内外知名生态文化公园总战略、总愿景，践行五大发展理念，打造绿色发展新样板

打造国内外知名生态文化公园，是湘西州未来发展的总战略、总愿景，是美丽中国的湘西答卷，是"中国梦"的湘西精彩篇章。把全州1.5万多平方公里的土地作为一个全域生态、全域文化、全域旅游、全域康健的大公园来整体规划、建设和管理，逐步让湘西州成为自然山水大画园、民族风情大观园、绿色产品大庄园、休闲旅游大乐园、和谐宜居大家园，宜居、宜业、宜游、宜养的武陵胜境。在实践中，关键把握好"保护、建设、开发、管理"四个环节。

（一）抓好生态资源保护，夯实绿色生态根基

始终坚持生态保护第一的原则，盯紧看牢原生态，把绿色生态资源作为重要战略资源来培育，为湘西州自然生态资源永续开发利用打下坚实基础。

着力实施全面保护、系统保护。构建以酉水、沅水水系为脉络，以八面山、羊峰山、腊尔山、吕洞山为架构，以高望界、小溪、白云山等自然保护区和南华山、矮寨、不二门等国家森林公园为重点的生态安全保障格局。切实保护好良好的自然生态，加大对自然保护区、风景名胜区、森林公园、地质公园、湿地公园等重要生态功能区的保护力度。扩大天然林保护范围，创新国有林场和国有林区经营管理体制；加强水生生物保护，开展重要水域增殖放流活动；加强水土保持，推进小流域综合治理；加强农田生态保护，加大退化、污

染、损毁农田改良和修复力度；切实保护珍稀濒危野生动植物、古树名木和自然生态环境。

全面加强环境污染防治。大力推进大气、水、土壤、重金属、工业污染的防治和农村面源污染的治理，切实解决好群众反映突出的环境问题。特别注重引导形成文明的生产、生活方式，着力培育生态文化、生态道德，使生态文明成为社会主流价值观，注重在价值观层面教育引导，在制度层面规范约束，提高全民的生态文明意识；积极引导和培育绿色低碳、文明健康的生活方式，推动衣、食、住、行、游等加快向生态文明转型，形成人人、事事、时时崇尚生态文明的社会新风尚。

（二）抓好生态环境建设，放大绿色生态优势

按照区域功能定位，科学布局和整治生态空间、生产空间、生活空间，全面推进绿化、净化、亮化、序化、美化"五化"行动，进一步完善生态体系，着力打造靓丽城镇、美丽乡村，不断放大绿色生态优势。

持续推进州域生态体系建设。深入实施"绿色湘西"工程，加快推进绿色山川、绿色通道、绿色城镇、绿色村庄、绿色机关、绿色社区、绿色企业建设。突出抓好退耕还林巩固、生态公益林、石漠化治理等重点生态工程建设，着力打造高速公路、国省干线、铁路沿线和旅游景区景观林带，大力开展植树造林、封山育林，开展森林禁伐限伐三年行动，大幅度压缩商品性采伐，严厉打击乱砍滥伐、乱采滥挖、乱捕滥猎等违法行为，最大限度减少和消除裸露山体，不断提高森林覆盖率、森林蓄积量和湿地保护率。

大力推进靓丽城镇建设。围绕构建全州"一个州府核心城市（即吉首市）、三个重点经济区（即以吉凤新区扩规建设为主阵地的南部核心经济区，以龙凤融城为平台的北部重点经济区，以生态文化旅游为中心的中部核心经济区）、一小时旅游经济圈（即以凤凰为龙头、吉首为集散中心，打造四大旅游黄金板块，开发两条生态文化村镇游精品线，建好三个千公里快旅慢游体系，形成一小时旅游经济圈）、七个县城区域节点"的新型城镇体系，推动经济社会发展、土地利用、生态保护等规划"多规合一"，注重加强城乡规划"三区四线"（即禁建区、限建区和适建区，绿线、蓝线、紫线和黄线）管理。突出山区特点、民族特色、时代特征，尊重自然格局，传承历史文化，保持特色风

貌，真正让居民望得见山、看得见水、记得住乡愁。突出宜居宜业导向，坚持保障房、基础设施、公建项目"三个先行"，全面推进网格化社会服务管理和查非拆违工作，打造和谐文明城镇。强化节能理念，大力发展绿色建筑和低碳、便捷的交通体系，完善城镇供排水、防涝、供电等基础设施，推进绿色生态城镇建设。

积极推进美丽乡村建设。以乡村规划提升、基础设施提质、人居环境美化、特色民居保护、民族文化传承、创业富民强村为目标，大力度推进土家族、苗族两条生态文化村镇游精品线开发，加大60个特色民俗村寨建设、300个传统村落协调整治力度，大力实施农村生活垃圾和污水处理、畜禽养殖、化肥农药、河沟池塘治理工程，扎实推进山水林田路综合治理，着力创建美丽乡村。加快农村危房改造、电网改造和安全饮水工程建设，抓好农村公路提质改造和信息化建设，全面改善农村生产生活条件。尤其是树立经营乡村理念，在规划建设之初即考虑吃、住、行、游、购、娱等要素配置，大力发展乡村旅游休闲业，既让乡村美起来，又让百姓富起来。

（三）抓好生态产业开发，壮大绿色生态经济

实践证明，离开生态谈经济，是"竭泽而渔"，离开经济讲生态，是"缘木求鱼"，只有主动顺应生态经济化、经济生态化的发展潮流，始终坚持全面保护、重点开发的原则，因地制宜发展生态经济，不断释放生态红利，才能真正实现生态保护与经济发展的双赢，把绿水青山变成金山银山。

大力发展生态文化旅游业。充分发挥良好的自然生态和原生态文化优势，大力推进生态文化与旅游深度融合，加快推动生态文化旅游产业发展全面提升。以建设中国武陵山（湘西）土家族苗族文化生态保护区为平台，把湘西州自然生态环境与历史文化、风土人情完美结合起来，融入旅游项目开发、旅游活动策划、旅游景区建设，让人们在享受自然美景的同时领略湘西的文化魅力。以生态文化理念为内核，创意一批生态文化演艺精品，开发一批体验型旅游产品，打造一批特色旅游商品，精心筹备好民族节会，积极发展生态服务业，逐步建立起生态化的价值体系、生活方式和消费模式。坚持以凤凰为龙头、吉首为集散中心，依托凤凰古城、里耶古城、老司城、矮寨大桥四块金字招牌，建好1000公里旅游公路、1000公里生态旅游景观走廊、1000公里旅游

慢行体系，加快游客服务中心、停车场、高档宾馆、星级厕所等旅游综合服务体系建设，努力把湘西州建成国内外知名生态文化公园和旅游目的地。

大力发展生态农业。按照现代农业发展要求，围绕"园、社、企、水、路"综合配套，大力推进农业产业基地规模化、集约化、生态化建设，加快实施农业特色产业园提质行动计划，培育壮大柑橘、茶叶、烟叶、猕猴桃、蔬菜、油茶、中药材（杜仲、百合）和特色养殖（黑猪、黄牛）等8大特色产业，到2020年建成特色产业基地400万亩，实现产值500亿元。创新农业产业化经营模式，推进农业与文化、旅游、康养等产业深度融合，加快发展观光农业、体验农业和乡村游等新型业态，着力建设一批生态农庄、生态农业观光园、生态农业休闲体验园，积极发展庭院经济，延伸产业链条，促进农业增值增效。充分发挥"三带"优势，在湘西特有地域环境、种养方式、特有产品营养价值等方面做文章，开展特色农产品标准化生产示范，大力推进农产品商标注册便利化，加快发展无公害、绿色、有机农产品，打造湘西绿色、生态、有机、富硒农产品特色品牌。

大力发展生态工业。把生态工业理念融入湘西工业发展特别是工业振兴三年计划、"四百工程"中去，大力推进生态技术创新，鼓励生态友好型技术研究、开发和推广应用，不断突破传统工业高耗、粗放、低效发展方式，进一步创新生态工业制度，建立健全节能减排监控体系，坚决淘汰一批落后产能，保护性开发不可再生资源，积极开发可再生资源，强化资源节约和环境友好意识，尽可能减少资源消耗和环境成本。大力支持绿色食品、旅游商品、生物制药等精深加工，积极发展新能源、新材料、节能环保、电子信息等产业，着力培育一批创新型企业，支持创建一批国家级、省级循环经济示范县、园区和企业，积极实施工业园区厂区绿化行动，推进工业园区园林化、厂区环保化、矿区植被化。

（四）抓好生态文明管理，完善生态制度体系

以全面深化生态文明体制改革为契机，着力构建生态文明制度体系。

完善法规政策。全面清理湘西自治州现行地方法规中与生态文明建设不相适应的内容，加强相关政策法规的科学衔接，推动全州生态保护区建设、民族特色传统村寨保护与利用条例等立法工作。

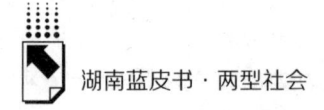

完善标准体系。积极建立与湘西自治州相适应的实际能效和环保标识认证制度，加快现有标准升级步伐，强化节能节地节水、环境等市场准入标准，加快制订和修订污染物排放、环境质量等标准。

完善补偿机制。积极争取上级加大对扶贫开发、生态移民、生态保护修复等方面的转移支付力度，不断提高补偿标准，扩大补偿范围；鼓励企业进行生态投资，建立多元生态补偿机制；推行资源使用权交易、排污权交易、碳排放权交易等市场化生态补偿模式。

完善监管制度。加强对工业点源、农业面源、交通移动源等排放污染物的统一监管，实现污染治理全防全控，确立生态环境部门独立开展生态环境监管执法的法律地位，建立环境部门会同其他相关部门特别是公安部门的联合环境执法机制。

健全考核制度。把绿色湘西建设纳入"五个文明"绩效考核，特别是将领导干部生态文明建设实绩作为评价干部政绩和奖惩、晋升的重要依据，实行领导干部任期生态文明建设责任制、问责制及终身追究制。

园区篇

Park Reports

B.21
全力写好"绿水青山就是金山银山"这篇大文章

——湖南湘江新区两型社会与生态文明建设的探索与实践

湖南湘江新区管理委员会

2016年,是"十三五"规划的开局之年,也是全面深化改革的关键之年,湖南湘江新区围绕"全国两型社会建设引领区"这一战略定位,致力于两型社会与生态文明建设,争创两型示范引领。一年来,新区主动适应引领经济发展新常态,以时不我与、踏石留印的精神气魄,进一步深化生态文明体制改革,奋力打造助推新区发展的绿色引擎,全力写好"绿水青山就是金山银山"这篇大文章。

一 2016年湖南湘江新区两型社会与生态文明建设概况

(一)着力体制创新,两型改革不断深入

新区坚持深化改革创新破难题、激活力,上心同心,在顶层设计、生态补偿等方面推陈出新，努力开创两型社会与生态文明建设改革新局面。

1. 优化顶层设计

出台编制了《湖南湘江新区生态文明体制改革五年实施纲要》《湖南湘江新区中心区水资源保护和利用规划》等一系列纲领性文件，为新区生态文明建设明确方向，助推生态建设美好蓝图转化为生动现实。按照国家发改委对新区"重点围绕创新生态文明建设体制、推动建立综合型生态补偿机制、走绿色低碳循环发展道路开展探索"的总体要求，结合《2016年国家级新区体制机制创新工作要点》，围绕生态文明体制机制改革方面进行深化，成立湖南湘江新区生态文明建设领导小组，高层次协调推进各项生态文明机制创新工作，力争探索形成一系列的政策体系和创新试点，形成示范、推广效应。

2. 推进生态补偿试点工作

针对目前范围内生态自然资源资产基础性资料不足的情况，补偿试点采用综合性生态补偿，覆盖流域、湿地、山体、农田等多方面内容，补偿主体为行政村，增加了可操作性。补偿分生态维持补偿、生态治理补助两个层级，一方面分年度对生态环境质量保持较好的试点村进行维持补偿，另一方面鼓励试点村在现状基础上，主动实施生态修复及治理来提升生态环境质量，并给予治理补助，充分调动了各村工作的积极性。在总结首年度工作的基础上，下发了《关于进一步完善生态补偿试点有关工作的通知》，从考核评估方式、资金使用分配等方面进一步深化生态补偿试点工作，探索第三方机构考核机制。2016年按已完成了补偿周期内首年度的生态补偿考核评估，对纳入补偿试点的38个村总计拨付生态补偿资金2812.2万元。

（二）立足绿色发展，新区环境更加宜居

只有贯彻绿色发展理念，新区的经济发展才能不断向前，只有宜居的环境，才能吸引更多的企业和人才入驻。新区以打造低碳智慧城区为目标，全面推进绿色新区创建。完善绿色出行体系，构建以轨道交通和快速公交为骨架、常规公交为主体、出租汽车为辅助、慢行交通为补充的公共交通体系；大力推进绿色建筑应用，提高资源利用率，促进要素集中节约。

1. 践行低碳理念，探索区域绿色出行试点

制定了《湘江新区绿色出行机制暨梅溪湖绿色出行试点方案》，从建设绿

色公交体系、优化区内慢行交通系统、完善区内静态交通设施以及推广区内智慧交通应用四大方面推进绿色出行试点建设工作。2016年新区内地铁二号线西延线一期正式运营，完成了区内约80处公交候车站台、45处智能停车诱导设施、24处行车交通诱导显示屏的建设；梅溪湖片区6公里长的绿道、梅溪湖、龙王港景观提质改造工程全面竣工。

2.落实生态指标，梅溪湖生态新城建设成果丰硕

为确保生态指标落地，在前期《长沙市梅溪湖新城生态规划指标体系》（该体系包含1个总指标和47个分指标，共计48个指标，分为控制性和引导性两大类，共同约束绿色城区建设行为）的基础上，在规划设计阶段，将各建设项目须落实的生态指标在规划设计要点中予以明确，并在后续的方案、初步设计中把关，确保要求落实到位。2016年，住建部考核组对新区开展了绿色生态示范城区中期考核，通过现场踏勘和会议汇报，考核组对梅溪湖新城建设给予了充分的肯定，且一致同意通过中期考核。梅溪湖新城获评具有"人居环境奥斯卡"之称的联合国"全球人居环境规划设计奖"，该奖也是目前全世界范围内城市建筑和设计领域的最高奖项。

3.统筹绿色建筑发展，引领两型四新技术应用

在湖南省率先配套出台了《绿色建筑管理办法》，提出了绿色建筑全过程闭合管理的思路，从政策和资金上对绿色建筑的发展加强引导和推广，形成了政府为主导、企业为主体、市场有效驱动、全社会共同参与的绿色建筑工作格局，提高了企业开发建设绿色建筑的积极性。截至2016年底，新区范围内新增绿色建筑设计标识48个，新增绿色建筑面积约517万平方米，累计绿色建筑设计标识共102个，累计绿色建筑面积共约1103万平方米。

因地制宜推广适宜绿色建筑技术，带动其他两型四新技术推广应用。一是积极推进区域能源站建设。采取专项补贴与强制推行相结合的方式，探索PPP、特许经营等建设运营模式，推进滨江新城智慧能源工程、洋湖生态新城智慧能源工程、大王山湘江欢乐城分布式能源站和梅溪湖国际新城A、B、C区域能源站等项目建设，全面提升建筑能源综合利用水平。二是大力推广建筑产业现代化技术应用，进一步加强在政府直接投资的学校、医院、保障性住房等项目中试点应用，并逐步探索建立建筑产业现代化项目支持政策，带动社会投资项目推广应用。三是创新城市有机生活垃圾处理方式。编制完成《梅溪湖国际新城有机生活垃圾片区综合运营管理研究》初稿。梅溪湖国家绿色生态示范城区现已全面推广有机生活垃圾微生物处理技术，有效实现片区固废物"三化"处理目标，按照片区规划人口，预计可实现生活垃圾减量化约1万吨/年，后续将逐步在新区其他核心片区推广应用。

4. 优化城市形态，打造生态都市田园新区

实施组团式发展，明确"一主三副、两廊三轴"的空间结构，形成可持续发展的城市形态。实施建设用地总量控制和减量化管理，建立节约集约用地激励和约束机制，调整结构，盘活存量，合理确定建设用地开发强度、鼓励地下空间复合利用。加大闲置土地处置和通过市政基础设施的引导，促进产业、人口的集聚，优化配置资源，提高资源环境承载能力。划定基本生态控制线，建设沿江沿河沿路生态廊道，明确禁止开发区域、限制开发区域，严控城市快速扩张可能带来的生态风险。加强总体风貌、控规层面、重点区域城市设计，延续城市文脉、彰显城市特色，对湖南金融中心控规提升，开展高水准、高层次的城市设计。全面完成湘江西岸景观、亮化工程建设，打造城市"会客厅"。

（三）聚焦环境治理，生态环境更加优美

新区高度重视环境保护工作，坚持双管齐下预防与惩治结合，坚持环境保护与新区发展并重，坚持短期指标与长期治本结合，主要在治水和大气污染方面花大力气，下狠功夫，使新区的天更蓝、水更绿、环境更优美。

1. 深化水环境保护和治理工作

制定了《湖南湘江新区水生态文明建设三年行动计划（2016~2018）》，从水污染防治、水资源利用重点项目及水环境管理体系建设方面统筹推进区域水生态文明建设。对龙王港流域综合整治进行了重点部署，按照属地原则将工作任务具体落实到高新区管委会、岳麓区政府、梅溪湖公司三家责任单位，并在此基础上加大督促和协调力度，采取"盯住、咬住、把住"的六字方针，以高压态势督促各责任单位切实落实各项整治任务。实施半月一调度，在关键时间节点进行重点督促，确保工作有序推进。进一步加大排水监管力度，要求高新区、岳麓区政府加大雷锋河、肖河枫林路以北段、云盖河等流域两厢排水日常监管力度，并针对两厢重点排水单位开展了专项执法检查，重点整治污水偷排、错接等问题。积极申报中央水污染防治资金，成功申请将龙王港流域综合整治项目纳入第一批中央水污染防治项目储备库，获得了2000万元的中央防治资金。

2.**强化大气污染防治工作**

强化建筑行业扬尘治理，制定了《2016年湖南湘江新区建筑行业大气污染"冬病夏治"工作方案》，从施工围挡、扬尘控制与渣土管理、现场管理以及临建设施等方面细化了检查标准和要求，督促项目部和施工企业严格按相关标准和有关方案要求开展扬尘污染防治。建立了各级部门协同推进、齐抓共管的工作机制，工作过程中信息共享、及时反馈。对工作措施不力、落实不到位、效果不明显、问题比较突出的责任部门及单位进行现场督办，推动各责任主体切实履职，确保大气污染防治工作取得实效。严格把关气型污染审批，把好建设项目环评审批和验收，尤其强化了涉非甲烷总烃、VOCs类气型污染物项目的审批，确保项目符合所在区域污染物总量控制要求，污染防治措施能实现稳定达标排放。开展新区建筑工地扬尘治理及预拌砂浆整治，整治期间共下达整改通知书150份，停工通知书27份。

二 2017年湖南湘江新区两型社会与生态文明建设重点

雄关漫道真如铁，而今迈步从头越。2017年是湖南湘江新区加快国家级新区建设攻坚突破之年，也是两型社会与生态文明建设深入实施的关键之年。美好的蓝图已经精心绘就，新的征程即将扬锚起航，新的一年新区将全面贯彻党的十八大和十八届系列全会及中央和省份关于两型社会与生态文明体制改革会议精神，紧扣"三区一高地"战略定位，以闻鸡起舞的精神，撸起袖子加油干，继续深化两型社会与生态文明体制改革，着力打造生态、智慧、人文、宜居的都市田园新区。为此，新区将着力做好三个方面的工作。

（一）释放改革活力，深化生态文明体制改革

结合新区管委会2016年度下发的《湖南湘江新区生态文明体制改革五年实施纲要》，在已经推进的生态文明体制改革创新工作的基础上，重点做好：

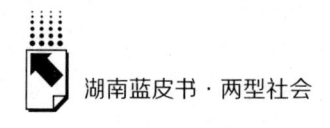

1. 推进生态文明体制改革创新

统一标准划定覆盖全区域的生态保护红线，实行分区管控。大力推行绿色出行机制，从建设绿色公交体系、强化区内慢行交通系统、优化区内静态交通设施以及推广区内智慧交通应用四大方面大力推进绿色出行机制以及重点项目建设。持续完善生态考核评价机制。严格实施流域水质目标管理和节能目标管理，建立绿色绩效考核体系，加大生态环保和低碳节能考核指标权重。

2. 着力深化多元化生态补偿

进一步完善生态补偿考核评价体系，2017~2018年度生态补偿年度评估将在督察组督察基础上，实施中介机构第三方评估，同时将邀请群众监督员参与督察、开展评估，逐步形成一个监督、整改、保护的良性互动机制。开展新区自然生态资源资产普查，制定基本农田、重要水源地、重要湿地和生态公益林生态补偿标准，逐步将生态补偿政策推广应用到重要功能区、大气环境保护等领域。充分发挥政府财政资金的引导作用，在保证适当的"输血型"补偿的基础上，培育培养区（县）和村镇的自主"造血功能"，形成生态修复、污染治理、管理维护的良性循环，逐步建立流域、湿地、生态公益林、基本农田等综合性生态要素多元化的生态补偿机制。

3. 统筹区域两型适用示范

针对区域低碳能源、绿色建筑、绿色出行、绿色施工、生态景观、两型生活等方面构建统一、可操作且独具新区特色的两型技术标准体系，在土地出让、规划设计条件中明确项目绿色建筑星级标准、两型技术应用等要求，并在方案、初步设计、施工图备案、建筑节能设计审查备案等审批过程严格把关，确保指标落实。

（二）推进水生态文明建设，加强生态环境保护

统筹推进区域水污染防治、水资源利用及水环境管理体系建设，重点推进以下工作。

1. 推进水环境综合整治

统筹水资源保护与开发利用，明确水系红线控制范围和保护措施。完善城镇污水收集及处理，重点推进洋湖再生水厂二期（提标改扩建8万吨/天）、雷锋水质净化厂一期（25万吨/天）工程建设，出水按准Ⅳ类标准执行，督

促岳麓区、高新区完成龙王港及其支流雷锋河、肖河和后湖黑臭水体的治理。启动防洪达标工程建设，对湘江西岸坪塘段、靳江河两岸洋湖大道至云盘垸大堤段未达标堤防进行达标治理。推进河湖连通工程，重点推进龙王港与上游水库（泉水冲水库、牌楼坝水库）联通补水工程和雷锋湖－龙王港－梅溪湖水系联通工程。加快构建高效完善的城市排涝体系，启动望城滨水新区海绵城市示范区、梅溪湖国际新城二期、大王山片区等海绵城市建设项目。

2. 构建智能现代化水管理体系

建立水务、环保、住建等涉水管理部门之间的信息共享机制，完善水生态文明建设多部门合作共建机制。以推进水生态修复和水污染治理为重点，探索推广"河湖长＋网格长＋执行长"的三级联动河湖管理体制。2017年率先在靳江河、龙王港、梅溪湖、洋湖等开展试点，再逐步推广至其他流域。建立水务综合数据库和水资源管理信息平台，开展区域已建及在建地下管网数据化管理和新区内重点流域、湖泊、排水口的水质、水量在线监测，并实现水资源调配及水质保障的智能化管理。

3. 培育湖湘特色的水生态文化

融合湖湘文化，打造一批集防洪、供水、生态、旅游等综合效益为一体、具有示范引领作用的水利风景亮点工程，重点推进大王山片区桐溪水系建设。推进水域周边生态亲水系统建设，重点推进湘江西岸景观提质工程建设。启动水文化展览馆建设，通过文字、图片、音频、视频、实物、模型、水幕电影等系统的水生态文化展示，增强市民对水生态文化的了解。

（三）建设品质新区，合力打造宜居家园

高水准建设都市田园新区，打造山清水秀、天朗地净、高雅舒适的品质新区。

1. 提升规划水准，强化国家级新区规划引领

突出全球视野、国际水准，加强前瞻谋划、顶层设计。彰显城市特色，优化城乡总体规划、优化功能片区控规、优化节点城市设计；推进产城融合，建设集约紧凑、疏密有致、环境优先的现代两型都市；开展高速铁路、磁悬浮、轻轨，机场、港口、金桥枢纽等综合交通规划，编制提升沩东新城、望城滨水、长沙科技城、金桥枢纽周边区域控规。

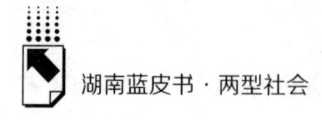

2. 提升建设品质，建设示范性都市田园新城

将国际品质与湖湘文化特色有机结合，提升建设品质、增强文化品位、彰显都市魅力，开展全域"鲁班奖""芙蓉奖"创建活动，打造百年精品工程；打造梅溪湖国际新城、滨江商务新城、洋湖生态新城、大王山旅游度假区、望城滨水新城、宁乡沩东新城等一批新型都市田园示范区。

3. 加快两型探索，推进重大试点示范工程

突出水环境综合治理试点，建设海绵城市示范项目和地下综合管廊；重点推进可再生建筑固废污水稳基层、热拌可再生沥青、橡胶沥青技术等绿色市政新技术的试点应用，打造绿色市政建设亮点；建设智慧城市，构建城市管理云平台；深化多元化生态补偿，发挥湖南低碳交易市场作用，探索碳排放交易试点；推动绿色交通建设，打造慢型交通体系，完善核心区"绿道"网络。

B.22 株洲云龙示范区2016年两型社会建设情况

株洲云龙示范区管理委员会

一 2016年两型社会建设情况

2016年，云龙示范区坚持"两型"主线，紧扣"奋力创新业，五年夯新城"战略目标，着力打好征拆安置、治违拆违、环境整治"三大攻坚战"，扎实开展基础设施、基层组织、基干队伍"三基建设年"活动，两型社会建设步伐全面提速。2016年实现GDP23.2亿元，增长8.1%；完成固定资产投资175.5亿元，增长13.5%；实现公共财政预算总收入9.21亿元，增长12.55%，税收比重74.02%。

（一）完善顶层设计，产业布局实现新优化

坚持"产业优先、规划先行"理念，全面升级完善总体规划、两型产业规划、服务业集聚区发展规划等规划，"三大集聚区"产业定位更加精准，业态内容更加丰富，空间布局更加优化，发展路径更加明晰。北部文化旅游集聚区粗具规模，被列为省级服务业示范集聚区；云峰湖旅游度假区成为首批3个全省旅游度假区之一；华强方特欢乐世界、云龙水上乐园分别成功创建国家4A、3A级景区；华强方特梦幻王国盛大开园，方特东厢酒店同步开业；奥悦冰雪世界、云龙假日欢乐广场加快建设。中部总部经济信息产业集聚区有序推进，总部经济园一期全面建成，恒祥高科等20余家高新技术企业实现入驻；湖南移动数据中心启动建设；轨道交通城路网建设全面铺开；龙母河生态城项目融资和前期工作已经启动。南部职教创新集聚区基本成型，职教科技园5所院校建成开学，另5所院校正在加速推进，2017年可基本实现建成目标；微

软创新中心建成开放，创客中心成功入选第三批国家级众创空间，"零创空间"入驻无人机研发、3D打印等创新型企业52家；与中科院、中智集团、中能集团等大型企业达成战略合作，成功创建为省"双创"示范基地。

（二）强势推进项目，发展动能得到新增强

大力开展"项目攻坚年""大干一百天、全力保投资"活动，全面提速项目建设。一批项目顺利竣工，方特梦幻王国、学府华庭、城铁大丰站及站前广场等项目建成投入使用；向阳北路、云水路、云海大道西段、玉龙路一期、田林路云龙段等道路竣工通车。一批项目加快推进，铁道职院、智慧东路、兴龙西路B段等42个项目实现新开工，北欧小镇二期、中医药高专、化工职院、中特物流、云龙大道"绿荫行动"及升龙路、云海大道高压杆线迁移等20个续建项目有序推进。一批项目签约落户，成功签约中国移动数据中心分布式能源站、生物医药多肽库研发和生产基地、湖南新九方总部、九华置业总部等项目，合同引进资金94亿元。

（三）深化改革创新，示范引领得以新突破

云龙示范区坚持以两型理念为根本，以改革促发展，以创新求突破，纵深推进各领域改革创新工作。

一是创新城乡环境同治机制。拨付以奖代补资金2000万元，推进11个社区服务场所规范化建设；基本完成乡村道路硬化、亮化、美化，推广分散式污水处理和太阳能应用；推行乡村清洁市场化机制；在生态绿心保护区域打造云田、蛟龙等一批省级美丽乡村；以城市标准发放失地农民养老金及基本生活费7897万元、新农合和新农保资金1892万元。

二是创新两型标准化建设机制。推进两型社会建设指标体系和两型住区、两型校区、两型社区等建设标准制定；坚持绿色建筑要求，新建建筑100%达到绿色建筑标准，公共建筑100%达到二星级绿色建筑标准。

三是深化推进投融资体制改革。积极对接政府债务置换，加快"行政化"企业债向"市场化"公司债转型，着力扩大投融资平台公司市场融资规模，成功争取上级资金7320万元和国家专项建设基金9000万元，全年共融资到位资金122.03亿元。

四是推广第三方治理机制。以职教城分布式能源建设为依托,在职教城探行合同能源管理模式,推动片区院校和商业设施的节能减排。大力推行公用设施 PPP 建设模式,在云龙污水处理厂、主干路网、龙母河综合治理和景观打造方面引入社会力量,建立投资运营市场化机制,已与上海二十冶公司成功签约 60 亿元的基础路网 PPP 项目。

五是推进两型单体创建。重点推进"两点一片一带"两型创建工作。"两点"指按两型要求推进的项目点和布局于辖区的两型机关、企业、村庄、学校等创建点。"一片"指职教城片区两型示范建设,将两型规划、标准、技术、产品、模式等综合集成,打造两型生产、生活和消费方式的集中展示区。"一带"是指将云峰湖片区打造成省生态绿心保护与发展的示范带,投入资金逾 1000 万元,完善片区基础设施,促进传统农业向现代农业转型,推动株洲云峰植物公园、两型示范展示馆等项目落地。

二 存在的问题和困难

云龙示范区在两型社会建设中取得了一定成绩,但同时还存在一些困难和问题。

一是项目推进还不够快。部分重大项目受绿心准入、土地调规、用地指标等因素制约,无法落地实施或难以快速推进。水电气路等基础路网、管网仍然比较滞后;文化、教育、医疗、商业网点等配套建设不足,区内人气集聚不够。

二是产业发展还不够旺。投资大、能产生集聚效应的龙头项目不多,成长性好、能迅速带来经济效益的产业项目偏少,缺乏一批持续稳定增长的企业富税源。

三是云龙美誉度和知名度还不够响。文化旅游品牌效应还不强,区位优势和产业特色没有全方位、系统性推介,区域形象未得到充分展示,美誉度和知名度还不够响。

三 2017 年建设思路

2017 年是党的十九大召开之年,是贯彻落实湖南省党代会精神的首战之

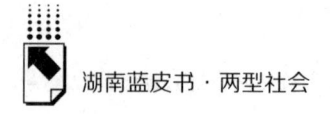

年，也是云龙示范区"奋力创新业，五年夯新城"的关键之年。

总的来看，宏观环境仍然复杂多变，机遇与挑战并存，希望与困难交织，动力与压力同在，但机遇多于挑战，希望大于困难，云龙示范区正处于大有作为的战略机遇期。

从宏观形势来看，"一带一路"、长江经济带等国家战略深入实施，各类资源加速向中部地区汇聚，处于长株潭城市群融城腹地的云龙示范区，完全可以抢得更多发展先机，分享更多政策红利。省第十一次党代会明确提出，要全面完成长株潭城市群两型社会试验区第三阶段任务，打造科技创新、全域旅游和文化创意基地。市第十二次党代会明确提出，要实施"创新驱动，转型升级"总战略，加快建设"一谷三区"，推进"北联"融城步伐。云龙因两型社会而诞生，因产业转型而示范，发展定位及"1314"的战略目标，与省委、市委的精神高度契合，这些都将为云龙新一轮发展带来难得的机遇和政策利好。

从已有基础来看，通过"基础设施建设年"活动的开展，全区又相继建成一批基础道路。"五纵十横"的骨干路网框架正逐步成型，与长沙、湘潭及市内的石峰、荷塘等对外通道正全面打通。特别是长株潭城铁大丰站的建成运营，将云龙带入了"城铁时代"，全面融入了长株潭半小时经济圈，云龙的区位优势更加凸显。文化旅游、总部信息、职教创新"三大集聚区"已粗具规模。云峰湖省级旅游度假区、省级服务业示范集聚区成功创建，株洲经开区成功扩区更名，让示范区的发展有了更好的平台。特别是，轨道交通城和龙母河生态城两大"百亿工程"全面开工建设，必将掀起云龙新一轮开发热潮。

从队伍士气来看，近两年来，通过"三大行动""三大攻坚战""三基建设年"等活动的开展，有力地提振了干部士气、群众信心。广大党员干部作风持续改进，基层组织战斗力不断增强，对外形象明显提升。"云龙是我家，发展靠大家"的家园意识越来越强；人心思变，人心思上，人心思干的创业氛围越来越浓。"奋力创新业，五年夯新城"正逐渐成为每一个云龙人的共同信念。这种精气神正转化为共促发展、攻坚克难的前进动力，凝聚成推动发展、跨越赶超的强大合力。

基于以上分析，2017年云龙示范区工作的指导思想是：全面贯彻落实省、市党代会及省委、市委经济工作会议精神，坚持"快中抢先、好中争优"工作总基调，以"项目攻坚年""企业帮扶年""招商引资年"活动为总抓手，持续打好征拆安置、治违拆违、环境整治"三大攻坚战",全面推进"三大集聚区",突出"八大板块"建设,大力践行"马上就办、真抓实干",争当"一谷三区"建设排头兵,以优异成绩迎接党的十九大胜利召开。

2017年云龙示范区主要经济工作目标是:力争全年固定资产投资增长15%以上;公共财政预算总收入增长10%以上;地区生产总值增长8.5%;规模工业增加值增长8%;社会消费品零售总额增长12%;融资到位100亿元;征拆交地7000亩以上;拆违4万平方米以上。

做好2017年工作,云龙示范区需要牢牢把握"一最三总"的基本要求。

——奏响"马上就办"最强音。作风决定作为,实干决定实效。有什么样的作风,就有什么样的作为;有多少干劲,就有多少实绩。要以"功成不必在我、建功必须有我"的担当,大力践行"马上就办、真抓实干"的务实之风,脚踏实地地干,心无旁骛地干,锲而不舍地干,干出实效、干出精彩、干出云龙发展新速度。要让"马上就办"成为云龙人的自觉行动和品格追求,奏响"马上就办"最强音。

——实施"产城融合"总方略。产业是发展之基,立区之本。区域发展的根本在产业,出路在产业。没有产业做支撑,再美好的蓝图都是泡影。要大力实施"产城融合"总方略,紧紧围绕产业发展这个核心,不断推动产业规模化、集群化发展,让企业成为产业发展的主力军,让园区成为产业发展的主阵地,想方设法培育产业,千方百计壮大实体经济,增强云龙发展后劲,提升核心竞争力。

——突出"三个年"活动总抓手。项目建设、企业发展、招商引资,事关全区经济社会发展。"悠悠万事,项目为大"。大项目大发展,小项目小发展,没有项目就没有发展。企业是市场经济的主体,是地方发展的重要支撑。招商引资是招进项目、引入资金的重要载体。要以项目攻坚年、企业帮扶年、招商引资年活动为"总抓手",坚持"工作围绕项目转,部门围绕企业转",通过大招商引进大项目,大项目带动大投入,大投入促进大发展。

——遵循"民生为本"总准则。民生关乎民心。民生所系民心所向,民之所望政之所向。要牢牢遵循"民生为本"总准则,始终保持"万家灯火收眼底、百姓忧乐上心头"的民本情怀,一心一意促发展,全心全意为人民,切实改善民生民利,让人民群众拥有更多的获得感、幸福感、归属感,以民生发展凝聚起推动发展的强大合力。

B.23
绿心保护和发展模式探索

——昭山美丽乡村建设项目研究

湘潭昭山示范区管理委员会

一 项目背景

（一）昭山示范区概况

昭山示范区位于湖南省东北部，湘潭市北部，北接长沙，东邻株洲。其地理坐标为东经112°59′~113°05′，北纬27°54′~28°01′。规划总面积约68平方公里，辖一镇昭山镇，辖区内有11个行政村和4个社区，常住人口32522人，其中城镇人口18160人。

境内资源禀赋独特，发展基础较好，后发优势明显。

一是区位交通优越。位于长沙、株洲、湘潭三市地理中心，是三市融城核心区域，距三市中心均不超过15公里，距省政府仅15分钟车程，距长沙黄花机场、京广高铁长沙南站、株洲西站仅20分钟车程，距沪昆高铁湘潭站仅10分钟车程。昭山是长株潭重要的交通枢纽，京港澳、沪昆高速公路和G107、G320在此交会，并设有互通出入口；长株潭城际铁路设有昭山站点；芙蓉南路穿境而过，韶山南路与昭山路相连，昭华路贯通株洲、九华。

二是生态环境优美。昭山是长株潭城市群生态绿心核心区，拥有江、湖、山、谷、溪等多种自然景观资源，"一江"（湘江）"两片区"（金屏、玉屏生态片区）"三山"（昭山、虎形山、凤形山）"四水"（仰天湖、东风水库、王家晒渠、朝阳渠）生态优越、风景秀美。区内森林覆盖率远高于全省平均水平，负氧离子含量是长株潭城市群的最高值地区，被誉为长株潭三市的"公共客厅"和天然"氧吧"。

三是文化底蕴深厚。昭山历经湖湘文化千年浸润，是"潇湘八景"之一——南宋大画家米芾画作"山市晴岚"所在地。昭山古寺始建于盛唐，佛教文化沉淀悠久。南宋理学家张栻、思想家王夫之、近代革命先驱黄兴、一代女侠秋瑾、伟人毛泽东、画圣齐白石均曾在此撰文著述或游学开讲。

四是政策优势明显。作为全国两型社会综合配套改革试验区，享有两型社会建设先行先试改革突破试验权，行使湘潭市授予的119项行政审批权限，国家鼓励在项目建设、社会管理、城乡统筹、体制机制等方面大胆探索，率先突破，释放政策效应。

（二）昭山美丽乡村自然环境调查与分析

长株潭昭山绿心地区属湖南典型的丘陵区，地形起伏变化丰富，丘冈山地是该地区的主要土地类型，其次是山间梯田、旱土、水塘、沟渠、道路和民居用地。区内生态环境良好，层峦叠嶂，山水相依，物种丰富，有长株潭"绿心""氧吧"之称。区域内森林植被丰富，主要的花草树木品种有：大叶樟、国外松、红桎木、杜鹃、杜英、金桂、海棠、兰花、银杏、香樟、枫树、杉树、何首乌等300多种。村内林地地形起伏变化较大，无裸露土地；大部分稻田耕地与村镇建设用地地势较平坦，适于发展农业生产和配套设施建设。

昭山美丽乡村规划的原立新村、红旗村、黄茅村三个乡村相连成片，位于长株潭三市结合部，为长株潭城市群中心地带，距三市中心区均不超过15公里，已经形成了发达的公共交通网络，区位优势十分明显；但从另一角度看，发达的高速铁路、公路从村庄中穿过，分割了成片的田地和山林，同时给村庄带来了严重的噪声影响，对村庄原有的生态系统也造成了一定的影响。

三个村中除了黄茅有一定的集体经济外，其余两个村集体几乎没有收入，外出打工收入依然是家庭的主要收入来源，留在村庄的主要人群是老人和儿童，因此土地撂荒严重，发展主体的缺失，让村庄缺乏发展活力。农田目前仍以种植水稻作物为主，部分种植了一些常见的绿化苗木，相当一部分田地处于荒芜状态，急需调整农业生产结构。

长株潭绿心地区年降雨量大，天然雨水充沛，但由于时空分布不均，也存在洪旱灾害发生的安全隐患和历史，过去自然状态下雨水排蓄自如，随着黄茅村与红旗村建设用地的增长，建设项目增多，部分排水渠道受到影响，山塘淤塞严重，暴雨季节造成一定的洪水隐患；部分河道硬化严重，破坏了河流的自然过程，导致生态功能退化，降低河流生态系统的多样性，同时削弱了河流的亲水性；农业用水及生活污水系统混合的结果直接导致河道的水质污染，河水浑浊、鱼类难以生存。与此同时山泉水作为区域内天然的水源却并未得到有效的收集和利用，直接排入河道，造成资源浪费。

二 绿心保护与发展的探索

（一）总体目标与发展思路

充分利用长株潭城市绿心的区位、交通、市场与资源优势，面对未来城市居民回归自然的迫切需求，依据城乡经济社会发展一体化的思路，以乡村融合产业平台建设为核心，严格按照昭山绿心地区上位规划的要求，保护山地森林生态环境，充分利用现有的耕地，以蔬菜种植为主，果树种植为辅，大力发展多样自足型生态农业、有机农业、休闲农业与景观农业，发挥乡村菜篮子、米袋子、肉铺子、果园子和后花园的多样功能；同时加强基础配套服务设施建设，整体打造公园化的乡村山水田园景观环境，以村或几个村民小组为单元，采用家庭特色农场的发展思路，充分享用政府制定的优惠政策，积极引导村民参与，大力推进乡村旅游休闲服务业发展，创造和建设多个异质互补可持续发展的产业平台，彻底改变目前农村以家庭为单位各自为政的盲目无序发展状态，力争建成"处处有景点、户户有产业、人人能增收"，可持续发展的美丽乡村。

（二）具体实施路径

1. 加强村容环境整治和自然环境修复

一是组建专门班子，保护村庄的山水环境，对传统农村周边的山、水系、土地、房屋及草木进行依法保护。二是以"五改一整治"为主抓手，加强农村综合环境整治，引导村民实施清洁生活、清洁生产和清洁庭院，提升村民环境与环保意识，切实美化乡村环境。

2. 切实保护好传统民居

民居有重要的历史文化价值，是村庄发展乡村旅游的重要基础，保护好传统民居是美丽乡村建设的重要工作。一是对传统民居进行摸底统计，收集详细信息，为民居的保护与修复提供翔实的数据。二是科学规划，有序推进。严禁个人对传统民居及附属设施进行破坏，统一按中国乡建院设计进行改造或修缮。

3. 发掘具有历史文化价值的传统手工艺，培育新型产业

进一步发掘具有历史文化价值的传统手工艺，让传统手工艺重焕光彩，集聚人气，带动乡村旅游的发展。一是鼓励当地农村居民以传统民居为依托，在村内进行创业，发展传统农村文化产业。二是鼓励发展具有地方特色的传统农业加工业。三是在项目实施区域内，规划发展有机、无农残、无公害农业种植。四是鼓励发展传统手工制作和生产旅游产品等新型产业。

4. 弘扬当地民俗文化

民俗文化是当地特色文化的重要组成部分，也是带动乡村旅游业发展的重要元素之一，在大力弘扬民俗文化的同时，加强对民俗文化的保护与开发，并在此基础上根据其所承载功能和环境条件开辟艺术创作生活区和艺术展示交易区。

5. 加强公共基础设施建设

根据美丽乡村建设规划设计，按照省份两型要求，主动融入两型元素，对项目实施区域内的水利设施、道路、环卫环保工程、土地整治、"五边绿化"等公共设施进行改造和修整。

6. 打造"宽带村庄示范片"

依托省份"宽带中国"战略的有力政策，顺应当代"互联网＋"的发展潮流，着力打造宽带入户和公共WiFi，实现"户户通宽带，WiFi全覆盖"，在提高村民生活质量的同时，打造长株潭两型试验区"数字乡村、智慧乡村"的名片。

7. 建设节能环保新农村

在美丽乡村建设中突出两型特色，融入两型环保理念，植入两型元素。倡导在村级主干道路新装节能路灯或对现有路灯进行节能提质改造；在民居点改造中集中推广太阳能光伏发电、太阳能热水器及节能燃气灶，以形成连片规模；在村民住户中推广节能灯具和节水龙头，达到户户节能、点滴节能。

8. 强化两型理念宣传

加大两型宣传力度，加强村民生活化、参与式的宣传教育，每年举办至少一次大型两型宣传活动，手册宣传到户到人，充分调动各种资源，深入到每家每户，形成宣传合力。倡导"两型"生活方式。由区两型办牵头，在全区征集倡导"两型"生活方式金点子，收集整理后编印成册，发放到全村党员和群众，向大家提供"两型"生活方式及常识，培养"两型"生活习惯，逐步养成低碳、理性的生活态度。

（三）保障措施

1. 规划先行，有序建设

严格按照上位规划的要求，针对美丽乡村建设的总体发展目标，依据三个村庄的资源环境特点和产业发展现状，面向市场需求，制定切实可行的乡村景观与产业发展规划《湘潭市昭山示范区美丽乡村建设概念性总体规划》，进一步明确村庄保护与发展思路，严格按规划实施建设。

2. 严格资金保障，确保项目推进有序

一是利用省份创建生态绿心两型示范带契机，积极省份两型专项资金支持；二是依据项目定位需求，采用市场化运作模式，引导社会资本投入；三是对民居改造、产业扶持等方面，制定相关政策，区财政进行奖补扶持；四是创新内置金融，引导村民积极参与，吸纳民间资金入股。

3. 加强人才与技术保障

村庄规划设计以中国乡建院为技术依托单位，种植与养殖以湖南农业大学、中南林业科技大学和湖南农业科学院为技术依托单位，依据建设项目的需要，聘请技术专家专门负责技术指导工作；同时通过专业机构培训各类从业人员，切实提高村民的技术素质和服务水平。

4. 组织与领导保障

为加强昭山示范区生态绿心两型示范带创建工作统一调度，切实推进美丽乡村项目建设，成立昭山示范区生态绿心两型示范带建设协调指挥部。由区党工委书记任总指挥长，区党工委副书记、管委会主任任副总指挥长，区直各相关部门为成员单位。指挥部下设综合办公室、综合协调组、项目建设组、工程质监组、财务审计组、宣传推介组六个常设机构，推动和服务项目建设。

三 建设成效

昭山美丽乡村建设项目坚持以推进农村经济提升、加快发展方式转变为主线，以村庄集体经济壮大发展为总揽，以民居改造为载体，以产业培育为支撑，以合作社的建设为引领，以有艺术还乡为契机，以村庄、村镇的资源整合与创新为动力，以生态文明建设为样本，打造生态与环境友好、村庄特色鲜明、产业彰显活力、积极服务市民、主要富裕农民、社会经济持续发展的村社发展新样本。

昭山美丽乡村建设项目目前已完成原立新村所有民居改造、配套基础设施及产业功能布局等建设内容。通过引导村民参与，共建融合产业发展平台，该项目的实施，将彻底改变目前乡村以家庭为单元的无序与盲目发展状态，必将成为美丽乡村建设的典范。

B.24
天易示范区2016年两型社会建设亮点及2017年思路

湘潭天易示范区管理委员会

一 2016年两型社会与生态文明建设亮点

（一）再次入选湖南省生态文明改革创新案例

继2015年示范区金霞山绿心保护模式成功入选湖南省首届生态文明案例，2016年天易示范区两型办组织开展的示范区工业固废、生活垃圾资源化、减量化和无害化处置工作再次入选湖南省生态文明案例，将由省政府办公厅组织新闻发布会进行发布，为市县2016年度绩效考核工作再次加分。

（二）成功获批湖南省两型标准化试点区

成为湘潭唯一一家开展湖南省两型标准实施与认证试点工作的单位。工作任务一是起草两个省级地方标准（两型小学和园区一般工业固废生态管理两型标准），二是组织认证一批两型性、示范性、推广性强的两型单位。目前，由云龙小学组织起草的两型小学标准和由两型办牵头起草的园区一般工业固废生态管理两型标准已完成初稿，正在进行符合性认证。两型村庄、两型园区的贯标工作也在有条不紊地进行，梅林桥村有望获批2016年第一批省级两型村庄认证单位。

（三）成功入围省级绿心示范区创建带

争取省级两型专项资金连续3年支持天易示范区金霞山公园、垃圾分类和无害化处置、两型文化培育等绿心提质项目。

（四）两型示范创建走进社区、学校、企业、机关，走进家庭

全年培育两型单位 23 个，创建省级两型社区 1 个（易俗河晓木塘社区），市级两型村庄 1 个（易俗河杉荫村），省级两型企业 1 个（珠江啤酒），成功申报省级两型项目 8 个，绿心区向东渠、紫荆河小流域综合治理工程、康大工贸工业固体废物（含危险废物）资源化项目等，2016 年共计争取省、市两型创建、改革发展、规划编制、绿心保护等方面专项引导资金 200 余万元。

（五）开发"天易城市矿产"综合信息云平台

平台涵盖信息发布、交易服务、技术展示、政府管理功能，现已形成线上投废、线下交易的"互联网+回收利用"模式的全新模式，手机 APP 同步运营，打造湖南省城市矿产行业权威官方行业门户。

（六）构建城市垃圾便捷分类模式

开展第三方合同环境服务，引进长沙绿动环保科技有限公司，"积分制"回收。在小学及社区放置智能垃圾回收机，以投垃圾积分兑换礼品的形式，居民只需注册登记领取分类手册、二维码、环保卡后，即可将可回收垃圾收集打包并贴上二维码，定点投放，扫码积分，兑换礼品。垃圾回收方式主要有：定点回收、大宗商品专场回收、微信预约回收等。"三分法"简易分类。将垃圾分为可回收、不可回收、有毒有害废物三类，实现有用资源和有毒有害废弃物分开，干垃圾和湿垃圾分离，方便快捷。目前，垃圾回收二维码注册用户达 2000 余户，分类回收废纸 2540 公斤、废金属 1143 公斤、废塑料 1262 公斤、旧衣服 1187 公斤，居民环保意识极大改变，形成了"物力维艰""物尽其用"的道德自觉和保护生态、保护环境的行为自觉。

（七）积极做好示范区绿心调规工作

省绿心规划明确湘潭县有绿心范围 12.3 平方公里（其中天易示范区 11.6 平方公里），全部为禁止开发区。由于上位规划不统一，示范区片区规划和绿心规划对绿心范围的界定存在出入，天易示范区在绿心规划禁止开发区内有已批回国有建设用地 3150 亩，其中已出让建成 1285.69 亩，已出让未完工建设

用地1141.32亩，基础设施建设用地722.99亩，投资商因出资购地而不能动工，要求园区给予赔偿，园区管委会维稳压力大。2016年12月省政府启动了对绿心总规的调整工作，天易示范区积极按省政府"绿心规模不减、'三区'比例不变、各区内部平衡、生态廊道连片、生态品质提升"的原则申报了调整方案，建议禁止开发区调减4.67平方公里，调入4.78平方公里；由禁止开发区调整为限制开发区0.11平方公里。调整后的易俗河片区绿心区面积12.42平方公里，其中禁止开发区12.31平方公里，限制开发区0.11平方公里。

（八）推动示范区合同规范化

全年审核规范性文件、合同协议等共计130件。其中包括规建部及建投公司送审的工程施工合同91个，经济发展部送审的招商投资协议16个，资源管理部送审的征地拆迁公告文件15个。县一中艺体馆等建设项目的施工、安装采用施工合同省标示范文本。招商投资协议中逐步确定了投资方项目公司股权锁定期（在税收承诺期内，项目公司不得擅自变更股权结构），以维护园区应有权益。

（九）积极应诉

代理出庭应诉诉讼案件14起（其中我方胜诉或对方撤诉10起、调解结案2起，民事执行异议被驳回1起，民事纠纷案件正在审理1起），协助示范区有关部门外聘律师开展非诉法律服务和应诉工作，外聘律师应诉3起（其中资源管理部征地拆迁行政案件1起，建投公司工程款、股权民事纠纷各1起）。外聘律师参与示范区应诉工作，充实了园区法制力量，提高了依法应诉水平。积极指导和协助资源管理部、综合执法局开展行政拆违处罚听证工作，指导有关信访答复、行政复议及诉讼的应诉案件若干件，主持规划行政许可听证会2起。

二 2017年谋划

（一）建设目标

创建湖南省两型综合示范片区，集中承载省份两型项目和资金，打造两型生产生活方式的集中展示区。

（二）建设思路

以生态为主题，进一步提升园区两型建设；以法治为导向，进一步探索园区法制建设。

（三）举措

1. 开展六大创建活动

积极推进两型示范创建由"盆景"向"花园"转变。按照"政府引导、市场运作、群众参与、项目载体、务实推进"的原则，以群众"看得见、说得出、用得上"为目标。

一是通过创建单位实现拓面。通过开展"两型社区""两型村庄""两型企业""两型学校""两型家庭""两型机关"等六个创建活动，集中连片打造集成效应，形成一批创建模式，在省份推广。

二是通过改革项目实现提质。探索生态补偿机制、绿色建筑、绿色出行、自主创新等领域内的体制机制创新，发挥各项目和单位的辐射和带动作用，形成一批创建模式，在省份推广。推进示范片区建设。

2. 推进九项具体工作

（1）垃圾分类和无害化处置

一是通过"分类可积分，积分可兑换，兑换可获益"的基本路径，新增垃圾分类小区10个，鼓励、引导更多居民参与生活垃圾的源头分类。

二是通过市场运作，联合第三方开展垃圾无害化处置项目试点，项目的工艺杜绝二次污染。

（2）工业废弃物综合利用

一是引入第三方有危险废弃物处理资质的公司，为园区企业提供全方位的废弃物处理处置系统解决方案，并协助企业实现工业废弃物的无害化和资源化的有效处置。

二是构建标准化流程，建立一般工业固废评价指标体系，建立健全各项固废管理制度，从固废产生、运输、贮存、循环利用和无害化处理全过程着手，对废弃物的存贮场地、固废转移、处理等环节予以规范。

三是通过天易城市矿产公共服务平台，定期向社会公布园区城市矿产供求信息，以及循环经济技术、管理、政策等方面内容，积极开展企业之间、企业与高校之间的技术交流与合作，引进高新技术和关键链接技术。

（3）绿心提质

一是积极对接，做好绿心总规调整的对接工作。

二是争取示范区绿心地区建设项目更多的纳入省份统筹，突出抓好区域内路网的畅通与完善。

三是重点加大违规项目依法查处力度，严格执法，做好绿心的有效保护。重点是对于毁林毁绿现象，按照《绿心条例》规定进行从严处罚。同时，进一步细化绿心地区项目准入机制，建立绿心地区日常巡查和监控机制，杜绝绿心地区违法违规行为。

（4）标准化试点

一是完成两个省级地方标准（两型小学和园区一般工业固废生态管理两型标准）的编制，由省质监局发布。

二是开展省两型标准的宣传、培训，组织开展两型园区、两型村庄、两型机关认证。

（5）低碳节能技术推广

推进清洁低碳技术推广进园区，集中连片推进太阳能、风能、生物质能、空气能等可再生能源利用技术，建设分布式能源设施。区内主干道进行节能型路灯亮化改造。鼓励企业和家庭建设太阳能光伏屋顶电站。

（6）绿色出行

一是加大绿色出行宣传力度，通过微信、网络、电视等移动社交平台，转变市民惯性出行观念，主动采用能降低二氧化碳排放量的交通方式，大力提倡15分钟内步行、30分钟内骑车或乘坐公共交通工具的出行方式。

二是建议示范区试点推广自行车系统，在区内人流量较集中的企业和大的商场设立4~5个站点，试行推广自行车系统。

（7）绿色建筑推广

一是加强宣传，做好绿色建筑和建筑节能新技术的推广工作。

二是建议在示范区范围内执行绿色建筑标准，将绿色建筑相关要求纳入立项、土地招拍挂、规划审批、设计审查、竣工验收等环节，并予以把关。

三是推进示范区投资的公益性公共建筑实施绿色建筑标准，最大限度地节约资源（节能、节地、节水、节材），保护环境和减少污染，为人们提供健康、适用和高效的使用空间，与自然和谐共生的建筑。

（8）两型文化培育

一是建设固定的两型宣传阵地，采用宣传栏、宣传标语、宣传动漫等方式，宣传"两型"文化，培育"两型"精神，建议打造两型主题公园1个。

二是依托天易两型志愿者大队，开展志愿服务主题活动，通过常态化志愿服务活动，提倡两型行为，在全社会培养两型习惯。

（9）法务工作

以服务示范区发展为大局，按事前强化协议及规范性文件合法性审查、事中开展协议履行及规范性文件执行的检查督促、事后积极协助应讼维权实行责任追究三个环节充分发挥法制机构服务、参谋、指导三项职责，促进示范区各项工作法治化、规范化。

三　建议

（一）必须坚持行政主体法定原则，严格执行政府委托

示范区不是法定政府行政机关，严格说仅是市政府的一个派出机构，不具备行政诉讼主体资格。如果示范区管委会被诉，则势必导致市政府成为行政诉讼被告。

示范区的行政职权来源于政府及政府部门的委托，除招商等经济工作外，示范区各部门必须以委托机关的名义办理外部行政事务，对行政相对人发出的有关书面通知、决定等，行政主体（盖章单位）应是政府或政府职能部门。否则如被复议或诉讼，则主体不适格而不能得到复议机关和法院的支持。另一方面，示范区及其部门不能以自己的名义制定规范性文件，按照上级文件规定：园区不能自行制定政策性规定，已经制定的，应当废止；如确需保留的，应当提请政府或相关职能部门制定。如示范区管委会自行制定的征地拆迁补偿政策，应上报县政府批准实施。

（二）积极外聘律师参与示范区法律事务，提升示范区法制工作

随着示范区经济建设发展，工程建设及投融资项目日趋增多，涉及金额也

很可观（项目金额几千万至上亿元），示范区以及建投公司的工程建设纠纷存在增加的趋势。根据市中级人民法院已有案例，当前示范区法制机构人员代表示范区投融资平台公司参加诉讼，在身份上存在法律障碍，不符合政企分开的要求，示范区现有法制工作体系已不能较好应对日趋增多诉讼纠纷，必须从外部引入法律服务，外聘律师参与示范区法律事务。根据其他园区的经验，建议将示范区及建投公司法律事务进行打包，通过公开采购法律服务的方式，择优选择有实力的律师事务所，明确责权利和绩效考核，建立长期稳定的法律服务关系，全面提升依法治区的水平。

（三）开展ISO14001认证，导入ISO14001环境管理体系，促进示范区整体行政管理水平和服务水平的提高

运行环境管理体系，要求各部门按照国际通行标准开展管理活动，这使得各部门的日常管理行为更加规范、更加科学，使政府内部有了一套系统化、标准化、程序化的管理办法来促进各个方面依法行政。通过运行环境管理体系，各部门都逐步体会到参与体系运行工作有助于规范相关行政管理工作，管委会各部门的综合管理水平正不断得到提高，政府的服务质量也得到改善。同时，通过开展ISO14001认证，可以减少环境风险，避免因环境问题造成的经济损失，促使企业改进产品性能，改革工艺设备，生产"绿色产品"，实现污染预防和节能降耗，提高全区环境管理工作水平，提高全体干部职工的环境保护意识，为下一步创建国家级开发区奠定基础。

B.25
娄底市编制自然资源资产负债表试点工作成效及建议

娄底市人民政府办公室　娄底市统计局

根据中央深改办、中改办统一部署，娄底市被选定为全国编制自然资源资产负债表试点工作五个试点地级市之一。娄底市试点工作自2015年11月正式启动以来，在省委省政府的高度重视和市委市政府的具体领导下，各相关部门密切协同配合，按照国家试点工作指导小组的统一部署，主动作为，积极探索，从征求部门意见、印发试点方案、成立试点机构、组织试点培训、积极开展试填、加强试点宣传、强化调度督察与考评等七个方面入手，稳步推进试点工作。目前，所有试点表数据和工作总结报告已提交娄底市政府第13次常务会议研究审定，并经省直相关部门联审认定和国家试点工作指导小组审核认定，娄底市试点工作得到国家、省、市相关领导的一致认可，取得了较好成效。通过试点，我们发现了部门现有资源管理体制和国家《自然资源资产负债表试编制度（编制指南）》（简称《编制指南》）中存在的一些问题，并形成了一系列行之有效的试点工作机制，保障了娄底市试点工作的顺利开展，也为全国正式编制自然资源资产负债表工作提供了可复制、可推广的地区经验。下阶段，娄底市将严格按照国家、省试点工作指导小组统一部署和市试点工作领导小组要求，全力做好编表相关工作，为生态文明体制改革和地方领导干部离任审计提供真实可靠的基础资源数据。

一　主要成效

2016年，娄底试点工作紧紧围绕国家《编制自然资源资产负债表试点方案》（简称《试点方案》）和《编制指南》要求，理清工作思路、明确工作重点、边探索边总结，圆满完成了试点工作并获得了一些有益经验，试点工作取得了一定成效。

（一）基本摸清了娄底市土地、林木和水资源资产"家底"

全市试点工作各相关部门严格按照国家和省相关制度要求，积极履职，主动作为，深入开展了对娄底市土地资源面积、耕地质量等别、耕地质量等级、草地面积和质量等级、林木面积和蓄积量、水资源存量及水环境质量的监测及数据收集、审核和汇总工作，基本摸清了娄底市土地、林木和水资源资产"家底"及其变动情况，为推进娄底市生态文明建设、有效保护和永续利用娄底市自然资源提供了信息基础、监测预警和决策支持。

（二）圆满完成了试点表的填报任务

2016年7月底，市试点办和市直各相关部门严格按照国家要求，审核、汇总并上报了全部八张试点表和编表说明，具体是：完成了2011~2015年度土地资源存量及变动表（Ⅱ501表），2014年度耕地质量等别及变动表（Ⅱ502表），2011~2015年度耕地质量等级及变动表（Ⅱ503表），2015年度草地质量等级及变动表（Ⅱ504表），2011~2015年度林木资源存量及变动表（Ⅱ505表）和森林资源质量及变动表（Ⅱ506表），2011~2014年度水资源存量及变动表（Ⅱ507表），2011~2015年度水环境质量及变动表（Ⅱ508表），以及八张试点表的编表说明和市试点办负责的总编表说明。总体来看，试点表填报率较高、数据较客观实在，达到按时保质完成试点表报送的预期效果。

（三）形成了一套行之有效的工作机制

一是建立试点工作指导机制。为全面落实党中央、国务院和国家统计局的工作部署，指导、推动娄底市高质量完成编制自然资源资产负债表国家试点工作。湖南省人民政府办公厅特印发《湖南省编制自然资源资产负债表试点指导方案》（湘政办函〔2016〕56号），成立由省政府副秘书长陈仲伯担任组长，省统计局局长张世平担任副组长，省统计局、省国土资源厅、省环保厅、省水利厅、省农委、省林业厅等省直相关部门主要负责人为成员的试点工作指导小组。指导小组下设办公室，具体负责指导和统筹协调娄底市编制自然资源资产负债表试点工作。同时，成立土地、林木和水资源资产账户试点工作专业小组，并建立试点工作联络员制度，为娄底市试点工作的开展构筑起省级机制保障网。

二是建立部门协调、信息共享机制。全市成立高规格的试点工作领导小组，领导小组由市委常委、常务副市长担任组长，由市政府分管工交、农业、城建的副市长担任副组长，十三个相关市直部门主要负责人为成员。领导小组下设办公室——市试点办，承担领导小组的日常工作，负责全程协调各项试点工作，并成立土地、林木和水资源资产账户专业小组，负责各专业账户数据的调查组织、收集整理和质量控制等工作。市试点办和三个专业小组，充分发挥牵头协调作用，不定期组织相关部门开展座谈，及时交流工作推进情况，市直各相关部门各司其职，积极主动向国家、省直相关部门汇报本部门试点工作情况，并充分调动县、乡级技术力量，部门之间、市县乡级之间形成了良好互动，同时，要求各部门建立与其他试点地区沟通联络机制，及时了解其他试点地区的工作进展情况和具体工作措施，学习好的经验做法，为娄底市做好试点工作积累更多经验。通过建立部门协调、信息共享机制，构筑起试点工作市级机制保障网。

三是建立专家评审和联合评审机制。市级层面：市国土局、市农业委、市林业局、市水利局、市环保局和市畜牧水产局等六个主要编表部门根据市试点办统一要求，均分别印发本部门试点工作方案，明确成立专家评审组，组成人员以本行业具有多年相关工作经验并具有高级以上职称的资深专家为主，负责全程跟踪监控本部门资源数据情况并提出专业评审意见。其中，市林业局专就林业资源数据填报工作拟定并下发了《关于填报自然资源资产负债表的通知》，市畜牧水产局专就草地资源数据填报工作拟定并下发了《草地自然资源负债调查有关事项说明》，以文件形式严格规定县级试点表基础数据填报要求。省级层面：自试点工作启动以来，省直各相关部门精心指导、全力帮助市级协调、处理试点工作中遇到的各种困难和问题，并通过召开专家联审会议形式，对娄底市所有试点表数据从价值量、关联性、逻辑性、合理性、完整性和准确性等六个方面进行了全面审核，并针对《编制指南》和部门资源管理体制进行了深入探讨，确保了娄底市试点数据的完整性和准确性。

四是建立多渠道宣传机制。为全面推动全市试点工作，便于国家、省、市、县四级更好地了解并督促全市试点工作的开展，娄底市采取借助报刊、网络等媒介的形式，多渠道开展试点工作宣传。试点期间，市试点办共印发试点

《工作简报》10期，其中国家统计局网采用5期，省统计局网采用2期，娄底日报采用2期，娄底经济热线采用1期。《工作简报》同时寄发至国家和省统计局、市试点工作领导小组主要领导和各市直相关部门，及时发布全市试点工作动态信息，为全市试点工作的开展奠定了良好的舆论基础。得益于全市试点工作的大力宣传，湖北省神农架林区、宜昌市和广东省珠海市等地区相关部门同仁先后赴娄底市学习交流试点工作做法和经验。

五是建立工作考评机制。试点工作时间紧、任务重、涉及部门多且影响重大，为确保娄底市试点工作取得预期效果，市试点办在征求市直各相关部门意见的基础上，特建立试点工作考核评价机制。考评机制采取"一月一调度、一季一总结、不定期督察"的方式，定期、不定期对部门工作情况进行跟踪调度和督察；对试点表相关数据进行全方位、多角度审核评估，做到考评到单位，考评到个人；对责任不落实，措施不到位的，采取通报批评、诫勉谈话等方式督促落实；考评结果将以文件形式印发，并作为试点工作总结评比的依据，对市直各相关部门进行考核奖惩。

（四）全面深化了对试点工作的认识

试点表所涉知识点多，专业性强，对专业人员素质要求极高，且没有任何经验可借鉴。全市各相关部门克服困难、努力学习、深入探索，从对试点工作的陌生到慢慢熟悉，逐步深化了对试点工作的认识。

一是深化了对试点方案的共同认识。一方面市试点办组织部门共同学习《试点方案》要求和《编制指南》内容，全面掌握各项指标含义和数据填报要求；另一方面，通过资源调查和数据试填的过程，共同探讨相关指标含义、口径、计算方法和取数原则，确保了资料来源渠道合理，指标划分标准清晰，报表数据真实准确。

二是深化了对试点工作的共同认识。试点过程中，娄底市逐步把工作重点从数据的搜集整理、补充调查和审核报送延伸到对试点工作目的、重点的把握，基本掌握了本辖区土地、林木和水资源的基本情况，更重要的是掌握了从现有数据中区分出人为、自然因素导致的资源变化情况，摸清了数据的缺口情况和部分数据不尽准确的情况，发现了现有资源管理体制和《编制指南》中存在的问题及成因，并在此基础上，提出了具体针对性的工作建议，为推动建立健全科学规范的自然资源统计调查制度和完善《编制指南》提供了一些具体的参考依据。

(五)全面夯实了编表工作基础

一是基本掌握了《编制指南》中相关表格编制技术。通过学习相关文件和部门资源管理制度、向国家和省相关专家咨询,娄底市进一步熟悉了《试点方案》和《编制指南》的内容和要求,无论是从试点表式到指标解释,还是从表格内容到补充资料内容,从计算方法到审核关系,基本掌握了编表内容与部门现有资源调查体系对接的技巧,全市各相关部门均能做到心中有数并熟练运用于试点表的编制。

二是基本缕清了相关部门试点工作职责。通过建立部门协调、信息共享机制,市试点办和三个专业小组充分发挥组织协调作用,不定期开展座谈和督察,及时组织部门进行业务交流,市直各相关部门各司其职,积极主动向国家、省直相关部门汇报试点工作情况,并充分调动县、乡级技术力量,部门和上下级之间形成了良好互动,保障了试点工作机制协调、信息畅通。

三是全面了解了相关部门资源管理体制。通过对资源数据的收集整理和反复核实,不仅了解到土地、林木和水资源的管理涉及多部门且数据获取方法难、历时久、耗费大,也掌握到部分资源存在交叉管理导致数据不一致及现有资源管理制度调查频率少、技术力量欠缺导致数据准确性难以把握等方面的问题,对现有部门资源管理体制有了一个比较全面直观的了解。

四是全面梳理了《编制指南》存在的问题并提出工作建议。严格按照国家试点工作要求,把"早发现问题、多发现问题"作为娄底市试点工作重要目的之一,并将其贯穿试点工作始终,及时对照部门现有资源管理体制和部门现行工作方式,全面梳理出《编制指南》中存在的问题及成因,并在此基础上提出较有操作性的工作建议。

二 主要问题

(一)现行资源管理体制中存在的问题

通过试点,娄底市发现由于资源地域分布不同、地方对不同资源的重视程度不同，部门资源管理和调查体制中存在一些较为突出的问题，从而导致试点表数据未填报或数据准确性不强。

一是监测频率低、监测样本少。由于部门资源调查制度对调查频率、监测样本的要求不同，部分部门资源调查频率低、监测样本少，导致部分数据存在缺口或数据准确性较差，数据质量难以保障。

二是资源存在交叉管理导致同一指标数据在不同部门之间存在差异。由于同一自然资源受不同主管部门管理，而不同的自然资源主管部门标准和要求又不同，导致同一资源状况的评价结果不一致，从而在数据上反映出同一指标在不同部门之间存在差异。

三是部分数据未下发或确认反馈时间较晚。由于部分部门数据上级没有按年度反馈或者反馈时间较晚，导致部分年度数据空缺。

四是基层技术力量薄弱。由于各资源资产负债表的填报，需要收集和整理大量定性和定量的资料，同时还需要非常专业的推算技巧和统计能力，但目前从相关部门反映的情况看，娄底市部分基层资源管理部门资金缺乏且基础工作薄弱，专业技术人员较少，各基础条件还难以支撑编表填报率达100%。

五是其他原因导致的数据缺口。由于南北资源状况和开发利用的情况不同，长期以来娄底市地下水难于监测，地下水数据缺失，且由于水资源的流动性、随机性和可再生性等特点，水资源的存量增加和减少都无法细分到水库、河流和地下水部分，数据缺口较大。

（二）《编制指南》中存在的问题

部门当前监管职能相对侧重于"生产使用管理"，相比之下，《编制指南》指标选取更为宏观宽泛，不完全符合部门资源调查实际情况且基层部门理解与填报存在困难。因此，在试点数据采集填报过程中，部分资源管理部门反映试点表指标设置与常规调查监测指标设置不一致，导致部分指标设计与部门现行调查体系脱节，试点表数据难以填报。

一是指标设置不合理。如Ⅱ507水资源表与现有水资源调查体系指标设置差异较大，各试点地区填报率普遍不高，依国家水利部回复的情况看，可填可不填的指标占到总设置指标的约1/3。

二是缺乏考核性指标的设置。编表工作是为了全面客观反映地方领导干部在重视、利用和保护本地自然资源所做的工作，并最终服务于领导干部自然资源资产离任审计，但从试点指标设置看，试点表中缺乏考核性指标，与领导干部自然资源资产离任审计衔接不够。

三是其他问题。①报表时间问题，如II505林木资源表与所有试点表的调查时间设置均为公历年度，即1月1日至12月31日，但按照林业生产的特殊性，林业资源调查监测时段为统计年度前一年第四季度至本年度前三季度，时间上存在偏差；②指标解释等相关说明不够明确的问题，由于部分资源的现行调查体制和现有资料无法满足试点表填报要求，指标解释和计算方法不明确、操作性不强的问题突显，致使部分指标无法填报或精确填报；③关于数据取整的问题，如II501表土地资源数据和II502表耕地质量等别数据。因部分数据较小，如果按照试点表下方说明"表中数据取整数"后，将无法准确得到相关资源类别的动态变化情况，因此上述两表的数据填报按国土资源部下发数据格式保留至小数点后两位。

三 建议

（一）进一步建立健全资源调查管理体制

1. 进一步完善资源调查体制

①完善草地资源调查制度。II504表草地资源数据：娄底市虽已填报2015年草地资源数据，但与国土部门填报草地面积数据差异非常大，两者哪个数据更符合实际无从知晓，建议尽快启动第二次全国草山资源普查，以充分反映各地草地资源实际情况，而在资源实际情况不明之前，建议暂时不编制草地资源相关数据。

②完善耕地资源调查制度。II502表耕地质量等别数据：建议国土部门在条件允许的情况下进行年度耕地质量更新评价工作或固定年度调查和发布耕地质量等别数据，II503表耕地质量等级数据：建议农业部门在条件允许的情况下进行年度耕地质量等级划分工作或固定年度调查和发布耕地质量等级数据。

③完善林木资源调查制度。II505表林木资源数据：针对现有"生长率"为全省统一，但由于地域不同，土质、空气湿度等林木资源生长环境也不同，

林分生长率也不同的情况，建议实现"生长率"区域化，尽快启动"区域性生长率"调查，分析整理并抓紧编制全面系统的区域性生长率等基础性技术资料，以提高编表质量，生长率调查可以以市州为单位进行，对于林相复杂、面积较大的也可以县市区为单位进行调查编制。

2. 进一步加强资源管理监控力度

①增加监测频率和监测样本。II507表水资源数据和II508表水环境数据。建议在国控水资源、水环境监控管理系统构建的基础上，加大对取水口、排污口、河道关键断面的水量、水质进行实时监控，尤其是要加大对娄底市水库和地下水水量和水质的监测，以弥补水库、地下水相关数据大量缺失的问题。

②强化基层监测技术力量的配备。资源调查是一项对业务能力要求极高的工作，但从各部门反映情况看，熟悉相关专业知识、懂得技术操作的基层工作人员相当匮乏，这是试点工作中一个较为突出的问题，为此，建议专门培养并配备一批有干劲、能吃苦、懂技术的基层工作人员，抓好源头调查和监测，确保获取的源头数据专业、可靠。

3. 实现编表与现有资源管理体制指标设置的无缝对接

针对试点表指标与现行资源调查体制指标设置不一致的问题，建议各资源管理部门将自然资源资产负债表中要求填报的各项指标纳入现行资源调查体系并及时反馈公布相关数据，以便更好地完成自然资源资产负债表的编制任务。

（二）完善《编制指南》的指标设置，明确资料来源

1. 进一步优化自然资源资产负债表的表格设置

（1）优化指标设置

①建议增加考核性指标的纳入。结合审计试点目的和实际反馈情况，建议充分考虑当地资源开发利用情况与经济社会健康可持续发展状况的关系，增加约束性指标和目标任务考核指标的纳入，尤其是涉及相关资源"红线"的指标。

②建议增加指标设置。建议在II502表耕地质量等别表和II503表耕地质量等级表中增加一栏"合计"，以直接反映耕地质量增减变化总体情况。

③建议删除部分指标。建议II507表指标完全采用《水资源公报》对应指

标，对部分无明确资料来源且缺乏明确指标解释和计算方法的指标进行删除，如由于南北的水资源状况和开发利用的情况不同，长期以来北方地下水监测体系完善，但南方河流水较充沛而地下水难于监测，地下水数据缺失，建议地下水这部分数据南方地区可不填报。

（2）合理确定填报时间

针对部分资源无法填报每个年度数据的情况，建议根据部门资源调查周期情况，合理设置报表时间，如根据国土部门耕地质量更新评价工作周期和农业部门耕地质量等级划分工作几年进行一次的实际情况，合理规定报表时间而不是笼统要求填报每个年度资源数据；如根据林业资源调查周期和《水资源公报》数据确定反馈时间，适当调整报表时间，将林业资源调查时间进行详细说明，以与其他部门林业资源调查数据进行有效比对，根据市级水资源数据反馈确认时间较晚的问题，将水资源数据填报时间适当延后。

（3）明确指标解释

建议明确指标解释，确保指标解释与现有资源调查体系指标解释保持一致，且针对现行调查体制中没有的指标进行详细说明，并附具体的测量和计算方法。

（4）合理取整或保留小数

建议 II501 表土地资源数据和 II502 表耕地质量等别数据按照国土资源部下发程序设置的保留两位小数进行填报，建议 II507 表水资源表数据保留整数。

2. 明确资料来源，确保资料来源的唯一性

针对不同部门之间同一指标数据存在差异的问题，建议国家国土、农业、林业和畜牧部门共同研究，确定耕地、林木和草地资源数据的唯一出处，确保各级编表部门相关工作的顺利开展，避免数出多门的情况。比如说湿地数据的来源部门，II501 表中明确湿地资料来源于林业部门，但根据《国土资源部办公厅关于征求〈土地利用现状分类（征求意见稿）〉意见的函》（国土资厅函〔2016〕1071 号），拟在《土地管理法》"三大类"（即农用地、建设用地、未利用地）的基础上，并行增加"湿地"类，因此在自然资源资产负债表的编制工作正式开始后，有可能会出现国土部门的湿地数据和林业部门的湿地数据不一致的情况，届时应明确主表中湿地数据的来源部门。

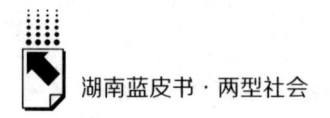

（三）加强自然资源资产负债表编制业务培训和指导

编表工作，知识面广，对专业知识要求高，掌握相关专业知识，有助于了解资料来源、划分标准和取值原则，而目前试点工作人员中，熟悉这些专业知识的人很少，尤其是统计部门作为牵头部门，历来对部门资源领域缺乏了解更谈不上专业，且一年的试点时间能学到的相关知识少之又少。因此，建议国家试点工作指导小组及国家相关部委，立足使用目的，集中或分别组织各级相关部门业务人员进行业务培训和学习，确保执行方案的上下一致，重点是针对试点工作中出现的问题，加强专业知识讲解和业务指导，以利于全国各级相关编表工作部门编制自然资源资产负债表工作得以全面、顺利铺开。

评 价 篇

Evaluation Report

B.26 长株潭试验区两型社会建设综合评价报告（2015年）

湖南省统计局　湖南省长株潭两型社会试验区建设管理委员会*

　　2007年12月长株潭城市群成功获批全国资源节约型和环境友好型社会建设综合配套改革试验区以来，长株潭试验区积极主动适应经济新常态，深入推进体制机制创新，强化两型科技支持能力，加快循环经济发展，加强生态环境治理，把全省两型社会建设推向了新的台阶。2015年是长株潭试验区第二阶段收官之年，对前期工作成效进行科学、客观、准确的评价，对第三阶段长株潭试验区两型社会建设具有重要的指导意义。

---

* 顾问：陈向群，湖南省人民政府常务副省长。主编：张世平，湖南省统计局局长；宋冬春，湖南省机关事务管理局局长，时任湖南省长株潭两型社会试验区建设管理委员会常务副主任。副主编：李绍文，湖南省统计局副局长；姜海林，湖南省长株潭两型社会试验区建设管理委员会委员。成员：蔡冬娥、李伏军、肖首雄、刘峰、彭雅、彭程。

一　长株潭试验区①两型社会建设总体评价

（一）指标体系

2015年两型评价体系分为经济社会、资源节约、生态环保三个领域，包括29个具体指标，其中，正向指标25个，逆向指标4个。

（二）总体评价

1. 综合评价指数

通过多指标综合加权计算，结果显示，2015年，长株潭试验区两型社会建设综合评价总指数为105.8（见表1）。经济社会、资源节约和生态环保三个领域发展水平较上年均有所提升。其中，经济社会领域指数最高，为113.7，对总指数贡献4.1个百分点；其次，资源节约领域指数为102.1，对总指数贡献0.6个百分点；生态环保领域指数为102.7，对总指数贡献1.1个百分点。在评价体系所包括的29个指标中，与2014年比，2015年有23个指标的指数呈正向发展，有4个指标的指数呈逆向发展，有2个指标的指数持平。②表现在三个方面。

一是经济社会继续保持高水平发展。2015年，长株潭试验区人均GDP比2014年增加3849.7元，达到55323.8元，比全省平均水平高29.4%。研究与试验发展（R&D）经费投入强度比2014年提高0.04个百分点，达到1.54%，高于全省平均水平0.12个百分点。高新技术产业增加值占GDP比重比2014年提高1.8个百分点，达到22.45%，比全省平均水平高1.2个百分点。互联网用户入户率比2014年提高7.68个百分点，达到48.68%，高出全省平均水

---

① 长株潭试验区包括：长沙市、株洲市、湘潭市、衡阳市、岳阳市、常德市、益阳市、娄底市。根据2011年6月湖南省政府批准郴资桂一体化区域为省两型社会建设示范点的文件精神，本报告将郴州市纳入长株潭试验区评价范围。

② 2015年以前，湖南省实施《环境空气质量标准》（GB3095-1996），评价指标为3项：PM_{10}、SO_2、NOx。2015年开始，湖南省实施《环境空气质量标准》（GB3095-2012），评价指标为6项：PM_{10}、SO_2、NOx、$PM_{2.5}$、CO、O_3，相比1996年标准更加严格。因2014年与2015年数据口径不统一，缺乏可比性，空气质量良好天数达标率的二级指数为100。

平4.98个百分点。城乡居民人均可支配收入比2014年增加1745元，达到21946元，比全省平均水平高13.6%。城镇化率比2014年提高1.6个百分点，达到54.7%，比全省平均水平高出3.8个百分点。单位GDP生产安全事故死亡人数为0.016人/亿元，比2014年下降30.4%，比全省平均水平低38.5%。

二是资源集约利用水平进一步提高。2015年，单位建设用地GDP比2014年提高6.2%，达到2.21亿元/平方公里，比全省平均水平高0.42亿元/平方公里。单位GDP能耗下降率为7.34%，比全省平均水平高0.36个百分点。规模工业增加值中六大高耗能行业占比同比降低0.67个百分点，为28.5%，比全省平均水平低1.8个百分点。全社会劳动生产率比2014年提高7.5%，达8.65万元/人，比全省平均水平高20.1%。工业用水重复利用率比2014年提高4.3个百分点，达84.32%，高于全省平均水平1.9个百分点。工业固体废物综合利用率比2014年提高2.8个百分点，达81.1%，高出全省平均水平15.7个百分点。每万人拥有公共交通车辆由2014年的4标台增加到4.5标台，比全省平均水平多21.6%。

三是生态环保治理成效凸显。2015年，森林蓄积量同比增加4.3%，达22978万立方米。湿地保护率同比提高2.48个百分点，达73.32%，高出全省平均水平0.82个百分点。城市人均公园绿地面积10.57平方米，比全省平均水平高0.58平方米。城市生活垃圾无害化处理率100%，高出全省平均水平0.2个百分点。城市污水处理率比2014年提高2.4个百分点，达94.0%，比全省平均水平高1.3个百分点。主要污染物排放总量比2014年下降10.7万吨，为185.5万吨。累计水土流失治理面积占水土流失面积比率比2014年提高2.66个百分点，达66.93%。环境污染治理投资占GDP的比重为0.54%，比全省平均水平高0.02个百分点。

2. 指数排名情况

（1）两型社会横向指数[①]排名情况。2015年，长沙市在全省各地区中两型社会横向综合评价总指数最高，为84；株洲市、湘潭市分列第2位和第3位，分别为72.7和68.9；常德市、岳阳市、郴州市分列第4位、第5位、第6位。

---

① 横向指数根据每个指标的最高（正指标）或最低（逆指标）值为标准计算各地区分指数和总指数，从静态上衡量同一时期、不同地区两型社会建设状况，主要用于反映各地区两型社会建设整体水平的高低情况。

表1 2015年长株潭试验区两型社会建设指数

指标		2015年实际值	二级指数	一级指数	总指数
经济社会	人均GDP(元)	55323.8	107.5	113.7	105.8
	研究与试验发展(R&D)经费投入强度(%)	1.54	102.7		
	高新技术产业增加值占GDP比重(%)	22.4	108.7		
	互联网用户入户率(%)	48.7	118.9		
	城乡居民人均可支配收入(元)	21945.9	108.6		
	城镇化率(%)	54.7	103.0		
	单位GDP生产安全事故死亡人数(人/亿元)	0.016	146.9		
资源节约	单位建设用地GDP(亿元/平方公里)	2.2	106.2	102.1	
	单位GDP能耗下降率(%)	7.3	106.3		
	规模工业增加值中六大高耗能行业占比(%)	28.5	102.3		
	人均综合用水量(吨)	536.5	101.2		
	固定资产投资效果系数(%)	9.2	76.4		
	全社会劳动生产率(万元/人)	86502.2	107.5		
	工业用水重复利用率(%)	84.32	105.1		
	工业固体废物综合利用率(%)	81.1	103.7		
	每万人拥有公共交通车辆(标台)	4.5	113.3		
	单位GDP建设用地下降率(%)	6.6	98.9		
生态环保	森林蓄积量(万立方米)	22977.8	104.3	102.7	
	湿地保护率(%)	73.3	103.5		
	空气质量良好天数达标率(%)	89.3	100		
	水功能区达标率(%)	88.6	106.3		
	城市污水处理率(%)	94.0	102.6		
	城市生活垃圾无害化处理率(%)	100.0	100.0		
	城市人均公园绿地面积(平方米)	10.6	102.8		
	主要污染物排放总量(万吨)	185.5	105.8		
	累计水土流失治理面积占水土流失面积比率(%)	66.9	104.1		
	生态用地比例(%)	61.9	99.7		
	主要农产品中有机、绿色及无公害种植面积占比(%)	23.9	110.9		
	环境污染治理投资占GDP的比重(%)	0.54	92.6		

益阳市环境污染治理投资占GDP的比重、全社会劳动生产率大幅低于全省平均水平，在9市中位居第7位。衡阳市湿地保护率、城市污水处理率、累计水土流失治理面积占水土流失面积比率为全省最低，在9市中位居第8位。娄底市高新技术产业增加值占GDP比重、全社会劳动生产率、每万人拥有公共交通车辆数大幅低于全省平均水平，排名第9。从各地区分领域的横向指数排位看，在经济社会领域，长沙市依旧保持领先水平，指数为100，株洲市、湘潭市、岳阳市均在第二梯次水平；资源节约领域中，长沙市、常德市、衡阳市位列前三；郴州市、常德市、株洲市在生态环保领域中排名靠前，指数均在76以上。

（2）两型社会纵向指数①排名情况。2015年，娄底市、常德市和岳阳市两型社会建设纵向指数位列长株潭试验区的前三位，分别为111.8、108.7和108.3。益阳市和衡阳市分列第4位、第5位。郴州市、长沙市分列第6位和第7位。株洲市三大领域发展速度排名分别为第7、第8和第7，资源节约领域发展指数只有96.4，其中单位GDP能耗下降率、环境污染治理投资占GDP比重远低于2014年水平，在9市中位居第8。湘潭市三大领域发展速度排名分别为第9、第6和第5，资源节约领域发展指数只有99.1，研究与试验发展（R&D）经费投入强度、环境污染治理投资占GDP比重较2014年均下降30%以上，排名最后。从各地区分领域的纵向指数排位看，益阳市在经济社会领域中的发展速度最快，指数为117.1，娄底市、常德市分列第2、第3；资源节约领域中，娄底市的发展速度最快；生态环保领域中，常德市的发展指数位于前列。

表2 2015年长株潭试验区各地区指数排名情况

地区	横向指数	排名	纵向指数	排名
长沙市	84.0	1	104.9	7
株洲市	72.7	2	103.6	8
湘潭市	68.9	3	102.2	9
衡阳市	61.5	8	106.6	5

---

① 纵向指数是以上年为基期，分别计算出各地区分指数和总指数，从动态上反映同一地区不同时期两型社会建设进展情况。

续表

地区	横向指数	排名	纵向指数	排名
岳阳市	67.1	5	108.3	3
常德市	67.3	4	108.7	2
益阳市	62.7	7	106.8	4
娄底市	58.9	9	111.8	1
郴州市	66.1	6	106.1	6

表3 2015年长株潭试验区各地区分领域横向指数排名情况

地区	经济社会 横向指数	排名	资源节约 横向指数	排名	生态环保 横向指数	排名
长沙市	100.0	1	82.2	1	73.4	4
株洲市	71.4	2	67.8	5	77.3	3
湘潭市	65.1	3	67.9	4	72.5	5
衡阳市	46.5	7	69.0	3	67.1	9
岳阳市	61.6	4	66.4	7	71.8	7
常德市	48.2	6	71.8	2	78.1	2
益阳市	46.3	8	66.7	6	72.0	6
娄底市	39.8	9	62.9	8	70.3	8
郴州市	50.9	5	51.9	9	88.1	1

表4 2015年长株潭试验区各地区分领域纵向指数排名情况

地区	经济社会 纵向指数	排名	资源节约 纵向指数	排名	生态环保 纵向指数	排名
长沙市	114.8	4	102.7	4	99.0	8
株洲市	112.8	7	96.4	8	102.1	7
湘潭市	104.0	9	99.1	6	103.2	5
衡阳市	114.1	6	103.8	3	103.0	6
岳阳市	112.6	8	100.9	5	110.6	2
常德市	116.2	3	98.1	7	110.9	1
益阳市	117.1	1	108.7	2	97.5	9
娄底市	116.2	2	109.6	1	110.2	3
郴州市	114.4	5	95.2	9	108.0	4

二 长株潭地区两型社会建设评价

(一)长株潭地区两型社会建设总体评价

1. 综合评价指数

2015年,长沙、株洲、湘潭三市两型社会建设综合评价总指数为104.3,三个评价领域发展水平比上年均有所提高。其中:经济社会领域指数在三个领域中最高,资源节约领域指数次之,生态环保领域指数再次之,分别为112.3、101.1、100.6,对总指数的贡献分别为3.7个、0.3个、0.3个百分点。与2014年比,29个评价指标中,有20个指标的指数呈正向发展;有7个指标的指数呈逆向发展,分别为研究与试验发展(R&D)经费投入强度、单位GDP能耗下降率、固定资产投资效果系数、工业用水重复利用率、单位GDP建设用地下降率、生态用地比例及环境污染治理投资占GDP的比重;有2个指标的指数与上年持平,分别为空气质量良好天数达标率和城市生活垃圾无害化处理率。

从具体指标看,经济社会领域,2015年长株潭地区继续保持核心引领地位,经济社会持续健康稳定发展。一是经济发展水平继续提升。2015年,长株潭地区人均GDP比2014年增加6130元,达88552元,为全省平均水平的2.07倍。互联网用户入户率比2014年提高10.2个百分点,达68.1%,比全省平均水平高24.4个百分点。城乡居民人均可支配收入比2014年增加2368元,达到30655元,比全省平均水平高58.7%。城镇化率比2014年提高1.7个百分点,达到67.7%,比全省平均水平高16.8个百分点。单位GDP生产安全事故死亡人数比2014年下降33.3%,为0.012人/亿元。二是科技支持作用进一步强化。2015年,长株潭地区高新技术产业增加值占GDP比重比2014年提高2.65个百分点,达到30.22%,比全省平均水平高9个百分点,研究与试验发展(R&D)经费投入强度比全省平均水平高0.6个百分点,达到2.02%。

资源节约领域,长株潭地区继续保持在高水平。一是自然资源利用水平进一步提升。2015年,长株潭地区单位建设用地GDP比2014年提高6%,达到

3.37亿元/平方公里，是全省平均水平的1.88倍。规模工业增加值中六大高耗能行业占比为24.7%，比全省平均水平低5.6个百分点。人均综合用水量为560.9立方米，比2014年减少14.4立方米。二是社会资源集约程度继续提高。2015年，全社会劳动生产率比2014年提高9.1%，达14.23万元/人，是全省平均水平的1.98倍。每万人拥有公共交通车辆比2014年增加1.2标台，达8.58标台，是全省平均水平的2.3倍。三是资源循环利用水平继续领先全省。2015年，工业用水重复利用率为91.3%，比全省平均水平高4.6个百分点。工业固体废物综合利用率比2014年提高2.1个百分点，达92.2%，比全省平均水平高26.8个百分点。

生态环保领域，一是生态保护工作进一步加强。2015年，长株潭地区湿地保护率比2014年提高8.25个百分点，达63.75%。森林蓄积量比2014年增加238万立方米，达5924.7万立方米。城市人均公园绿地面积比2014年增加0.16平方米，达10.46平方米，比全省平均水平高0.47平方米。二是环境治理效果有所增强。2015年，水功能区达标率为80.56%，比2014年提高8.34个百分点。城市污水处理率为96.4%，比2014年提高1.4个百分点，比全省平均水平高3.7个百分点。累计水土流失治理面积占水土流失面积比率为88.02%，比2014年提高1.49个百分点，比全省平均水平高16.63个百分点。主要农产品中有机、绿色及无公害种植面积占比为30.2%，比2014年提高2.45个百分点，比全省平均水平高8.8个百分点。主要污染物排放总量为47.16万吨，比2014年减少2.88万吨。城市生活垃圾无害化处理率100%，与2014年持平。三是环境治理投资力度有所减弱。2015年，环境污染治理投资占GDP的比重比2014年降低0.24个百分点，仅为0.32%。

2.规划目标完成情况

根据长株潭城市群区域规划中的目标任务，综合配套改革试验分三个阶段推进[①]，其中第二阶段为2011~2015年，目标为纵深推进各项改革。

---

① 根据长株潭城市群区域规划中的目标任务，综合配套改革试验分"三个阶段推进"，其中第一阶段为2008~2010年，全面启动各项改革。第二阶段为2011~2015年，纵深推进各项改革。第三阶段为2016~2020年，完成两型社会建设综合配套改革的主要任务。

表5 2015年长株潭地区两型社会建设指数

	指 标	2015年实际值	二级指数	一级指数	总指数
经济社会	人均GDP(元)	88552	107.4	112.3	104.3
	研究与试验发展(R&D)经费投入强度(%)	2.02	99.0		
	高新技术产业增加值占GDP比重(%)	30.22	109.6		
	互联网用户入户率(%)	68.12	117.6		
	城乡居民人均可支配收入(元)	30655	108.4		
	城镇化率(%)	67.74	102.7		
	单位GDP生产安全事故死亡人数(人/亿元)	0.012	141.3		
资源节约	单位建设用地GDP(亿元/平方公里)	3.37	106.0	101.1	
	单位GDP能耗下降率(%)	6.69	92.8		
	规模工业增加值中六大高耗能行业占比(%)	24.69	100.5		
	人均综合用水量(吨)	560.87	102.6		
	固定资产投资效果系数(%)	9.59	83.3		
	全社会劳动生产率(万元/人)	14.23	109.1		
	工业用水重复利用率(%)	91.27	98.7		
	工业固体废物综合利用率(%)	92.21	102.3		
	每万人拥有公共交通车辆(标台)	8.58	116.2		
	单位GDP建设用地下降率(%)	6.55	99.7		
生态环保	森林蓄积量(万立方米)	5924.74	104.2	100.6	
	湿地保护率(%)	63.75	114.9		
	空气质量良好天数达标率(%)	89.9	100.0		
	水功能区达标率(%)	80.56	111.5		
	城市污水处理率(%)	96.41	101.5		
	城市生活垃圾无害化处理率(%)	100.00	100.0		
	城市人均公园绿地面积(平方米)	10.46	101.6		
	主要污染物排放总量(万吨)	47.16	106.1		
	累计水土流失治理面积占水土流失面积比率(%)	88.02	101.7		
	生态用地比例(%)	60.60	99.6		
	主要农产品中有机、绿色及无公害种植面积占比(%)	30.20	108.8		
	环境污染治理投资占GDP的比重(%)	0.32	57.4		

2015年，长株潭城市群规划10项指标中，有5项已经达到2020年规划目标值。分别是：①万元GDP能耗比2007年降低58.86%，达到2015年目标的168.2%，达到2020年目标的125.2%；②单位GDP取水量为63.3吨/万元，达到2020年目标实现率；③单位建设用地GDP为3.37亿元/平方公里，分别达到2015年目标的201.8%、2020年目标的168.5%；④区域森林覆盖率为56.09%，分别达到2015年目标的100.7%、2020年目标的100.2%；⑤主要污染物二氧化硫、化学需氧量、氮氧化物和氨氮排放强度分别低于全国平均水平71.06%、45.13%、65.91%和33.24%，不仅达到2015年低于全国平均水平的目标，而且达到2020年低于全国平均水平10%的目标。

有2项已经达到2015年规划目标。分别是：①人均GDP为8.86万元，达到2015年目标的147.7%和2020年目标的80.5%；②高新技术产业增加值GDP占比为30.22%，达到2015年目标的116.2%和2020年目标的86.3%。

有3项指标须加大工作力度。分别为：①常住人口规模为1425.60万人，距2015年目标差174.4万人。城镇化率为67.7%，距2015年目标差2.3个百分点。人均公园绿地面积10.46平方米/人，略低于国家有关标准。其中，常住人口规模增长率最低为湘潭市，为0.8%；株洲和湘潭的城镇化均未达到2015年目标值，湘潭比长株潭地区城镇化率要低9.42个百分点，差距较大；三市的人均公园绿地面积，最高的为株洲，最低的为湘潭。

表6 2015年长株潭地区规划目标完成情况

指标	2015年实际值	目标实现率 2015年目标实现率(%)	目标实现率 2020年目标实现率(%)	2015年目标值	2020年目标值
人均GDP(万元)	8.86	147.7	80.5	6	11
高新技术产业增加值GDP占比(%)	30.22	116.2	86.3	26	35
常住人口规模(万人)	1425.60	89.1	79.2	1600	1800
城镇化率(%)	67.7	96.7	84.6	>70	>80
万元GDP能耗降低(在2007年基础上降低%)	58.86	168.2	125.2	35	47
单位面积产出(亿元/平方公里)	3.37	201.8	168.5	1.67	2

续表

指标		2015年实际值	目标实现率 2015年目标实现率(%)	目标实现率 2020年目标实现率(%)	2015年目标值	2020年目标值
单位GDP取水量(吨/万元)		63.3	—	—	150	100
区域森林覆盖率(%)		56.09	100.7	100.2	55.7	56
人均公园绿地(平方米/人)		10.46	87.2	87.2	12	>12
主要污染物排放强度(吨/亿元)		全国	长株潭	—	低于全国平均水平	低于全国平均水平10%
	二氧化硫	27.47	7.95	低于全国平均71.06%		
	化学需氧量	32.86	18.03	低于全国平均45.13%		
	氮氧化物	27.37	9.33	低于全国平均65.91%		
	氨氮	3.40	2.27	低于全国平均33.24%		

注：单位面积产出口径为单位建设用地GDP，单位GDP取水量口径为单位GDP用水量。

表7 2015年长沙、株洲、湘潭三市规划目标完成情况

指标		长株潭地区	长沙市	株洲市	湘潭市
人均GDP(万元)		8.86	11.54	5.87	6.04
高新技术产业增加值GDP占比(%)		30.22	32.1	22.5	31.5
常住人口规模(万人)		1425.60	743.18	400.05	282.37
城镇化率(%)		67.7	74.4	62.1	58.28
万元GDP能耗降低(在2007年基础上降低)%		58.86	—	—	—
单位面积产出(亿元/km²)		3.37	4.60	2.16	2.14
单位GDP取水量(吨/万元)		63.3	43.91	95.20	116.73
区域森林覆盖率(%)		56.09	54.8	61.85	46.2
人均公园绿地(平方米/人)		10.46	10.42	11.60	9.14
主要污染物排放强度(吨/亿元)		全国	长株潭		
	二氧化硫	27.47	7.95	2.08	4.10	3.80
	化学需氧量	32.86	18.03	10.88	6.11	5.65
	氮氧化物	27.37	9.33	4.45	3.64	3.62
	氨氮	3.40	2.27	1.29	0.84	0.71

注：单位面积产出口径为单位建设用地GDP，单位GDP取水量口径为单位GDP用水量。

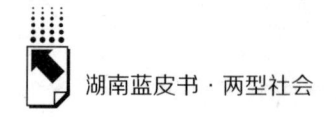

（二）长沙市两型社会建设评价

2015年，长沙市两型社会建设综合评价总指数为104.9，比长株潭试验区总指数低0.9个百分点。分领域看，经济社会和资源节约两个评价领域的发展水平比2014年有所提高，但生态环保领域发展水平有所下降。其中：经济社会领域指数在三个领域中最高，资源节约领域指数次之，生态环保领域指数最低，分别为114.8、102.7、99.0，对总指数的贡献分别为4.5个、0.8个、-0.4个百分点。与2014年比，29个评价指标中，有23个指标的指数呈正向发展，有4个指标的指数呈逆向发展，2个指标的指数持平。

从具体指标看，经济社会领域中，一是经济社会继续保持高水平发展。2015年，人均GDP比2014年增长7.2%，达115443元，为全省平均水平的2.7倍。互联网用户入户率比2014年提高11.5个百分点，达75.6%，比全省平均水平高31.7个百分点，为全省最高。单位GDP生产安全事故死亡人数比2014年下降38.5%，为0.008人/亿元，为全省最低。城镇化率比2014年提高2.1个百分点，达74.4%，比全省平均水平高23.5个百分点。城乡居民人均可支配收入比2014年提高8.2%，达34860元，是全省平均水平的1.8倍。二是科学引擎作用继续加强。2015年，研究与试验发展（R&D）经费投入强度比2014年提高0.02个百分点，达2.21%，高出全省平均水平0.79个百分点，是全省投入强度最高的市。高新技术产业增加值占GDP比重比2014年提高3.6个百分点，达32.1%，比全省平均水平高10.9个百分点。

资源节约领域中，一是自然资源利用水平进一步提高。2015年，单位建设用地GDP比2014年提高5.6%，达到4.60亿元/平方公里，是全省平均水平的2.6倍。单位GDP能耗下降率为5.8%，比2014年提高0.09个百分点。规模工业增加值中六大高耗能行业占比24.7%，比全省平均水平低5.6个百分点。人均综合用水量比2014年减少18.1吨，为506.93吨。二是社会资源集约程度继续提高。2015年，全社会劳动生产率比2014年提高8%，达到18.42万元/人，是全省平均水平的2.56倍。每万人拥有公共交通车辆比2014年增加2.2标台，达12.4标台，为全省平均水平的3.35倍。三是资源循环利用效率有所提高。2015年，工业固体废物综合利用率比2014年提高0.7个百分点，达85.6%。工业用水重复利用率比2014年提高1.84个百分点，达41.93%。

生态环保领域中，一是生态宜居环境持续改善。2015年，森林蓄积量比2014年增加106万立方米，为2675万立方米。湿地保护率比2014年提高6.1个百分点，为61.22%。城市人均公园绿地面积比2014年增加0.23平方米，为10.42平方米。二是环境治理水平进一步提高。2015年，主要污染物排放总量比2014年减少0.75万吨，为18.69万吨。累计水土流失治理面积占水土流失面积的比率比2014年提高0.42个百分点，为88.07%，比全省平均水平高16.68个百分点。城市污水处理率比2014年提高0.8个百分点，为97.7%。水功能区达标率比2014年提高3.6个百分点，为75%。三是生态环境保护任务仍旧艰巨。2015年生态用地比例为57.37%，比2014年低0.3个百分点，且低于全省平均水平9.6个百分点。

表8　2015年长沙市两型社会建设指数

	指　标	2015年实际值	二级指数	一级指数	总指数
经济社会	人均GDP(元)	115443	107.2	114.8	104.9
	研究与试验发展(R&D)经费投入强度(%)	2.21	101.2		
	高新技术产业增加值占GDP比重(%)	32.08	112.5		
	互联网用户入户率(%)	75.56	117.8		
	城乡居民人均可支配收入(元)	34860	108.2		
	城镇化率(%)	74.38	102.8		
	单位GDP生产安全事故死亡人数(人/亿元)	0.008	154.1		
资源节约	单位建设用地GDP(亿元/平方公里)	4.60	105.6	102.7	
	单位GDP能耗下降率(%)	5.80	101.6		
	规模工业增加值中六大高耗能行业占比(%)	24.68	94.9		
	人均综合用水量(吨)	506.93	103.6		
	固定资产投资效果系数(%)	10.77	87.2		
	全社会劳动生产率(万元/人)	18.42	108.0		
	工业用水重复利用率(%)	41.93	104.6		
	工业固体废物综合利用率(%)	85.61	100.8		
	每万人拥有公共交通车辆(标台)	12.36	120.9		
	单位GDP建设用地下降率(%)	6.18	100.0		

续表

指标		2015年实际值	二级指数	一级指数	总指数
生态环保	森林蓄积量（万立方米）	2675	104.1	99.0	104.9
	湿地保护率（%）	61.22	111.1		
	空气质量良好天数达标率（%）	93.4	100.0		
	水功能区达标率（%）	75.00	105.0		
	城市污水处理率（%）	97.72	100.8		
	城市生活垃圾无害化处理率（%）	100.00	100.0		
	城市人均公园绿地面积（平方米）	10.42	102.2		
	主要污染物排放总量（万吨）	18.69	104.0		
	累计水土流失治理面积占水土流失面积比率（%）	88.07	100.5		
	生态用地比例（%）	57.37	99.5		
	主要农产品中有机、绿色及无公害种植面积占比（%）	30.51	104.5		
	环境污染治理投资占GDP的比重（%）	0.31	56.0		

（三）株洲市两型社会建设评价

2015年，株洲市两型社会建设综合评价总指数为103.6，比长株潭试验区总指数低2.2个百分点。经济社会和生态环保两个评价领域发展水平比2014年有所提高，但资源节约领域发展水平有所下降。其中：经济社会、资源节约、生态环保三个领域指数分别为112.8、96.4、102.1，对总指数的贡献分别为3.8个、-1.1个、0.9个百分点。与2014年相比，29个评价指标中，有18个指标的指数呈正向发展，有9个指标的指数呈逆向发展，有2个指标的指数持平。

从具体指标看，经济社会领域中，一是经济继续稳定发展。2015年，人均GDP比2014年增加3933元，达到58661元，高出全省平均水平15907元。城乡居民人均可支配收入比2014年增长8.6%，达26450元。城镇化率比2014年提高1.1个百分点，达62.1%，比全省平均水平高11.2个百分点。单位GDP生产安全事故死亡人数为0.016人/亿元，与2014年比，降幅达27.3%。二是科技创新驱动作用继续加强。2015年，高新技术产业增加值占

GDP比重比2014年提高0.9个百分点，达22.52%，比全省平均水平高1.3个百分点，但低于长沙、湘潭两市。研究与试验发展（R&D）经费投入强度比2014年提高0.2个百分点，为1.91%，比全省平均水平高0.49个百分点。互联网用户入户率比2014年提高9.8个百分点，达61.2%。

资源节约领域中，一是部分资源集约程度略有提高。2015年，单位建设用地GDP为2.16亿元/平方公里，比2014年提高6.3%。人均综合用水量为558.44吨，比2014年减少24.6吨。全社会劳动生产率为9.4万元/人，比2014年提高6.5%，是全省平均水平的1.3倍。二是资源循环利用水平有待提升。2015年，工业固体废物综合利用率为88.64%，比2014年降低0.16个百分点。

生态环保领域中，一是生态环境逐渐改善。2015年，森林蓄积量比2014年增长4.2%，为2340万立方米。湿地保护率比2014年提高19.8个百分点，为62.37%。城市污水处理率比2014年提高0.5个百分点，达95.36%，比全省平均水平高2.7个百分点。城市人均公园绿地面积11.60平方米，比全省平均水平多1.61平方米。主要农产品中有机、绿色及无公害种植面积占比比2014年提高1.27个百分点，达31.25%，比全省平均水平高9.86个百分点。二是减排效果持续向好。2015年，主要污染物排放总量比2014年减少1.02万吨，为14.69万吨。水功能区达标率比2014年提高12.5个百分点，达87.5%。三是环境治理投入比重持续减少。2015年，环境污染治理投资占GDP的比重比2014年下降0.14个百分点，为0.33%，仅为全省平均水平的62.3%。

表9 2015年株洲市两型社会建设指数

	指　标	2015年实际值	二级指数	一级指数	总指数
经济社会	人均GDP(元)	58661	107.2	112.8	103.6
	研究与试验发展（R&D）经费投入强度(%)	1.91	111.8		
	高新技术产业增加值占GDP比重(%)	22.52	104.2		
	互联网用户入户率(%)	61.15	119.2		
	城乡居民人均可支配收入(元)	26450	108.6		
	城镇化率(%)	62.10	101.8		
	单位GDP生产安全事故死亡人数(人/亿元)	0.016	136.5		

续表

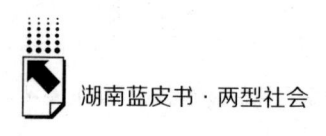

指标		2015年实际值	二级指数	一级指数	总指数
资源节约	单位建设用地GDP(亿元/平方公里)	2.16	106.3	96.4	
	单位GDP能耗下降率(%)	8.03	84.8		
	规模工业增加值中六大高耗能行业占比(%)	40.56	97.9		
	人均综合用水量(吨)	558.44	104.4		
	固定资产投资效果系数(%)	8.00	69.7		
	全社会劳动生产率(万元/人)	9.4	106.5		
	工业用水重复利用率(%)	85.71	97.0		
	工业固体废物综合利用率(%)	88.64	99.8		
	每万人拥有公共交通车辆(标台)	4.35	99.6		
	单位GDP建设用地下降率(%)	6.63	98.3		
生态环保	森林蓄积量(万立方米)	2340	104.2	102.1	103.6
	湿地保护率(%)	62.37	119.8		
	空气质量良好天数达标率(%)	89.0	100		
	水功能区达标率(%)	87.50	116.7		
	城市污水处理率(%)	95.36	101.0		
	城市生活垃圾无害化处理率(%)	100.00	100.0		
	城市人均公园绿地面积(平方米)	11.60	100.1		
	主要污染物排放总量(万吨)	14.69	106.9		
	累计水土流失治理面积占水土流失面积比率(%)	87.32	102.9		
	生态用地比例(%)	68.59	99.8		
	主要农产品中有机、绿色及无公害种植面积占比(%)	31.25	104.2		
	环境污染治理投资占GDP的比重(%)	0.33	69.4		

(四)湘潭市两型社会建设评价

2015年,湘潭市两型社会建设综合评价总指数为102.2,经济社会和生态环保两个评价领域发展水平比2014年有所提高,但资源节约领域发展水平有所下降。其中:经济社会领域指数在三个领域中最高,生态环保领域指数次之,资源节约领域指数最低,分别为104.0、103.2、99.1,对总指数的贡献分别为1.2个、1.3个、-0.3个百分点。与2014年相比，29个评价指标中，有19个指标的指数呈正向发展，有8个指标的指数呈逆向发展，有2个指标的指数持平。

从具体指标看，2015年，经济社会领域中，人均GDP比2014年增长8.0%，达60430元。高新技术产业增加值占GDP比重比2014年提高0.47个百分点，达31.51%，比全省平均水平高10.3个百分点。互联网用户入户率比2014年提高7个百分点，达到56.24%，比全省平均水平高12.5个百分点。城乡居民人均可支配收入比2014年增长8.2%，达到23312元，比全省平均水平高3995元。城镇化率比2014年提高1.8个百分点，达到58.3%，比全省平均水平高7.4个百分点。单位GDP生产安全事故死亡人数比2014年减少20.6%，为0.027人/亿元。

资源节约领域中，一是社会资源进一步集约。全社会劳动生产率比2014年增长15.3%，为9.9万元/人，仅次于长沙，排在全省第二。每万人拥有公共交通车辆比2014年增长8.8%，达到4.66标台，比全省平均水平多1.0标台。单位建设用地GDP比2014年提高0.13%，为2.14亿元/平方公里，比全省平均水平高0.35%。二是资源循环利用水平较高。工业用水重复利用率为96.1%，仅次于娄底，排在全省第二。工业固体废物综合利用率为95.3%，比全省平均水平高29.9个百分点。三是自然资源的利用效率仍需加强。人均综合用水量比2014年增加23.4立方米，达705.4吨，仍为全省最高的地区。

生态环保领域中，一是减排效果进一步加强。城市污水处理率比2014年提高3.1个百分点，为93.1%。主要污染物排放总量比2014年减少1.041万吨，为13.8万吨。水功能区达标率比2014年提高16.1个百分点，为87.5%。二是生态环境进一步改善。湿地保护率比2014年提高9.2个百分点，达72%。森林蓄积量比2014年增加37万立方米，达910万立方米。城市人均公园绿地面积比2014年增加0.11平方米，为9.14平方米。主要农产品中有机、绿色及无公害种植面积占比比2014年提高6.5个百分点，为28.3%。累计水土流失治理面积占水土流失面积比率比2014年提高2.4个百分点，达到89.4%，高于全省平均水平18个百分点。三是环境治理投入力度持续减弱。2015年环境污染治理投资占GDP的比重比2014年下降0.34个百分点，仅为0.37%。

表10 2015年湘潭市两型社会建设指数

指标		2015年实际值	二级指数	一级指数	总指数
经济社会	人均GDP(元)	60430	108.0	104.0	102.2
	研究与试验发展(R&D)经费投入强度(%)	1.21	68.1		
	高新技术产业增加值占GDP比重(%)	31.51	101.5		
	互联网用户入户率(%)	56.24	114.0		
	城乡居民人均可支配收入(元)	23312	108.2		
	城镇化率(%)	58.28	103.1		
	单位GDP生产安全事故死亡人数(人/亿元)	0.027	124.9		
资源节约	单位建设用地GDP(亿元/平方公里)	2.14	106.3	99.1	
	单位GDP能耗下降率(%)	7.06	83.1		
	规模工业增加值中六大高耗能行业占比(%)	34.45	94.2		
	人均综合用水量(吨)	705.40	96.7		
	固定资产投资效果系数(%)	7.34	86.6		
	全社会劳动生产率(万元/人)	9.9	115.3		
	工业用水重复利用率(%)	96.07	99.5		
	工业固体废物综合利用率(%)	95.28	100.4		
	每万人拥有公共交通车辆(标台)	4.66	108.8		
	单位GDP建设用地下降率(%)	6.91	100.2		
生态环保	森林蓄积量(万立方米)	910	104.2	103.2	
	湿地保护率(%)	72.00	114.7		
	空气质量良好天数达标率(%)	87.4	100		
	水功能区达标率(%)	87.50	122.5		
	城市污水处理率(%)	93.14	103.5		
	城市生活垃圾无害化处理率(%)	100.00	100.0		
	城市人均公园绿地面积(平方米)	9.14	101.3		
	主要污染物排放总量(万吨)	13.78	108.1		
	累计水土流失治理面积占水土流失面积比率(%)	89.42	102.8		
	生态用地比例(%)	50.26	99.6		
	主要农产品中有机、绿色及无公害种植面积占比(%)	28.25	129.4		
	环境污染治理投资占GDP的比重(%)	0.37	51.9		

三 环长株潭地区①两型社会建设评价

(一)环长株潭地区两型社会建设总体评价

2015年,环长株潭地区两型社会建设综合评价总指数为107.6,与2014年比,三个评价领域的发展水平均有所提高。其中:经济社会领域指数在三个领域中最高,生态环保领域指数次之,资源节约领域指数再次之。经济社会、资源节约、生态环保三个领域的指数分别为115.5、102.9、105.3,对总指数的贡献分别为4.6个、0.9个、2.1个百分点。与2014年相比,29个评价指标中,有23个指标的指数呈正向发展,有3个指标的指数呈逆向发展,有3个指标的指数持平。

从具体指标看,经济社会领域中,一是经济社会发展较快。2015年,环长株潭地区人均GDP为40110元,比2014年增加2771元。互联网用户入户率为39.7%,比2014年提高6.4个百分点。城镇居民人均可支配收入为17795元,比2014年增长8.8%。城镇化率比2014年提高1.4个百分点,达到48.6%。单位GDP生产安全事故死亡人数降至0.018人/亿元,降幅达33.3%。二是科技创新引擎作用有所加强。研究与试验发展(R&D)经费投入强度比2014年提高0.09个百分点,为1.14%。高新技术产业增加值占GDP比重比2014年提高0.79个百分点,为13.39%。

资源节约领域中,一是节能降耗效果凸显。单位GDP能耗下降率为7.77%,高于全省平均水平0.79个百分点。规模工业增加值中六大高耗能行业占比为27.4%,比2014年降低1.52个百分点,低于全省平均水平2.9个百分点。二是资源集约利用水平进一步提升。单位建设用地GDP比2014年提高6.3%,达到1.6亿元/平方公里。全社会劳动生产率为6.29万元/人,比2014年增长7%。每万人拥有公共交通车辆数2.49标台,比2014年增加0.22标台。三是资源循环利用水平继续提高。工业固体废物综合利用率为91.2%,比全省平均水平高25.8个百分点。工业用水重复利用率为92.1%,比2014年

---

① 环长株潭地区指衡阳市、岳阳市、常德市、益阳市和娄底市。

提高7.2个百分点，比全省平均水平高5.4个百分点。

生态环保领域中，一是环境治理投入力度有所加强。环境污染治理投资占GDP的比重比2014年提高0.09个百分点，为0.58%，增幅达19.4%。城市污水处理率比2014年提高4.1个百分点，达89.38%。累计水土流失治理面积占水土流失面积比率比2014年提高2.97个百分点，达63.06%。主要农产品中有机、绿色及无公害种植面积占比比2014年提高2.08个百分点，达22.68%，高出全省平均水平1.29个百分点。二是生态环境持续改善。城市人均公园绿地面积比2014年增加4.7%，达到10.53平方米，比全省平均水平多0.54平方米。森林蓄积量比2014年提高4.3%，为11566万立方米。湿地保护率比2014年提高1.65个百分点，为74.74%，比全省平均水平高2.24个百分点。主要污染物排放总量比2014年减少4.92万吨，为118.97万吨。水功能区达标率比2014年提高3.98个百分点，为92.31%。

表11　2015年环长株潭地区两型社会建设指数

	指　标	2015年实际值	二级指数	一级指数	总指数
经济社会	人均GDP(元)	40110	107.4	115.5	107.6
	研究与试验发展(R&D)经费投入强度(%)	1.14	108.2		
	高新技术产业增加值占GDP比重(%)	13.39	106.5		
	互联网用户入户率(%)	39.70	119.1		
	城乡居民人均可支配收入(元)	17795.28	108.8		
	城镇化率(%)	48.62	102.9		
	单位GDP生产安全事故死亡人数(人/亿元)	0.018	155.3		
资源节约	单位建设用地GDP(亿元/平方公里)	1.64	106.3	102.9	
	单位GDP能耗下降率(%)	7.77	121.4		
	规模工业增加值中六大高耗能行业占比(%)	27.42	105.5		
	人均综合用水量(吨)	527.28	100.3		
	固定资产投资效果系数(%)	9.44	71.7		
	全社会劳动生产率(万元/人)	6.29	107.0		
	工业用水重复利用率(%)	92.08	108.5		
	工业固体废物综合利用率(%)	91.17	100.0		
	每万人拥有公共交通车辆(标台)	2.49	110.1		
	单位GDP建设用地下降率(%)	6.63	98.4		

续表

	指　标	2015年实际值	二级指数	一级指数	总指数
生态环保	森林蓄积量(万立方米)	11566	104.3	105.3	107.6
	湿地保护率(%)	74.74	102.3		
	空气质量良好天数达标率(%)	88.3	100		
	水功能区达标率(%)	92.31	104.5		
	城市污水处理率(%)	89.38	104.8		
	城市生活垃圾无害化处理率(%)	100.00	100.0		
	城市人均公园绿地面积(平方米)	10.53	104.7		
	主要污染物排放总量(万吨)	118.97	108.6		
	累计水土流失治理面积占水土流失面积比率(%)	63.06	104.9		
	生态用地比例(%)	58.98	99.8		
	主要农产品中有机、绿色及无公害种植面积占比(%)	22.68	110.1		
	环境污染治理投资占GDP的比重(%)	0.58	119.4		

(二)衡阳市两型社会建设评价

2015年，衡阳市两型社会建设综合评价总指数为106.6，与2014年比，三个评价领域发展水平均有所提高。其中：经济社会领域指数在三个领域中最高，资源节约领域指数次之，生态环保领域指数再次之，分别为114.1、103.8、103.0，对总指数的贡献分别为4.2个、1.2个、1.2个百分点。与2014年相比，29个评价指标中，有19个指标的指数呈正向发展，有8个指标的指数呈逆向发展，有2个指标的指数持平。

从具体指标看，经济社会领域中，一是经济社会进一步发展。2015年，单位GDP生产安全事故死亡人数比2014年下降34.6%，为0.017人/亿元。人均GDP比2014年增加2618元，为35538元。互联网用户入户率为37.22%，增幅达19.6%。城乡居民人均可支配收入比2014年增长9.0%，达到20212元。城镇化率比2014年提高0.7个百分点，达到49.20%。二是创新动能略显不足。2015年，研究与试验发展（R&D）经费投入强度虽然比2014年提高0.09个百分点，达0.75%，但仍低于全省平均水平0.67个百分点。高新技术产业增加值占GDP比重只有12.37%，同比下降0.66个百分点，低于全省平均水平8.8个百分点。

资源节约领域中，一是资源利用效率进一步提升。2015年，单位建设用地GDP比2014年增长6.5%，达到1.62亿元/平方公里。单位GDP能耗下降率9.04%，为试验区最高。全社会劳动生产率比2014年提高8.3%，达5.45万元/人。每万人拥有公共交通车辆比2014年增长19.5%，为3.3标台。人均综合用水量比2014年减少18.2吨，为445.8吨。二是资源循环利用水平有所下降。2015年，工业用水重复利用率比2014年降低0.28个百分点，为76.64%。工业固体废物综合利用率比2014年降低0.81个百分点，为86.46%。

生态环保领域中，一是生态环境继续改善。2015年，湿地保护率比2014年提高7.69个百分点，达到58.63%。森林蓄积量比2014年增长4.2%，为1705万立方米。水功能区达标率比2014年提高9.53个百分点，为95.24%。城市人均公园绿地面积比2014年增加7.3%，达9.53平方米。累计水土流失治理面积占水土流失面积比率比2014年提高2.28个百分点，为42.06%。主要污染物排放总量比2014年减少1.44万吨，为29.83万吨。城市污水处理率比2014年提高8个百分点，为84%。二是环境治理投入强度有所减少。2015年环境污染治理投资占GDP的比重为0.64%，同比降幅达31.2%。

表12　2015年衡阳市两型社会建设指数

	指　标	2015年实际值	二级指数	一级指数	总指数
经济社会	人均GDP(元)	35538	108.0	114.1	106.6
	研究与试验发展（R&D）经费投入强度(%)	0.75	113.5		
	高新技术产业增加值占GDP比重(%)	12.37	95.0		
	互联网用户入户率(%)	37.22	119.6		
	城乡居民人均可支配收入(元)	20212.00	109.0		
	城镇化率(%)	49.20	101.4		
	单位GDP生产安全事故死亡人数(人/亿元)	0.017	152.0		

续表

	指　　标	2015年实际值	二级指数	一级指数	总指数
资源节约	单位建设用地GDP(亿元/平方公里)	1.62	106.5	103.8	
	单位GDP能耗下降率(%)	9.04	127.1		
	规模工业增加值中六大高耗能行业占比(%)	30.19	98.6		
	人均综合用水量(吨)	445.78	104.1		
	固定资产投资效果系数(%)	9.69	75.7		
	全社会劳动生产率(万元/人)	5.45	108.3		
	工业用水重复利用率(%)	76.64	99.6		
	工业固体废物综合利用率(%)	86.46	99.1		
	每万人拥有公共交通车辆(标台)	3.25	119.5		
	单位GDP建设用地下降率(%)	7.19	98.9		
生态环保	森林蓄积量(万立方米)	1705	104.2	103.0	106.6
	湿地保护率(%)	58.63	115.1		
	空气质量良好天数达标率(%)	94.2	100		
	水功能区达标率(%)	95.24	111.1		
	城市污水处理率(%)	84.00	110.5		
	城市生活垃圾无害化处理率(%)	100.00	100.0		
	城市人均公园绿地面积(平方米)	9.53	107.3		
	主要污染物排放总量(万吨)	29.83	104.8		
	累计水土流失治理面积占水土流失面积比率(%)	42.06	105.7		
	生态用地比例(%)	58.32	99.7		
	主要农产品中有机、绿色及无公害种植面积占比(%)	19.23	108.8		
	环境污染治理投资占GDP的比重(%)	0.64	69.1		

(三)岳阳市两型社会建设评价

2015年,岳阳市两型社会建设综合评价总指数为108.3,三个评价领域比2014年均有所提高。其中:经济社会领域指数在三个领域中最高,生态环保领域指数次之,资源节约领域指数最低,经济社会、资源节约、生态环保三个领域指数分别为112.6、100.9、110.6,对总指数贡献分别为

3.7个、0.3个、4.3个百分点。与2014年相比，29个评价指标中，有22个指标的指数呈正向发展，有5个指标的指数呈逆向发展，有2个指标的指数持平。

从具体指标看，经济社会领域中，一是经济社会稳步发展。2015年，人均GDP比2014年增长7.4%，达51429元，比全省平均水平高20.3%。城乡居民人均可支配收入比2014年增长9.4%，达18958元。互联网用户入户率比2014年提高7.9个百分点，达42.6%。单位GDP生产安全事故死亡人数为0.012人/亿元，同比降幅达到25%。城镇化率比2014年提高1.7个百分点，达54%，比全省平均水平高3.1个百分点。二是科技创新引擎作用进一步增强。2015年，研究与试验发展（R&D）经费投入强度比2014年提高0.04个百分点，达到1.67%，比全省平均水平高0.25个百分点。高新技术产业增加值占GDP比重比2014年提高1.2个百分点，达18.6%。

资源节约领域中，一是社会资源使用水平继续提升。2015年，全社会劳动生产率比2014年提高5.3%，达7.93万元/人，比全省平均水平高10.1%。每万人拥有公共交通车辆2.6标台，比2014年增加0.25标台。二是资源循环利用效率继续提高。2015年，工业用水重复利用率为91.2%，高于全省平均水平4.5个百分点。工业固体废物综合利用率比2014年提高2.7个百分点，达到81.9%，比全省平均水平高16.5个百分点。三是降耗能力仍需提升。2015年规模工业增加值中六大高耗能行业占比为36.03%，虽比2014年降低1.95个百分点，但仍高于全省30.3%的平均水平。

岳阳市的生态环保领域发展指数在长株潭试验区中排名最高。一是环境治理投入大幅增加。2015年，环境污染治理投资占GDP的比重比2014年增长94.5%，达0.67%，高出全省平均水平0.14个百分点。二是水资源保护成效明显。2015年，水功能区达标率继续保持100%，在全省领先。城市污水处理率比2014年提高1.7个百分点，达92.5%。三是环境保护和治理效果进一步加强。2015年，森林蓄积量比2014年增长4.1%，达1873万立方米。累计水土流失治理面积占水土流失面积比率比2014年提高4.96个百分点，达到63.37%。城市人均公园绿地面积比2014年增加0.55平方米，为9.72平方米。主要污染物排放总量比2014年减少1.47万吨，为27.21万吨。

表 13 2015年岳阳市两型社会建设指数

	指　标	2015年实际值	二级指数	一级指数	总指数
经济社会	人均GDP(元)	51429	107.4	112.6	108.3
	研究与试验发展（R&D）经费投入强度(%)	1.67	102.6		
	高新技术产业增加值占GDP比重(%)	18.59	106.7		
	互联网用户入户率(%)	42.60	122.7		
	城乡居民人均可支配收入(元)	18957.92	109.4		
	城镇化率(%)	54.01	103.3		
	单位GDP生产安全事故死亡人数(人/亿元)	0.012	135.9		
资源节约	单位建设用地GDP(亿元/平方公里)	2.13	106.4	100.9	
	单位GDP能耗下降率(%)	7.35	112.9		
	规模工业增加值中六大高耗能行业占比(%)	36.03	105.4		
	人均综合用水量(吨)	639.25	90.1		
	固定资产投资效果系数(%)	10.07	77.0		
	全社会劳动生产率(万元/人)	7.93	105.3		
	工业用水重复利用率(%)	91.22	99.0		
	工业固体废物综合利用率(%)	81.86	103.3		
	每万人拥有公共交通车辆(标台)	2.59	110.3		
	单位GDP建设用地下降率(%)	6.83	99.2		
生态环保	森林蓄积量(万立方米)	1873	104.1	110.6	
	湿地保护率(%)	76.79	100.2		
	空气质量良好天数达标率(%)	73.2	100		
	水功能区达标率(%)	100.00	100.0		
	城市污水处理率(%)	92.49	101.9		
	城市生活垃圾无害化处理率(%)	100	100.9		
	城市人均公园绿地面积(平方米)	9.72	106.0		
	主要污染物排放总量(万吨)	27.21	105.4		
	累计水土流失治理面积占水土流失面积比率(%)	63.37	108.5		
	生态用地比例(%)	60.87	99.8		
	主要农产品中有机、绿色及无公害种植面积占比(%)	21.71	105.3		
	环境污染治理投资占GDP的比重(%)	0.67	194.5		

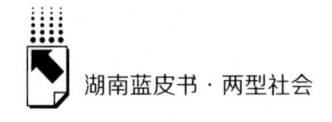

（四）常德市两型社会建设评价

2015年，常德市两型社会建设综合评价总指数为108.7，三个评价领域中，经济社会和生态环保两个领域发展水平比2014年有所提高，资源节约领域发展水平有所下降。其中：经济社会领域指数在三个领域中最高，生态环保领域指数次之，资源节约领域指数再次之，经济社会、资源节约、生态环保三个领域指数分别为116.2、98.1、110.9，对总指数的贡献分别为4.9个、-0.6个、4.4个百分点。与2014年相比，29个评价指标中，有19个指标的指数呈正向发展，有7个指标的指数呈逆向发展，有3个指标的指数持平。

从具体指标看，经济社会领域中，一是人民生活水平稳步提升。2015年，人均GDP比2014年增加3193元，达到46408元，比全省平均水平高8.5%。城乡居民人均可支配收入比2014年增长9.4%，达到17284元。城镇化率比2014年提高1.7个百分点，达47.6%。互联网用户入户率比2014年提高6.5个百分点，为46.9%。单位GDP生产安全事故死亡人数由2014年的0.028人/亿元下降到0.019人/亿元，降幅达32.1%。二是科技支撑作用继续增强。2015年，研究与试验发展（R&D）经费投入强度比2014年提高0.13个百分点，达到1.14%。高新技术产业增加值占GDP比重比2014年提高0.98个百分点，为8.0%。

资源节约领域中，一是节能降耗成效继续增强。2015年，规模工业增加值中六大高耗能行业占比比2014年降低0.25个百分点，为15.0%，在长株潭试验区中最低。单位GDP能耗下降率为8.24%，降幅比全省平均水平高出1.26个百分点。二是社会资源利用水平有所提高。2015年，全社会劳动生产率比2014年增长7.0%，为7.48万元/人，比全省平均水平高3.9%。单位建设用GDP地比2014年提高6.7%，为1.47亿元/平方公里。每万人拥有公共交通车辆比2014年增长4.0%，为1.89标台。三是资源循环利用水平有所降低。2015年，工业用水重复利用率比2014年降低1.32个百分点，为85.83%。工业固体废物综合利用率比2014年降低2.16个百分点，为95.26%。

生态环保领域中，一是环境治理投入力度继续加大。2015年，环境污染治理投资占GDP的比重比2014年提高0.23个百分点，为0.43%。二是环境状况进一步改善。2015年，森林蓄积量比2014年增长4.5%，为3562万立方米。湿地保护率比2014年提高0.86个百分点,为70.15%。城市人均公园绿地面积由2014年的14.29平方米增加到14.49平方米,比全省平均水平高4.5平方米。城市生活垃圾无害化处理率和累积水土流失治理面积占水土流失面积比率均为100%,仍居全省前列。主要污染物排放总量比2014年减少1.17万吨,为20.98万吨。三是水资源治理有所加强。2015年城市污水处理率比2014年提高6.8个百分点,达到91.71%。

表14 2015年常德市两型社会建设指数

	指标	2015年实际值	二级指数	一级指数	总指数
经济社会	人均GDP(元)	46408	107.4	116.2	
	研究与试验发展(R&D)经费投入强度(%)	1.14	113.5		
	高新技术产业增加值占GDP比重(%)	8.04	114.6		
	互联网用户入户率(%)	46.90	117.0		
	城乡居民人均可支配收入(元)	17284	109.4		
	城镇化率(%)	47.59	103.7		
	单位GDP生产安全事故死亡人数(人/亿元)	0.019	147.9		
资源节约	单位建设用地GDP(亿元/平方公里)	1.47	106.7	98.1	108.7
	单位GDP能耗下降率(%)	8.24	103.3		
	规模工业增加值中六大高耗能行业占比(%)	14.95	102.0		
	人均综合用水量(吨)	645.97	99.2		
	固定资产投资效果系数(%)	10.49	65.1		
	全社会劳动生产率(万元/人)	7.48	107.0		
	工业用水重复利用率(%)	85.83	98.5		
	工业固体废物综合利用率(%)	95.26	97.8		
	每万人拥有公共交通车辆(标台)	1.89	104.0		
	单位GDP建设用地下降率(%)	6.65	97.7		
生态环保	森林蓄积量(万立方米)	3562	104.5	110.9	
	湿地保护率(%)	70.15	101.2		
	空气质量良好天数达标率(%)	85.2	100		
	水功能区达标率(%)	80.00	96.0		
	城市污水处理率(%)	91.71	108.0		
	城市生活垃圾无害化处理率(%)	100.00	100.0		

续表

	指 标	2015年实际值	二级指数	一级指数	总指数
生态环保	城市人均公园绿地面积(平方米)	14.49	101.4	110.9	108.7
	主要污染物排放总量(万吨)	20.98	105.6		
	累计水土流失治理面积占水土流失面积比率(%)	100.00	100.0		
	生态用地比例(%)	56.02	99.7		
	主要农产品中有机、绿色及无公害种植面积占比(%)	25.25	114.6		
	环境污染治理投资占GDP的比重(%)	0.43	200.0		

（五）益阳市两型社会建设评价

2015年，益阳市两型社会建设综合评价总指数为106.8，三个评价领域中，经济社会和资源节约两个领域的发展水平比2014年有所提高，生态环保领域发展水平则有所下降。其中：经济社会领域指数在三个领域中最高，其次是资源节约领域指数，再次是生态环保领域指数，分别为117.1、108.7、97.5，对总指数的贡献分别为5.2个、2.6个、-1个百分点。与2014年相比，29个评价指标中，有20个指标的指数呈正向发展，有6个指标的指数呈逆向发展，有3个指标的指数持平。

从具体指标看，2015年，益阳市经济社会领域发展指数在长株潭试验区中最高。一是经济社会保持稳定发展。人均GDP为30776元，比2014年增长7.6%。城乡居民人均可支配收入达到16711元，比2014年增长9.5%。互联网用户入户率为32.68%，同比增幅为25.4%。城镇化率为46.4%，比2014年提高1.6个百分点。二是科技创新驱动作用明显增强。研究与试验发展（R&D）经费投入强度为0.94%，同比增幅达56.5%。高新技术产业增加值占GDP比重为17.09%，比2014年提高3.16个百分点，增幅为22.6%。

资源节约领域中，一是各类资源利用水平进一步加强。2015年，单位建设用地GDP比2014年提高5.8%，达到1.56亿元/平方公里。全社会劳动生产率比2014年提高7.1%，达5.02万元/人，但仍低于全省平均水平。每万人拥有公共交通车辆比2014年增加0.19标台，为2.8标台。二是资源循环利用水平大幅提高。2015年，工业用水重复利用率为90.97%，比2014年大幅增加83.4个百分点，增幅居全省之首。工业固体废物综合利用率为85.33%，比2014年提高0.34个百分点。

生态环保领域中，一是环境治理效果有所提高。2015年，水功能区达标率、城市生活垃圾无害化处理率继续保持在100%。城市人均公园绿地面积比2014年增加0.2平方米，为9.0平方米。森林蓄积量比2014年增长4.2%，为2978万立方米。城市污水处理率比2014年提高1.0个百分点，为92.35%。主要污染物排放总量比2014年减少0.17万吨，为18.28万吨。累计水土流失治理面积占水土流失面积比率比2014年提高4.01个百分点，为70.96%。二是环境治理投入强度大幅度减少。2015年环境污染治理投资占GDP的比重下降幅度达50%，仅为0.12%，不足全省平均水平的1/2。

表15　2015年益阳市两型社会建设指数

	指　标	2015年实际值	二级指数	一级指数	总指数
经济社会	人均GDP(元)	30776	107.6	117.1	106.8
	研究与试验发展(R&D)经费投入强度(%)	0.94	156.5		
	高新技术产业增加值占GDP比重(%)	17.09	122.6		
	互联网用户入户率(%)	32.68	125.4		
	城乡居民人均可支配收入(元)	16711	109.5		
	城镇化率(%)	46.39	103.6		
	单位GDP生产安全事故死亡人数(人/亿元)	0.018	94.6		
资源节约	单位建设用地GDP(亿元/平方公里)	1.56	105.8	108.7	
	单位GDP能耗下降率(%)	6.17	96.1		
	规模工业增加值中六大高耗能行业占比(%)	17.54	103.6		
	人均综合用水量(吨)	469.85	104.1		
	固定资产投资效果系数(%)	8.27	65.6		
	全社会劳动生产率(万元/人)	5.02	107.1		
	工业用水重复利用率(%)	90.97	200		
	工业固体废物综合利用率(%)	85.33	100.4		
	每万人拥有公共交通车辆(标台)	2.80	107.2		
	单位GDP建设用地下降率(%)	6.10	97.0		

续表

	指标	2015年实际值	二级指数	一级指数	总指数
生态环保	森林蓄积量(万立方米)	2978	104.2	97.5	106.8
	湿地保护率(%)	81.01	101.3		
	空气质量良好天数达标率(%)	94.5	100		
	水功能区达标率(%)	100.00	100.0		
	城市污水处理率(%)	92.35	101.1		
	城市生活垃圾无害化处理率(%)	100.00	100.0		
	城市人均公园绿地面积(平方米)	9.00	102.3		
	主要污染物排放总量(万吨)	18.28	100.9		
	累计水土流失治理面积占水土流失面积比率(%)	70.96	106.0		
	生态用地比例(%)	64.03	99.7		
	主要农产品中有机、绿色及无公害种植面积占比(%)	25.51	107.3		
	环境污染治理投资占GDP的比重(%)	0.12	47.5		

（六）娄底市两型社会建设评价

2015年，娄底市两型社会建设综合评价总指数为111.8，是长株潭试验区中最高的市。三个评价领域发展水平比2014年均有提高。其中：经济社会领域指数在三个领域中最高，其次是生态环保领域指数，再次是资源节约领域指数，经济社会、资源节约、生态环保三个领域指数分别为116.2、109.6、110.2，对总指数的贡献分别为4.9个、2.9个、4.0个百分点。与2014年相比，29个评价指标中，有20个指标的指数呈正向发展，有7个指标的指数呈逆向发展，有2个指标的指数持平。

从具体指标看，经济社会领域中，除了研究与试验发展（R&D）经费投入强度外，其他指标均有提高。2015年，人均GDP达到33444元，比2014年提高6.1%。互联网用户入户率为36.79%，增幅为11.4%。城乡居民人均可支配收入13954元，比2014年增长9.6%。城镇化率为43.77%，比2014年提高1.47个百分点。单位GDP生产安全事故死亡人数由2014年的0.069人/亿元下降到0.032人/亿元，降幅达53.6%。高新技术产业增加值占GDP比重为

11.18%，比2014年提高0.08个百分点。

资源节约领域中，一是资源循环利用仍然保持领先水平。2015年，工业用水重复利用率为96.81%，高出全省平均水平10.1个百分点，居全省之首。工业固体废物综合利用率为96.8%，比全省平均水平高31.4个百分点，保持全省领先水平。二是节能降耗水平有所提高。单位GDP能耗下降率为6.99%，比2014年提高3.84个百分点。三是社会资源集约程度有所加强。单位建设用地GDP比2014年提高5.4%，为1.40亿元/平方公里。全社会劳动生产率提高7.0%，达到5.14万元/人。

生态环保领域中，一是环境污染治理投入继续加大。环境污染治理投资占GDP的比重为1.08%，增幅为36.3%。累计水土流失治理面积占水土流失面积比率为49.44%，增幅为11.3%。主要农产品中有机、绿色及无公害种植面积占比为20.15%，增幅为18.3%。二是生态环境进一步改善。森林蓄积量为1447.69万立方米，比2014年提高4.2%。湿地保护率为78.39%，增幅为32.5%。主要污染物排放总量为22.67万吨，比2014年减少0.67万吨。水功能区达标率为90.0%，比2014年提高10个百分点。

表16 2015年娄底市两型社会建设指数

	指 标	2015年实际值	二级指数	一级指数	总指数
经济社会	人均GDP(元)	33444	106.1	116.2	111.8
	研究与试验发展(R&D)经费投入强度(%)	0.89	82.3		
	高新技术产业增加值占GDP比重(%)	11.18	100.7		
	互联网用户入户率(%)	36.79	111.4		
	城乡居民人均可支配收入(元)	13954	109.6		
	城镇化率(%)	43.77	103.6		
	单位GDP生产安全事故死亡人数(人/亿元)	0.032	200.0		
资源节约	单位建设用地GDP(亿元/平方公里)	1.40	105.4	109.6	
	单位GDP能耗下降率(%)	6.99	200.0		
	规模工业增加值中六大高耗能行业占比(%)	42.42	106.6		
	人均综合用水量(吨)	405.13	110.1		

续表

指标		2015年实际值	二级指数	一级指数	总指数
资源节约	固定资产投资效果系数(%)	7.29	73.8	109.6	
	全社会劳动生产率(万元/人)	5.14	107.0		
	工业用水重复利用率(%)	96.81	100.0		
	工业固体废物综合利用率(%)	96.82	99.1		
	每万人拥有公共交通车辆(标台)	1.50	94.8		
	单位GDP建设用地下降率(%)	5.60	99.1		
生态环保	森林蓄积量(万立方米)	1447.69	104.2	110.2	111.8
	湿地保护率(%)	78.39	132.5		
	空气质量良好天数达标率(%)	94.5	100		
	水功能区达标率(%)	90.00	112.5		
	城市污水处理率(%)	88.52	103.8		
	城市生活垃圾无害化处理率(%)	100.00	101.7		
	城市人均公园绿地面积(平方米)	9.43	98.9		
	主要污染物排放总量(万吨)	22.67	102.9		
	累计水土流失治理面积占水土流失面积比率(%)	49.44	111.3		
	生态用地比例(%)	55.66	99.8		
	主要农产品中有机、绿色及无公害种植面积占比(%)	20.15	118.3		
	环境污染治理投资占GDP的比重(%)	1.08	136.3		

（七）郴州市两型社会建设评价[①]

2015年，郴州市两型社会建设综合评价总指数为106.1，三个评价领域中，经济社会领域和生态环保领域发展水平比2014年有所提高，但资源节约领域发展水平有所下降。其中：经济社会领域指数在三个领域中最高，生态环保领域指数次之，资源节约领域指数最低，分别为114.4、108.0、95.2，对总指数贡献分别为4.3个、3.2个、-1.4个百分点。与2014年相比，29个评价

---

① 2011年6月，湖南省政府正式批准郴资桂一体化区域为省两型社会建设示范点。

指标中，有21个指标的指数呈正向发展，有6个指标的指数呈逆向发展，有2个指标的指数持平。

从具体指标看，经济社会领域中，一是经济社会发展水平进一步提高。2015年，人均GDP比2014年增加2683元，达到42682元。互联网用户入户率为40.97%，增幅达22.4%。城乡居民人均可支配收入比2014年增长9.2%，达到18108元。城镇化率比2014年提高1.84个百分点，为50.34%。单位GDP生产安全事故死亡人数由2014年的0.027人/亿元下降到0.021人/亿元，降幅为22.2%。二是科技创新驱动作用继续增强。2015年，高新技术产业增加值占GDP比重比2014年提高1.55个百分点，达到22.76%，比全省平均水平高1.6个百分点。研究与试验发展（R&D）经费投入强度比2014年提高0.15个百分点，达到0.77%。

资源节约领域中，一是资源节约效率进一步提升。2015年，单位建设用地GDP比2014年增长5.0%，为1.69亿元/平方公里。单位GDP能耗下降率为7.40%，降幅比全省平均水平高0.42个百分点。全社会劳动生产率比2014年提高4.7%，达6.08万元/人。每万人拥有公共交通车辆比2014年增长6.4%，为4.15标台。人均综合用水量比2014年减少8.35立方米，为515.65吨。二是资源循环利用水平有待提高。2015年，工业用水重复利用率比2014年降低11.98个百分点，为23.62%，只达到全省平均水平的27.2%。三是高耗能行业占比较大。2015年，规模工业增加值中六大高耗能行业占比为49.64%，虽比2014年略降0.03个百分点，但占比仍为长株潭试验区中最高。

生态环保领域中，一是环境治理投入强度继续为全省最高。2015年，环境污染治理投资占GDP的比重比2014年提高0.44个百分点，达到1.69%，是全省平均的3.2倍，继续为全省最高。二是生态环境进一步改善。2015年，森林蓄积量比2014年提高4.4%，为5487万立方米。湿地保护率比2014年提高3.28个百分点，为71.25%。城市污水处理率比2014年提高2.7个百分点，为93.0%。主要污染物排放总量比2014年减少2.96万吨，为19.35万吨。城市人均公园绿地面积比2014年增加2.6%，为11.80平方米。累计水土流失治理面积占水土流失面积比率比2014年提高3.2个百分点，达到50.0%。

表17 2015年郴州市两型社会建设指数

指标		2015年实际值	二级指数	一级指数	总指数
经济社会	人均GDP(元)	42682	106.7	114.4	106.1
	研究与试验发展(R&D)经费投入强度(%)	0.77	124.2		
	高新技术产业增加值占GDP比重(%)	22.76	107.3		
	互联网用户入户率(%)	40.97	122.4		
	城乡居民人均可支配收入(元)	18108	109.2		
	城镇化率(%)	50.34	103.8		
	单位GDP生产安全事故死亡人数(人/亿元)	0.021	127.4		
资源节约	单位建设用地GDP(亿元/平方公里)	1.69	105.0	95.2	
	单位GDP能耗下降率(%)	7.40	95.1		
	规模工业增加值中六大高耗能行业占比(%)	49.64	100.1		
	人均综合用水量(吨)	515.65	101.6		
	固定资产投资效果系数(%)	6.43	62.4		
	全社会劳动生产率(万元/人)	6.08	104.7		
	工业用水重复利用率(%)	23.62	66.4		
	工业固体废物综合利用率(%)	56.83	113.2		
	每万人拥有公共交通车辆(标台)	4.15	106.4		
	单位GDP建设用地下降率(%)	5.90	97.4		
生态环保	森林蓄积量(万立方米)	5487.29	104.4	108.0	
	湿地保护率(%)	71.25	104.8		
	空气质量良好天数达标率(%)	91.8	100		
	水功能区达标率(%)	88.89	97.0		
	城市污水处理率(%)	93.00	103.0		
	城市生活垃圾无害化处理率(%)	100.00	100.0		
	城市人均公园绿地面积(平方米)	11.80	102.6		
	主要污染物排放总量(万吨)	19.35	115.3		
	累计水土流失治理面积占水土流失面积比率(%)	50.00	106.9		
	生态用地比例(%)	74.13	99.8		
	主要农产品中有机、绿色及无公害种植面积占比(%)	17.87	127.4		
	环境污染治理投资占GDP的比重(%)	1.69	134.6		

四 长株潭试验区两型社会建设取得的新成效

（一）经济发展保持平稳增长

1. 经济运行总体平稳

2015年，长株潭试验区地区生产总值达到25403.35亿元，增长8.2%，占全省地区生产总值比重87.9%，比2014年提高0.7个百分点，比2010年提高2.8个百分点。其中，2015年，长株潭三市实现GDP 12548.34亿元，占全省比重由2010年的41.9%提升到43.4%，对全省经济增长贡献率53.5%。长株潭地区规模以上工业增加值增速为8.5%，比全省高0.7个百分点。长株潭试验区完成固定资产投资20989.76亿元，增长18.8%。其中，长株潭地区完成固定资产投资10350.04亿元，增长17.9%。长株潭试验区社会消费品零售总额9843.42亿元，占全省总量的81.9%，比2014年增长16.9%。其中，长株潭地区社会消费品零售总额5050.86亿元，占全省总量的42.0%，比2014年增长12.8%。长株潭试验区实现进出口总额270.98亿元，占全省总量的92.3%。其中，长株潭地区实现进出口总额176.51亿美元，占全省进出口总额的60.1%，比2014年提高3.2个百分点。

2. 经济质量持续提升

长株潭试验区人均GDP由2010年的30092元提高到2015年的55323.8元，增长83.8%；其中，长株潭地区人均GDP由2010年的49851元提高到2015年的88552元，增长77.6%。城镇居民人均可支配收入达到29697元，比2014年增长8.4%，比全省平均水平多859元；农村居民人均可支配收入达到13786元，比2014年增长9.1%，比全省平均水平多2793元。城乡居民收入比由2014年的2.17缩小到2.15。长株潭试验区年末常住人口数由2010年的4466.51万人增长到2015年的4607.88万人，增加141.37万人。其中，2015年，长株潭地区年末常住人口1425.6万人，比2010年增加60.6万人，占全省的比重提高了0.3个百分点。长株潭试验区城镇化率54.71%，比2010年提高7.34个百分点，其中，长株潭地区城镇化率67.7%，比2010年提高7个百分点。全社会劳动生产率86502元/人，比2010年提高70.6%，比全省平均水平高出13504.7元/人。其中，长株潭地区全社会劳动生产率由2010年的82181元/人提高到2015年的142319元/人，增长73.2%。长株潭试验区单位GDP生产安全事故死亡人数由2010年的0.126人/亿元下降到2015年的0.016人/亿元，降幅达87.3%。其中，长株潭地区单位GDP生产安全事故死亡人数由2010年的0.093人/亿元下降到2015年0.012人/亿元，降幅达87.1%。

（二）产业结构进一步优化

1. 创新驱动继续加强

长株潭试验区全社会共投入研发（即研究与试验发展，也称R&D）经费由2010年的180.8亿元，增加到2015年的391.98亿元，增幅为116%。R&D经费投入强度由2010年的1.33%提高到2015年的1.54%，增幅为15.8%。其中，2015年长株潭地区R&D经费为253.43亿元，比2010年增加了132.09亿元，增幅为109%。R&D经费投入强度为2.02%，比2010年提高0.21个百分点，增幅为11.6%。2015年，长株潭地区实现高新技术产业增加值、销售收入和利税分别为3792.52亿元、11402.67亿元和1091.68亿元，占全省高新技术产业的比重分别为61.9%、59.8%和65.1%，分别比2010年提高2.0、0.4和0.9个百分点，作为全省区域经济核心增长极的长株潭三市聚集了全省六成以上省级认定的高新企业，聚集效应日益明显。

2. 服务业引领经济增长

2015年，长株潭试验区三次产业比重由2010年的11.5∶52.0∶36.5调整为9.3∶50.2∶40.5，第三产业增速领先第一、第二产业，成为拉动经济增长的主要动力。2015年，长株潭试验区服务业规模突破万亿元大关，服务业增加值达10265.96亿元，占GDP比重上升为40.5%，比2010年提高了4个百分点。试验区服务业增加值占全省比重为82.0%，比2014年提高4.9个百分点。

3. 战略性新兴产业迅速发展

2015年，长株潭试验区战略性新兴产业实现增加值3087.23亿元，占全省战略性新兴产业增加值比重为92.6%，占地区生产总值的比重为12.2%，比全省高0.7个百分点，继续引领全省战略性新兴产业发展。长株潭三市战略性新兴产业增加值占试验区的比重为63.1%，比2014年提高5.2个百分点，占地区生产总值的比重为15.5%，比试验区平均水平高3.3个百分点。其中，长沙市战略性新兴产业增加值1201亿元，增速8.5%，占试验区的比重为38.9%，占地区生产总值的比重为15.1%。株洲、湘潭、郴州战略性新兴产业增加值分别为397.36亿元、349.26亿元、342.2亿元，占地区生产总值的比重分别为17.0%、20.5%、17.0%。

（三）资源节约成效持续显现

1. 工业节能降耗稳步推进

长株潭试验区积极推广清洁低碳技术，鼓励企业工艺技术装备更新改造，推进传统制造业绿色改造，推动建立绿色低碳循环发展产业体系。2015年，长株潭试验区单位GDP能耗下降7.34个百分点，比全省平均水平多下降0.36个百分点。规模工业企业综合能源消费量5262.67万吨标准煤，比2014年下降2.9%，比2010年下降9.7%。规模工业增加值中六大高耗能行业占比28.5%，比2014年下降0.67个百分点，比全省低1.8个百分点。规模以上工业企业取水总量为310077.14万立方米，比2014年减少4888.77万立方米，比2010年减少254492.53万立方米。2015年，长株潭试验区工业用水重复利用率88.6%，比2014年提高4.28个百分点，比2010年提高18.3个百分点；工业固体废物综合利用率81.1%，比2014年提高2.8个百分点，比2010年提高15.7个百分点。

2. 绿色生活方式继续改善

2015年，湖南省实施《湖南省居民生活用天然气阶梯价格实施办法》，第一档气量由原来的600立方米减少至390立方米。长沙市实施最严格的水资源管理制度，全面确立水资源开发利用、用水效率控制、水功能区限制纳污"三条红线"指标，扎实推进节水型城市建设。2015年，长株潭试验区人均综合用水量536.5立方米，比2014年减少6.17立方米，比2010年减少4.6立方米。2015年，长沙继续加快"公交都市"建设，全市4000多辆公交车更换为新能源汽车，并加大充电桩基础设施建设。安排公益性乘车补贴2.2亿元，鼓励市民搭乘公共交通工具绿色出行。长沙、株洲、常德、郴州、湘潭、岳阳等地大力推进公共自行车租赁系统，其中，长沙市200个站点已经完成建设并投入运营，投放公共自行车4000辆。

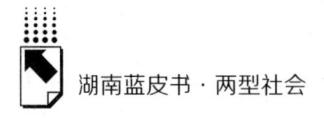

3. 建筑节能发展迅速

近年来，湖南省绿色建筑产业发展迅速，率先成立了全国首家省级住宅产业化联盟，申请并通过了超过100项与住宅产业化有关联的专利，住宅产业化生产体系、标准化设计体系、装配化施工体系、规范化管理体系等已经基本成熟。截至2016年底，湖南省有国家住宅产业化基地2个，省级住宅产业化基地6个，已建成住宅产业化生产基地15个，年产能达到2159万平方米，发布住宅产业化技术标准12部。长沙市2015年获批"国家住宅产业现代化综合试点城市"，目前已有国家级住宅产业化生产基地3个，全市住宅产业化实施面积近1000万平方米。长沙市对购买绿色建筑、产业化住宅的消费者实行财政补贴，补贴标准为60元/平方米，积极推广居住模式的绿色化发展。

（四）生态环境继续改善优化

1. 生态建设稳步推进

2015年，长株潭试验区保持和维护的湿地面积达到60.10万公顷，湿地保护率达到73.32%，比2014年提高2.48个百分点，比2010年提高20.67个百分点。长株潭地区保持和维护的湿地面积达到5.03万公顷，湿地保护率达到63.75%，比2014年提高8.75个百分点，湿地保护率是2010年的9倍。近年来，湖南的生态保护力度不断加大，已经从环洞庭湖生态经济圈辐射到全省其他地区。长株潭试验区中，湿地保护率高出全省平均水平的有益阳市、娄底市、岳阳市，分别为81.01%、78.39%、76.79%。试验区其他几个市的湿地保护率均在50%以上。长株潭试验区森林覆盖率53.46%，比2014年提高0.01个百分点，比2010年提高0.6个百分点。试验区各市森林覆盖率比2014年均保持4个百分点的增长。试验区2015年森林蓄积量22978万立方米，比2014年增加943万立方米，比2010年增加5335万立方米。城市公园绿地面积10202.11万平方米，比2014年增加168.21万平方米，比2010年增加2445万平方米，占全省总面积的68.3%。

2. 环境污染治理成绩显著

随着全省生态文明体制改革的深入推进，污染物总量减排取得新的突破。

2015年，全省完成国家重点减排项目7个，省级重点减排项目31个。全力推进水泥、钢铁、火电等重点行业脱硫脱硝工作，2015年，长株潭试验区二氧化硫、化学需氧量、氮氧化物、氨氮四项污染物排放量比2014年分别下降7%、2%、12.3%、2.7%，比2010年分别下降19%、11%、24.1%、12.9%，超额完成试验区规划目标任务。湘潭竹埠港地区28家化工企业全部关停，锰矿地区关停重污染涉锰企业28家；株洲市清水塘示范片区关停搬迁污染企业14家，拆除烟囱25根，成功获批"国家级可持续发展试验区"。2015年全面实施新的空气质量监测标准，长沙、株洲、湘潭、岳阳、常德、张家界6个环保重点城市平均达标天数占比为75.5%，较2014年提高8.1个百分点，轻度污染占比为17.9%，中度污染为5%，重度污染为1.6%，无严重污染。2015年是湘江保护和治理"一号重点工程"第一个"三年行动计划"的收官之年，共计启动实施各类整治项目693个，完成679个，完成率98%。湘江干流18个省控断面水质均符合或优于Ⅲ类标准，镉、铅和六价铬浓度均值呈下降趋势，汞、砷浓度均值保持稳定，比2012年分别下降54.6%、52.8%、36.8%、15.1%和4.4%；湘江支流24个省控断面Ⅰ~Ⅲ类水质断面占比较2014年上升7.1个百分点。长株潭试验区水功能区达标率为88.6%，比2014年提高5.29个百分点，比2011年提高13.6个百分点。2015年，全省耕地重金属污染修复试点适度扩面，由长株潭地区170万亩耕地扩大到衡阳、岳阳、郴州、娄底等9个市州275万亩耕地；永清环保在长株潭地区开展60000亩重金属污染耕地修复试点，效果显著，稻米平均降镉率达到60%以上。

3. 环保产业稳步发展

从2012年底开始，长株潭试验区开始推广十大清洁低碳技术［新能源发电、重金属污染治理、城市矿产再利用、脱硫脱硝、工业锅（窑）炉节能、绿色建筑、餐厨废弃物资源化利用和无害化处理、生活垃圾焚烧及水泥窑协同处置、节能与新能源节能汽车推广、农村畜禽污染治理和资源化利用等］，规划建设了重点项目800个，总投资800多亿元。2015年，湖南省凭借"三废"处理及重金属污染治理领域的技术优势，在中冶长天、永清环保等"绿色湘军"标杆企业的带领下，环保产业实现年产值1600亿元，进入全国十强，中部第一，在七大战略性新兴产业中位居第三。

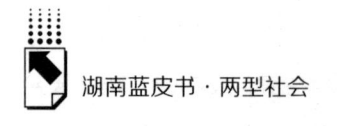

五　长株潭试验区两型社会建设的新挑战

两型社会建设既要节约资源，又要改善生态，既要转变生产方式，又要改变生活方式，问题复杂，任务艰巨，从长株潭试验区的实践来看，两型社会建设虽然成效显著，但仍然面临着很多新的挑战，需要我们去认真思考和努力应对。

（一）产业转型任重道远

产业转型升级是两型社会建设重要而紧迫的任务，但是，传统产业形成的路径依赖、原有产业更新的沉没成本、新型产业艰难的成长发展，这些都给长株潭试验区的产业转型升级带来了不小的影响。

1. 转型升级任务艰巨

全省第一产业比重比全国高2.5个百分点，而第三产业比重比全国低6.6个百分点。工业内部结构中，重化工业占比偏高，2015年，长株潭试验区六大高耗能行业占规模工业的比重超过28%，农副食品加工、有色、钢铁、煤炭等四大传统产业占比接近20%，烟草制品业受计划指标影响生产波动幅度较大，支柱行业如专用设备制造业市场需求急剧萎缩，其他部分支柱行业中过剩产能、落后产能仍然大量存在。

2. 服务业企业层次不高

服务业企业行业分布广，集中度不高，产业链条较短，规模效应不明显，缺乏有带动力和影响力的企业集团和品牌。2015年全省规模以上服务业营业收入过10亿元的单位只有32家，占全部规模以上服务业企业的比重不到1%。同时，服务业企业抵抗力弱，受市场波动影响大，加之有资金、技术、人才问题上的制约，严重挤压了企业的盈利空间。2015年全省规模以上服务业亏损单位占比就超过了三成，亏损比例偏高。规模以上高技术服务业、科技服务业、生产性服务业等重点领域也受经济下行影响，营业利润均有不同程度下降。

（二）资源利用不充分

近些年，长株潭试验区的生产方式与生活方式都发生了较大的改善，资源集约利用的程度也有较大提高，但是在土地集约利用、水资源节约等方面仍然不够充分。

1. 土地集约利用程度低

土地集约利用程度仍旧较低，土地闲置、低效、粗放利用方式尚未根本转变。首先，耕地后备资源不足，守住耕地红线的压力越来越大。全省现有耕地6229万亩，未来五年虽然还有277万亩的占用空间，但生态退耕、农业结构调整、自然灾害毁损等还将占用大量耕地，特别是生态文明建设对耕地保护提出了更高的要求。其次，法律要求实行耕地"占一补一、占补平衡"，全省适合开发的耕地后备资源不足150万亩，而每年因补充耕地减少后备资源10万亩左右，特别是耕地开发与林业生态红线矛盾明显，占补平衡压力非常大。再次，由于农村传统观念的影响，加上集体建设用地取得的成本低，闲置、浪费土地现象极为普遍。如湘潭市岳塘区80%农民建房属于超批准面积建房。

2. 节水强度有待提高

节水既是减排，又是控污。湖南属于丰水地区，人们的节水意识普遍不强，生产、生活用水浪费较多。2015年，长株潭试验区人均综合用水量536.5立方米，比全省平均水平高47.7立方米。湘潭、岳阳、常德高于2014年。试验区除了衡阳、益阳、娄底三市外，其他市均高于全省平均水平。2015年，全省农业灌溉水利用系数仅达到0.487，低于全国0.516的平均水平。

（二）环境治理任务艰巨

随着长株潭试验区经济的发展和城市的扩张，环境保护也面临着巨大的压力，无论是新标治理下的大气污染，还是水资源的有效保护，还是积重难返的土壤污染都显示着环境治理的艰难与困阻。

1. 大气污染治理任务较重

2015年，全省实行《环境空气质量标准》（GB3095-2012），评价指标为6项：PM_{10}、SO_2、NO_x、$PM_{2.5}$、CO、O_3。相比1996年标准值更严，且实行新标准后，主要污染物为新参与评价空气质量的污染物$PM_{2.5}$、O_3。依照新标准，2015年长株潭试验区空气质量平均达标天数为76.6%，低于全省平均水平77.9%，且没有一个城市空气质量达到二级标准。与周边省会城市相比，长沙市$PM_{2.5}$的平均浓度比南昌市高41.86%，比广州市高56.4%，大气污染治理

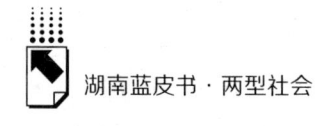

任务较重。

2. 水资源保护力度不强

水生态文明建设尚处于起步阶段，水生态文明建设的系统思想和全局观念还不成熟，区域水生态文明建设定位尚不完全清晰，建设中目标雷同、内容重复、创新不够等现象时有发生。此外，城市建设过程中挤占生态空间、违规侵占水域、破坏水源涵养区植被、违规排污排废、违规河道采沙的问题依然突出，大搞人工湖、人工水景观建设，出现了水资源浪费、水生态环境破坏的倾向。

3. 土壤污染治理进展缓慢

近年来，虽然对土壤污染采取了多种方法进行治理，由于资金不足和技术问题，土壤污染治理进展缓慢。2015年，长株潭试验区生态用地比例为61.89%，比2014年降低0.16个百分点，连续三年下降。2015年，全省土壤污染的点位超标率达46.74%、耕地污染的点位超标率达59.7%，土壤污染治理任务艰巨。而现行的《土壤环境治理标准》为1995年颁布的，该标准已经不能满足目前土壤环保要求，各地治污项目都是当地政府会同专家、企业商议，缺乏系统、具体的标准和政策，污染土壤的修复治理进度缓慢。

六 长株潭试验区第三阶段改革建设的主要任务

2016年至2020年是长株潭试验区改革的第三阶段和"十三五"规划实施阶段，是实现第一个百年奋斗目标、全面建成小康社会的决胜阶段。各级各部门认真贯彻党的十八届五中、六中全会和湖南省第十一次党代会精神，坚持绿色发展理念，推进生态文明，全省全面建设两型社会，实现从绿色大省向生态强省转变，建设富饶美丽幸福新湖南。省委、省政府《关于大力推进绿色发展加快建设生态强省的意见》提出了具体要求，将绿色化全面融入新型工业化、信息化、城镇化和农业现代化当中，重点部署四项行动：一是实施"绿色化+工业化"行动，把绿色作为产业转型升级动力和核心竞争力，着力构建绿色产业体系，到2020年，全省单位GDP能耗下降完成国家下达任务，万元规模工业增加值能耗比2015年下降18%，单位GDP二氧化碳排放量比2015年下降18%。二是实施"绿色化+新型城镇化"行动，着力转变城市发展方式，提升城市综合承载能力与运行效率，营造城乡宜居环境。到2020年，全省常住人口城镇化率达到58%左右，户籍人口城镇化率达到40%左右，地级以上城市空气质量达标率80%以上。三是实施"绿色化＋农业现代化"行动，把发展生态友好型农业作为提升湖南农业竞争力、建设美丽乡村的重要抓手，走产出高效、产品安全、资源节约、环境友好的现代农业发展道路，到2020年，农业标准化实施规模达到70%以上，"三品一标"农产品占商品农产品总量35%以上。四是实施"绿色化＋信息化"行动，积极运用大数据、云计算、物联网等信息技术，加强生态文明建设数据动态采集、互联共享、高效利用，实现生态文明建设决策科学化、监管精准化。

长株潭试验区第三阶段改革的主要任务是全面完成综合配套改革，着力建设资源节约、环境友好的新体系与新机制，系统积累传统工业化成功转型的新经验，基本形成城市群发展的新模式，推动长株潭城市群成为全国两型社会建设的示范区、长江经济带的重要支撑、中部崛起的重要增长极、具有国际品质的现代化生态型城市群。

（一）健全资源集约利用机制

不断提高资源集约利用的有效机制是两型试验区建设的重要任务之一，通过产权制度、价格机制、管理制度等方面的深化改革与建设，健全土地、水、矿产、能源集约利用的有效机制。

1. 加快健全和完善自然资源资产产权制度

进一步明确各类自然资源产权权利，形成归属清晰、权责明确、监管有效的自然资源资产产权制度。探索建立覆盖各类全民所有自然资源资产的有偿出让制度，统筹规划建设自然资源资产交易平台。健全国有自然资源资产管理体制，对各类全民所有自然资源资产的数量、范围、用途实行全面监管。开展健全自然资源资产管理体制试点。加快编制自然资源资产负债表，推进领导干部自然资源离任审计试点。

2. 深化自然资源及其产品价格改革

率先建立资源价格管理制度，将资源所有者权益和生态环境损害等纳入自然资源及其产品价格形成机制。科学合理确定水资源费征收标准，推进农业水价体系综合改革，全面实行非居民用水、用电、用气超计划、超定额累进加价

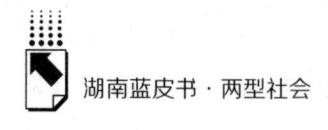

制度。加快电力市场建设，推进售电侧市场改革。

3. 深化土地管理体制机制改革

完善基本农田保护制度、耕地占补平衡、城乡建设用地增减挂钩等制度，实行建设用地总量和强度双控制度。完善土地有偿使用制度，健全地价形成机制、评估制度和价格体系。

4. 完善能源、水和矿产资源管理制度

建立能源消费总量和强度双控制度，健全重点用能单位节能管理制度。完善规划和建设项目水资源论证和取水许可制度。建立矿产资源开发利用管理制度，完善矿产资源有偿使用制度、矿业权出让制度。建立矿产资源节约集约开发机制。

（二）完善生态环境保护机制

生态环境的有力保护有赖于相关机制的完善，应着力在环境污染治理机制、生态环境管理基础制度等方面进行改革与完善，努力创新环境治理与生态保护的市场化机制以及生态保护机制。

1. 提升环境污染治理机制

建立健全流域治理同步、交流协作和资源共享机制，推行河（湖）长制，建立上下游联合交叉执法和突发性污染事故的水量水质综合调度机制。改善农村人居环境，促进城乡垃圾整治、污水治理。健全长株潭大气污染联防联控机制，建立三市联动的应急响应体系。

2. 创新生态保护机制

全面实行空间转用审批制度，率先建立最严格的林地、湿地生态红线管控制度和林地、湿地保护责任追究制度、损害赔偿制度。推进土壤重金属污染修复试点，率先建立耕地河湖休养生息制度。

3. 建立生态环境管理基础制度

完善森林、湿地等重点领域和禁止开发区域、重点生态功能区等重要区域生态补偿制度，完善流域水质水量奖罚生态补偿制度。改革污染物排放许可制，建立统一公平、覆盖所有固定污染源的企业排放许可制。

4. 完善环境治理和生态保护市场化机制

推广政府和社会资本合作模式，探索在重金属污染治理领域、公共基础设施领域、工业园区和重点企业污染治理领域推行环境污染第三方治理。积极推行合同节水管理。开展基于能源消费总量管理下的用能权交易，推进碳排放权交易，提升中部林业产权交易服务中心功能。

（三）强化产业转型升级机制

产业转型升级是一项系统复杂的工程，完善的产业引导机制、完备的绿色产业发展制度与支撑体系、自主的创新体制机制以及更高水平的对外开放都是这项工程的主要内容。

1. 完善引导机制

完善产业环境准入政策及产业投资项目评估机制。实施产业负面清单制度。建立重点用能企业在线监测、清洁生产审核等制度。促进垃圾强制分类、种养业废弃物资源化利用。制订低效落后企业（产能）评价体系，实行差别化用电、用水、用地、排污权等政策。

2. 构建绿色产业发展制度与支撑体系

健全政府两型采购、绿色价格等政策。积极推进资源环境相关税制改革。完善支撑生态文明建设的科技创新平台、成果推广服务体系，创新和强化清洁低碳技术推广服务机制。

3. 推进高水平对外开放

加强各类海关特殊监管区之间错位发展以及与长株潭国家自主创新示范区等的联动发展，全面对接广东、上海等自由贸易试验区，建立跨国并购、风险投资、非股权安排、项目外包、业务离岸化等新兴引资方式和机制。

4. 完善自主创新体制机制

以长株潭国家自主创新示范区建设为龙头，深化科技成果处置权、收益权、分配权改革，在科研院所转制、科技成果转化、军民融合发展、科技金融、文化科技金融、人才引进、绿色发展等方面探索出新路子。

（四）完善城市协同发展机制

长株潭试验区的两型建设是三个城市的联动与合作建设，离不开城市之间的协同发展，要着力完善国土空间治理体系，完善基础设施共建共享机制，深化产业协同发展机制，加快建立要素市场和公共服务一体化机制。

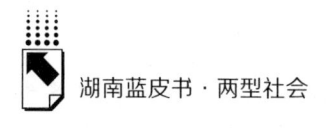

1. 健全国土空间治理体系

强化《长株潭城市群区域规划》《长株潭城市群区域规划条例》的实施监督。建立国土空间开发保护制度，统筹耕地保护、水域岸线保护、生态建设、城镇开发和产业发展，推动所有市县实现"多规合一"。

2. 完善基础设施共建共享机制

改革建设管理模式，促进城际干道网、城际铁路网、综合交通枢纽、绿道网、污水垃圾处理设施网等建设。大力构建多元化的投融资主体结构。建立三市协调的公用事业价格形成机制。

3. 深化产业协同发展机制

发展特色产业园区，建立城市群产业技术战略联盟，支持长株潭三市企业、科研院所等主体开展跨市兼并重组整合，探索建立相应的利益协调和补偿机制，采用飞地经济、托管等模式，共建专业园区，打造区域产业链、创新链、资金链。

4. 加快建立要素市场和公共服务一体化机制

加强区域金融基础制度建设，加快多层次资本市场建设，推进金融同城化。推进市场准入标准、市场监管模式、产权登记体系、市场诚信体系的统筹。

（五）建立生态文明治理体系

生态文明治理体系是两型社会建设的制度框架，既需要政府进行制度创新，也需要完善生态文明的立法，既需要强化公众的广泛参与，也需要强化两型社会的标准化与信息化工作。

1. 加快政府管理制度创新

建立绿色发展评估和绩效考核体系，确立更高绿色评价标准，增强各级政府推动绿色发展的能力。率先建立健全综合性市场监管体系，创新事中事后监管制度。

2. 完善生态文明法制

开展《湖南省环境保护条例》修订、《湖南省实施〈循环经济促进法〉办法》立法等工作。全面落实《党政领导干部生态环境损害责任追究办法（试行）》《湖南省贯彻落实〈党政领导干部生态环境损害责任追究办法（试行）〉

实施细则》。

3. 强化标准化机制

强化重要的资源生态环境标准研制和实施，建立自我评价、社会评价与政府引导相结合的标准评价机制，深化两型示范创建，完善标准认证机制，形成政府引导、市场驱动、社会参与、协同推进的标准化共治格局。

4. 健全公众参与机制

完善生态环境信息公开机制和环境影响评价公众参与平台。支持生态文明建设公益组织发展。鼓励公众监督改革进程、评价改革效果。

5. 推进生态文明建设信息化

建立跨部门的资源生态环境监控运行机制和资源环境承载能力监测预警机制，完善相关指标体系、技术方法、数据库和信息技术平台。

专题篇

Special Topics

B.27 关于湖南生态强省建设的若干思考*

刘解龙 张敏纯 等**

摘 要： 建设生态强省是一项事关湖南整体发展的重大战略。在我国经济社会发展的新阶段，这一战略的制定和实施，不仅具有充分的依据和良好的基础，而且面临难得的机遇与有利的条件。生态强省建设，需要从发展基础、战略规划、体制机制、政策措施等方面，全面把握与系统规划，要在统筹推进的前提下，加强问题导向和规划引领。本文着重分析生态强省建设如何借势推进、如何用好河长制、如何融入供给侧结构性改革、如何与精准扶贫相结合等问题，以提高生态强省建设的速度与成效。

关键词： 生态强省 美丽湖南 生态文明 绿色发展

---

* 湖南省绿色经济研究基地2017年度项目。
** 主持人：刘解龙，湖南省绿色经济研究基地首席专家，长沙理工大学二级教授。成员：熊鹰，长沙理工大学教授、博士；张敏纯，长沙理工大学副教授、博士；唐常春，长沙理工大学教授、博士；陈湘海、罗苏，长沙理工大学研究生。执笔：张敏纯。

关于湖南生态强省建设的若干思考

湖南省第十一次党代会明确提出了建设富饶美丽幸福新湖南的发展愿景，这是湖南发展愿景与战略的继续、深化与创新。建设生态强省是实现富饶美丽幸福新湖南的重要基础与途径，是建设美丽湖南的主体。这不仅是个战略、政策与具体措施的问题，也是个理论、理念和价值观的问题，因此，需要从系统性整体性的角度深入思考和加速推进。本文着重分析生态强省建设的几个现实问题，主要包括生态强省建设如何发挥好现有基础优势，实现借势推进；生态强省建设如何用好河长制，实现关键少数带动；如何实现供给侧结构性改革与生态强省建设的统一与互动，实现主线带动；如何将精准扶贫与生态强省建设相结合，解决好摆脱贫困这一千年难题，实现富饶美丽幸福的统一。

一 用好现实基础：生态强省建设要借势推进

生态强省建设是湖南省这些年来一以贯之的发展理念、发展战略的深化与升级，是建设生态文明的基础工程与主体工程。因此，建设生态强省、建设美丽湖南，必须将多年来在各个方面积累起来的基础与优势整合好、发挥好，形成借势推进和乘势而上的态势。所谓生态强省建设的借势推进，主要是指要将生态强省建设与现有的相关改革发展战略与建设工程项目等结合起来，相互支撑，形成协同互动的推进机制。在总体上就是借助湖南的多个国家级战略的实施来实现升级发展。

（一）借长株潭城市群两型社会建设之势，做强生态强省建设的引领区域

生态强省建设需要现代文明带动，城市群的生态文明，是湖南两型社会建设进程中的新阶段，也是两型社会建设的升级版。长株潭城市群是湖南经济社会发展水平最高的地区，在生态强省建设进程中，理应更好地成为带动整体发展的龙头与源头。众所周知，城市群是现代文明的集中区域，现代意义和完整意义上的生态文明，在这样的区域中能得到更好体现。而在这个区域内由两型社会建设提升为生态文明建设，则是两型社会建设的升级版，这也是湖南生态文明建设的新常态。长株潭城市群作为国家两型社会建设综合配套改革的试验区，提质升级的重要内容与基本途径就是将生态文明建设贯穿于各领域和全过

程。目前，国家正在赣鄂湘三省建设长江中游城市群，这个城市群拥有良好的生态基础，可以形成生态文明优势，同时面临更加重大的生态文明建设的责任。这样，长株潭城市群不仅拥有了更好的发展机遇，也面临创新升级的新要求。因此，应借助长株潭城市群两型社会建设的成果与优势，大力提升生态文明建设的成效与品质，助推生态强省建设借势发力和升级。特别是，无论是长株潭城市群提升生态强省建设的能力与责任，还是长沙市以建设国家中心城市为方向，都应更加重视生态优势培育与生态文明建设，走绿色发展之路。

（二）借湖南湘江新区建设之势，增强生态强省建设的创新力

湘江新区建设是湖南省所有国家级战略的重中之重，是湖南发展升级的一个新平台与支撑点，建设湘江新区，对湖南的整体发展影响重大而久远。如何更加有效地发挥好生态文明建设的优势，服务全省的生态强省建设总格局，是湘江新区建设的新要求、新使命、新责任，也是新考验和新挑战。因此，要在更高层次上真正将生态文明建设贯穿于经济社会文化发展的各领域与全过程，要将生态文明的贯穿落实程度与成效，作为检验湘江新区建设成效与建设品质的重要指标。湘江新区的生态文明，绝不只是生态环境，而是立体性、系统性和可持续的生态文明，湘江新区必须是生态强区。一个值得讨论的重要问题是，湘江新区建设应当在现有基础上进行第二期谋划，将湘江新区的前景，范围和功能在现有基础上进一步扩大和深化，更好地体现湘江新区的内涵、功能与要求，在未来的发展中，沿湘江将长沙、株洲、湘潭、岳阳四市（以及益阳市）更好地联结为一个有机整体，构建大湘江新区。甚至可以说，湘江新区的内涵也好，地位、功能与影响也好，只有在这样的规模与布局中，才能更好体现国家级战略新区的气势与影响。

（三）借武陵山区扶贫开发之势，助推扶贫开发区域生态文明建设

武陵山区是我国重要的生态功能区域，拥有得天独厚的生态文明建设的良好条件，但经济社会文化的发展水平不高、能力不足等，使得充裕的生态资源未能充分发挥出助推"文明"发展的功能，从而长期以来都处于贫困状态，是精准扶贫的重点片区。因此，对于武陵山区的发展来说，就是要创新基于生

态的文明建设之路,充分发挥生态资源的竞争优势,形成自身发展的特色,以良好的生态来支撑和促进经济繁荣和社会的文明发展。这样的区域的生态文明建设仅仅依靠自身努力是难以解决发展难题的,特别需要国家的政策导向,比如建立完善的生态补偿机制和碳交易市场等,从制度权益与机制上着手,发挥好生态文明建设在扶贫开发中的积极作用,让生态资源成为区域文明发展的生长点和致富源。因此,建设生态强省,必须保护好开发好武陵山区的生态资源与生态优势。

(四)借洞庭湖生态经济区之势,建设湖区生态文明

洞庭湖是湖南连接长江经济带和对外开放的重要区域、重要结点,对于湖南的生态强省建设来说,这是升级发展的宝贵机遇和新的优越条件。国家实施长江经济带发展战略,由过去的大开发转型为大保护,更加突出生态环境保护,因此,洞庭湖生态经济区的建设必须突出水生态优势与特点,更好体现生态文明与区域经济发展相融合、相协调。然而,在生态强省建设中洞庭湖生态经济区发挥出足以带动湘北、贯通长江的功能,并非易事,任务仍然相当繁重。顺便提及的是,依托湘江重金属污染治理,可以建立流域型生态文明,建设生态强省,首先要在湘江流域推进生态文明与绿色发展。湘江和洞庭湖是一个有机整体,共同加强生态文明建设,客观上形成了独具特色的"江湖"生态文明。特别是实行河长制,这一"江湖"就是湖南生态文明的重要形态,更是生态强省建设的核心区域和强大纽带。有趣的是,武陵山区扶贫开发中的生态文明与洞庭湖生态经济区的生态文明,正好是体现山水林田湖内在联系与综合功能的生态文明建设。习近平总书记对山水林田湖是一个生态共同体的关系有过生动形象深刻的论述。而且,湖南的历史、现实条件和发展优势,都在这些方面有良好基础。建设生态强省,这是特色与优势。

(五)借大湘南承接产业转移示范区建设之势,促进绿色化与工业化协同互动

众所周知,建设生态强省是离不开工业化的发展和支撑的,国家设立大湘南承接产业转移示范区,不仅要求更好地密切工业化程度不同的区域之间的分工合作关系,而且希望以此加速推进落后地区的工业化进程。在推进工业化的

进程中，无论是东南沿海地区还是湖南，都必须体现绿色发展要求，高度重视生态环境保护和污染治理问题。具体到大湘南承接产业转移示范区来说，要特别重视探索出新的工业化与绿色化相结合的模式，在生态强省建设中走出自己的道路，培育自己的优势，实现以生态化绿色化为主体的创新性产业承接转移，成为更好体现工业化与绿色化全面结合与相互渗透的创新平台与新高地。大湘南地区的生态强省建设，必须打好承接产业转移示范区这张特色牌。

二　突出江湖重点：河长制在增强法治效应中的积极作用

湘资沅澧和洞庭湖构成了湖南水系的"江湖"版图，用好河长制是保护水生态、建设生态强省的体制机制的重要组成部分。2016年12月，中共中央办公厅、国务院办公厅印发了《关于全面推行河长制的意见》，要求各地区各部门结合各自实际，认真贯彻落实。意见要求，地方各级党委和政府要强化考核和问责，根据不同河湖存在的主要问题，结合实际需要与治理目标，抓好具体落实工作，将领导干部自然资源资产离任审计结果及整改情况作为考核的重要参考。就目前情况来看，实施好河长制是推进湖南生态强省建设的重要抓手。2017年2月，湖南省正式发布《关于全面推行河长制的实施意见》，将全面推行河长制，省委副书记、省长许达哲担任总河长。全省5公里以上的河流、10平方公里以上的湖泊在2017年内全部建立河长制责任体系。河长制作为推进生态强省的重要抓手，正在显现出强大力量。

（一）提高河长制的法治效应

所谓法治效应，主要是指法律制度作用领域的完整性，体系的系统性，职责的明确性，过程的协同性和实施的成效性。河长制的法治效应，就应当体现在这些方面都得到改善和提高。强调河长制的法治效应，旨在突出河长们履行职责时更加符合法治国家建设时代的趋势与要求，能够更好地依靠和运用现有的各种法律制度，更好地将行政权力发挥到恰到好处的程度，从而避免仅仅为了河流保护与治理而忽视法律制度，过于重视和运用行政权力，甚至出现某种违法现象的事情发生。

一是强化地方党政领导的法治意识与能力，增强法治国家建设的地方组织的支撑能力与保障能力。全面法治国家建设是现阶段的四大战略之一，法治国家建设必须形成宽广坚实的基础。法治国家建设的重要途径与标志，是各级党委与政府能够有效地学法、遵法、守法、用法，河长制的实施，给地方党政领导如何运用法律制度等手段，更好地履行职责，提供一个新的平台与途径，这样有利于建立起坚实的依法治国和法治国家建设的地方党政组织的基础。河长制的要义，并不是要将河流保护与治理的责任直接界定给相应的河长主体，而是赋予河长们一种共同运用相关法律制度，提高依法行政的权力。河长们只有更好地将各种法律制度整合起来，才能在依法治国的大背景大趋势之下实现依法行政和实现河长制的目标，促进地方政府的主要领导更加重视对现有法律制度和各项政策的了解与运用，有效提高自身运用法律制度的意识与能力。

二是发挥党政机关及其负责人的关键少数的特殊作用。在我国，地方党政领导的地位和影响是十分特殊而重要的，河长制的推行，就是以这一基本国情为依据的，这不是权大于法，更不是以权代法，是党政权力的有效运用与集中发挥。这种特殊作用之所以特殊，并不只需要关键少数，而是需要这个关键少数的有效带动。法律制度本身是需要权威来体现它的权威性的，因此，河长制有利于将相关法律制度的权威性更加快速、更加有针对性地发挥出来，让更多的部门与更多的行为遵守和运用好各项法律制度，提高和放大相应的法治效应。这是提高法治国家建设，促进依法治理河流的有效的重要方式。

三是强化相关法律制度更好落实。法律制度再多也都是人们共同撰写出来的，只有人们共同遵守运用，才会发挥实际作用。河长制的推行，有利于与生态文明建设和绿色发展的法律制度更好地落实，是强力推进的重要力量和解决关键问题的有效抓手。

四是注重各种形态的法律制度更好地形成一个有机整体。现有的法律制度体系是由各种法律、规章、政策等组成的庞杂体系，每一个方面，都会对河流治理产生一定的影响，有的甚至会有某种相互不一致的方面，因此，如何将这些因素整合为一个有机整体，避免矛盾与冲突，显得十分重要。在河长制的背景下，往往能够求同存异，减少差异，化解矛盾，促进协同。

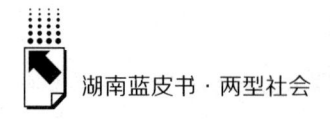

（二）实施河长制有利于落实保护优先战略

河长制的实施，有利于生态环境的治理与保护形成长效机制，更好地贯彻落实保护优先战略。河长制的实施，需要不同区域的河长们开展有效的合作。这种合作有一个显著特点，即合作主体的任期上的非对称性。如果合作主体存在任期上的对称性，就可能会出现集体作弊的可能性。随着合作的深化与扩大，会逐渐由解决具体的紧迫问题转化为长期的生态保护，使保护优先战略得以落实。保护优先战略是一种总体战略，也是一项实施技巧，还是一种先进的发展理念。由于河长制的责任直接而严格，加上生态损害终身责任追究制度，从一开始就着眼于长远问题、整体问题的解决。河长制的实施，有利于提高生态环保的整体性与协同性，更好体现生态环保的内在要求与自身特点。河长制所针对的是一条具体的河流，但这条具体的河流具有生态上的整体性与系统性，河长制的落实，客观上会促进以河流流域生态系统为主要范围的生态系统的保护与改善，避免长期以来在不同河段的权利矛盾与冲突。一些人认为，我国河流污染难以遏制的重要原因之一是不同河段的产权关系未能有效界定。但实践说明，缺乏最为明确而权威的权力投入保障，是更加直接而微妙的原因。

（三）实施河长制有利于推进生态补偿机制建设

河长制将河流的权责利统一起来，围绕河流的治理、生态环保，以及河流的权利等问题开展博弈与合作，有利于形成整体河流的价值协同与利益协同，这对于生态补偿机制建设来说，无疑是一种巨大而持久的力量。在实践中，生态补偿机制的重要性与有用性，人们都明白，可推行起来难度颇大，成效欠佳，重要原因之一就是河流不同区域的行政价值取向与权利取向上的差异性难以协同。河长制将流域利益整合为一个有机整体，为有效解决问题提供了制度与政策上的共同平台。

（四）实施河长制有利于将生态红线划明划严划牢

十八届三中全会报告明确提出："划定生态保护红线，实行资源有偿使用制度和生态补偿制度，改革生态环境保护管理体制。"2017年2月，中共中央办公厅、国务院办公厅发布的《关于划定并严守生态保护红线的若干意见》明确提出,"2020年年底前,全面完成全国生态保护红线划定,勘界定标,基本建立生态保护红线制度"。全面而系统地提出并运用划分生态红线的手段,来明确界定人类自身在不同区域的活动内容、活动容量与活动底线,有利于将人类活动对大自然的影响,限定在生态系统可以承受的程度之内,让生态系统更好地符合自身的运行规律和人类对生态系统的需求定位。建设生态强省是支撑整个富饶美丽幸福新湖南发展愿景的自然基础与生态保障,因此,不仅要划定生态红线,而且要将生态红线作为一种制度、一种机制、一种理念、一种文化,划入当今社会的生产生活与生命系统之中,充分运用生态红线的作用,促进生态强省建设。

三 融入主体战略：供给侧结构性改革中的生态强省建设

湖南具有良好的生态资源基础与优势,可如何在以供给侧结构性改革为主旋律的未来几年中得以发挥,创造出具有时代特色与未来优势的新的竞争力,是关系生态强省建设的根本性问题。

（一）深化供给侧结构性改革的战略认识

众所周知,在世界经济发展史上,每一次产业革命来临,都是以创造性破坏的方式来实现革命性转变的,在这个转变过程中,由于往往是被动接受市场的淘汰作用,造成的破坏和浪费是巨大的。现在,世界发展正迎来新一轮产业革命,尽管我国已经发展为世界第二大经济体,可发展质量并不高,能否抓住新一轮产业革命的机遇而提高发展质量,战略影响更加突出。因此,供给侧结构性改革,就是要未雨绸缪,积极主动地把握与运用规律,特别是对于大国经济和新兴市场经济体,如果在这种产业革命中丧失机遇,必将陷入"中等收入陷阱"之中。供给侧结构性改革,这是习近平总书记领导中国人民所进行的反经济周期,跨越"中等收入陷阱",实现中华民族伟大复兴中国梦的开创性探索。

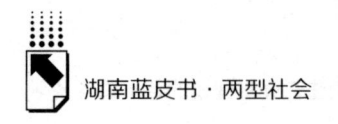

（二）确立供给侧结构性改革的绿色发展战略

供给侧结构性改革，"三去一降一补"为主要内容，而且，在2017年，要在推进供给侧结构性改革方面进一步深化。对于供给侧结构性改革，如果我们联系时代发展状况，特别是经济发展的阶段性特点，就会发现一个极其重要的现象，即现阶段正处于产业革命的新阶段，这个阶段的重要特点是智能化与绿色化。在这个阶段，世界经济格局会发生新的巨大变化，新的发展方式正以前所未有的力量争夺未来的制高点。因此，供给侧结构性改革的战略意义在于通过创新驱动与结构优化，在新一轮世界产业革命中率先转变发展理念的发展战略，以赢得先机，赢得主动。在产业革命到来之际，不能被动等待市场的倒逼，必须提高对发展趋势发展规律的敏锐性，使其与生态强省战略对接贯通。

（三）将绿色发展贯穿到产业转型升级和社会现代化的全过程之中

在新型工业化进程中，新兴战略性产业的发展要深度落实绿色发展理念，提升绿色发展素质，创造绿色发展竞争力，特别是湖南的先进制造业，要在绿色制造上率先创新，引领绿色制造技术发展，赢得先进制造业的绿色竞争价值。在服务业快速发展的时代，大力推进服务业的绿色发展，比如绿色金融，全域旅游中的生态旅游业等，所有这些，不仅仅是提高服务业的比重问题，更重要的是服务业的形态变化。再如在城镇化加速推进阶段，绿色城市中的绿色建筑、绿色交通、绿色社会、绿色生活，等等，无不构成了生态强省建设的有机组成部分与彰显标志。然而，湖南的生态资源优势还没有深入体现到经济发展和产业转型升级之中，生态资源优势与绿色短板并存的现状必须尽快改变，加速加长加固绿色发展板块。

四　加固基础短板：生态强省建设中的精准扶贫

建设富饶美丽幸福新湖南的发展愿景是一个有机整体，切不可出现偏离以生态为中心的美丽而片面追求富饶与幸福的短视行为。生态强省建设中重视扶贫问题，而且要运用好精准的原则，就是这一大背景提出的客观要求。

（一）生态脱贫是生态强省的微观基础

强调精准扶贫与生态强省建设相结合，主要原因是贫困地区大多是生态功能区，会长期存在生态环境保护与经济社会发展的矛盾。解决这一矛盾的关键时期就是在实施精准扶贫的这个特殊阶段。也就是说，如果这个阶段没有解决好这个矛盾，那么，2020年全面摘除贫困帽子后，贫困的因素仍然会向生态环保的基础发生侵蚀作用，生态强省的建设就会面临基础不牢的风险威胁。因此，无论是产业扶贫、搬迁扶贫，还是其他与生态环境相关度较高的扶贫方式，都要重视生态环境的长远问题。因此，就要让良好生态资源真正成为精准扶贫精准脱贫的坚实基础与长久保障。这是生态强省建设中的一个十分重要而特殊的问题。

（二）生态功能区是扶贫脱贫和生态强省建设的重点区域

在生态文明建设和绿色发展的大背景下推进精准扶贫，这既是一个新的要求，是一个重大原则，更是现阶段扶贫与过去扶贫工作的重要区别。对于湖南来说，精准扶贫的对象大部分都处在生态功能区，世代依靠生态资源生活，生态移民只能解决部分人的脱贫问题，多数还得通过生态资源的现代价值发掘来告别贫困。武陵山区、罗霄山区的片区贫困是湖南脱贫的主战场，也是脱贫的老大难问题，需要整体攻克，即使脱贫，也还需要进一步增强可持续发展的基础与动力。这个基础与动力就是绿色发展，因此，在精准扶贫中要坚持生态扶贫绿色扶贫原则，将生态良好区域的精准扶贫工作建立在发挥生态功能的基础之上，以此作为生态强省的重要基础。也就是说，生态强省必须是经济发展基础上的生态强省，贫困区域不解决贫困问题，生态优势就无法真正成为生态强省的标志。将生态良好地区的贫困问题解决好，就是加固了生态强省建设的基础性短板。

参考文献

杜家毫：《不忘初心继续前进为建设富饶美丽幸福新湖南而努力奋斗》，《湖南日报》

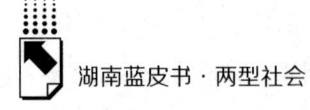

2016年12月2日。

杜家毫:《建设天蓝地绿水清的生态强省》,湖南红网,2017年3月1日。

许达哲:《贯彻省党代会精神建设富饶美丽幸福新湖南》,湖南省人民政府门户网站,2016年11月21日。

王一鸥:《让"生态强省"造福湖南人民》,《湖南日报》2017年2月20日。

李盈盈:《脱贫攻坚看湖南:变输血为造血　生态游扶贫魅力无限》,光明网,2017年2月28日。

B.28
关于促进精准扶贫与气候变化适应协同推进的建议

陈晓红 汪阳洁*

摘 要: 中国扶贫在取得举世瞩目成就的同时也面临巨大挑战。当前国家高度重视精准扶贫,但仍面临严峻气候贫困问题。极端气候日益增多增强,对我国农村贫困人口的影响不断加剧,阻碍减贫目标实现。因此,我国精准扶贫战略亟须加强与适应气候变化战略的协同推进,将贫困人口适应气候变化纳入精准扶贫政策体系:(1)建立新时期我国农村贫困治理"三个协同"新战略:扶贫开发与气候变化适应协同、贫困人口生计安全与粮食安全协同、贫困地区经济发展与生态保护协同;(2)构建适用于县域(村级)尺度的气候贫困动态监测与评估体系,提高扶贫精准性;(3)统筹利用国内国际两个市场,积极参与构建全球与区域贫困治理机制;(4)建立健全气候贫困治理政策体系,完善扶贫管理制度。

关键词: 精准扶贫 气候变化适应 协同推进

农村贫困人口脱贫是我国全面建成小康社会最艰巨的任务。党的十八大以来,我国政府对扶贫开发给予了高度重视,国家"十三五"规划建议提出实施精准扶贫国家方略。虽然我国扶贫在解决收入贫困、知识贫困等方面取得了举世瞩目的成就,但当前仍面临全球气候变化冲击导致的气候贫困问题。随着极端天

---

* 陈晓红,湖南商学院校长,中南大学商学院名誉院长,教授,博导;汪阳洁,中南大学商学院。

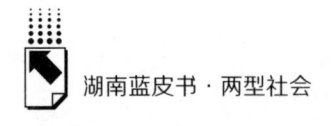

气灾害日益增多增强，对农村贫困人口的生计影响不断加剧，给我国扶贫开发带来新挑战。将气候变化适应纳入我国精准扶贫战略，在当前尤为重要与迫切。

一 我国农村贫困面临的气候变化影响

（一）贫困地区与生态脆弱地带高度重合

我国大部分农村贫困人口居住于县域内的偏远山地丘陵区。贫困人口与生态脆弱区在地理空间分布上高度一致，具有气候暴露度高、敏感性强、适应能力弱的特点。从区域层面看，我国政府划定的14个集中连片特困区也多数位于生态脆弱地带，面临气候变化和极端天气灾害的威胁。

（二）极端天气灾害降低贫困地区农业收入

农业是受气候变化影响最敏感的产业，也是贫困农户收入的重要来源。随着气候变暖，我国干旱、洪涝、台风等极端天气灾害日益频繁，对农业生产的负面影响不断加大。对于贫困农户，由于耕地面积少、农业基础薄弱以及抗灾能力差，极端天气灾害的负面影响更为突出，甚至导致一些地区已脱贫人口返贫。在气候变化环境下，最贫困人群比一般人群更易遭受极端天气灾害的威胁，受灾后的损失也要更大。

（三）极端天气灾害加剧农村贫困人口的生活困难

极端天气灾害使得我国贫困人口在安全饮水、教育、疾病防治等生活上面临更大困难。如旱灾使得我国西北地区贫困人口的饮水和灌溉成本上升；洪涝和台风等灾害增加贫困地区食物紧缺风险，同时损害人民生命财产及基础设施；热浪和洪水等极端天气引发疾病流行，给贫困人口生计增加额外的医疗负担。长期而言，气候变化会进一步恶化我国贫困人口的生活福利。

二 当前贫困治理政策面临的挑战

（一）扶贫政策与适应气候变化政策的协调性不足

我国对扶贫和气候变化适应这两个全球性问题均给予了高度重视，但对二者之间的联系关注不够。一方面，我国扶贫政策主要关注收入贫困、知识贫困等方面，较少考虑气候变化对贫困的影响以及适应策略；另一方面，国家适应气候变化的政策设计和推进，也较少覆盖到贫困地区的弱势人群。对如何帮助农村贫困人口适应气候变化、规避气候灾害影响，尚缺乏切实可行的政策方案。

（二）贫困地区经济发展与生态保护目标难以平衡

我国贫困区与生态脆弱地带高度重合，如何平衡发展与保护，是摆在扶贫攻坚道路上的又一重大挑战。一方面，生态资源是贫困地区经济发展和脱贫的重要物质基础；另一方面，按照国家主体功能区划，这些地区被划分为限制开发区或禁止开发区，生态保护至关重要。二者冲突影响当地脱贫步伐。

三 实施精准扶贫与气候变化适应协同推进的建议

消除贫困和应对气候变化是确保我国社会经济稳定与发展的重要议题，二者很难孤立解决。为支撑我国实现2020年现有标准下7000多万贫困人口全部脱贫，有必要尽快将贫困人口适应气候变化纳入我国精准扶贫政策体系。

（一）建立气候变化背景下的扶贫发展新战略

1. 实施扶贫开发与气候变化适应协同战略

制定扶贫政策时需要充分考虑气候和极端天气灾害因素，建议国家扶贫办将气候变化适应纳入扶贫发展纲要，作为各级政府制定扶贫发展战略和规划的重要内容，并制定各级气候贫困治理方案。

2. 实施贫困人口生计安全与粮食安全协同战略

在制定粮食安全战略的同时，要加大对贫困地区的适应气候变化投资。建议农业部、水利部和气象局等部委加强贫困脆弱地区的农田基础设施规划与投资，增强灾害监测与预警，提高贫困人口的适应能力和生计水平，切实保障资源安全和生命财产安全。

3. 实施贫困地区经济发展与生态保护协同战略

扶贫开发必须守住发展和生态两条底线。各级政府要同时加大脆弱地区的

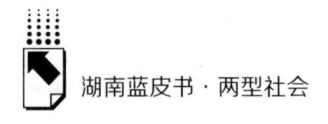

生态工程建设与扶贫力度，因地制宜发展气候适应型生态产业，实现农村脱贫致富与生态保护双赢。

（二）构建气候贫困动态监测与评估体系，提高扶贫精准性

1. 完善扶贫对象区域的遴选体系

充分考虑生态脆弱地区与贫困地区的关联，完善国家扶贫对象区域的认定标准。按照《国家适应气候变化战略》划定的适应气候变化区域格局，将自然环境脆弱、区位条件艰苦或生态地位显要的地区尽可能纳入扶贫范畴。

2. 构建评估气候贫困的指标体系

建立一套评估气候变化对贫困影响的指标体系，包括生态脆弱性指标、极端天气灾害测度指标、贫困对象评定指标、气候适应指标等。通过生态指标，统计生态资源数量与质量；通过极端天气测度，掌握灾害类型、发生地点、频率和强度等；通过贫困对象评定，识别受灾人群及其损失、返贫及贫困变化趋势等；通过气候适应指标，了解当地适应气候变化措施。

3. 创建一套适用于县域（村级）尺度的气候贫困动态管理系统

利用大数据和云计算等信息技术手段，对气候贫困评估指标进行全方位、全过程的数据收集和跟踪监测。在此基础上，建立县域（或村级）尺度的气候贫困数据库和动态管理系统。通过对气候变化及其灾害状况、扶贫进展情况及其动态变化的评估，实现气候贫困精准监测，精准识别，精准施策，切实提高扶贫的精准性和效果。

（三）统筹利用国内国际两个市场，推进气候贫困治理

1. 进一步夯实农业发展基础，提高贫困地区抗灾能力

把农业科技创新和基础设施建设作为提高贫困地区适应气候变化能力的主要措施。一方面，不断加快气候智能型农业技术、新节水灌溉技术、耐高温耐旱作物品种等新抗灾技术的研发推广；另一方面，不断加大对农业生产和气象的基础设施投入，特别是农田排灌设施建设、中低产田改造、极端气候事件及重大自然灾害监测系统建设。这对保障贫困地区食物供给、减缓气候变化冲击起到重要作用。

2. 积极参与构建全球与区域贫困治理机制

积极参与和推动联合国、世界银行等倡议的在《气候变化框架公约》下建立全球气候变化应对行动计划。该计划要求发达国家提供应对气候变化的资金和技术援助，帮助发展中国家建立贫困治理机制，同时将适应气候变化行动纳入扶贫投资项目，实现贫困地区的经济增长与减贫。在我国扶贫攻坚的关键时期，有必要充分利用国际应对气候变化的资金和技术优势，助推我国实现全面脱贫。

（四）完善扶贫管理制度，保障贫困地区可持续发展

1. 建立健全气候贫困治理政策体系

充分考虑气候变化对贫困的影响及适应，适应性地调整和细化《中国农村扶贫开发纲要（2011～2020年）》《全国生态脆弱区保护规划纲要》《国家适应气候变化战略》等国家重大战略规划的相关政策，制定和完善气候贫困治理政策，保障扶贫工作顺利开展。

2. 建立扶贫开发对象的动态评估与考核机制

对已有扶贫开发政策的经济、社会和生态绩效做出科学评估，并根据生态脆弱区与贫困区高度重合、极端天气灾害增多增强等国情，适时对不同类型的扶贫投入做出战略性调整。在此基础上制定出扶贫攻坚的优先序，分类施策，逐个击破。同时构建精准扶贫的考核评价体系，检验扶贫工作的实际效果。

3. 建立扶贫与适应气候变化组织协调机制

建议国家扶贫办牵头，坚持"包容性发展"和"共享"理念，加强发改委、财政部、农业部、水利部、环保部、气象局等相关部委之间的协调联动，对贫困监测、适应投资、灾害管理和政策修订等相关工作进行科学筹划与分工。在国家扶贫办增设气候贫困治理工作内容，成立多学科、多领域的气候贫困治理专家委员会。

参考文献

Hallegatte S., Bangalore M., Bonzanigo, L., et al. 2015. Shock Waves：Managing the

Impacts of Climate Change on Poverty. *The World Bank*, Washington, DC.

Oxfam. 2015. Climate Change and Precision Poverty Relief: Assessment report of Climatic Vulnerability, *Adaptability and Poverty for 11 Concentrated Contiguous Destitute Areas in China*. Hong Kong.

Russell L. 2011. Poverty, climate change and health in pacific island countries, *Report of Menzies Centre for Health Policy*, University of Sydney, Sydney.

胡鞍钢：《应对气候变化挑战，消除气候贫困人口，国情报告（第十二卷2009年（上）》，2009，第169~183页。

马世铭、刘绿柳、马姗姗：《气候变化与生计和贫困研究的认知》，《气候变化研究进展》2014年第4期，第251~253页。

张倩、孟慧新：《气候变化影响下的社会脆弱性与贫困：国外研究综述》，《中国农业大学学报》（社会科学版）2014年第2期，第56~67页。

周力、郑旭媛：《气候变化与中国农村贫困陷阱》，《财经研究》2014年第1期，第62~72页。

B.29
长株潭两型试验区绿色发展模式的选择研究

廖小平 周慧滨*

摘 要： 在全球性的资源枯竭、环境恶化和生态退化的现实面前，社会经济要可持续发展，发展模式的选择至关重要。本文在总结目前世界各国绿色发展模式的基础上，结合长株潭两型试验区第一、第二阶段取得的成果和目前存在的问题，认为长株潭两型试验区应顺应国家生态文明体制改革的潮流，吸收生态现代化及生态行政主义两种绿色发展模式的优点，试验区要加快生态文明体制机制改革，促进社会经济、资源环境协调发展，形成人、自然、社会和谐共生的社会形态，走出具有中国特色、符合试验区实际情况的生态文明绿色发展模式之路，保证试验区的社会经济可持续发展。

关键词： 绿色发展模式 长株潭两型试验区 生态文明

我国社会经济经过近四十年的长期持续发展，环境资源红利已经消耗殆尽，社会经济发展进入瓶颈期，调整经济结构，转变发展模式，是需要全社会深入思考的问题，关系我国未来社会经济的发展潜力能否释放，能否避免落入"中等收入陷阱"，社会经济能否可持续发展。本文结合长株潭两型试验区的具体情况，探讨其绿色发展的模式。

---

* 廖小平，中南林业科技大学校长，教授，博士生导师；周慧滨，中南林业科技大学副教授，硕士生导师。

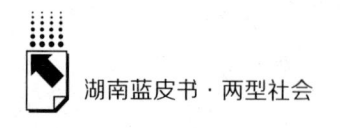

一　绿色发展的主要国际模式

进入 21 世纪，人类社会开始了第四次工业革命，即绿色工业革命，发展模式将从前三次工业革命的"黑色发展模式"转向全面的"绿色发展模式"。由于全球范围内资源分布、生态环境、产业与科技发展的现状极不平衡，发展理念和社会经济基础差异较大，因此在绿色发展的基本理念、宏观战略、发展路径以及行动计划和政策等方面，形成了三种不同的绿色发展模式。

（一）德荷日等国家的生态现代化模式

生态环境资源与社会经济协调发展的理念是生态现代化模式的核心，体现在国家管理的实践中，往往透过具有强有力的立法影响力、同时在国家和社会管理中具有完全的行政能力、同时具有生态自觉的政党，在对其主导下的经济体或市场进行"绿化"来实现。如"生态现代化"已经成为德国的基本国策，不同时期执政联盟在环境政策上较为一致；荷兰 1988 年制订了《国家环境政策计划》，这是荷兰整个环境政策计划乃至荷兰环境规划体系的核心，其环境政策首要原则就是"可持续发展"，强调发展经济与保护环境资源相互促进，强调技术创新和外部性内部化，环境治理、环境市场全球化。源于欧洲的生态现代化模式越来越倾向于在国家间产生影响力，如作为《欧盟环境法》的基本大纲，目前发布的 7 个《环境行动计划》具有日益明显的超国家干预色彩，生态现代化已经成为欧洲从经济与金融困境脱身以及欧洲可持续发展的政策首选。日本则借助先进的绿色经济技术研发与推广和卓有成效的环境法律政策管理，通过"公害处置""循环经济""可持续发展"等提法，将绿色发展理念贯穿于国家发展的实践中。

（二）美加澳新等国家的生态行政主义模式

美国、加拿大、澳大利亚和新西兰等国相对欧洲大陆有更为优越的自然生态条件，人口密度小，资源丰富，自然条件好，工业发展产生的环境压力相对较小。美加澳新等国家在政治制度上实行联邦制，文化传统崇尚个人主义，社会思维多元化、社会共识较难达成的特点，决定了以政府来组织推动经济结构的绿色转型、绿色新型技术开发与产业化，以及绿色消费和绿色生活方式的转变，很难得到民众特别是利益集团的高度认可，对执政党的选举是非常不利的。在这样的政治背景、文化传统下，执政党及领导的政府往往会选择制订少量必要的强制性环境法律，在行政管理上通过严格执法，并通过引导公民和企业组织的社会责任、环境意识，形成了绿色发展的生态行政主义模式。实践中，这些国家的公民环境意识强，因而环境资源保护的标准并不比欧洲低，而其成熟的法治文化也体现为环境立法和执法的严厉，美加澳新等国家的生态行政主义模式还是比较成功的。

（三）发展中国家的弱可持续增长模式

大部分发展中国家的绿色发展理念和战略实践，就是在以经济快速增长为核心目标，在保证经济增长的前提下兼顾生态环境资源，但是对自然资源的可持续性问题较为关注，主要原因是这些国家把发展经济作为核心目标，但资源枯竭和生态环境恶化又严重制约经济的发展，同时面临日益强大的国内外政治压力。发展中国家这种弱可持续增长模式还处于较为狭隘与偏执的工业化、城市现代化阶段，经济快速增长，也取得了一些绿色发展的成功经验，但距离生态现代化及生态行政主义等绿色发展模式在理念上、实践上和实际效果上均有相当程度的差距，实践中往往以环境改善取代生态建设，头痛医头，脚痛医脚，甚至广泛流行先污染、后治理的思潮，往往容易造成"局部环境好转，整体生态恶化"的情况。

二 长株潭两型试验区绿色发展的成果及问题

（一）"两型"试验结硕果

"两型"试验第一阶段，在资源节约、环境保护、土地管理、城乡统筹等十个领域进行了探索，在"两型"产业，生态宜居城市建设，资源节约保障机制建设，节能减排和土地管理等方面取得重大进展。第二阶段，重点推进环境资源价格机制、绿色产业、排污权交易、$PM_{2.5}$监测及防治、农村环境整治、生态补偿机制，以及绿色建筑、交通、生产和消费，绿色GDP核算等十大改革。推进居民天然气、电力阶梯价格改革试点，先行对长株潭的产业准入、产业提升、产业退出机制进行试点，淘汰落后产能，压缩六大高耗能行业，大力提升七大战略性新兴产业。截至第二阶段，出台了59个两型社会建设标准及

23 个节能减排标准；初步形成了包括经济社会、资源节约、生态环保三个方面共 29 个指标的两型社会建设统计综合评价体系，完成了历年 9 个市州的两型指数测算；搭建了全国首个综合性节能减排监管平台和"数字环保"系统，启动了大气污染联防联控措施，长株潭三市实现环境同治；在长株潭先行开展 $PM_{2.5}$ 监测试点。在"法治湖南"建设精神指导下，出台了《长株潭生态绿心保护条例》《湘江保护条例》等 20 多部法规制度，环境执法机制得到创新，强化了环境资源的执法检查，两型社会建设初步步入了法制化轨道。推进生态环境整治，从 2008 年起实施三年行动计划，对湘江重金属污染进行治理，对湘潭竹埠港、株洲清水塘、长沙七宝山、衡阳水口山、郴州三十六湾、岳阳原桃林铅锌矿、娄底锡矿山七个老工业区进行了污染整治和搬迁改造。颁布实施《长株潭生态绿心地区保护条例》，埋设了保护标识。在长沙、浏阳、攸县等县市的农村环境连片整治项目进行了实践，探索了农村环境整治的全国经验。积极探索城市群发展新模式，一体化的步伐明显加快，在交通、能源、供水供电、信息等基础设施；环境、财政、税费、金融等方面的政策体系；金融市场、劳动力市场、技术市场、信息市场以及房地产市场，生产资料市场等生产要素市场；在公共教育、公共卫生、公共文化体育、公共交通、生活保障、住房保障、就业保障、医疗保障、生态与环境和现代服务业等十个公共服务领域的一体化建设中取得了突破性的进展。在长株潭打造了以地铁、磁悬浮、轻轨为主轴、以湘江航电枢纽为重点、以高速公路为支撑的综合交通网，实现试验区交通同网；2009 年 6 月 28 日，长株潭三市成功实现固定电话同号并网升位，实现信息同享，湘江长沙综合枢纽提前一年蓄水试通航，湘江风光带长株潭段已建成 150 公里，长株潭三市实现生态同建。组建了两型社会建设技术创新平台，成立了亚欧水资源与研究利用中心以及国家级重金属污染防治工程技术研究中心等一批国家级、省级研究平台。进行了 300 多个重大科技专项研究，100 多项关键技术取得突破，建设了 120 多个低碳技术应用示范工程，24 家低碳骨干企业通过认证，形成了两型社会建设的科技支撑体系。集中推进了新能源发电项目、对落后工业锅炉进行了改造淘汰、对火电厂进行脱硫改造、形成了汨罗、永兴循环经济模式，绿色生产、生活和消费方式成为风尚，居民环境意识得到大幅提升。

总体来说，试验区第一、第二阶段建设改革，一是推动了社会的转型发展，二是探索了生态文明改革的新路子。经过八年改革试验，试验区的经济实力大幅提升，2015年长株潭试验区地区生产总值达到25475.62亿元，增长8.4%，增速比全省快1个百分点，占全省地区生产总值比重87.7%；经济结构得到优化，增长动力变强，科技创新能力提高，生态环境变好。2013年，在柏林举行的"联合国可持续城市与交通柏林高层对话暨2013全球人居环境论坛"上，长沙市获得"全球绿色城市"称号，2003年、2004年，株洲市连续被列入"全国十大空气污染城市"，仅仅不到十年时间，就蝶变为国家园林城市、国家卫生城市、中国优秀旅游城市、国家森林城市，湘潭市也跻身全国园林城市。试验区社会平稳发展，经济总量增加较快，节能减排、资源节约效果显著，试验区的生态环境持续改善，并初步形成了长效机制。试验区两型社会建设在第一、第二阶段取得了巨大成就。

（二）资源环境问题仍突出，产业转型困难多

受国际国内大环境的影响，湖南经济发展进入增速换挡时期，2015年试验区GDP同比增长8.4%，形成了逐年下降的趋势。试验区三次产业结构为9.3:50.2:40.5，结构层次仍旧较低，经济结构调整和发展方式转变的任务仍较艰巨；商务、物流、金融等新型服务业发展不足；高新技术产业中技术含量和附加值高的电子信息技术、高技术服务业和资源与环境技术规模太小，高新技术产业依然存在重加工、高能耗的问题，战略性新兴产业实现较快增长，但存在增速放缓、规模偏小、盈利下降、布局欠合理和发展不均衡等问题；长株潭试验区工业同构化现象比较严重，冶金、建材、化工等传统产业产能过剩矛盾非常突出；土地资源利用粗放、低效利用的方式没有得到根本转变，供需矛盾仍旧突出；综合用水的集约使用水平仍需提高；地表水水质低于全省平均水平，城市污水处理率有待进一步提高，土壤重金属污染治理任重道远，大气污染防治任务依然艰巨，节能减排压力较大；长株潭试验区一体化进程仍然有待加速；保障和改善民生的任务较重。2015年，长株潭试验区两型社会建设综合评价总指数为105.8，比上年下降0.4个百分点。

（三）生态文明体制机制建立任重道远

生态文明建设已经上升到国家战略的高度，《生态文明体制改革总体方案》对我国生态文明领域改革进行了顶层设计，国家层面的生态文明建设战

略布局已经初步完成，生态文明建设示范工作已经展开。但由于各地社会经济发展水平、资源和环境情况不同，必须在国家总体战略布局下综合考虑各地的实际情况，实行生态文明机制改革。虽然相对其他地区或生态文明体制改革主体，长株潭两型试验区经过八年建设，已经在生态文明体制改革中打下了一定的基础，在经济社会、资源节约、生态环保的两型建设中收获了一系列的成果，但在以下方面，仍然存在一些问题。

一是生态文明理念还没有到位。群众和领导干部的生态知识需要普及，生态文明教育渗透到国民的日常生产和生活之中，继承传统文化中的生态伦理思想，引进、传播、吸收西方生态文明的先进理念，树立新的生态行为规范和生态伦理价值观。

二是生态文明改革的体制机制尚未形成。生态环境资源的产权制度需要进一步明晰，环境经济政策需要进一步完善，排污权交易、碳排放权交易制度需要加强落实，尚未开征专门的环境税，生态补偿机制不完善，有利于资源节约、环境保护的价格体系尚未形成。环境与经济发展综合决策机制和全社会参与机制尚未建立。环境执法难度大，生态文明监管监督机制不完善。领导干部自然资源离任审计制度尚未明确，政绩考核制度体系中生态环境资源指标的权重仍然较低。生态文明技术支撑体系尚未建立，技术创新机制不完善。

三是试验区生态文明体制改革的具体目标还比较模糊。从总体上看，对生态文明体制改革的认识，对生态环境的变化规律，对经济发展与资源节约、生态环保的关系的认识仍然受到局限。囿于发展中国家可持续增长的绿色发展模式，和对环境生态的认识水平，在设定生态文明建设目标时，往往以环境质量指标体系来衡量生态文明建设水平，导致在实践中以环境改善取代生态建设，在生态建设中处于较为被动的局面，往往是出了问题才治理，容易造成"局部环境好转，整体生态恶化"的情况。

四是试验区生态文明体制改革的任务有待进一步明确，具体内容仍需探索。中央由经济体制和生态文明体制改革专项小组来推进生态文明体制改革，湖南省和长株潭试验区则没有特别明确推进生态文明体制改革的相应机构，生态文明体制改革的任务尚未明确，具体内容仍需探索。按《生态文明体制改革总体方案》设定的改革目标，到2020年，要构建起自然资源资产产权制度、国土空间开发保护制度、空间规划体系、资源总量管理和全面节约制度、资源有偿使用和生态补偿制度、环境治理体系、环境治理和生态保护市场体系、生态文明绩效评价考核和责任追究制度等八项制度。结合试验区的实际情况，试验区生态文明体制改革的主要任务应包括建立健全生态文明制度体系，包括健全自然资源产权制度、健全国土空间开发保护制度、优化国土空间开发格局、健全自然资源资产监管体制、建立健全资源有偿使用和生态补偿机制、建立健全环境治理体系、健全环境治理和生态保护市场体系、建立生态文明绩效评价考核制度、建立自然资源和生态环境离任审计及责任追溯制度；推进生态文明建设的区域协调体系；实践生态文明的工程体系和生态文明建设成果的评价体系，并努力把全省纳入国家生态文明先行示范区。生态文明体制改革的任务任重道远。

（四）试验区一体化程度仍有待提高

试验区虽然在多规合一、交通同网、信息同享、生态同建、环境同治以及环境经济政策、产业协调、要素市场、公共服务和城乡均等化等方面的一体化进程及一体化内容等方面进行了系统的规划，且在实践中得到有力的推进，但一体化推进的速度仍然较慢；产业和市场的一体化没有取得突破，仍然是分割的；推进长株潭一体化的行政管理体制和运行机制没有相应改革和创新，并没有取得实质性进展；城市化进展较慢，城乡二元体制没有取得突破性进展，居民对一体化的感受仍然偏低，试验区一体化程度仍有待提高。

三 引领绿色发展，建设生态文明

绿色发展模式虽然不同，但具备共同的特质。可持续发展理念下的环境经济协调发展是核心，低能耗、低物耗、低排放是绿色发展的具体表现和具体目标，通过技术创新和制度创新实现绿色生产、绿色消费是必由路径，实现生态文明则是绿色发展的最高境界和终极目标。绿色发展模式下，经济系统要实现从"黑色增长"转向"绿色增长"，提高增长质量；自然系统要实现由"生态赤字"转向"生态盈余"，积累绿色财富；社会系统要实现人民健康、社会和谐，提升绿色福利。这是试验区选择生态文明作为绿色发展模式的基本判断标准。要坚决摒弃"先污染后治理"的思路，要从"头痛医头，脚痛医脚"的

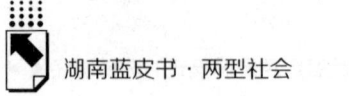

被动局面解放出来,顺应历史潮流和国家的整体布局,试验区要引领绿色发展,走上生态文明建设之路。

(一)试验区承担引领绿色发展、开拓生态文明建设的重任

从宏观看,我国整体的发展模式是绿色的,但是基本属于可持续增长的绿色发展模式,在发展模式上是处于初级的生态文明建设阶段。作为资源节约、环境友好的两型社会试验区,长株潭城市群应作为生态文明的先行示范,承担起引领我国绿色发展的重任。生态文明体制改革是一种发展模式全面深刻的变化,显著的特征就是以"知识、环境、信息技术"等无形资源为基础的绿色增长模式,代替了工业革命以来基于传统物质资源的增长模式,这种绿色增长模式呈现高度分散的特点,给试验区传统的政府主导型经济和大型国有企业模式将产生深刻的影响,同时这种模式又是一种基于创新的增长模式,给试验区经济体中依赖模仿的企业带来危机,绿色发展作为依赖开放社会、社会自组织功能的新经济形态,也给试验区传统社会治理模式带来了挑战。面对经济新常态和生态文明体制改革所带来的新挑战,试验区都需要通过先行示范,开拓生态文明建设之路,探索适合试验区社会经济、资源环境实情的绿色发展模式。

(二)坚持绿色发展理念,加强绿色发展制度体系建设

绿色发展的基本观点是大力发展绿色经济、低碳经济和循环经济;发展是主旋律,绿色是前提条件,要加强公众的生态文明教育、加强绿色发展的政策支持、加强绿色发展的法制建设。通过空间优化、产业升级、企业发展、所有制调整、绿色金融、两型社会建设、城乡一体化、发展外向型经济、社会公用事业以及政府管理10个方面的体制机制创新,探索走出新型城市化、新型工业化、资源节约和生态环保、综合基础设施建设、城乡统筹发展、体制机制创新六个方面的新路子。率先全面推进生态文明体制改革,初步形成生态文明体制机制。

要围绕经济社会、资源节约、生态环保三个层面,完成六大项主要改革任务:

一是健全资源节约制度,主要包括率先健全自然资源资产产权制度;加快资源循环利用制度;加快建立能源消费总量管理和节约制度;深化土地管理体

制机制改革；完善最严格的水资源管理制度、健全集约节约用水机制；加快建立矿产资源开发利用管理制度；完善矿产资源有偿使用制度；加快建立林地、湿地保护制度，率先建立耕地河湖休养生息制度；深化自然资源及其产品价格改革九个方面的改革。

二是完善生态环境保护体制机制，包括完善流域综合治理机制，深化城乡环境同治机制，加快建立区域大气污染防治联防联控机制，进一步完善长株潭"绿心"生态环境保护机制，进一步完善流域间的生态补偿机制，进一步完善资源环境生态保护制度，健全环境污染第三方治理机制，推行碳排放权、排污权、水权交易制度等八个方面的改革。

三是完善产业结构转型、优化和升级的体制机制，包括完善分类引导的产业发展导向机制，建立产业绿色低碳循环发展的引导机制，加快金融体制改革，发展绿色金融，提升打造开放新平台等四个方面的改革。

四是加快建立创新驱动发展的体制机制，包括加快推进长株潭国家自主创新示范区建设，完善清洁低碳技术推广机制，健全绿色科技支撑体系，创新人才开发与配置的体制机制等四个方面的改革。

五是建立完善城市群协同发展机制，包括完善城市群空间规划体系，完善交通、环保等基础设施共建共享机制，完善产业协同发展机制，加快建立"三通四化"等公共服务一体化机制，加快建立要素市场一体化机制，健全城市群高效协调机制等六个方面的改革。

六是率先建立现代化生态文明治理体系，包括加快政府职能转变，率先形成绿色发展的科学评价体系，率先制订生态文明建设相应的标准体系，同时要加快生态文明相关的法治建设，健全公众参与机制，加快建立生态文明与信息化的融合机制。

（三）加强绿色技术创新，强化绿色发展技术创新管理

绿色发展最核心的问题是实施，这就需要通过绿色技术创新来完成实施。绿色技术创新不但为生态文明建设提供科技支撑体系和内在驱动力，也为生态文明的建设奠定坚实的经济基础。生态文明建设是一种以资源的高效利用和循环发展理念为核心，以低消耗、低排放、高效率为基本特征，注重生态系统的整体健康，强调源头治理，大力发展资源节约、节能减排以及循环生产关键技

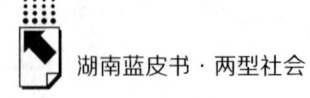

术,建立资源节约、生态环保的技术体系和生产体系,倡导绿色消费和绿色交通。绿色技术创新主要依靠政府在土地、人才、财政、金融、税收等方面进行政策扶持,强化政府的绿色技术创新管理是提高创新强度的主要途径。

综上,得出以下结论:资源环境生态是社会经济发展中无法回避的问题,绿色发展是社会经济发展不可阻挡的潮流。鉴于我国的具体国情和发展的历史阶段,我国并不能照搬发达国家的生态现代化和生态行政主义绿色发展模式,也不能拘泥于普遍存在的发展中国家的弱可持续绿色发展模式。要实现我国社会经济的可持续发展,实现中华民族复兴的梦想,走生态文明的绿色发展之路是唯一的选择。长株潭两型社会试验区应立足于第一、第二阶段的试验成果,正视仍然存在的困难和问题,加快生态文明体制机制改革,率先形成资源节约、生态环保的新机制,率先积累传统工业化成功转型新经验,率先形成城市群发展新模式,率先全面推进生态文明体制改革,初步建成试验区范围内的生态文明体制机制,走生态文明的绿色发展模式之路。

参考文献

郇庆治:《国际比较视野下的绿色发展》,《江西社会科学》2012年第8期,第5~11页。

郇庆治:《重建现代文明的根基:生态社会主义研究》,北京大学出版社,2010。

湖南省统计局、湖南省长株潭两型社会试验区建设管理委员会:《2015年长株潭试验区两型社会建设综合评价报告》2016年第9期。

胡锦涛:《在中国科学院第十五次院士大会、中国工程院第十次院士大会上的讲话》,《十七大以来重要文献选编(中)》,中央文献出版社,2011,第750~751页。

B.30
湖南省生态文明建设的比较优势与总体方略探析

郭辉东*

摘　要： 湖南省洞庭湖水系的特有自然地理环境，具有建设国家生态文明试验区的比较优势，一些有利于生态文明建设的基础条件已经具备。本文就湖南省国家生态文明试验区建设的比较优势、制约因素、总体思路与可行方略进行了探析。湖南一定能建成国家生态文明试验区，富饶美丽幸福新湖南的愿景一定会实现。

关键词： 湖南省　国家生态文明　试验区建设　比较优势　总体方略

生态文明建设是中国特色社会主义事业的重要内容，本文特就湖南省国家生态文明试验区建设的比较优势、制约因素、总体思路与可行方略进行探析。一代人有一代人的梦想，一代人有一代人的使命。当代湖南人有信心有能力建成湖南省国家生态文明试验区，一定能够实现建设富饶美丽幸福新湖南的奋斗目标。

一　湖南省国家生态文明试验区建设的比较优势

湖南省特有的地质地貌形成了一个有利于独立自主进行国家生态文明试验区建设的自然地理环境，一些有利于生态文明建设的基础条件已经具备。

---

* 郭辉东，湖南省人民政府原参事，湖南省政府发展研究中心正厅级退休干部、研究员，湖南省优秀社会科学专家，国务院政府特殊津贴专家。

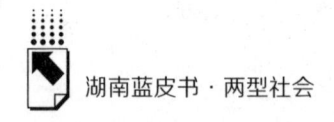

（一）湖南省具有便于独立自主进行国家生态文明试验区建设的地理环境

湖南土地面积21.18万平方公里，在中国"一江春水向东流"的区域构造中，湖南却是"湘江北去"。全省96.6%的土地属洞庭水系，自然界的大气、水体、土壤与生物之间的生命元素迁移转化过程，可在一个区域构造单元内进行，实现物质能量在循环转化过程中的不断平衡，而且具有很强的自净能力。

（二）湖南省建设国家生态文明试验区的比较优势得天独厚

从人造地球卫星上俯瞰地球，湖南和相邻地区是一片郁郁葱葱的图景。湖南特有的地理环境，与沿海、西南、西北地区以及国外同纬度地区比较，进行生态文明建设具有得天独厚的优势。一是没有构造性地震带的困扰，二是没有海侵威胁，三是可以避免沙尘暴和荒漠化引起的烦恼。

（三）湖南省国家生态文明试验区建设的自然资源优势明显

湖南属亚热带季风湿润气候区多山丘的内陆环境，森林覆盖率达59.57%，富有山泽田土和草木之利，为动植物提供了适宜的生存场所。冬寒期短，无霜期长，一年可二熟或三熟。水资源丰富，现有水库13295座，总库容366.7亿立方米。湖南洞庭湖纯湖区面积15200平方公里，多年平均径流量3204亿立方米。

（四）湖南省有利于建成国家生态文明试验区的板块与网格已经凸现

现代文明与智慧的网络是多元多彩的，湖南生态文明建设的网络格局也应当是多元多彩的。湖南境内已形成一个有利于生态文明建设的独特格局，从流域看，有天然形成的湘、资、沅、澧四水与洞庭湖四水一湖格局，四水流域梯级水电站建设已基本完成；从交通线路看，贯通南北连接东西的现代综合交通体系新格局已经形成。从总体看，"一核三极四带多点"的全省四大板块实现了国家区域发展战略全覆盖，形成了板块联动、极带互动的竞相发展新格局。2008年4月以来，湖南投资174亿元进行水污染综合整治，实现了县城以上城镇污水处理全覆盖。湘江长沙枢纽工程建成后已在长株潭形成130多公里的人工大湖，长沙市山水洲城已成为世界上引人向往的独特美景。

二 湖南省国家生态文明试验区建设的制约因素

湖南在具有得天独厚自然地理优势的同时，天然自然与人工自然两个方面，也存在一些不利于生态文明建设的制约因素。

（一）孕灾环境独特，自然灾害繁发

湖南现代地貌格局是在内外营力的长期作用下形成的，由于向北开口马蹄形地貌，导致冷空气易进难出，产生持久的阴雨和低温，成为灾害性的春寒、秋寒和冬寒，使得境内冬季平均温度和极端低温值低于邻省同纬度地区。湘江、资江、沅江各自与其支流形成树枝状水系，澧水及其支流形成羽状水系，往往形成山区易洪、沿江和湖区易涝的特点；有客水注入的低洼地区，又具有外洪内涝的特征。全省旱涝灾害具有一定的关联性，时间序列上具有相对集中性，空间分布上具有群发性，旱涝灾害还呈现一定的共轭性。

（二）经济增长方式比较落后，资源利用率不高

湖南省粗放型经济增长方式还未根本改变，工业技术水平与设备比较落后，资源高耗型产业比重大效益低，经济持续增长受到严重制约。以冶金、化工、建材等传统产业为主的工业，走的是一条高能耗、高增长的路子。矿产资源开发利用粗放，资源浪费比较严重。大部分矿山技术装备水平和集约化程度低，采富弃贫、采厚弃薄现象普遍。人口激增、自然资源急剧消耗和环境污染，使生态条件失去平衡。

（三）环境污染出现了一些新特点，生态环境恶化趋势有待遏制

在农业文明时代，农牧业生产的废弃物和人畜的排泄物，都是可循环利用的。在工业文明时代，大规模的工厂化生产和集中式的城市化生活，人们把大量废弃物和排泄物排向天空、撒向大地，江河湖海变成了垃圾桶，环境污染问题由此而生。环境污染出现了一些新特点，点源污染与面源污染复合，使区域性生态环境退化由局部扩大到更大的范围，单要素的生态环境退化转变为多要素的生态环境退化。

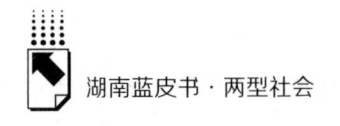

（四）人类过当的活动，影响了生态环境变化

生态环境包括自然环境和社会环境。2016年湖南省常住人口达到6822万人，人口基数偏大和人类过当的活动，也会影响生态环境的变化。一些地方重经济发展、轻生态环境保护，片面追求经济发展速度的行为时有发生。土地乱用滥用、矿产乱采滥挖、"三废"乱排滥放的违法违规现象还比较严重。

三 湖南省国家生态文明试验区建设的总体思路

思路决定出路，观念决定方向。当代湖南人应当以广阔视野、深邃眼光和坚实步伐，走出经济社会发展与良性生态平衡的文明发展之路。

（一）把生态文明建设作为执政党的行动纲领，中国共产党是第一个

当今世界，保护生态环境已成为共识，生态环境保护是功在当代、利在千秋的事业。把生态文明建设作为一个政党特别是执政党的行动纲领，中国共产党是第一个。2015年党中央、国务院印发了《生态文明体制改革总体方案》，2016年中共中央办公厅、国务院办公厅印发了《关于设立统一规范的国家生态文明试验区的意见》。福建、江西、贵州三省是国家生态文明试验区设立的首批省份。中共湖南省委书记杜家毫2017年3月5日在第十二届全国人大第五次会议湖南省代表团全体会议发言中建议将湖南省纳入国家生态文明试验区。省政府及省直相关部门应积极向国家有关部门争取，尽早将湖南省纳入国家生态文明试验区范围。

（二）人类文明正大步迈入人与自然和谐发展的生态文明时代

生态兴则文明兴，生态衰则文明衰。我们必须树立尊重自然、顺应自然、保护自然的生态文明理念，努力创建宜居宜业的生存空间。自然界的演化是一个永恒的生命创造过程，人类应该爱护天地万物，自觉维护非人类生命及其生存环境。

（三）马克思主义生态自然观和中国传统文化的天人合一观，对生态文明建设具有重要的指导作用

人与自然的关系是人类的永恒主题，马克思主义生态自然观主张人与自然

辩证统一、和谐相处,核心是强调人与自然的协调。马克思认为"人本身是自然界的产物,是在自己所处的环境中并且和这个环境一起发展起来的"。马克思曾经发出过警告:"文明如果是自发地发展、而不是自觉地发展,留给自己的则是荒漠"。中国文化大道之源的《易经》说:"古者包牺氏(伏羲氏)之王天下也,仰则观象于天,俯则观法于地,观鸟兽之文与地之宜,近取诸身,远取诸物,于是始作八卦,以通神明之德,以类万物之情。"《周易》说:"天行健,君子以自强不息;地势坤,君子以厚德载物。"《道德经》说:"人法地,地法天,天法道,道法自然","道生一,一生二,二生三,三生万物"。传入中土的佛教文化信奉"万物生而平等",人与人平等,人与其他动物也平等,杀生害命会遭到因果报应。在中国生态文化传统中,所有生命出自一源,木火土金水,相生相克,生生不息。

(四)人民群众早就盼望党和政府以壮士断腕的决心和气魄治理环境污染

当代湖南人应当以广阔视野和深邃眼光,从保持人口、资源、环境三者协调平衡的角度出发,找到经济社会发展与良性生态平衡之间的结合点,在满足当代人需要的同时,不危及后代人满足需要的能力。如果只追求局部的、眼前的短期经济利益,环境污染了,水变脏了,土变毒了,空气变坏了,动植物繁衍生息场所破坏了,人类生存空间糟蹋了,老百姓连新鲜空气也吸不上,干净的水也喝不上,再多的钱和再多的高楼大厦有什么用?人不能在乌烟瘴气、暗无天日和污水滥流的环境中长期生存!面对生态环境危机的威胁,党和政府应当以壮士断腕的决心和气魄治理环境污染。通过多措并举、多管齐下,建设天蓝地绿水清土净的美好家园,让人民群众在良好生态环境中生产生活。

四 以湘资沅澧四大流域可持续发展为轴线,绘制一幅生态美好的新湖南水系图

(一)以湘资沅澧四水为可持续发展轴线,采取生物措施和工程措施相结合的办法进行综合治理

湖南90%以上的县市城镇坐落在四水流域干流和支流两岸,要以四水可持

续发展为轴线，按照"流域、梯级、滚动、综合"的方针，以大流域治理为骨干，小流域治理为单元，采取生物措施和工程措施相结合的办法进行综合治理，把蓄水、灌溉、防洪、航运、旅游、发电和流域治理开发相结合，应尽力使已有水利工程充分发挥配套作用，形成互联的自流灌溉系统。要探索洪水资源化和泥沙资源化的新路子，在洞庭湖低洼地段和四水尾闾地区，深挖一批大型人工湖泊，既可分蓄洪水，又能发展淡水养殖，挖出的泥沙还可以转化为宝贵的财富。

（二）救船、救水、救鱼,还给江河多种功能

1969年11月，毛泽东听取在三斗坪地区兴建高层大坝枢纽水电站方案时指出："望你们在设计施工中，不要把长江变成短江，要做到三救，即救船、救水、救鱼。"60多年前湖南的大小江河都可通船，20世纪50年代大兴水利工程后，全省大小江河的数百个水坝陆续兴建，船只不能通行了，水不能自然下流了，鱼虾不能畅游了。在人水和谐水环境建设中，可在湘江、资江干流或支流先行采取因地制宜的工程措施救水、救鱼，用小船坐电梯、大船过楼梯的办法救船。今后平原地区修建桥梁，应当留足有利于船舶通行的高度和跨度，最好是修建过江隧道。

（三）借鉴古今中外开凿运河的成功经验,能够绘制一幅生态美好的新湖南水系图

湖南地势格局总体为三个阶梯的复式盆地，这就给开凿运河提供了地形地势的可行条件。我在《关于开凿湘资沅运河的建议》、《兴建长江至洞庭湖都江堰式无坝引水工程能够收到江湖两利的奇效》和《关于开凿郴资桂运河与郴州构建生态型山水城市的设想》等文章中，已经提出过三湘四水能够形成新水系图的设想。在长江大拐弯处的洋溪兴建长江至洞庭湖无坝引水工程，能够使洞庭湖平原与成都平原的"天府之国"竞相争辉。同时，还应争取早日启动湘桂运河工程把长江水系与珠江水系连接起来。

五 湖南省国家生态文明试验区建设的可行方略

国家生态文明试验区是承担国家生态文明体制改革创新试验的综合性平台，重在开展生态文明体制改革综合试验。

（一）倡导创新、协调、绿色、开放、共享的发展理念，实现生产方式和消费模式向节约、绿色、文明、健康的方向转变

要倡导创新、协调、绿色、开放、共享的发展理念，对不适应、不适合甚至违背新发展理念的认识要坚决纠正和彻底摒弃。为此，我们必须以人类复合生态系统理论为指导，践行文明、节约、绿色、低碳的发展模式，倡导适度消费模式，采用先进适用节能低碳环保技术改造提升传统产业，走出一条生态良好、生产发展、生活富裕的文明发展之路。

（二）深化两型社会建设，努力创建国家生态文明试验区

自然界各种物质形态，都服从物质不灭、能量守恒、动量守恒、质变量变、肯定否定规律。把握和顺应物质循环与能量转换规律，就能实现人与自然和谐相处。创建湖南省国家生态文明试验区，就要深化长株潭两型社会建设，以湘江保护和治理"一号重点工程"为突破口，筑牢"一湖三山四水"生态屏障，形成各种物质投入和土、水、光、气、热能资源合理配置，推进全省生态环境综合整治。

（三）建立健全绿色发展引导机制和政策体系，健全生态文明建设领导体制和工作机制

要健全完善党政同责、齐抓共管的责任体系。在功能分区上，根据自然生态系统的不同特征和内在联系，划定生态保护红线，加快建设天蓝地绿水清土净的生态强省。对生态文明建设要采取源头严防、过程严管、后果严惩等措施，突出改革创新和制度建设。要健全生态保护补偿机制，科学界定生态保护者与受益者权利义务，加快形成生态损害者赔偿、受益者付费、保护者得到合理补偿的运行机制。

（四）提高全民生态文明意识，加快形成以保护环境为荣的良好社会风尚

要加大生态文明试验区建设宣传力度，加强对生态文明建设各项制度的解读和宣传，普及培育生态文化，提高生态文明意识，培育公共环境公益意识和

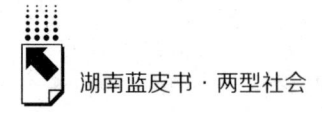

环境权利意识，建立单位和个人环境信用激励与惩戒机制，形成以保护环境为荣的良好社会风尚。

我们坚信：在湖南建设国家生态文明试验区一定能够获得成功，富饶美丽幸福新湖南的愿景一定会实现。

参考文献

王克英主编，郭辉东、朱翔、曾品元撰稿：《洞庭湖治理与开发》，湖南人民出版社，1998。

童潜明：《以地学为主导论洞庭湖的十个问题》，《武陵学刊》2012年第3期。

郭辉东、黄国亮：《长株潭两型社会建设若干问题的探讨》，《2008年湖南经济展望》，湖南人民出版社，2008。

郭辉东、邓润平：《三峡水库运行后对洞庭湖区城市安全的影响及应对》，《湖南城市公共安全蓝皮书》，社会科学文献出版社，2010。

郭辉东：《湖南加强园区建设和发展产业集群的情况调查与对策建议》，《2011年湖南经济展望》，社会科学文献出版社，2011。

郭辉东：《洞庭湖生态经济区规划总体设想》，中国科学技术协会编《第二届中国湖泊论坛文集》，湖南人民出版社，2012。

郭辉东、邓润平：《正确认识水循环与水量平衡规律》《推进湖南省人水和谐水环境建设》，《2015年湖南两型社会与生态文明发展报告》，社会科学文献出版社，2015。

B.31
湖南环保产业发展问题与对策研究

孙 蕾*

摘 要： 湖南环保产业快速增长，但存在规模偏小、集中度较低、技术创新能力不强、服务体系不健全等问题。推进湖南环保产业发展，应以先进制造业为支撑，抢占高端、高效节能环保技术装备和产品制高点，以综合化服务和专业化配套为导向，创新发展环境服务业，优化产业布局，构建具有竞争优势的产业链。建议湖南加快培养引进环保高端人才，延长环保产业链条，提供高品质环境服务产品，打造环境服务业品牌，做强环保产业园区，推进环保产业机制体制建设，完善绿色金融政策体系。

关键词： 湖南环保产业 环境服务业 绿色金融

环保产业的发展已经成为世界经济发展新的增长点，其意义不仅表现在经济规模上，更体现在其对整个经济的带动作用上，在数量和质量上带动经济发展的程度，在推动经济结构调整和社会发展转型所发挥的作用上。一次利用投入-产出分析对美国环保产业带动作用的研究表明，环保产业对15个部门带动效益明显，这种带动作用的总增值效益为环保产业产值的100%~150%。环保部环境规划院研究表明，"十二五"期间，我国环保投资对国民经济增加值的贡献率为1.32%，单位投入对国民经济拉动能力居33个部门的第16位，产业波及效应分析结果显示，环保产业对国民经济拉动作用大于同比例国民经济对环保产业的推动作用。

---

* 孙蕾，长沙环保职业技术学院副院长，研究员。

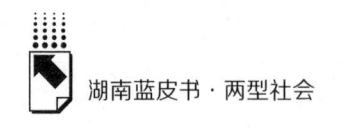

一 湖南环保产业发展现状

（一）产业规模快速增长，产业占比稳步提升

湖南环保产业在2015年实现了《湖南省环境保护产业发展规划（2009~2015）》中提出的环保产业年总产值达到1600亿元以上（不包括洁净产品产值）的目标，环保产业产值由2008年的407亿元增加到2015年的1615亿元，年均增长率为29.68%。规模以上从业单位数量从2008年的760家，增加到2015年的1115家，年均增长率为46.7%。2015年湖南环保产业产值占全国环保产业总产值的比重达到3.55%。

（二）区域集聚度提高，集聚效应初步显现

"十二五"期间湖南环保产业区域集聚度进一步提高，主要集中在长沙、郴州、岳阳、衡阳、湘潭。2015年，五市集聚环保企业599家，从业人员7.9万人，年总产值1304.1亿元，占全省环保产业总产值的81%。在政策引导下，先后审批建立三个环保产业专业园区和两个循环经济园。在集聚的基础上，同步进行产业整合，"十二五"完成了稀贵金属冶炼企业从125家整合调整为28家，并建设跨区域跨主体的环保产业链，通过企业之间废物交换实现小循环，使资源回收利用过程中的二次污染得到有效解决。

（三）抢占技术研发高地，部分领域竞争优势突出

"十二五"期间，全省建成国家重金属污染防治工程技术中心1个、省部级环保工程技术中心2个、环保产学研联盟2个、承担了11项国家公益性环保科研课题，带动了大量先进技术和产品的研发、成果转化和应用推广，取得20多项专利和一项国家技术发明2等奖，突破了210项节能环保关键技术。

在重金属污染防治、资源综合利用、生态修复和水质在线技术开发与应用等领域湖南处于领先地位。主要优势技术包括：重金属废水深度处理与回用技术、工业复杂废水处理及零排放技术、非膜法废水处理技术、湖库控藻生态修复技术；高温烟气除尘、脱硫、脱硝技术，烟气超低排放技术；重金属水质在线监测技术与设备、半挥发性有机物水质自动在线监测技术；污泥处理零排放

技术与装置、畜禽养殖废弃物综合处理与利用生态技术；土壤中重金属原位、异位化学淋洗及生物修复技术、耕地、场地、矿山重金属污染修复技术；高难度噪声治理技术。

在绿色制造领域，拥有国家光伏装备工程技术中心、国家能源风力发电研发中心，组建了有700家成员组成的62个产业技术创新联盟。远大节能空调和节能建筑已具有相当的国内竞争力和市场份额。中联重科餐厨垃圾收集处理成套装备、环卫机械和县域农村垃圾收运体系PPP治理模式在全国多个省份得到应用，营业收入近100亿元。

环保装备制造业核心竞争力进一步提升，培育出环保特色技术和产品。永清环保电厂烟气脱硫脱硝技术与设备、万容科技以"废印制电路板环保处理设备"和"报废汽车破碎及废钢加工一体化设备"等技术成为中国"城市矿产"装备产业的领军企业。湖南长重多孔无机膜陶瓷除尘设备、颗粒床除尘设备和生物质锅炉烟气脱硫除尘一体化设备均在全国形成影响力并得到广泛应用。

二 湖南环保产业发展面临的主要问题

（一）产业规模偏小，集中度较低

2015年，湖南环保产业产值居全国第九位，在E20环境产业地图列出的270家有影响力的企业中，湖南仅有9家，这在一定程度上反映了湖南环保产业规模小，产业集中度不高，产业链中一些关键环节薄弱，这是湖南环保产业存在的最突出问题。E20环境产业地图显示，A方阵为资产规模500到1000亿元的20家重资产环境集团，湖南有永清投资集团一家进入。B方阵为资产规模在100亿元以上的50家区域环境综合服务集团，湖南只有长沙水业集团一家进入。C方阵由4个细分领域25个子方阵100家企业组成，4个细分领域分别为综合、水业、固废、大气，其中综合领域由5个子方阵组成，即：综合环境服务、城市市政基础设施污染除臭、水体修复及城市景观水系治理、土壤修复、环境监测；水业领域由10个子方阵组成，即：市政供水、市政排水和污水处理、中小城镇和农村水环境治理、污泥处理处置、工业园区水处理、工业废水处理、膜技术、海水淡化、雨水利用、专业服务；固废领域由8个子方阵组成，即：环卫、垃圾焚烧、小城镇及农村垃圾处理、餐厨等有机废弃物垃圾处理处置、垃圾资源化综合利用、工业及危险废物处理处置、再生资源利用、专业化配套；大气领域由2个子方阵组成，即：电厂大气综合治理、VOCs控制与治理。在C方阵25个子方阵的100家企业中，湖南只有4家企业进入其中的6个子方阵，即综合环境服务子方阵的永清投资、土壤修复子方阵的凯天环保、工业废水处理子方阵的湘牛环保、垃圾资源化综合利用子方阵的万容科技、再生资源子方阵的万容科技、电厂大气治理子方阵的永清投资。D方阵由装备、材料生产制造商组成，在我国有影响力的企业有100家，分为13个子方阵，分别为：泵类、搅拌器生产制造商，阀门类生产制造商（市政水业），格栅类生产制造商，鼓风、曝气类生产制造商，污泥脱水设备类生产制造商，监测检测类设备制造商，膜及膜组件生产制造商，消毒及氧化设备类生产制造商，药剂试剂生产制造商，管材管件生产制造商，二次供水设备及水表生产制造商，垃圾分类、收集、处置类设备生产制造商，大气除尘设备类生产制造商。在13个子方阵中，湖南只有中联重科环卫机械设备在垃圾分类、收集、处置类的收运设备生产供应子方阵占有一席之地。2015年我国环保产业营业收入约4.5万亿，其中环境服务业营业收入占比仅15%，生产装备、材料的D方阵产业营业收入占环保产业总营业收入的45%~55%，湖南在此领域缺乏竞争力。

上述分析表明，湖南环保企业规模较小，环保装备成套化、系列化、标准化水平偏低，附加值不高，具有国际竞争力和全国影响力的品牌企业缺乏，环保产业链还不尽完善，产业集群和空间集聚尚未完成。

（二）国家级创新平台少，平台集聚效应没有得到有效发挥，技术创新能力不强

以企业为主体的技术创新体系有待培育，国有企业创新机制尚未形成，创新动力缺乏，投入不足；民营企业创新能力亟须增强；外资并购研发与自主创新体系的关联度不高。产学研结合成效不显著，科研成果本地转化率不高，科研优势未能充分转化为产业优势；技术成果的发现、评估、筛选、转移机制尚待完善。

（三）服务体系不健全，产业资本运作力度有待加强

环保产业公共服务平台有待建立和完善，相关产业领域的行业组织能力有

限，行业自律、组织协调、综合服务等功能有待加强。产业发展缺乏科技、资本等要素的有效配置，技术交易、科技信息服务等中介服务体系发展较慢。金融服务体系对产业发展的支撑作用尚未得到充分体现。环境基础设施项目初始投资大、建设周期长，前期融资需求迫切，而环保企业大多规模小、抵押担保能力不足，难以获得低成本贷款，并且，申请信贷审批流程长、申请条件严苛，致使环保企业流动资金贷款长期难以得到有效解决。重技术研发，轻资本运作是湖南环保产业发展的短板，导致湖南环保企业达到一定规模后出现发展瓶颈。在全国资金大举进入环保产业的形势下，湖南环保企业因资金不足出现发展困境的弊端就凸显出来。

（四）产业基础数据缺乏

环保产业在我国现行的《国家统计年鉴》中尚未有统计口径，从其五大类环保仪器设备制造、环境服务、环保工程建设、资源综合利用、环保产品生产组成看可细分到第二、三产业：环保仪器设备制造、资源综合利用、环保产品生产和环保工程建筑属于第二产业；环境服务业属于第三产业，产业发展呈现全新的价值构成。从目前国民经济统计体系设计看，环保产业基础数据缺乏独立、系统、全面和动态化，对于这一迅速发展的新业态，亟待进行独立的统计设计。

三 湖南环保产业发展面临形势

（一）以改善环境质量为核心的"供给侧结构性改革"背景对环保产业专业化、精细化提出了更高要求

我国"供给侧结构性改革"内涵丰富，新供给不是政府层面的新供给，而是政府面对新市场机制之下解决产业问题的新供给，新供给应该是基于市场、需求和客户基础之上的，从而需要更为专业化、精细化的环境服务。

（二）环境管理转型激发产业活力

新环保法的实施和中央环保督察组全面督政督企，推动环境执法不断深入，需要建立更加系统完整、精细真实的环境大数据，为环境执法和环境监测

提供有效支撑，环境监测的自动化技术服务领域成为行业发展的新热点。在刑事处理及经济处罚的双重压力下，将释放更多环境治理需求。环评和监测的市场化，激发环境咨询服务业充分发展。排污许可证管理及排污权交易制度的推行，有利于强化企业的污染治理责任和环境绩效管理意识。

（三）大型国企重构环保市场格局

随着环保产业规模的扩大，产业类型加快从单一的环保工程建设运营向决策、管理、金融"多位一体"的综合性服务转变，结构性调整明显加快。众多"中字头"的大型企业纷纷跨界进军环保产业，利用其自身的品牌优势、低成本资金优势和良好的政府资源优势，采用PPP等模式进入环保产业，上述企业具有体量大、跨界、起点高等特点，在壮大环保产业规模的同时带入更加先进的生产组织方式。在此环境下，企业间的并购事件也不断增加，仅环保并购案例在2015年就高达上百起，涉及金额近600亿元。

四 湖南环保产业发展对策建议

经济新常态和供给侧结构性改革的新形势以及公众对改善环境质量的迫切需求为环保产业发展提供了难得的历史机遇。湖南环保产业发展的思路为：严格执法政策驱动下，坚持技术引领、需求牵引、市场培育，实施园区化、综合化、规模化、专业化发展战略。坚持"企业主体、政府引导、科技支撑、创新引领、高端制造、高效产品、开放共享"原则，以先进制造业为支撑，抢占高端、高效节能环保技术装备和产品制高点；以综合化服务和专业化配套为导向，创新发展环境服务业，优化产业布局，构建具有竞争优势的产业链，推动全省环保产业创新、集聚、跨越、专业化发展。

（一）技术创新引领，培养引进高端人才

环保产业正进入"技术拉动"的合作时代，企业的发展动力从营销驱动转向技术驱动。做大做强优势产业，使绿色制造业在省内成为龙头产业，在国内外形成品牌优势。加大节能技术、水气土和海绵城市建设以及城市矿产等资源循环利用领域技术研发与创新，同时要注重研发投入的目标达成度和有效性

评估,以目标导向创新管理模式。通过企业自主创新、产学研联合、先进技术消化吸收和二次创新,开发更多技术组合和综合技术,搭建细分行业平台,形成更多的创新技术和专利,提高产业核心竞争力。

借鉴宜兴发展模式,加强与高校的研发合作,为环保科技创新提供内生动力。加大湖南环保产业发展急需的创新型研发设计人才、开拓型经营管理人才和高技能人才的引进力度,通过实施期权、技术入股、股权等激励机制留住人才。

(二)延长环保产业链条,优化产业结构

开发环保产业上游产业,完善产业链,补齐湖南环保产业短板。污水处理行业应由末端治理向管网收集业务延伸,同时加快向城市管廊、海绵城市等衍生,流域治理应从点源治理到面源控制;垃圾处理行业从末端焚烧、填埋延伸至前端的收集、分类及资源化处置;大气污染控制从工业脱硫脱硝除尘向能源的清洁化利用及节能控制转变。小城镇和农村环境综合治理,包括农村分散式污水处理设施生产、研发及运行服务模式、农村垃圾储运及处理处置综合化运行模式都是产业延伸的重点环节,需要重点支持。从湖南环保产业现状看,在固废领域和大气领域有一定的优势,但在水业领域、综合领域,尤其是装备材料生产领域,湖南产业集聚度不够,在此方面需要行业、产业进行顶层设计,找准湖南环保产业的定位,加快发展环保装备和产品制造业,重点发展性能先进、经济高效的水污染防治设备、固废处理处置与资源化利用设备、自动在线监测仪器、大气污染控制设备、土壤修复设备和药剂、环保产品开发、噪声与振动控制设备。

(三)引进优质资源,推动综合化、专业化服务,提供高品质环境服务产品

着力推进湖南环保产业混合所有制改革,依托环保产业发展的良好环境,通过建立规范有序的市场机制,引导湖南大中型国有企业进驻环保产业,有效提升产业的生产组织方式和管理,提升产业的规范性。重点区域和重点行业的环境技术存在较高的门槛,要求较强的环境技术研发及集成应用能力,因此,要充分发挥湖南高校产学研联盟的作用,加大产业技术创新投入,激发产业活力,做大做强龙头企业,形成产业规模效益。

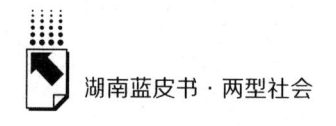

（四）打造环保产业园区，提高产业集聚度

依托生产性服务业园区，建设功能完善、相对集中的节能环保服务业集聚区；依托大型产业基地，建设与制造业紧密衔接、节能环保制造业相对集聚的产业基地。着力打造湖南省环保产业示范园等环保产业园区，以环保产业为基础，积极发展再生资源产业、新材料、新能源等相关产业，实现各类产业良性互动。

（五）完善政策体系，推进环保产业机制体制建设

环保产业具有政策驱动型属性，完善的政策法规支撑体系是环保产业的公平发展的基础。积极推进环保技术成果转化、知识产权保护、政府采购、财税等方面的政策环境建设，强化环保技术、产品及服务的标准化、系统化，引导产业朝着规范化、规模化、高水平、高效益方向发展。

（六）规范市场秩序，打造环境服务业品牌

发挥环保行业监督和产业协会协调管理的作用，着力解决湖南环境服务业占比较低，小而散以及恶性竞争问题。强化规范的环保市场秩序，出台更严厉的政策惩治部分企业的失信乃至造假行为。充分发挥行业的政策引导优化环境服务业布局，一方面朝综合化、规模化发展，一方面向专业化、技术化、深度化发展，形成体现湖南技术和区位优势的差异化的环保产业形态，以创造共创共赢共享的良好发展环境。

（七）打通融资渠道，完善绿色金融政策体系

设立节能环保产业专项引导资金用于支持重点环保基础设施、重点领域、重点技术研发。符合条件的节能环保企业优先纳入上市企业项目库。发挥绿色税收的调节作用。建立绿色银行，放宽绿色信贷审核及质押担保条件。细化绿色金融政策实施细则，推动绿色金融政策的落地。鼓励发行中长期绿色债券，允许免除投资者的利息税或机构所得税。

（八）改变运动式环保产业调查方式，建立常态化的环保产业统计制度

推进环保产业统计试点，解决环保产业统计的准确性、连续性、时效性、

系统性问题。充分利用现代信息手段，整合各部门资源，建设生态大数据平台，为节能环保产业发展提供实时、动态、客观的产业运行状态数据，使政府决策与管理更加有效和客观精准。

参考文献

国冬梅：《美国环保产业发展战略分析与启示》，《环境保护》2004年第6期，第54~58页。

中共湖南省委政策研究室：《节能环保产业前景广阔、大有作为》，《2015年湖南两型社会与生态文明发展报告》，社会科学文献出版社，2015，第212~222页。

付涛、张丽珍、薛涛等：《中国环境产业发展展望面向未来五年的环境产业战略地图》，E20研究院，2015。

赵笠钧：《"十三五"环保企业的责任与担当》，环保企业家媒体见面会，2016年6月20日。

B.32 湘江流域重金属污染治理技术攻关与工程示范报告[*]

彭富国[**]

摘 要： 在回顾总结湘江流域重金属污染固废治理、废水净化、污染控制技术攻关，以及株洲清水塘、湘潭竹埠港、郴州三十六湾、衡阳水口山和娄底冷水江综合治理工程示范的基础上，提出重金属采选冶废水治理、污染废渣和底泥治理，以及土壤修复的技术建议。

关键词： 重金属污染治理 技术攻关 工程示范 湘江流域

获国务院2011年3月批复的《湘江流域重金属污染治理实施方案》，提出了彻底消除湘江流域污染治理的路线图、时间表，做出了总体项目、经费预算安排。随后，湖南省政府将湘江保护和治理列为"一号重点工程"，滚动实施三个"三年行动计划"，综合治理湘江。2012年湖南省政府办公厅发布《〈湘江流域重金属污染治理实施方案〉工作方案（2012~2015年）》，以污染物排放总量控制为目标，确定了三十六湾、水口山、冷水江、清水塘、竹埠港等五大治污"主战场"。在第一个"三年行动计划"胜利收官，第二个"三年行动计划"开始实施之年，对实施的技术攻关和工程示范进行跟踪研究并提出意见建议。

---

[*] 本报告为湖南省科技计划重点研发项目"湘江流域重金属污染治理技术攻关与工程示范研究"（项目号：2015SK2062）中期成果。
[**] 彭富国，湖南省委党校、湖南行政学院副巡视员，教授。

一 技术攻关

依托湖南省内大型企业、优势高校院所,在湘江流域三十六湾、清水塘、竹埠港、水口山和冷水江等污染源相对集中的地区和大中型有色采选、冶化企业,开展的重金属污染治理技术攻关,突破了生态修复治理、冶炼化工固废资源化利用和重金属废水处理等关键技术,实施的系列工程示范项目,突破了一大批水污染治理、土壤修复、废渣处置关键技术,科技有力地支撑了污染防治。

(一)基于微生物特异性的重金属废水深度净化新药剂与回用新工艺

该技术使废水回用率从原有的50%提高到90%以上,攻克了污酸治理世界性难题,在湘江流域三十六湾、水口山、清水塘、竹埠港、锡矿山等重金属防治重点区域,乃至全国一大批铅锌铜龙头企业推广应用,新建或改造废水治理工程150多项,涉及11个重点省份,年减排与回用重金属废水过亿立方米,直接减排铅、镉、汞、砷、锌等重金属数百吨。

(二)有色冶炼含砷固废治理与清洁利用技术

在郴州金贵银业、锡矿山闪星锑业等十多家铜、铅、锑有色冶炼企业推广应用"控砷—脱砷—固砷—无砷"新工艺与新装备,攻克了砷分散污染与安全处置难题,固废中有价金属得以清洁回收,锑回收率较国际先进工艺提高25%以上,近三年累计清洁利用含砷固废约16万吨。

(三)重金属废渣堆场微生物治理与修复技术

在五矿(湖南)铁合金有限公司、水口山有色金属公司等重金属污染场地实施一批治理工程,有效控制了湘江流域采选冶企业以及涉重化工企业周围水土环境污染,保障民生安全。

(四)锑冶砷碱渣技术攻关

锡矿山闪星锑业等企业与南昌航空大学、中南大学、湖南省有色金属研究院等单位联合攻关，突破砷锑分离、砷碱分离、砷酸钠干燥等三大关键技术，将砷碱渣全部回收利用，荣获2014年度国家科技进步奖二等奖。"5000吨砷碱渣回收利用工程"列入国家湘江流域重金属污染治理项目，计划在5年内处理掉锡矿山闪星锑业积存的砷碱渣，生产线对周边冶炼厂砷碱渣实施治理，改善锡矿山地区的生态环境。

（五）重金属冶炼废水深度处理关键技术与工程示范

由中南大学与株洲冶炼集团共同完成，突破了5大产业化关键技术，即高浓度重金属废水生物制剂处理及回用技术、含汞污酸生物制剂深度处理技术、不同种类重金属冶炼废水的生物制剂深度处理技术、复盐法高效脱钙技术和重金属冶炼废水生物制剂净化回用水水质指标体系，建立了年产10000吨的生物制剂生产线。

（六）湘江流域镉污染控制关键技术研究与示范

由中南大学闵小波完成，研究锌焙砂及中浸渣镉难以浸出原因，突破中浸渣还原强化镉高效浸出关键技术，还原强化浸出液高效沉铁及磁化分离关键技术，选择性萃取铜、钴的高效协同萃取关键技术，实现镉、锌、铜等元素的有效分离和回收，建立5000吨/年含镉料渣的清洁利用示范工程和20亩的生态修复示范工程，修复后污染土壤中铅、镉和砷的有效态浓度分别降低69.8%、70.6%和91.9%。

（七）稻田土壤镉钝化及耕作技术研究

由湖南省土壤肥料研究所纪雄辉、刘昭兵完成，研究施用石灰、赤泥、钙镁磷肥和海泡石等材料的稻米，镉含量降低30%~40%；低吸收品种、淹水灌溉、叶面阻控剂等，可降低稻米镉含量20%~30%、40%~50%、15%~25%；采用高效钝化剂+低吸收品种+叶面调理剂+淹水调控的4项技术组合，降镉效果最好，稻米镉的降幅可达70%以上，选择长沙、岳阳等轻度污染稻田开展大面积示范推广，稻米镉含量下降和达标率均比对照效果显著。

（八）重点防控重金属汞铬铅镉砷便携/车载/在线监测仪器开发与应用示范

由力合科技等单位的文立群、崔厚欣、石平、滕恩江等人完成。开发具有自主知识产权的重点防控重金属汞、铬、铅、镉、砷便携/车载/在线监测仪器,包括水环境重金属应急与预警智能化监测关键仪器、基于差分吸收光谱技术的大气/烟气汞在线检测关键设备、全反射 XRF 土壤微量重金属车载式监测仪器,填补国产仪器空白,实现对水、气、固相中主要重金属污染物质的现场自动监测及重大装备的产业化。

(九)获建国家重金属污染防治工程技术研究中心

推动工程化成果辐射扩散,该中心共突破关键技术 50 余项,申请国家发明专利 204 项,其中授权 111 项。编制了《砷污染防治技术政策》《锡、锑、汞工业污染物排放标准》《铅冶炼废水治理工程技术规范》《湖南省有色重点行业生产设施、污染防治设施、风险防范设施规范化建设要求》《湘江流域工业企业清洁生产实施方案》等 35 项政策、规范和标准,为湘江乃至我国重金属污染防治提供了技术依据及决策基础。

(十)成立重金属污染防治产业技术创新战略联盟

包括面向重金属污染防治产业的科技服务业试点等,重点突破污染土壤修复、采选冶废弃物循环利用、有色金属冶炼和企业清洁生产等技术难点,并开展技术咨询服务、中试孵化与转化、分析检测与技术评估等,为湘江流域乃至全国的重金属污染治理提供有力支持。

二 示范工程

(一)三十六湾重金属污染综合治理工程

1. 源头污染治理

通过两年时间整治,全部关停上千个非法采矿选矿点,仅设两个矿权,即南方矿业公司和香花岭锡业公司。南方矿业公司请冶金设计研究院对采矿、选矿进行规划设计,井下采矿所有污水,通过污水处理厂集中处理,回收用于井下作业,处理后的污水达到国家农田灌溉水质标准;山上就地采矿、选矿点,实行采选分离,建设国内领先选矿厂、标准化尾矿库、污水处理厂,处置采选产生的废水废渣,不再污染水体。香花岭锡业公司选矿产生的所有废水处理流程是：第一步，将所有废水汇入浓缩池→浓缩处理→脱水处理→泥水分开；第二步：分离出来的废水，一部分返回选矿厂循环利用，一部分送处理厂深度处理，直至达到地表水三类标准才排放；分离出来的底泥，经球隔离泵储存入尾矿库，按污染底泥治理技术处理。

2. 废石废渣处置

对于矿区遗留在甘溪河流域的约5000万立方米废石废渣，采取5项治理措施：河岸砌墙挡石——把甘溪河两旁的废石废渣，就地选择岸滩，逐段收集，集中堆放，建设高标准护坡防止废石废渣移动；河中拦河阻沙——在受污染的河流中，修筑拦河坝阻挡废渣随河水流向下游；河底清淤护堤——将河底富含重金属的底泥清理出来，治理后固定堆放；河旁覆土还绿——防止水土流失，从山外运来泥土进行覆盖，栽种马尾松、杉树等，已经植绿10多万平方米，曾经被啃噬的山体逐渐恢复植被；废物深度处理——对历史遗留尾矿库、清理出来的废渣，在堆放点底部和四周铺设八层防渗透膜，防止废石废渣所含重金属随水溢出。据检测，如今，甘溪河等河水的重金属含量明显降低，出境断面水质基本实现稳定达标，铜、铅、锌、镉、砷等重金属含量均在地表水环境质量三类标准范围内，欧阳海水库和塘门口断面水质已常年保持在地表三类水标准。

（二）水口山重金属污染治理示范工程

一是还好老账解决遗留。开展重金属危险固废无害化处置、镉工业污染源治理、沉积重金属污染治理、交汇河段河道改道清淤等历史遗留污染治理，消除重金属流入湘江的隐患及对水体的二次污染。对历史遗留废渣，无害化处理后集中填埋，渣场浸出的废水集中收集，输送到污水处理厂深度处理，切断污染源。对矿区污染土地的处理方法是：切断外排水，表层严重污染土壤，清理出来运送危险废物填埋场深度处理→安全填埋；下层较轻污染土壤，原地稳定→回填净土→平整栽种樟树、栾树等树木绿化。建设危险固废填埋场，收集处置所有清理出来的废渣，废渣填埋前加入药剂使重金属惰化，填埋场采取8层防渗防止废渣渗滤液渗入地下。

二是不欠新账夯实基础。对口山集团、凯威化工、宏兴化工等10余家工业企业产生的废水、固废，深度处理循环利用，建废水处理设施32套、废气处理设施33套、危废处理设施30套，完成水口山有色集团铅锌选冶废水综合治理、华兴治化和大宇锌业环境综合治理；工业污水采用"生物制剂深度处理"技术，实行集中处置。建设一个日处理量达10000立方米的重金属废水深度处理厂，处理产业园区和周边6家企业的生产废水，以及区域内的初期雨水。

三是建设有色循环产业园。所有冶炼、化工企业，统一入园，提质升级，清洁生产，建废水深度处理循环利用厂集中治污。引进五矿金铜技术项目，资源化无害化处理水口山集团含砷金硫金矿、中间物料和冶炼废渣，采用的水口山炼铜法，年处理金、铜物料及综合回收物料可达55万吨。据环保部门监测，目前水口山地区水、土、渣治理初见成效，重金属排放量比2008年减少50%，湘江在当地松柏断面的水质，已由2007年的五类水质提高到现在的三类水质。

（三）清水塘重金属污染治理工程

代表性的除大湖治理、涉重金属企业关停、霞湾港治理三大工程外，最为典型的是清水塘工业区含重金属废渣综合治理工程。该工程历经三年，于2015年8月完成，主要治理清水塘老工业区内无序堆放、历史遗留的清霞新桥填埋场、大湖填埋场、霞湾污水处理厂北侧填埋场3处含重金属工业弃渣，共197万立方米，其中Ⅰ类废渣73万立方米、Ⅱ类废渣124万立方米。废渣回填场采用"边开挖，边建设，边回填"方式，设置地下水疏排系统、防渗系统、渗滤液收集系统和封场覆盖系统。每个渣场挖掘4~5米深不等，最深至15米，直至检测不到废渣及被污染的土壤。挖掘出的废渣送无害化处理厂，用药剂、水泥等材料稳定固化后，送回渣场原地填埋，并在填埋前对渣场底部做防渗处理。废渣填埋封场后，用2米厚的泥土覆盖，在上面植被绿化，种上具有吸附重金属污染物功能的植被。治理完成后，新桥填埋场周边生态修复成公园绿化用地，大湖填埋场成为铜塘湾港区的道路用地和港口用地，北侧废渣场成为污水厂预留用地和绿化用地。

（四）冷水江锡矿山重金属污染治理示范工程

冷水江锡矿山重金属污染治理过程中，着力矿山复绿，防污抗污林生态修复是其最大亮点。尤其在技术攻关方面，与国家林业科学研究院、省林业科学研究院合作，探索矿区植被恢复与生态重建，建立防污抗污树种实验基地，选出了适宜在重金属严重超标土壤中生长的大叶女贞、臭椿、构树、翅荚木、楸树等12个品种树，通过了国家林业局科技司专家组评估论证，成功种植首批1020亩抗污树种成果。2011年起，连续四年，在矿山街道办事处七星、联盟、长龙界等地营造大叶女贞8万株、油茶5万株、楸树3万株、七里香3万株，成活率达到95%，保存率达到90%，造林面积达3000亩。实施"锡矿山区域重金属污染地区综合治理与生态恢复示范项目"，选取13.7亩遭受重金属污染严重的土地作为示范点，种植1000余颗海桐树，已全部成活且长势很好。目前矿区已累计造林4000余亩，建成抗污染树种苗木培育基地1300亩，植树植草"复绿"面积50多公顷。计划新造防污林10000亩，让寸草不生的"癞头山"重披绿装。着力土壤修复，选取3.7亩遭受砷污染的农田，在附近废渣场修建挡渣墙、截洪沟、覆膜植草等，利用化学稳定剂对土壤进行稳定化处理，降低农田的重金属污染程度，种植蓖麻、玉米等植物，种植海域海桐、七里香等矿物树，发挥其吸附重金属、防止水土流失的作用，推进生态修复。

（五）竹埠港重金属污染治理工程

实施冯家浸渣场治理、易家板块综合治理、王家晒渠重金属污染底泥治理、竹埠村板块土壤治理、双埠村板块土壤治理、竹埠港周边区域重金属污染土壤治理、竹埠港受重金属污染居民搬迁等工程。

重金属废渣场治理，重点是对滴水的200万吨电解锰生产废渣和冯家浸的60万吨含铅、锌、铬工业废渣进行无害化处理，在废渣场四周修建防渗的拦渣坝，将废渣进行隔离填埋，对渣场表面做防渗处理，再进行覆土封场绿化。引进清华大学、中南大学、省环科院等高校院所参与重金属项目技术方案编制，邀请湘大、科大化学系教授"支招"处理剩余的危险化学品。

重金属污染土壤修复，最具代表性的是对原金环颜料厂区及周围受重金属污染土壤（61亩），进行示范性土壤修复。选择金环颜料厂，是因这里的污染土壤能治好，可推广应用到其他地方。鉴于我国人多地少的基本国情，土壤污染治理与修复，主要是阻断土壤中污染物向农产品转移。所以，对金环颜料厂区的受污染土壤，主要采取化学修复，即向土壤中加入黏合剂将有害污染物固定起来，阻止其在环境中迁移扩散。金环颜料厂区的共处理重金属污染土壤16000立方米，土壤修复经第三方验收合格。还把科源科技化工厂改造成土壤修复中心，车间变成调剂药剂间，作为污染土壤搅拌中和稳定场所。厂房的拆除，请有资质的环保公司进行监测，无害化处理墙壁和地板化学原料，治理厂房遗留污染，修复污染场地，循环利用建筑垃圾，有毒物质送衡阳危险固废中心处理。

三 治理技术建议

（一）废渣治理技术

目前，由于技术原因，重金属污染废渣治理的技术水平尚比较低，多为砌拦河坝、拦沙坝、挡石墙、覆土栽树种草，简单地说就是"固源分流、固坡减污、固绿降废"，利用覆盖掩埋的方式对渣场进行封场处理，操作不到位就会弱化治理成效。

所以，废渣治理要严格按照技术要求，基本原则是减量化、无害化、资源化。减量化，是采取有效措施，减少废渣的产生量，包括开发先进技术和装备、生产工艺和流程，贮存运输、处置处理等环节；无害化，就是对已产生但又无法或暂时无法综合利用的废渣，进行无害或低危害处理、处置；资源化，就是对产生的废渣进行回收加工、循环利用或再利用，即通常说的废物综合利用。处置的重点是废渣的运输、渣场的防护、防渗漏，重金属的提取及固化，下游污染的防止。无害化处置中，废渣分选要防渗，并严格遵守操作流程；渣场选址、贮存、处置场设计要符合环境保护要求，防渗、防洪、拦渣墙、回填、封场、覆盖要保证质量，符合国家颁发的标准要求；对不同程度的污染土壤采用不同污染治理技术，促使污染区土壤逐步修复，基本达到污染前的程度。资源化处置，一是提炼回收，开展技术创新、工艺流程创新，直接提取含量高的重金属；二是弃渣直接出售给水泥厂、建材厂等作为辅料，实现废渣的全方位资源化利用。

（二）土壤修复技术

目前，对于土壤重金属污染治理，采取的是可行性高的化学修复法，包括固化、改良、吸附、还原等方法。固化法，就是用化学手段固定土壤中的重金属，以降低其危害；改良法，就是在污染土壤中加入特定化学物质，如有机质改良法，就是利用有机质对重金属络合作用，降低重金属生物活性；吸附法，

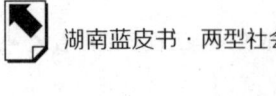

就是用合成沸石和铁锰氧化物的吸附、钝化能力，降低重金属的生物可利用性；化学还原法，就是用偏亚硫酸盐、硫酸亚铁、铁屑等还原剂，将重金属离子还原沉淀，降低其在土壤中的生物可利用性。

鉴于土壤污染的复杂性，应综合运用、优化组合物理、化学和生物三类修复技术。要坚持以生物修复为主，首选植物修复法，即利用植物对土壤中重金属的吸收富集能力，处理土壤中特定的污染重金属。运用化学处理技术时，要严格进行限制，只用于治理特殊性质和特定类型土壤、局部污染和轻度污染土壤，最大限度减少对环境的二次污染和对土壤结构的破坏。微生物修复技术大有作为，要努力扩大应用规模，重点攻关驯化和筛选高效菌株、用现代生物技术培育超量蓄积重金属微生物，研究微生物的重金属抗性基因结构和功能，研发土壤二次污染防治的新方法等。

（三）底泥治理技术

目前，底泥重金属污染的治理技术，以工程处理、化学处理和生物修复为常用，大多采用环保疏浚、植物修复和固化稳定三种技术。工程处理以底泥疏浚为主，主要包括工程疏浚、环保疏浚和生态疏浚，将重金属污染物从水域系统中清除出去，其中环保疏浚被广泛采用。环保疏浚，是一种成熟技术，施工精度较高，不会对环境产生二次污染。植物修复，成本低且不易引起二次污染，适宜于大面积重金属污染底泥处理。固化稳定，能减缓污染物溶出速率，起到物理封闭效应和化学稳定作用，减少重金属随降水、地下水等载体再次进入周围环境。在处理底泥重金属污染过程中，需特别注意的是：采用工程处理技术时，重点应改进工艺流程、优化处理环节、提升处理质量；采用化学处理技术时，要尽量避免二次污染；采用生物修复技术时，应当综合运用、协同处理，重点研究探索超积累植物的新品种、植物微生物相互作用机理、微生物重金属抗性基因的结构和功能。

（四）采选冶废水治理技术

采选冶废水治理，要综合运用沉淀法、氧化法、还原法、萃取法、离子交换法、膜分离法、浮上法和电解法等技术，并依据适用对象的不同，采用不同的治理技术。一是沉淀法，目前采用得最多，主要有：①自然沉淀法，利用自然条件使废水中悬浮物自然沉降，常用于轻度污染水体；②氢氧化物中和沉淀法，以石灰、石灰石作中和剂用得最多，操作管理方便，费用低，处理效果好，但需要量大；③硫化物沉淀法，利用硫化钠或硫化氢等硫化剂，生成难溶的金属硫化物并予以分离除去，缺点是产生的硫化氢气体易致二次污染，废水需要进一步处理，且价格高。二是氧化法，常用的氧化剂是漂白粉、氯气等，多用作废水前处理。三是还原法，常用的还原剂是金属铁、过氧化钠等，多用于含铬废水处理和铜、汞等回收。一般来说，对于局部轻度重金属污染水体，宜采用物理处理技术；对于特定重金属污染水体，宜采用理化综合处理技术；应把植物、动物和微生物处理作为重要方法和手段，着力发展生物修复技术，进行组合修复。

参考文献

梁中：《科技支撑湘江流域重金属污染治理研究》，湖南省委党校研究生部，2013年，第17~25页，第28~33页。

彭富国：《湘江流域重金属污染治理技术研考》，梁志峰：《2014年湖南两型社会发展报告》，社会科学文献出版社，2014年，第206~215页。

锡文：《"受伤"锡矿山逐渐"复绿"》，《中国有色金属报》2014年5月31日，第8期。

曹娴：《三十六湾祛除沉疴还清水》，《湖南日报》2015年12月22日，第2期。

曹娴：《"水口山"治"重"奏捷》，《湖南日报》2015年12月24日，第2期。

张晶：《打造绿色增长极：湘江治理与生态修复齐头并进》，新华网，2015年12月18日。

沈慧：《湖南土壤重金属污染防治的探索之路》，《中国有色金属报》2016年第3期。

柴立元：《科技发力助推湘江保护与治理"一号重点工程"》，《创新发展报告》2016年第4期。

湖南省科技厅：《湖南省科技报告共享服务系统》，湖南省科技厅网站，http://www.hnst.gov.cn/。

秦楚：《探路毒地修复：湖南170万亩土壤试点土方子治污》，2014年9月5日，http：//www.360doc.com/content/14/0905/17/470613_407274616.shtml。

B.33
关于划定"煤炭消费红线"的建议

乔海曙 段诗丹*

摘　要： 煤电行业作为"耗煤大户",近年来面临产能过剩、污染严重等问题,为避免资源浪费、空气质量恶化,建议划定煤炭消费红线,给煤电行业燃煤消费热情"踩刹车",倒逼能源消费结构转型升级。基于总量与结构双约束和分省份差异化划定消费红线的基本思路,控制煤炭消费总量,加大新能源产业发展支持力度,为煤炭消费红线提供法律保障和考核约束,健全建立监测监察体系,推行奖惩制度,落实煤炭消费红线要求。

关键词： 煤炭消费红线　煤电行业　能源结构　产能过剩

电力的供应与安全事关国计民生、关系国家安全与战略、牵动经济社会发展的新格局,正面临机遇与挑战并存的"交叉路口"。国家发改委、国家能源局在2016年11月7日正式对外出台了《电力发展"十三五"规划（2016～2020年）》（以下简称《规划》）,该《规划》中规定在"十三五"期间,我国的发电总装机容量中煤炭发电的比例要从2015年的59%降到2020年的55%,取消和推迟的煤电建设项目超过1.5亿千瓦,争取至2020年底,全国煤电装机的总规模不超过11亿千瓦,同时,加强高能耗、重污染的煤电机组的淘汰改造力度,积极推动煤电行业的转型升级,加快促进环保新技术的研发、推广及应用,提升煤电的发电效率和节能环保水平。这充分体现了我国对

---

* 乔海曙,湖南大学金融与统计学院常务副院长,湖南大学两型社会研究院院长,教授,博士生导师；段诗丹,湖南大学金融与统计学院硕士研究生。

解决电力产能过剩和煤电污染严重问题的信心和决心。

2017年，国家能源局向十一省（区）下发的关于停建超额新增火电机组的函，正是落实《关于促进我国煤电有序发展的通知》《关于进一步做好煤电行业淘汰落后产能工作的通知》《关于建立煤电规划建设风险预警机制暨发布2019年煤电规划建设风险预警的通知》三份重磅政策文件的重要举措，将进一步严控煤电总量，给煤电行业的潜在产能过剩风险"踩刹车"。尽管一系列行动计划表明我国及各省份对煤电行业发展的高度重视，但我国煤电行业产能过剩严重和燃煤产生大量废渣、废气及环境污染问题日益凸显，仍然没有找到根本性的解决措施。

一　煤电行业的现状及问题剖析

（一）火电机组开工率不足，电力装机严重过剩

煤电作为中国电力供应体系的主体，到2016年第三季度止，全国电厂火电总装机容量中6000千瓦及以上的占发电总量的75%，约10.3亿千瓦（煤电装机容量占比高达84%）。当前，中国的经济发展已经步入"新常态"时期，能源和电力需求也随之进入了低速增长阶段，虽然火电发电量出现增长，但火电利用小时数却屡创新低。根据中国电力企业联合会年报统计（见图1），我国2015年度6000千瓦及以上的电厂发电设备的平均利用小时数约为3988小时，同比降低了330小时，其中，火电设备平均利用小时数创2005年来最低水平，约为4364小时，与上年同期相比降低了375小时。而在2016年度，虽然火电利用小时数变化率略有上升趋势，但电厂利用小时数和火电利用小时数分别比上年同期降低203小时和199小时，可见火电机组开工率不足，火电利用小时数持续走低，火电装机增长度与电力需求增速不匹配，电力装机出现较为严重的过剩问题。

（二）煤炭消费总量上升，煤电装机过剩，巨额投资浪费

从2008年起，到2015年末（见图2），6000千瓦及以上火电装机容量持续高速上涨，从59675.45万千瓦时增加到100036万千瓦时，提高了近67.6%；从

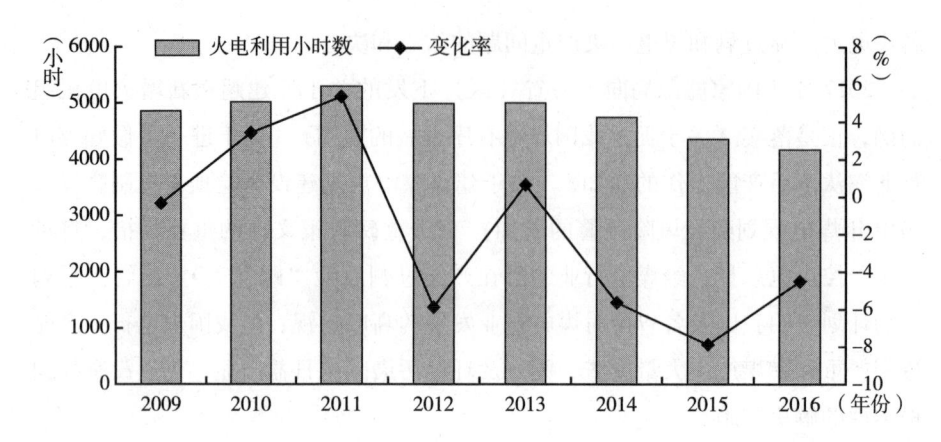

图1　2009～2016年6000千瓦及以上火电利用小时数及变化率情况

资料来源：中国电力企业联合会。

火电发电量来看，八年间的增幅平缓，2013年起的发电总量已经达到峰值，基本保持在同一水平线上；从运行小时数来看，2008年之后一直保持在5000小时上下波动，甚至在2013年有了明显拐头下降的趋势。装机容量不断增加，装机利用率却开始下降，电力需求增长速度明显低于装机容量的增长速度，造成煤电装机大量过剩，同时，在低煤价、高上网电价的诱惑下，企业的投资热情不断攀升，随着火电项目的审批权被下放到省级政府，各地政府该类项目投资热情空前高涨，而同新能源相比，煤电行业所显现的经济利益更是促使煤电行业在市场占有率上的领先地位依然岿然不动。用电量增长速度渐缓，煤电投资热情却只增不减，最终导致煤炭消费总量上升，煤电产能过剩，大量投资浪费。

（三）煤电装机过剩，火电行业绿色发展之路受阻

以耗煤为核心的能源消耗是导致空气污染的罪魁祸首，而近两年我国的"煤电热"将严重阻碍火电行业绿色发展之路。一方面，在电力需求增长持续放缓的大环境下，电力供应却依然保持持续高速增长，最终燃煤发电小时数持续下降。发电小时数的持续下降，等同于低负荷条件下燃煤发电机组的运转操作时间延长，同时，烟气温度会在低负荷运转时低于正常水平，最终造成燃煤机组烟气脱硝装置终止运行，脱硝效率将从正常的60%～70%降至0。另一方面，煤电装机过剩将增加火电的总体成本，那么企业的节能减排主观能动性便

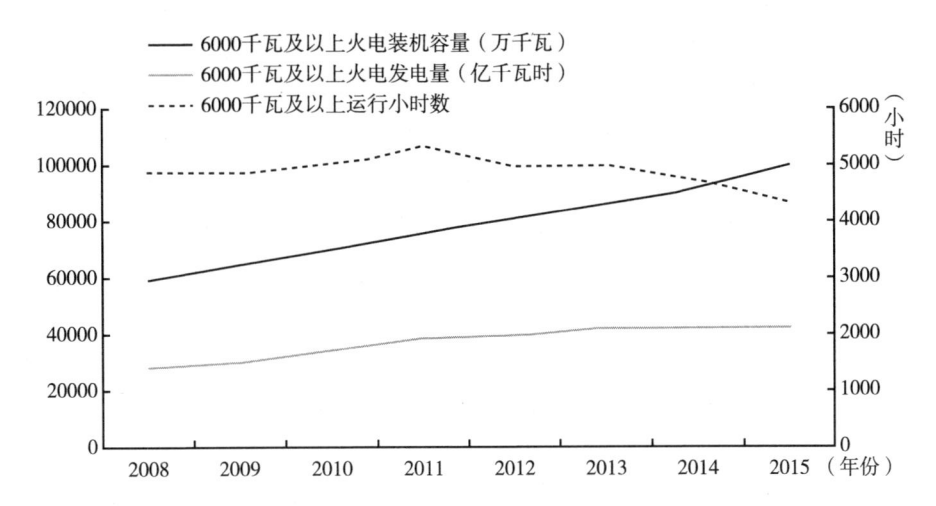

图 2　2008～2015 年 6000 千瓦及以上火电装机容量、发电量及运行小时数变化

资料来源：中国电力企业联合会。

会受到极大的制约，利用排污权交易等重要经济政策来发挥企业节能减排的主观能动性的政策实施效果也就不容乐观了。为此，在"十三五"期间，大气污染物的排放量能否进一步减少，空气质量能否进一步提升，"煤炭"仍然是重中之重。

（四）可再生能源发展前景向好，但"弃水、弃风、弃光"形势依然严峻

随着我国日益严峻的生态环境与气候变化形势，以可再生能源发展为主的绿色能源之路已经势在必"行"。但据国家能源局发布的多项数据显示，2016年，我国部分地区弃风"顽疾"发作，弃风率不断飙升，其中甘肃省高达43%，新疆维吾尔自治区、吉林省均超过30%；在光伏方面，西北五省（区）中，甘肃、新疆风电运行形势最为严峻，弃光率依次为43.11%和38.37%；在水电方面，2016年四川电网的调峰弃水电量创新高，为142亿千瓦时，等同于四川省8000多万居民全年生活用电量的40%，虽然云南作为另一水电大省尚未公布全年具体的弃水电量统计数据，但情况只会更糟。2014年，我国"弃水、弃风、弃光"问题曾稍有缓和，如今，这三个难以医治的顽疾再度摆在大众面前，并且事态更加严重。中国可再生能源学会副理事长孟宪淦提到，

可再生能源装机与电网之间匹配困难和火电机组的调峰能力欠缺并不是弃风、弃光形势逐渐加剧的主要原因，更深层次的是需要继续统筹规划电源总体发展形势、努力提高系统运行管理效率。同时，可再生能源的地位还没有被大部分地方政府、电网企业和发电用能企业所正视，在电价相对稳定的大环境下，随着煤炭的价格不断下跌，火电发电的成本逐渐下降，火电行业的利润上升，政府和企业自然更加偏爱化石能源，煤炭消费增加，"弃水、弃风、弃光"问题便更加严重。

二 划定"煤炭消费红线"的目的

煤炭消费红线是减少电力装机过剩、缓和大量投资浪费、改善生态环境和推动可再生能源发展所需恪守的煤炭消费上线，是约束以耗煤为主的现代能源体系的核心——电力行业煤炭消耗总量的重要标准，是我国现阶段推动两型社会建设和倒逼能源改革的基本保障。

为避免当前煤炭资源进一步浪费、空气质量进一步恶化，我国应上下齐心，就全社会广为关注的雾霾和能源改革问题打一场硬仗。"治霾"需要"限煤"，"改革"更需要"限煤"，基于现阶段控制煤炭消费任务的系统性、艰巨性与复杂性，有必要确定我国生态环境能够容忍的煤炭消费"上线"——煤炭消费红线，浇熄企业投资热情，缓解煤电装机过剩，加速能源生产与消费转型，倒逼我国能源消费结构的革命。

近年来，我国"煤炭独大"的能源消费格局愈演愈烈，煤炭占我国一次能源消费的比重长期维持在70%~80%左右。我国连续位居全球煤炭消费国之首，并且规模迅速增长，2015年已达到全球煤炭消费总量的50%；而我国4/5的煤炭消费又集中在人口和经济密度大的1/5国土上。燃煤是化石能源中排首位的空气污染源，空前的燃煤规模直接破坏我国脆弱的生态平衡，严重威胁人民生命健康，损害政府威信。当"要GDP，还是要命"不再存在争议，当"求生存"让位于"求生态"，当经济"新常态"下煤炭的过度需求暂时得到抑制，控制燃煤总量在我国已经具有广泛的民意，容易得到民众的普遍支持，时机非常合适。对于这个关乎人心向背的重大问题，我们不能"尽力而为"，而应该"全力以赴"，树立"敢打一场硬仗"的决心与勇气，划定"煤炭消费红线",给具有惯性的燃煤消费"刹车减速",再大的经济利益在红线面前也必须止步。

如同18亿亩耕地保护红线,划定煤炭消费红线在于"刹车"与"倒逼能源消费革命",一样具有不可撼动的国家战略意义和重大历史意义。过去30年,煤炭满足了我国不断增加的能源需求,廉价煤为我国高速运转的经济引擎提供了强大的动力,但也因其廉价产生了"劣币驱逐良币"效应,阻碍了我国绿色能源的开发和利用进程。划定"煤炭消费红线",能收"堵疏结合"之效。一方面,给过快的煤炭消费增长戴上"紧箍咒",实现煤炭消费零增长甚至负增长,推动煤炭消费峰值提前到来,为超负荷的环境容量降压减负,同时,舒缓新常态下需求增速放缓但煤电产能过剩的现状,给企业家投资热情"浇水",提升投资效率;另一方面,扫除替代能源发展的障碍,优先发展非化石能源满足新增电力需求,为治理大气污染、改善空气质量做出贡献,激发我国新能源产业的发展潜力,推动我国能源消费结构优化和能源革命。

三 划定"煤炭消费红线"的基本思路

煤炭行业进入了需求增速趋缓、产能过剩和库存消化、环境制约强化和结构调整攻坚"四期并存"的发展阶段,划定煤炭消费红线应该秉承"生态环境优先"的工作基本方针,坚持结构优化与能源消费总量合理调控相结合,坚持体制机制科学发展与改革深化相结合。具体来说划定煤炭消费红线的基本思路可以围绕以下两个环节进行。

(一)煤炭消费红线通过总量与结构两类指标实现量的约束

第一类指标是煤炭消费总量指标。对我国二十年来煤炭消费量与GDP数据进行线性回归分析,发现我国实际GDP每增长1%,煤炭消费增长0.503%。而2016年全国煤炭消费总量为43.6亿吨标准煤,结合7%的国民经济发展目标和临近极限的"环境容量",该指标上线可限定为45亿吨标准煤,以"红线"来约束煤炭消费尽快实现零增长,甚至负增长。第二类指标是煤炭占一次能源消费比重的降速指标。近年来随着各类替代能源的开发使用,我国煤炭占一次能源消费比重总体以每年0.9%的速度递减,基于经济增长、环境约束、技术进步及替代能源的发展潜力等因素，降速指标近期内可设定为不低于1%左右。降速指标强调从可再生能源的开发及其使用出发，加快推动可再生能源的发展，稳步推进我国能源结构的优化。

（二）煤炭消费红线可以分省份进行差异化划定

对于山东、内蒙古、山西等耗煤大省，红线应侧重对煤炭消费总量指标的控制，确保其零增长后呈逐年下降的趋势；对于北京、上海、广东等经济发达的特大城市或省份，经济、技术与物质基础雄厚，具备一定的"向煤开战"条件，红线不仅应控制其燃煤总量，还应对其能源结构指标提出更高的要求，建议设为每年降低2%，从而快速提高替代能源的消费比重。其中，北京市应率先将燃煤发电及供暖彻底退出历史舞台，争取早日实现煤炭零消费的目标。原则上，对于生态环境较为脆弱的省份，红线要严格控制，不留余地；对于经济社会发展不平衡、发展任务仍然艰巨的省份，红线的划定应有一定弹性，可以为其设置2~3年过渡期。

四 划定"煤炭消费红线"的着力点

建议有关负责部门应按照国家发改委、国家能源局和环境保护部2014年联合下发的《能源行业加强大气污染防治工作方案》文件中的精神要求，通过给能源消费降温、逐步减少煤炭消费所占比重、加强能源消费总量的宏观调控来减轻与日俱增的环境压力，遵照《大气污染防治法》中优化能源结构、改善煤炭使用方式、推广煤炭清洁高效利用、降低一次能源消费中煤炭比例的工作要求，坚持生态环境保护优先的工作指导方针，从划定煤炭消费红线入手，研究工作部署，聚焦以下5个着力点。

（一）打好政策"组合拳"实现煤炭消费总量控制目标

为控制煤炭消费总量，实现煤炭消费目标，推进源头控制和价格控制齐头并进，共同打好能源政策"组合拳"。一方面，暂停对耗煤量超标省份下放探矿审批权，从源头控制煤炭消耗总量，促进企业自觉遵守煤炭消费红线，同时，针对最近的"煤电热"，适时暂停电厂审批权，浇熄企业的投资热情，降低煤炭消费需求量；另一方面，多渠道提高煤炭使用成本，从价格控制出发，让煤炭消费者承担环境成本，为高排放高污染买单，给煤炭消费降温。首先，可以借鉴英国太阳能行业提出的最低价格弹性制，结合实际实行煤炭最低限价，通过价格的提高抑制煤炭消费冲动，其次，设立可持续发展基金，向所有煤炭生产企业和消费者征收额外的费用，用以作为对生态环境脆弱地区的生态补偿，最后，出台或调整与能源行业相关的财税政策，理清能源价格与税费之间的关系，实现煤炭消费总量控制目标。对煤炭消费集中的区域，各级政府对燃煤大户使用替代能源要予以政策扶持。

（二）健全新能源产业发展支持体系，扩大清洁能源的供应

以政府的"有形之手"，加大新能源产业发展的力度，推动能源供给革命。首先，加速能源产业市场化改革，特别是在页岩气等替代能源领域，进一步放宽民营资本准入标准，引入竞争机制，发挥资本市场作用，实现资金筹集方式多样化；其次，优化光伏、风电、水电等替代能源产业的财政补贴资金机制，强化财政激励方式，采用税收抵免、低息贷款、生产补贴、信贷担保、信托基金和政府的研究、开发项目等方式，降低新能源的产品成本和服务成本，注重市场培育，扩展市场容量，鼓励消费者使用新能源；最后，学习世界煤炭领域优秀经验，落实国家"走出去"发展战略，加强国际合作，将"走出去"与"引进来"相结合，支持企业到国外勘探开发新能源，引导企业加强国际科研合作，推动海外融资平台的搭建，鼓励通过合营、BOT、TOT等方式引进国外资本和技术。

（三）为煤炭消费红线提供法律保障和考核约束

多年来能源消费总量方案曾在不少政府文件中出现过，但由于缺乏配套的刚性约束措施，多次被突破。基于此，划定煤炭消费红线必须依靠翔实的法律法规制度来保障，建议国家能源局尽快起草有关划定煤炭消费红线的法律法规文件，报请全国人大审议通过一个具有法律效力的能源刚性约束的规定及煤炭消费约束性指标，把煤炭消费红线等能源刚性约束指标政策列入《能源法》中，让煤炭消费红线成为维护我国能源与环境安全的底线。同时，将科学及时划定煤炭消费红线纳入各地政府绩效评价体系，把发展规划和政府工作报告中

关于能源发展目标落实情况以及煤炭消费红线践诺情况作为地方政府考评的重要内容，从政治的高度、全局的角度来看待煤炭消费红线划定这项政治任务。

（四）设立全面的"红线"监测与监察体系

为确保煤炭消费红线的实施效力，应建立依靠政府和社会两方面力量构建严密的监测与监察体系，以政府决策和管理为主导，引入社会监督力量，全面设立煤炭消费红线的监督管理体系。具体来说，一方面，在国家能源局设立独立的"煤炭消费"监测小组，负责测量全国和各省煤炭实际使用量，在各级地方政府分别监管管辖区域的煤炭使用量，共同更新和掌握煤炭消费总量数据，同时，建立煤炭消费总量预测与预警系统，提前预判并及时制止潜在危险；另一方面，着手改变被社会诟病的煤炭数据统计工作，加大数据公开力度，定期发布煤炭消费数据，确保煤炭数据的一致性、准确性和透明性，引导社会公众互动交流，发挥社会监管力量，全面建立煤炭消费红线的监测与监察体系。

（五）实行严格的煤炭消费红线执行奖惩制度

为了推动煤炭消费红线指标要求的落实，根据"红线"指标完成情况，将"蜜饯""利剑"相结合，实施达标激励、超标惩戒联动机制。其一，根据各省份及地方煤炭消费总量，确定激励和惩戒对象，细化奖惩措施。如出台激励措施，鼓励地方政府出台政策淘汰高耗能的企业及项目，推广或使用清洁煤技术，降低GDP的能源强度，发展节能型经济，对采用清洁煤或新能源技术的企业加以税收优惠政策等；出台惩戒措施，采用增加税收或收取超标费抑制企业耗煤量等。其二，健全煤炭消费红线联合激励惩戒的跟踪、监测、统计、评估机制，同时加快建立相应的督察、考核制度。其三，补充完善自我纠错、主动自新的鼓励与关爱机制，支持各地方政府及企业通过自我修复回归煤炭消费红线。其四，层层落实责任，将煤炭消费红线指标完成情况纳入政府及部门责任人绩效考核体系，并建立相应的责任追究制度。

B.34
补齐湖南金融短板　助力两型社会建设
——湖南金融"补短板"：问题、原因及政策建议

湖南大学两型社会研究院课题组[*]

摘　要： 金融业是湖南省当前经济发展的四大短板之一，补齐湖南省金融短板对助推经济社会快速发展具有重要意义。湖南省传统金融起点低、新型金融业起步晚、金融生态环境差和金融促进政策不足，极大地制约了湖南省金融发展能力。湖南省应当紧紧围绕供给侧改革的思路，从金融顶层设计、金融供给侧改革、金融业财政支持、金融专业人才、金融行业用地、省会长沙的金融布局和金融"补短板"三年行动计划七个方面切实补齐金融"短板"。

关键词： 金融"短板"　金融生态环境　金融供给侧改革

"十二五"期间，湖南省立足经济发展趋势，持续加强金融业与各发展战略的实质性互动，金融与重点项目的衔接，既推动了"三量齐升"等战略的达成，也有力加快了金融改革深化。可见，金融业发展必须胸怀大局，做到因势而谋、应势而动、顺势而为。"十三五"期间，全球经济深度调整，国内新常态下减速换挡，整体经济下行压力仍较大，全面深化改革进入关键期；湖南经济正处在爬坡过坎的关键时期，经济总体平稳增长，但结构分化演进趋势明显，新兴动能培育有限，综合发展需要提升质量和效益；金融业作为经济的

---

[*] 课题组组长：乔海曙，湖南大学金融与统计学院常务副院长，湖南大学两型社会研究院院长，教授，博士生导师。课题组成员：谢姗姗、李宗真、黄荐轩等。

"供血"系统，其"短板"效应越来越突出，补齐短板是实现湖南金融赶超周边省份和打造湖南经济的新增长点的重点和难点。在新形势下，认识湖南金融"短板"的现状及其成因至关重要，为补齐金融"短板"，应当紧紧围绕供给侧改革的思路，审时度势，从金融顶层设计、金融供给侧改革、金融业财政支持、金融专业人才、金融行业用地、长沙金融布局、金融"补短板"三年行动计划七个层面做好湖南金融"补短板"工作。

一 湖南金融"短板"的现状

（一）金融行业规模小

湖南金融业发展规模小，发育程度低。具体表现为：一是湖南金融业绝对规模较小，金融行业地位有待提升。金融业增加值是金融业生产经营活动最终成果的反映，2011~2015年湖南金融业增加值在中部五省（湖南、湖北、河南、安徽、江西）均排名倒数第二，且持续低于中部五省平均水平（见表1）；二是金融业发展水平低，湖南地方金融机构综合实力较弱，新兴金融牌照较为匮乏。2015年末，湖南银行业总资产和保险公司资产总额均不到广东省的1/4；湖南最大地方法人金融机构——长沙银行总资产为2799.08亿元，仅为广东省法人银行——招商银行总资产的1/20。而在新兴业态方面，湖南新型金融机构仅1家，比广东省少44家。湖南金融业规模小、金融服务能力弱，未充分发挥金融对实体经济的促进作用，不仅没有成为湖南支柱产业，反而变成短板产业。

表1 湖南金融业增加值在中部五省排名

年份		2011	2012	2013	2014	2015
在中部五省排名		4	4	4	4	4
金融业增加值（亿元）	湖南省	501.09	579.76	758.9	950.04	1156.46
	中部五省(平均)	581.03	698.88	934.99	1123.64	1351.97

资料来源：2012~2016年湖南省金融统计年鉴。

（二）金融发展风险高

湖南金融业整体绩效不佳，存在诸多潜在风险。一是湖南金融业经营风险高，金融机构不良贷款率上升。2012年以后，湖南银行业存贷款增幅持续大幅度下滑，整体经营风险增加。从银行贷款业务同比增长率来看，相比于2012年，2013~2015年的下降幅度分别为5.74%、14.93%、9.01%。而湖南全金融机构不良贷款率连续4年保持在2%以上，整体高于全国金融业平均不良贷款率1.7%。二是政府债务违约引发信贷风险。由于政府债务资金的主要来源是银行贷款，2010~2013年，政府负有偿还责任的债务稳定在税收收入的1.3倍，一旦政府债务违约，金融机构不良贷款率将直线上升，相关信贷风险不容忽视。三是民间融资事件诱发严重社会风险。2014年，湖南非法吸收公众存款、集资诈骗刑事案件303起，涉案金额为161亿元，涉案人数上十万元，民间融资风险事件覆盖全省大部分州市，集资参与者涵盖社会各个阶层、众多行业和领域，大幅扩散社会风险。

（三）金融服务经济能力有限

湖南金融业尚未充分发挥金融对实体经济的促进作用。

首先，社会融资规模小。湖南省2015年社会融资规模仅为河南省的73%，在中部五省排名靠后。湖南社会融资规模没有发挥其对经济增长的拉动作用。

其次，社会融资结构差。湖南社会融资结构突出表现为以银行主导的高成本间接融资体系仍占绝对优势，而资本市场为核心的直接融资占比小，全省资产证券化水平低，未能有效盘活社会融资存量。2015年湖南省直接融资占比23.12%，低于同期全国直接融资平均占比1.29%，并且仅及北上广地区的69.20%。

最后，社会融资效率低。湖南34.81%的社会融资流向制造业，但其产出投入比仅为7.07；新兴行业中的科学研究服务业，产出投入比高达123.64，是制造业的17倍，但社会融资规模占比不到制造业的3%。低产出投入比的传统行业占用了大部分社会融资，社会融资流向的不合理，极大地拉低了湖南社会融资效率。各行业产出投入比详情见表2。

表 2　各行业社会融资效率

行业	固定资产投资占比(%)	产出投入比
制造业	34.81	7.07
房地产业	17.00	9.26
公共设施管理业	12.44	6.87
交通运输业	7.11	15.99
商务服务业	1.91	25.31
文体业	1.21	92.25
科学技术服务	0.99	123.64
软件和信息技术	0.55	112.25

资料来源：新浪财经。

二　湖南金融"短板"的成因

（一）传统金融起点低

湖南传统金融虽然发展增速快，但由于基数小，长期以来难以赶超周边省份。近年来，湖南金融业增加值增长率在全国处于较高水平，金融业增加值逐年提高。与重庆对比，湖南自2013年以来金融业增加值增长率持续高于重庆，且最高时将近达到重庆增长率的两倍，但湖南金融业增加值在全国占比与重庆差距明显（见表3）。湖南金融业发展速度快，但近几年金融业增加值依然偏低，这无疑说明湖南传统金融发展基数小、起点低。湖南金融机构发展多年来仍处于规划阶段，湖南虽有两家地方性商业银行，长沙银行2011年才开始跨

表 3　金融业融增加值占比及增长率对比

单位：%

	2013年	2014年	2015年
湖南金融业增加值在全国占比	1.84	2.04	2.01
重庆金融业增加值在全国占比	2.62	2.63	2.45
湖南金融业增加值增长率	30.90	25.19	21.73
重庆金融业增加值增长率	17.96	13.44	15.09
全国金融业增加值增长率	17.06	13.29	23.22

资料来源：2014~2016年中国金融年鉴。

区域经营，起步较晚；华融湘江银行经营地域范围受限，跨区域资金调配和资源配置能力未能充分发挥，至今未实现跨区域经营；湖南法人证券公司共3家，仅有方正证券一家上市，且其主要业务落在省外，证券业领军企业实力偏弱。

（二）新型金融业起步晚

较中部其他省份，湖南新型金融业态发展水平靠后。一方面，湖南新型金融机构实力偏弱。湖南互联网金融公司成型缓慢，以网贷公司为例，湖南最早网贷公司成立于2012年，比湖北省晚两年之久。同时，网贷公司发展滞后，湖南网贷公司2015年的成交量为35.67亿元，只有湖北省成交量的20%，处于全国较低水平。金融租赁公司后劲不足，湖南仅成立一家金融租赁公司，其规模小，层次低，业务范围空泛，暂无细分行业，未形成核心竞争力。另一方面，受内陆思维的影响，湖南金融机构发展过于保守，金融机构创新不足。一些新型金融机构在湖南尚处于空白，极大地阻碍湖南金融的发展。

（三）金融生态环境差

资料显示，湖南金融生态环境在中部省份乃至全国都处于靠后位置。一方面，湖南金融资源争取不主动。金融行业发展很大程度上依赖于外部资源聚集程度和发展政策优惠力度，是一个资源依赖性很强的行业，而湖南在争取金融资源方面过于保守，鲜有出台政策积极对接外部资源来引"资"入湘、引"技"入湘，"借力"发展。而湖北省等兄弟省份早已出台相关文件，明确指出要积极争取国家有关部委和单位，加快落实与各金融机构的合作共建协议，共同推进城市圈金融一体化。因此，湖南现阶段的金融业与外省差距明显。另一方面，社会信用环境相对滞后。湖南相关信用法律法规体系还不健全，借款者在信用信息采集与评价、信用信息使用、市场监管以及信息主体权益保护等方面尚无明确约束机制，信用产品的开发和使用尚处于起步阶段，社会信用信息开发程度较低，信用信息平台建设还有待发展。

（四）金融促进政策不足

湖南促进金融发展的政策由于起步晚、重视程度不够等，仍存在较大差距。首先，湖南金融业发展定位规划晚。湖南省对金融核心作用的认识不足，未能充分发挥金融产业的先导性作用。湖南在"十一五"和"十二五"期间都没有制定金融业发展规划。直到2013年才首次出台以长沙为中心建立区域金融中心的规划蓝图。此前由于金融业发展定位不明，缺乏宏观规划指导，湖南金融资源布局散乱，未能形成统筹互利发展格局，错失了许多战略发展机遇。其次，湖南金融发展举措出台少。湖南政府对金融发展的重视程度不足，省级层面缺乏扶持金融业发展的优惠政策。如湖南目前为止也仅提出"区域金融中心"建设目标，并未出台相应具体引导金融聚集的相应配套举措。最后，金融政策难以落实。在湖南省政府颁布的金融政策中，各地在执行层面也还存在很多问题，普遍反映"上面很好，下面好狠"，相关部门责任未划分到位；执行的积极性不高；存在执法不严、违法不究等现象，导致优惠政策无法有效落实，实际执行效果大打折扣。

三 运用供给侧改革思路推动湖南金融"补短板"的政策建议

（一）改进金融发展的顶层设计

加强金融领域改革的顶层设计，需要有关部门着重在工作制度、法律和行政等三个方面共同发力，为金融发展创造良好的外部环境。首先，实施"一把手管金融"的制度方案。各级政府都要组织成立高规格的金融发展促进领导小组，由一把手担任组长，充分发挥领导小组牵头作用，领导小组定期研究金融工作。研究促进区域金融产业发展方案，制定防范和化解金融风险、促进全省金融业稳健运行、协调发展的指导方针和工作思路。建立政府与驻区金融机构便利的对话机制，协调解决金融发展重大问题。其次，建议及早制定通过《湖南省金融发展条例》。明确金融业发展的总体战略、关键指标和实现路径，为湖南金融业的快速发展提供政策指引；出台各类奖励政策，为金融创新和金融中心建设提供法治保障。最后，开通金融"直通车"。简化金融机构提交的政策申报程序，落实对金融机构的优惠措施，最大限度为金融机构谋福利。

（二）推动金融供给侧改革

金融供给侧改革要把提升服务金融资源配置效率作为推进金融供给侧结构性改革的着力点。主要强化三个方面：一是推进金融去杠杆，促进金融业健康发展。鼓励金融机构自行增加自有资本等方法降低金融杠杆，逐步提高融资项目保证金比率和自有资金最低限额，加强融资融券等业务风险控制，压降证券投资业务杠杆水平。二是加快处置不良贷款，提高金融资产质量。开展贷款质量真实性核查，推进不良贷款的核销和处置，并将银行业金融机构对不良贷款、呆坏账处置列入监管范畴。重点引导"僵尸企业"进入兼并重组程序，设立"僵尸企业"审批绿色通道；加快对未兼并重组的"僵尸企业"的破产处置，支持省、市、县法院优先受理立案，加快企业破产清算退出。三是优化信贷结构，降低企业融资成本。逐步改善信贷投向，加大对湖南战略性新兴产业、先进制造业等重点领域的信贷支持，加强绿色经济和生态文明建设，支持工业企业积极稳妥化解过剩产能。推动金融科技产业融合发展，设立科技金融专业服务机构，鼓励金融机构开设针对金融科技产业的贸易、知识产权和存货等抵质押贷款业务，为科技创新企业的融资提供便利。

（三）加强金融业财政支持

财政资金具备"星火燎原"的杠杆作用，以适当的方式投入金融发展，将撬动更大的社会资金。落实财税手段，大力培育金融领军机构。采用"点面结合"的奖励政策，定点支持省内金融王牌"财信金控"，推动其重组上市，打造成为湖南省金融的领军企业；扶持湖南地方性银行、证券、保险等金融企业增设、增资，跨区域发展。实施金融机构地方税收留成返还、小微金融税收减免、农村金融税收减免等税收优惠政策降低金融发展成本，为本土中小金融企业保驾护航。鼓励设立各类非银行金融机构及金融中介服务机构，参照相关金融机构的设立奖励形式进行奖励，以提高金融机构间的市场竞争，缓解地方企业融资渠道的单一性。政府主导构建地方金融体系，通过国有投资集团参控股金融机构，培育壮大本土法人机构，整合已有资金渠道和政策资源，运用财政资金设立金融业发展专项资金，着力支持地方金融的发展。

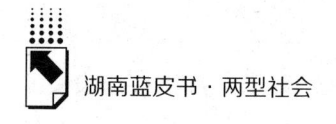

（四）汇集金融专业人才

普及各类人群金融教育，推动湖南金融发展。积极建立完善的金融人才服务体系，主要包括三个方面：一是加速政府领导人才培养计划。加快提高广大干部群众特别是领导干部的金融素质、金融安全意识和金融发展能力。由政府一把手亲自管金融，在政府班子成员中配备精通现代金融业的领导，打造一个具备金融业实务经验的领导团队。建立金融人才双向交流机制，提供更多机会，吸收有丰富金融部门工作经验的金融人才走进领导班子。选聘省内知名金融专家作为金融顾问，纳入专家智囊团，参与到政府的决策咨询工作中。二是以"保姆式"服务吸引金融领军人才。出台吸引高端金融人才的优惠政策，包括对金融高管个人所得税部分返还，在子女教育、医疗保障、父母养老等方面提供专业服务，完善各类金融人才激励机制。三是打造湖南"人才金港"，培养金融骨干人才。借鉴上海首创的"人才金港"模式，省政府可与上海签订教育培训、委派专家帮扶、人才引智等方面合作协议，共建"湖南人才金港"。

（五）规划金融行业用地

金融功能区土地规划统筹将助推金融集聚。首先，根据土地利用总体规划统筹布局，按需分配土地。每年优先保障金融机构总部办公用地指标需求。通过对获得土地的总部机构进行奖励、优先安排上市公司的土地使用计划指标、财政预算安排金融机构办公用地补贴等政策措施解决单个金融机构及上市公司用地问题，降低用地成本。其次，加快规划地段的搬迁和基础设施建设工作。制定颁布金融功能区的详细规划，给金融机构提供足够的集聚空间；完善配套服务设施建设，既满足金融业人士的娱乐、饮食需求，同时又能扩展金融中心的产业种类、创造更多的经济价值。最后，组织成立金融功能区服务中心，为功能区内金融机构提供行政简化手续、金融机构产品展示等地方性的生产管理服务，对迁入金融功能区的金融机构提供能源、通信、供电、住宿等方面的便利。

（六）优化省会长沙的金融布局

优化长沙金融战略布局，促进金融机构向省会中心城市集聚，发挥集聚、集群效应。一方面，依托长沙现代化大都市的总体发展空间框架和金融业核心一外围的辐射规律，努力构筑"一主一副一区一园"的多层次、梯度化、互补型的功能空间布局，"一主"即"生态金融城"，"一副"是沿江金融集聚带，"一区"是支撑资产管理等各种金融中介服务、后台服务及面向世界的高端金融服务外包，"一园"是科技与金融结合的创新园，形成长株潭区域金融服务中心的空间支撑体系，加快确立全市金融业空间布局。另一方面，积极争取国家在规划、重大项目布局方面加大对湖南的支持，借助"长株潭两型社会建设综合配套改革试验区""金融服务综合创新试点"等招牌，争取设立新的先行先试"试验田"，组织实施一批金融试点示范项目，填补湖南法人金融机构的空白。发展"金融总部经济"，吸引更多金融机构入驻星城，迅速扩大地区金融总量，增强区域金融集聚、辐射和调控能力，为省会和全省发展提供强力支撑。

（七）实施金融"补短板"三年行动计划

以三年时间规划目标，明确重点攻坚目标，制定实施保障政策，力求定点补足金融短板。实施金融牌照补全完善计划，重点关注民营银行申报、互联网金融发展，积极发展新型金融；建设特色基金小镇计划，建成富有湖湘特色的私募股权基金小镇；积极推进湘江新区金融发展，利用长沙地理、政策、环境、资金等优势力量，落实互联网金融发展计划，打造金融后台服务中心，撬动湖南互联网金融发展；完善绿色金融发展政策体系，推动长株潭两型社会试验区纳入国家绿色金融试点范围；此外，湖南可实施消费金融促进改革计划、战略新兴产业扶持计划、融资担保能力提升计划等规范发展要素市场，培育一批创新活力旺盛的金融企业，在扩大内需、提高消费水平、支持经济等方面促进湖南经济结构调整和转型升级发展。

社会科学文献出版社　皮书系列

❖ 皮书起源 ❖

"皮书"起源于十七、十八世纪的英国，主要指官方或社会组织正式发表的重要文件或报告，多以"白皮书"命名。在中国，"皮书"这一概念被社会广泛接受，并被成功运作、发展成为一种全新的出版形态，则源于中国社会科学院社会科学文献出版社。

❖ 皮书定义 ❖

皮书是对中国与世界发展状况和热点问题进行年度监测，以专业的角度、专家的视野和实证研究方法，针对某一领域或区域现状与发展态势展开分析和预测，具备原创性、实证性、专业性、连续性、前沿性、时效性等特点的公开出版物，由一系列权威研究报告组成。

❖ 皮书作者 ❖

皮书系列的作者以中国社会科学院、著名高校、地方社会科学院的研究人员为主，多为国内一流研究机构的权威专家学者，他们的看法和观点代表了学界对中国与世界的现实和未来最高水平的解读与分析。

❖ 皮书荣誉 ❖

皮书系列已成为社会科学文献出版社的著名图书品牌和中国社会科学院的知名学术品牌。2016年，皮书系列正式列入"十三五"国家重点出版规划项目；2012~2016年，重点皮书列入中国社会科学院承担的国家哲学社会科学创新工程项目；2017年，55种院外皮书使用"中国社会科学院创新工程学术出版项目"标识。

中国皮书网

发布皮书研创资讯,传播皮书精彩内容
引领皮书出版潮流,打造皮书服务平台

栏目设置

关于皮书:何谓皮书、皮书分类、皮书大事记、皮书荣誉、
皮书出版第一人、皮书编辑部

最新资讯:通知公告、新闻动态、媒体聚焦、网站专题、视频直播、下载专区

皮书研创:皮书规范、皮书选题、皮书出版、皮书研究、研创团队

皮书评奖评价:指标体系、皮书评价、皮书评奖

互动专区:皮书说、皮书智库、皮书微博、数据库微博

所获荣誉

2008年、2011年,中国皮书网均在全国新闻出版业网站荣誉评选中获得"最具商业价值网站"称号;

2012年,获得"出版业网站百强"称号。

网库合一

2014年,中国皮书网与皮书数据库端口合一,实现资源共享。更多详情请登录www.pishu.cn。

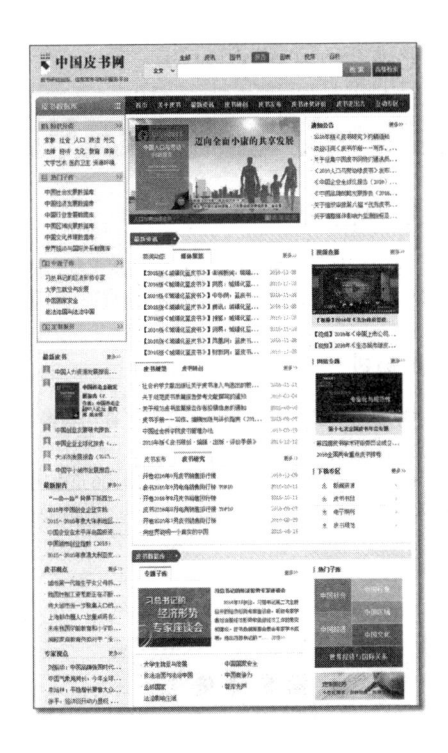

权威报告·热点资讯·特色资源

皮书数据库
ANNUAL REPORT(YEARBOOK) DATABASE

当代中国与世界发展高端智库平台

所获荣誉

- 2016年，入选"国家'十三五'电子出版物出版规划骨干工程"
- 2015年，荣获"搜索中国正能量 点赞2015""创新中国科技创新奖"
- 2013年，荣获"中国出版政府奖·网络出版物奖"提名奖
- 连续多年荣获中国数字出版博览会"数字出版·优秀品牌"奖

成为会员

通过网址www.pishu.com.cn或使用手机扫描二维码进入皮书数据库网站，进行手机号码验证或邮箱验证即可成为皮书数据库会员（建议通过手机号码快速验证注册）。

会员福利

- 使用手机号码首次注册会员可直接获得100元体验金，不需充值即可购买和查看数据库内容（仅限使用手机号码快速注册）。
- 已注册用户购书后可免费获赠100元皮书数据库充值卡。刮开充值卡涂层获取充值密码，登录并进入"会员中心"—"在线充值"—"充值卡充值"，充值成功后即可购买和查看数据库内容。

社会科学文献出版社 皮书系列
SOCIAL SCIENCES ACADEMIC PRESS (CHINA)
卡号：412293142983
密码：

数据库服务热线：400-008-6695
数据库服务QQ：2475522410
数据库服务邮箱：database@ssap.cn
图书销售热线：010-59367070/7028
图书服务QQ：1265056568
图书服务邮箱：duzhe@ssap.cn

子库介绍
Sub-Database Introduction

中国经济发展数据库

涵盖宏观经济、农业经济、工业经济、产业经济、财政金融、交通旅游、商业贸易、劳动经济、企业经济、房地产经济、城市经济、区域经济等领域，为用户实时了解经济运行态势、把握经济发展规律、洞察经济形势、做出经济决策提供参考和依据。

中国社会发展数据库

全面整合国内外有关中国社会发展的统计数据、深度分析报告、专家解读和热点资讯构建而成的专业学术数据库。涉及宗教、社会、人口、政治、外交、法律、文化、教育、体育、文学艺术、医药卫生、资源环境等多个领域。

中国行业发展数据库

以中国国民经济行业分类为依据，跟踪分析国民经济各行业市场运行状况和政策导向，提供行业发展最前沿的资讯，为用户投资、从业及各种经济决策提供理论基础和实践指导。内容涵盖农业，能源与矿产业，交通运输业，制造业，金融业，房地产业，租赁和商务服务业，科学研究，环境和公共设施管理，居民服务业，教育，卫生和社会保障，文化、体育和娱乐业等100余个行业。

中国区域发展数据库

对特定区域内的经济、社会、文化、法治、资源环境等领域的现状与发展情况进行分析和预测。涵盖中部、西部、东北、西北等地区，长三角、珠三角、黄三角、京津冀、环渤海、合肥经济圈、长株潭城市群、关中—天水经济区、海峡经济区等区域经济体和城市圈，北京、上海、浙江、河南、陕西等34个省份及中国台湾地区。

中国文化传媒数据库

包括文化事业、文化产业、宗教、群众文化、图书馆事业、博物馆事业、档案事业、语言文字、文学、历史地理、新闻传播、广播电视、出版事业、艺术、电影、娱乐等多个子库。

世界经济与国际关系数据库

以皮书系列中涉及世界经济与国际关系的研究成果为基础，全面整合国内外有关世界经济与国际关系的统计数据、深度分析报告、专家解读和热点资讯构建而成的专业学术数据库。包括世界经济、国际政治、世界文化与科技、全球性问题、国际组织与国际法、区域研究等多个子库。

法律声明

"皮书系列"（含蓝皮书、绿皮书、黄皮书）之品牌由社会科学文献出版社最早使用并持续至今，现已被中国图书市场所熟知。"皮书系列"的LOGO（ ）与"经济蓝皮书""社会蓝皮书"均已在中华人民共和国国家工商行政管理总局商标局登记注册。"皮书系列"图书的注册商标专用权及封面设计、版式设计的著作权均为社会科学文献出版社所有。未经社会科学文献出版社书面授权许可，任何使用与"皮书系列"图书注册商标、封面设计、版式设计相同或者近似的文字、图形或其组合的行为均系侵权行为。

经作者授权，本书的专有出版权及信息网络传播权为社会科学文献出版社享有。未经社会科学文献出版社书面授权许可，任何就本书内容的复制、发行或以数字形式进行网络传播的行为均系侵权行为。

社会科学文献出版社将通过法律途径追究上述侵权行为的法律责任，维护自身合法权益。

欢迎社会各界人士对侵犯社会科学文献出版社上述权利的侵权行为进行举报。电话：010-59367121，电子邮箱：fawubu@ssap.cn。

社会科学文献出版社